CENTINELA DEL SILENCIO

MÓNICA CORCUERA

Books

Copyright ©2011 Mónica Corcuera
All rights reserved.
www.cbhbooks.com

Managing Editors: Manuel Alemán and F. P. Sanfiel
Designer: Ricardo Potes Correa

Published in the United States by CBH Books.
CBH Books is a division of Cambridge BrickHouse, Inc.

Cambridge BrickHouse, Inc.
60 Island Street
Lawrence, MA 01840
U.S.A.

No part of this book may be reproduced or utilized
in any form or by any means, electronic or mechanical,
including photocopying, recording, or
by any information storage and retrieval system
without permission in writing from the publisher.

Library of Congress Control Number: 2011920548
ISBN 978-1-58018-030-6

First Edition
Printed in Canada
10 9 8 7 6 5 4 3 2 1

Para Javier y mis hijas
Gracias por ser parte de mi vida

Índice

Prólogo	9
Capítulo 1	13
Capítulo 2	21
Capítulo 3	24
Capítulo 4	30
Capítulo 5	37
Capítulo 6	43
Capítulo 7	54
Capítulo 8	66
Capítulo 9	82
Capítulo 10	92
Capítulo 11	97
Capítulo 12	102
Capítulo 13	111
Capítulo 14	117
Capítulo 15	123
Capítulo 16	132
Capítulo 17	141
Capítulo 18	147
Capítulo 19	154
Capítulo 20	164
Capítulo 21	180
Capítulo 22	188

Capítulo 23	195
Capítulo 24	205
Capítulo 25	212
Capítulo 26	234
Capítulo 27	240
Capítulo 28	248
Capítulo 29	254
Capítulo 30	268
Capítulo 31	275
Capítulo 32	279
Capítulo 33	285
Capítulo 34	290
Capítulo 35	298
Capítulo 36	305
Capítulo 37	310
Capítulo 38	317
Capítulo 39	326
Capítulo 40	333
Capítulo 41	340
Capítulo 42	343
Capítulo 43	357
Capítulo 44	365
Capítulo 45	370
Capítulo 46	383
Capítulo 47	396
Capítulo 48	406
Capítulo 49	411
Capítulo 50	425
Capítulo 51	433
Capítulo 52	443

Prólogo

Nunca imaginé que la casa donde pasé mi infancia tendría un recuerdo tan trascendental en mi vida, pues en ella hube de pasar las etapas más bellas y las más tristes. Era una casa de ladrillo rojo con techo de teja verde a dos aguas, en cuya fachada se alzaban dos columnas de piedra blanca que enmarcaban la puerta principal. En el pórtico, a la entrada, se divisaba un jardín que parecía un zoológico casero, donde vivían cinco perros, un gato siamés, un viejo loro, que parloteaba a todo pulmón, e infinidad de ardillas que trepaban por los árboles frutales de aquel lugar paradisíaco.

Mi madre, eterna amante de las plantas, conservaba un invernadero hexagonal, de paredes y techo de vidrio que, según un herbolario brasileño amigo de la familia, atraía energía positiva hacia las plantas. Ahí crecía toda clase de legumbres, tan enormes y suculentas, que parecían dignas de exposición.

Éramos tres hermanas, Victoria, la mayor, era recatada, siempre educada, esbelta y de aspecto impecable. Tenía el cabello negro, rizado como el de mi madre y unos ojos verdes que resaltaban su blanca piel. Me llevaba seis años, había estudiado la carrera de derecho en la Sorbona y, al igual que mi padre, llevaba en las venas el don de ser asertiva y hablar con absoluto control el francés, cosa que siempre envidié, pues expresaba en tan solo unas pocas palabras, lo que yo hubiera dicho en una frase larga y complicada.

Anna, "La chef", verdadera experta en el arte culinario, de carácter gentil y conciliador. Sus ojos color azul celeste y su piel dorada, tenían embrujados a más de uno. Solía llevar su cabello rubio amarrado en una coleta, resaltando sus finas y angulosas facciones.

Y yo, la más pequeña de las tres. Me bautizaron como Marie Thérèse, igual a mi abuela, aunque casi todos me decían Teresa, excepto mi padre que me llamaba Thérèse, y Anna, que desde niña me decía Bambi, porque aseguraba que tenía piernas largas y delgadas, era la rebelde de la casa.

Crecí junto a mis hermanas, aunque en ocasiones un poco alejada, pues por ser varios años menor que ellas, tenía un mundo aparte. Quizá era demasiado ingenua, pues nunca me percaté de las malas intenciones de la gente, asumiendo que la vida solo podía ser de la forma en que fui criada, con valores arraigados como el respeto, la lealtad, y ante todo, la honestidad.

Mi padre Jacques Rembez era francés, un hombre disciplinado, cabal, de carácter reservado y con gran dominio de sí mismo. Había sido un abogado de mucho prestigio y un apasionado historiador, que vivió en Londres hasta los veintinueve años. Allí conoció a mi madre, Cristina, siete años menor que él, y cuyo padre era entonces cónsul de España en Inglaterra. Se casaron y al cabo de unos años viajaron a Nueva York, donde posteriormente se establecieron.

Conviví algunas Navidades y veranos con mi familia paterna, quienes vivían en una preciosa finca en Mirepoix, al sur de Francia. Un pintoresco pueblo medieval, reconstruido en el siglo XIII en la margen del río Hers, con sencillas casas de madera y adobe. Sobre todas las cosas recuerdo a la perfección la grandiosa catedral gótica de San Mauricio, la cual mi madre solía visitar cada vez que íbamos a casa de los abuelos, unos encantadores viejitos, como sacados de un cuento, que parecieron haberse amado hasta sus últimos días. Mi abuelo un día enfermó y murió de tuberculosis y, según dicen, la tristeza pesó demasiado en el desgastado corazón de mi abuela, que unos cuantos meses más tarde lo siguió.

Mi padre estaba prácticamente retirado del bufete y muy de vez en cuando tomaba ciertos casos, ya que en los últimos ocho años había decidido hacer lo que tanto le gustaba desde joven: la investigación de sucesos insólitos de la historia que no habían podido comprobarse ni aclararse. Siempre en busca de la verdad, eternamente de viaje por Europa y almacenando un sinfín de documentos en cientos de carpetas dispuestas por toda la biblioteca de la casa.

Durante los últimos años había viajado varias veces a Rumania, a Turquía y a Hungría. Pero de unos cuantos meses a esa fecha, pasaba horas enteras leyendo montones de papeles, que cotejaba con un libro que tenía un escudo medieval en la portada, y a un lado de este, parecía atesorar un cofre de madera grabada con insignias en oro, que nunca pude apreciar de cerca, puesto que cada vez que entrábamos a su despacho, lo guardaba estrepitosamente bajo llave dentro de la gaveta superior de su escritorio.

Hasta entonces, nunca sospeché el porqué llevaba a cabo ese ritual todos los días. Parecía estar obsesionado con sus investigaciones que lo tenían enfadado con el mundo entero.

No tuvimos la fortuna de compartir nuestra infancia a su lado, pues si no estaba llevando algún caso o en alguna de sus constantes travesías por el mundo, solía decir que "estaba muy ocupado y tenía mucho trabajo que hacer". Sin embargo, era un buen hombre y aunque poco expresivo, sabíamos que nos quería a su manera.

11

En el archivo de mis recuerdos, invariablemente aparece la figura de mi madre junto a sus tres hijas. Una mujer cuya niñez y adolescencia fue sumamente dura. Perdió a su madre y a sus dos hermanos menores en un accidente automovilístico, justo antes de haber cumplido nueve años. Iban rumbo a la finca de sus padres, donde los esperaban mi madre, mi tío Ignacio su hermano mayor y mi abuelo, un veterano de la Guerra Civil española, cuyos férreos principios y como consecuencia del inmenso dolor que no supo manejar, lo empujó a evadir la realidad que le impidió ser el padre que tanto necesitaban mi madre y mi tío.

Esta historia, le forjó a mi madre un carácter fuerte, valiente y tenaz, siendo al mismo tiempo un ser humano bondadoso y justo, lleno de sencillez y sensibilidad, lo que la ayudó a sacar adelante a su familia con la firmeza que siempre la caracterizó.

Por otra parte, Victoria y yo, a pesar de nuestra diferencia de edad, siempre estuvimos estrechamente unidas. Pasábamos buenos ratos conversando y reflexionando sobre la vida. Y años más tarde, se casaría con Carlos, un hombre viudo bastante mayor que ella, que además de ser un exitoso arquitecto que la adoraba, tenía dos hijos pequeños de su primer matrimonio, los cuales fueron una gran bendición para ella, pues los crió como suyos, ya que nunca pudo procrear.

Desde niña tuve predilección por el arte y la música, ya que me permitían expresar y comunicarme de una manera más fácil con el mundo que me rodeaba. Por eso cuando cumplí diecinueve años partí a Londres a estudiar restauración y música en la Royal School of Music, donde residí por los siguientes tres años. Fue una de las etapas más valiosas de mi juventud, por lo que a mi regreso a casa me abriría camino en un centro cultural y artístico, en el que trabajaría hasta los veintisiete años, justo hasta el día en que mi padre, con tono misterioso y arreglándose la corbata, me llamó a la biblioteca cerrando la puerta tras sí.

Capítulo 1

En completo silencio y esquivando la mirada, mi padre extendió su mano hacia el sillón que se hallaba frente a su escritorio. Desconcertada tomé asiento, al tiempo que sentí acrecentarse una sensación dolorosa de vacío en la boca del estómago. Sin apartar mis ojos de él, lo vi caminar con desaliento hacia la ventana y dándome la espalda por unos momentos, me hizo sospechar que estaba a punto de confesarme algo trascendental. Tras algunos minutos de aparente reflexión, resopló un par de veces antes de volverse hacia mí, y con la mirada baja regresó con paso lento hasta el borde de su escritorio, donde retomó la palabra con el rostro desencajado.

—Sucedió algo terrible, hija. Tienes que viajar a Europa lo antes posible. No sé por dónde empezar, pero tenemos que hacer los arreglos para que sea cuanto antes. Solo te puedo adelantar que se puede desatar una catástrofe, si no es que ya se desató.

—¿Cómo? —Agité la cabeza y fruncí el ceño con desconcierto—. ¿De qué hablas, padre? ¿Cuál catástrofe? ¿Por qué a Europa?

—Es una larga historia, Thérèse. En mi último viaje a Rumania visité Valaquia, región donde he estado haciendo una investigación durante los últimos años, y esta vez, en una visita a las ruinas del castillo de Targoviste descubrí...

—calló, como arrepintiéndose de lo que estaba a punto de confesar.

—¿Se trata de la caja y los papeles en los que has estado trabajando los últimos meses, no es así? —inquirí.

Apretó los labios y titubeó antes de responder:

—Sí. Me temo que así es, hija. Es algo terrible, que nunca imaginé traer conmigo a casa, de aquel viaje. Algo incomprensible, todo como consecuencia de mi ego y mi hambre de conocimientos. En verdad lo siento mucho, pero por ahora es la única salida, tenemos que encontrar algo que detenga todo esto.

—¿A qué te refieres con eso, papá?

—Verás, hija... —exhaló para no perder el aliento. Al parecer, buscaba darle coherencia a sus palabras—, en los últimos meses, estuve investigando sobre las Cruzadas y acerca de los caballeros de la Orden Teutónica, que era de carácter religioso-militar y que semejaba a los Caballeros Templarios. Esta organización cristiana estaba conformada por nobles alemanes, que inicialmente daban apoyo caritativo, médico y ayudaban a los peregrinos cristianos en Palestina, donde fue fundada. Mi objetivo, entonces, era comprobar su trayectoria por Europa hasta Prusia, donde en fin de cuentas se establecieron. En su paso por Transilvania, construyeron el castillo de Bran y luego fueron expulsados por el rey de Hungría, quien regía en aquel tiempo. Pero a todo esto..., cuando estuve ahí, quise conocer los magníficos castillos que se encuentran en los Cárpatos y fue en ese lugar donde comenzó todo...

❧ Centinela del silencio ✥

Guardó silencio, tomó su tan preciada pipa hecha de "espuma de mar", que había comprado en alguno de sus viajes a Turquía, y escarbando ruidosamente dentro de la gaveta de su escritorio, sacó un sobre de tabaco. Con mucho cuidado rellenó la cazoleta, insertó la boquilla entre sus labios, sacó un encendedor de su bolsillo y dando unas cuantas caladas, se cubrió instantáneamente con una nube de humo, que se fue dispersando poco a poco hasta dejar una agradable fragancia a maple.

—Cuando llegué al castillo de Targoviste —retomó—, que está cerca del río Arges, estuve caminando horas enteras por aquellos corredores y pasadizos, que aún guardan incontables historias de crueldad, las cuales con solo imaginarlas se te eriza la piel —carraspeó nervioso, aclarando su garganta—. A la mitad de mi paseo, justo detrás de un muro casi derruido, advertí una insignia a punto de ser borrada por el tiempo. Me aproximé sin que nadie me viera, tomé un lápiz y dibujé aquella figura en un trozo de papel para verificar más tarde su significado, cuando noté una hendidura en forma de estrella justo en la base de la junta de la piedra. Sin pensarlo, inserté el lápiz en el agujero, descubriendo un recoveco que guardaba en su interior esa caja, unos manuscritos y un libro, los cuales instintivamente guardé dentro de mi maletín.

Nunca hice partícipe a nadie sobre aquel descubrimiento, temiendo que me quitaran el privilegio de ser yo quien develara su contenido, y la vida me lo ha cobrado castigando mi soberbia —se levantó de su escritorio, volvió a dirigirse hacia la ventana, y con la mirada perdida, dio varias caladas a su pipa—. Esa caja encierra la energía más cruel jamás imaginada por nadie, se trata de una maldición que se ha alojado por siglos enteros dentro de ella. Perteneció a Vladislav III, mejor conocido como Vlad Tepes o "El empalador", el hombre más despiadado y sanguinario en la historia medieval. Un desquiciado que solía valerse de las acciones más perversas para satisfacer su hambre de poder. Mataba sin piedad alguna, mutilaba y martirizaba a la gente empalándola. Para que me entiendas bien, hija, los ensartaba como brochetas en enormes estacas en donde la víctima moría lentamente entre dolores atroces; y después las alzaban sobre el suelo en las afueras de sus castillos, en medio de plazas o donde fuera, para que la gente pudiera observarlos y así cerciorarse de su poder y su dominio.

Durante su vida mató más de cien mil personas, haciendo auténticos bosques con sus cuerpos —giró hacia mí, regresó con paso reflexivo a sentarse frente a su escritorio y entrelazando los puños con fuerza, clavó su mirada en el libro que permanecía cerrado sobre la caja misteriosa—. El padre de este hombre —levantó sus ojos atrapando los míos—, también se llamaba Vlad, Vlad II. Un príncipe que había sido heredero al trono de Valaquia y que fue exiliado en aquel entonces. Este comandaba una unidad militar y era un dirigente político que se había casado con la hija del rey de Moldavia. Era cristiano y perteneció a la Orden del Dragón, cuya misión era impedir, a toda costa, el paso del imperio turco musulmán al sureste de Europa, que era católica romana y ortodoxa.

Prosiguió concentrado en su relato, vaciando ruidosamente la ceniza de su pipa en el cenicero.

—A este tal Vlad lo llamaban Dracul, que representaba al mismo diablo, por lo que se le asoció con las fuerzas del mal. Este hombre tuvo tres hijos que, al parecer, estuvieron malditos; el mayor, Mircea II, tuvo un final terrible, fue enterrado vivo por los boyardos y los mercaderes de Targoviste. El segundo fue Vlad Tepes y el último, se llamaba Radu, "El hermoso", que era extremadamente débil, se creía que era homosexual y la historia indica que murió de sífilis. En resumen, hija mía, Vlad II fue nombrado gobernador de Transilvania por el rey de Hungría, y en aquella época nació Vlad Tepes, al que hago mención. Ese mal nacido, quien se cree que haya sido el verdadero conde Drácula, no fue sino

◦№ CENTINELA DEL SILENCIO ◦§

el hombre más desalmado y perverso que se pueda registrar en la historia, y que después fue inspiración para Bram Stoker, quien lo denominó el "chupasangre".

Este engendro del mal renunció al catolicismo, se volvió ortodoxo y un completo fanático en todo lo que hacía. Mataba a todo aquello que se moviera. Imagínate la locura de este hombre, que para no perder la costumbre de empalar, lo hacía con palomas y ratas cuando no había gente para hacerlo —exhaló un largo suspiro—. Podría seguir contándote miles de sus atrocidades que por ahora no vale la pena mencionar, pero lo más triste de todo es que en Rumania se le considera héroe nacional. ¿Lo puedes creer? Ya que fue su libertador y el que resistió el embate del Imperio otomano, algo así como el Cid en España. ¿Increíble verdad? Este mismo hombre fue el dueño de esta maldita caja que ahora está en mi poder.

Lo miré atónita.

—Dios mío... ¿Qué he hecho? —Tapó sus ojos, como huyéndole a la realidad.

—Y ¿qué contiene esa caja? —pregunté con sobresalto—. ¿Qué puede hacernos, papá?

—Más de lo que ni tú ni yo pudiéramos imaginar, hija, cosas atroces que nadie creería estando en su sano juicio.

—Y ¿por qué no te deshaces de ella? Llévala a algún lugar lejano, entiérrala o quémala, qué sé yo, es lo único que se me ocurre.

—Es demasiado tarde para eso —colocó con desesperanza sus manos sobre los escritos—. La maldición de la que se habla aquí será para aquel que la profane, y ese fui yo, en mi afán de develar un secreto para la historia. Fui un inconsciente y he creado una pesadilla de la cual no sé si despertaremos algún día.

—No puedo creerlo, papá, todo esto es una locura... —resoplé, desplomándome sobre el respaldo del sillón—. Y ¿qué va a pasar ahora? ¿Qué había en su interior? ¿Qué ocurrió cuando la abriste?

Aclaró su garganta una vez más. —Al abrirla salió un vapor nauseabundo, y en su interior estaba el esqueleto de una mano con un anillo de oro con la figura de un dragón abrazando un enorme rubí. Extrañamente, sentí un mareo pasajero, seguido de un dolor de cabeza. En los escritos que están en latín, se dice que el que viole la caja será víctima de un mal irremediable, que sufrirá hasta la muerte y que sus descendientes, y descendientes a su vez, serán perseguidos por una maldición que solo podrá romperla el último de la línea familiar en ese momento, resolviendo un acertijo de palabras cuya pista todavía no he logrado descifrar.

—Santo cielo, por lo que veo esa descendiente soy yo. ¿No es así? —Aún incrédula, lo traspasé con la mirada.

Apretó sus labios: —Me temo que así es, hija, lo lamento en verdad, y lo único que sé ahora es que una parte de esto tiene que ver con el nombre del dragón del anillo. Así fue como Vlad Tepes, en su locura total, buscó a un hechicero para lograr su obra maléfica y, de algún modo, seguir haciendo daño siglos después de su muerte. Incluso, hay algo importante que tenemos que tomar en cuenta. Como te decía antes, el mayor placer de este hombre era aterrorizar e imponer su poder, y cuanto más miedo percibía de la víctima, más arremetía con fiereza, por lo que refiere un versículo del texto... —leyó un párrafo del libro—: "Si el miedo le llegara a dominar, el castigo será infinito".

Y continuó: —Me temo que la maldición o este juego de terror, por así decirlo, trata de eso mismo. Ver hasta dónde somos capaces de controlar nuestros miedos, sin que estos se apoderen de nosotros y terminen por vencernos. Cuando te asalte el miedo —enfatizó—, no huyas de él, deja que su fuego corra por tus venas y que te invada hasta la última célula del cuerpo. De lo contrario, si te empeñas en alejarlo o contenerlo sin primero sentirlo y reconocerlo, te perseguirá sin ninguna misericordia —extendió la mano sobre su pecho—. Luego de haber experimentado su magnitud dentro de las profundidades de tu ser, exhálalo y libérate de él sin ningún cuestionamiento. Lo primordial en todo esto, Thérèse, es que nunca le cedas el poder sobre ti. Respira hondo —inhaló, cerrando los ojos—, busca la calma en tu interior y serena la cabeza, para que lo que veas, lo que escuches y sientas te mantenga coherente, sin que nada te confunda. No le cedas a nadie el poder para que domine tu mente y tu espíritu.

—A ver, a ver, que no te estoy entendiendo bien...

—agité las manos en el aire—. ¿Me estás queriendo decir que veré y viviré cosas aterradoras?

—Desearía decirte lo contrario, hija mía, pero la verdad no lo sé. Dependerá de ti, de tu actitud y en especial de tu fe y tu fuerza interior. Sé que decirlo es muy sencillo, pero haciendo conciencia y conociéndote como te conozco, estoy seguro de que lo lograrás.

—Y ¿cómo se supone que vamos a resolver esto, papá? —pregunté.

—Entiendo que estés molesta, hija, pero me temo que ese es el problema principal —sus palabras apenas se escucharon—. No lo puedo hacer yo solo. Lo único que puedo hacer es seguir buscando pistas dentro de estos papeles y este libro —posó su mano sobre el texto medieval que permanecía sobre su escritorio—, ya que, desafortunadamente, tú eres la única y la indicada para romper esta maldición por ser actualmente la última en la línea familiar.

—¿Qué...? —Me levanté, azotando la mano sobre la mesa—. ¿Qué me estás queriendo decir, papá? ¿Que tengo que ir a Rumania y ponerme a solucionar esto yo sola? ¿En qué diablos estabas pensando cuando hiciste todo esto? Pero si no tengo ni la más remota idea de nada, es más, sigo sin comprender bien lo que me cuentas y, ¿me pides que descubra un secreto y lo resuelva sin ninguna pista en concreto? ¿Y mi trabajo qué...? ¿Pretendes que lo abandone todo, así nada más?

Apretó sus labios y asintió bajando la cabeza.

—¡De verdad todo esto es completamente absurdo, papá! —espeté.

—Lo siento, Thérèse —suspiró—. Te juro que no te dejaré sola. Haré hasta lo imposible para acabar con esta pesadilla.

—Con una pesadilla que tú mismo desataste —rebatí, sintiendo que la sangre me hervía por dentro.

—Lo sé y lo reconozco, hija, y admito que no estoy orgulloso de ello, pero desgraciadamente aquí no hay vuelta de hoja. La búsqueda la tendrás que hacer tú misma allá, pero te repito que no estarás sola, eso sí te lo aseguro. Trataré de alcanzarte en unas semanas, pero mientras tanto, te llevarás copia de los documentos, el anillo y el libro, y tanto tú como yo, desde aquí, trabajaremos hasta encontrarlo.

—¡Oh Dios! —Me desplomé nuevamente en el sillón, alucinando aún tantas palabras a las que no podía encontrarles coherencia.

—Saldrás cuanto antes para Roma, yo lo arreglaré todo, no te preocupes, te tendré al tanto de mis hallazgos.

—¿Qué puedo decir, padre? bajo esas circunstancias no tengo otra opción, ¿o me equivoco? —Traté de encontrar un rayo de esperanza a nuestro terrible destino, y me pregunté: ¿Cuál sería el de mi padre si esto fuese verdad como él decía?

Sin emitir palabra y con la barbilla temblorosa, di media vuelta y regresé a mi habitación sintiendo una opresión dolorosa en el pecho que me impedía respirar.

Capítulo 2

Anna, mi hermana, estaba a punto de casarse con Tom, hijo de Ricardo Bolt, exsocio de mi padre en el bufete de abogados. Nunca comprendí cómo se había enamorado de él. Le llevaba casi diez años y durante mucho tiempo me había pretendido, pero nunca le correspondí porque detestaba que fuera prepotente, impetuoso y calculador. Era el prototipo de patán, nuevo rico, que pensaba que el dinero lo compraba todo, y ahora había enamorado a Anna, una muchacha decente que siempre confió en la gente.

En alguna ocasión traté de disuadirla y hacerle ver que merecía algo mejor, pero fue ya demasiado tarde para hacerla cambiar de opinión y terminé por respetar su decisión.

Los días siguientes fueron estresantes y acelerados. Iba de un lugar a otro, revisando hasta el último detalle del viaje. A partir de aquella conversación con mi padre comencé a tener pesadillas. Me despertaba inquieta, bañada en sudor, tratando de conciliar el sueño durante horas enteras.

Mi padre había caído en cama al día siguiente con una aparente influenza. Lo aquejaban estrepitosas tosiduras, escalofríos, fuertes dolores de cabeza y de las articulaciones, con la sensación de tener la piel quemada y una fiebre que lo hacían delirar, por lo que mi madre trataba de aminorar el malestar con toda clase de remedios caseros, logrando así darle consuelo tan solo por unas horas.

Admito que en varias ocasiones pensé que tenía que ver con la caja, aunque a ratos la razón no me dejaba aceptar una idea tan descabellada, por lo que trataba de alejarla a toda costa.

* * * * *

Una de esas tardes, mi padre me mandó llamar a su habitación para avisarme que todo estaba listo para que saliera ese mismo jueves por la noche para Roma y me alojaría en casa de Montse Scognamillio, amiga de mi madre de la adolescencia. Me indicó también que había dispuesto un maletín con las copias de todos los papeles, el libro y el anillo del dragón, que estaba dentro de una caja de terciopelo negro, el cual era parte clave para poder llevar a cabo las investigaciones.

—Thérèse, he pensado mucho durante estos días y entiendo que estés enojada conmigo, que pienses que he sido un irresponsable y que toda esta historia te parezca una locura, pero quiero que te quede claro, que no hay otra manera de arreglar esta "bomba de tiempo", cuyo segundero ha comenzado a correr. Lo que más me preocupa no soy yo, hija, tenlo por seguro... Me preocupas tú, porque todo esto terminará recayendo sobre ti y sobre quién sabe cuántos inocentes que integrarán esta familia con los años. Por ello necesito que en el momento que des este paso, te comprometas hasta el final. Deberás ser cautelosa al manejar estas energías que pueden desatar aún más la ira de esta maldición. Tienes que ser sumamente precavida y no perder absolutamente nada, porque de lo contrario, no quisiera ni imaginar en lo que esto se convertiría, como también para la persona que por azares del destino lo tuviera en su poder.

👡 CENTINELA DEL SILENCIO 👡

Cuando llegues a Roma, te estarán esperando en el aeropuerto Montse y María, y después de que te establezcas, buscarás a Sandrino Piateli. Te dejé escritos sus datos en una tarjeta que está sobre mi escritorio, él es un hombre inteligente y capaz, que te ayudará a traducir los escritos para que puedas leerlos. Además de que sus amplios conocimientos te ayudarán a guiarte al siguiente paso, y como te dije antes, yo haré lo mismo desde aquí y nos mantendremos en contacto los tres. Y nuevamente, mi niña... —suspiró—, espero que algún día puedas perdonarme.

—Y ¿qué va a pasar contigo, papá? Me preocupa dejarte así. Tengo mucho miedo —dije al ver su rostro desencajado—. Por primera vez en mi vida, pude ver que la sombra de la preocupación y la duda empañaron sus ojos.

—Lo sé, hija, yo igual tengo miedo, pero tenemos que tener fe y primero estás tú. No podemos ser escépticos ahora y esperar a que algo terrible suceda. Este va a ser un viaje largo y complicado.

Al día siguiente preparé mis maletas y pasé el resto de la tarde con mi familia. A mi madre se le llenaron los ojos de lágrimas, en tanto me daba una medalla de la virgen de Schoenstatt, de la cual era muy devota, pidiéndome que nunca me la quitara, para que me protegeria en todo momento.

Capítulo 3

Al salir por la puerta de la aduana, aparecieron frente a mí, dos mujeres con un cartelón que tenía mi nombre escrito. Me acerqué a ellas y me presenté, al mismo tiempo que me recibían como si me conocieran de toda la vida. De ahí partiríamos a mi nuevo hogar, donde conocería más a fondo a quien sería mi más grande apoyo, mi amiga María.

Era una mujer joven, sonriente, de tez apiñonada. Tenía la nariz ligeramente aguileña, que le daba gran personalidad. Sus ojos, como dos capulines, estaban enmarcados por unas delineadas cejas oscuras y su cabello, negro azulado, caía sobre sus hombros. Estaba divorciada y tenía un hijo de nueve años llamado Giovanni, al que le decían Gio. María, además de ser una persona entusiasta, divertida, que le encantaba la bohemia, tocaba la guitarra con gran virtuosismo y su mayor pasión era estudiar. Era psicóloga en una reconocida clínica de Roma pero, por encima de todo lo anterior, poseía una profunda calidad humana.

María vivía con Montse, su madre y Gio, en una cómoda casa de dos plantas, a un par de cuadras de la plaza Navona, una de las más escenográficas de la Roma barroca. El piso de madera, los altos techos, los muebles ingleses de madera oscura y las paredes forradas con papel tapiz color almendra, en donde colgaban decenas de retratos de familia en blanco y negro, hacían un hogar acogedor. Tenía dos dormitorios y un pequeño cuarto de huéspedes, el cual pasaría a ser mi nuevo espacio durante los meses siguientes. Este daba a un jardín trasero donde, sobre una tarima de madera, se encontraba un viejo asador y una descascarada mesa de hierro, que tenía un macetón con tres tulipanes rojos que apenas dejaban ver sus primeros brotes de flor.

Montse era descendiente de una familia española, que había radicado en Italia por varias generaciones. Una mujer encantadora, siempre atenta y cariñosa con todos, la matriarca de una gran familia conservadora, el pilar del clan Scognamillio. Un ser excepcional, querido por sus familiares y amigos.

Ya instalada en mi nueva casa, me puse en contacto con Sandrino Piateli y concerté una cita ese mismo día para darle a traducir los escritos que tanto me urgía descifrar.

Partí rumbo a su despacho, que estaba situado en un viejo edificio de ladrillo rojo, cerca del Coliseo de Roma. Al llegar ahí toqué el timbre, que sonó como una chicharra a punto de descomponerse. A los pocos minutos, abrió la puerta un hombre robusto, de baja estatura, calvo, y que llevaba puesto un saco desgastado, con unos lentes de fondo de botella. Me recibió con amabilidad y me invitó a pasar a un cuarto, que parecía más que una oficina, un auténtico nido de ratas. Atiborrado de archivos, montañas de papeles apilados desorganizadamente sobre el piso y cientos de libros acomodados en estanterías a punto de derrumbarse. Tenía varios diplomas y reconocimientos de universidades de todas partes del mundo, así como miles de libros sobre infinidad de temas.

Extendió su mano, me invitó a sentarme mientras

hojeaba los escritos y, de vez en cuando, se volvía a mirarme con expresión de asombro.

—¿Cómo llegó esto a sus manos, Teresa? Es, en verdad, asombroso.

—¡Mi padre lo encontró en Rumania y... —resumí la historia de su origen, mostrándole el anillo del dragón.

—¡Santo cielo! —Sin quitarle los ojos de encima sacó una lupa de la gaveta de su escritorio—. ¿Tiene idea de lo que es esto?

—Un anillo medieval, ¿no es así? El anillo de Vlad Tepes —respondí.

—Sí, sí por supuesto, pero... —explicó, contemplando detenidamente la gema—. A este extraordinario rubí se le llama comúnmente "sangre de paloma", es una piedra preciosa muy valiosa, que suele provenir de lugares recónditos como Birmania. Es de un rojo intensísimo, que tiene ligeros destellos azulados y su tamaño es... —meneó la cabeza—, sorprendente. Nunca antes había visto nada igual. Es una pieza invaluable, Teresa. La piedra, la montadura del dragón y más aún, a quien perteneció, lo hacen único.

—¿Tanto así? —inquirí.

—Así es, por eso tiene que tener mucho cuidado de no extraviarlo —lo tomó entre la punta de sus dedos para apreciarlo a contra luz—. No se lo muestre a nadie, Teresa. Lo debe guardar muy bien y así permanecerá en secreto y en cuanto haya completado la traducción, le avisaré de inmediato.

Le di las gracias y nos despedimos con un gesto de complicidad para luego caminar hacia la puerta de la calle.

De ahí partiría a inscribirme en la Academia de Bellas Artes. Deseaba hacer algo diferente y que me dejara alguna satisfacción personal. Al mismo tiempo que me dedicaría a resolver aquel acertijo, pues sabía que a partir de tener la traducción en mis manos, no habría tiempo para nada más.

Unos días después, asistí por primera vez a mi clase

de pintura. El profesor Fabio Tossi me presentó a varios alumnos, a la vez que nos pedía que sacáramos nuestros lienzos para pintar a un modelo que posaba desnudo sobre un camastro de madera cubierto con una manta blanca. Acomodé el caballete frente a mí e hice un rápido esbozo con un pedazo de carboncillo, mientras uno de los alumnos encendió un aparato de música, en el que se escuchaba una pieza de música clásica. Por lo que alcancé a escuchar en voz de mi compañero contiguo, Fabio, nuestro polifacético maestro, había estudiado también para violinista en el Conservatorio, donde formó parte de la prestigiosa filarmónica de Roma, cuya música se había grabado en aquella cinta.

Inmersa en mi dibujo, me percaté de que un muchacho me miraba atento desde el otro extremo del salón y, al notar que me daba cuenta, sonrió sin ninguna timidez, agitando su mano desde lejos. Le devolví la sonrisa y seguí pintando concentrada. Al terminar la clase, me volví para mirar el reloj que colgaba de la pared y vi que habían transcurrido las horas rápidamente.

Dejé el pincel y guardé mis pinturas, cuando sentí una mano que tocaba mi hombro. Me volví hacia atrás y vi que se trataba del mismo chico que me había estado mirando durante la clase.

—Hola, soy Willet, David Willet —extendió su mano, presentándose con marcado acento británico—. Y ¿tú?

—Teresa —contesté, guardando mi caja de óleo dentro de una bolsa de lona que levantaba del suelo.

—Encantado de conocerte, Teresa —sonrió—. Me llamó la atención que no dejaste de mirarme durante toda la clase y por eso mismo vengo a presentarme —contuvo un gesto socarrón.

Estreché su mano, contrayendo las comisuras de mis labios.

—Oye, Teresa... —comentó mirando el lienzo—. Pintas estupendamente bien. Imagino que llevas años estudiando aquí. ¿No es así?

—No, acabo de entrar hoy. Es mi primera clase —respondí mientras él caminaba a mi lado hacia la salida.
—Igual yo. Llegué hace poco tiempo y no conozco a nadie.
—Pues al paso que vas, y con esas introducciones personales, no tardarás mucho en conocer a media Roma.
—No, eso es solo contigo —sonrió disimuladamente—. ¿De dónde eres?
—De Estados Unidos y ¿tú?
—De Londres. Terminé la carrera de Relaciones Internacionales y vine a residir un tiempo a Roma, ya que mis padres estarán por acá unos años.
—Y, ¿qué los trajo hasta aquí?
—El gobierno, mi padre es embajador. Espero acostumbrarme a esta nueva vida, ya que Italia e Inglaterra son tan diferentes, pero creo que me vendrá bien un cambio.
—Vas a ver que te vas a adaptar muy pronto, bueno… —ladeé la cabeza—, también espero que eso pase conmigo.
—¿Te importaría si te invito a comer, Teresa?, por supuesto, si tú quieres y puedes.
Hice una pausa antes de responder, mirando mi reloj:
—Está bien, pero tengo que hacer varias cosas por la tarde.
—¡Estupendo!
Caminamos hacia donde había dejado estacionado su auto. Abrió la portezuela y expresó con acento italiano, sin poder ocultar su procedencia británica:
—Adelante, *signorina*.
Bordeó el frente del auto, en tanto yo sonreía meneando la cabeza.
—Bueno, Teresa, ¿adónde vamos? —Metió la llave y encendió el motor—. ¿Qué te parece si vamos a la Tosca?, queda a tres cuadras de aquí, dicen que tiene buen ambiente y que se come excelente.
Cuando llegamos al restaurante, nos recibió una joven

de tez oscura y ojos verdes, que llevaba incrustado un arete en la nariz, la cual nos escoltó hasta una terraza que tenía una magnífica vista al río Tíber.

Tras una larga conversación en la que me platicó todo lo que había hecho en Londres, sobre su carrera, sus pasatiempos, que montaba a caballo, jugaba rugbi en la Universidad de Oxford y, por encima de todo, parecía ser un fanático del arte como yo.

—Teresa, ¿qué es lo que más te gusta hacer, aparte de mirarme persuasivamente durante toda la mañana? —guiñó un ojo, divertido.

—A parte de mirarte, déjame pensar, mmm... —apreté los labios—. Me gusta la pintura, me encanta la música y cantar es algo que me apasiona desde niña. Estudié música y restauración en Londres por casi tres años. Qué lástima que no te conocí cuando vivía allá.

—Sí, hubiera estado bien, pero afortunadamente nos tocó encontrarnos aquí en Roma y me parece formidable que te dediques a lo que te gusta. A mí también me apasiona la música, aunque para serte franco, mi voz es malísima. Las pocas veces que me animo a cantar son en la ducha o por las noches al regresar del *Pub* —levantó el ceño—, y Matt mi perro, deja de comer por varios días. Sin embargo, disfruto mucho al escuchar buena música y más aún si estoy con buena compañía.

Me contó que se había tomado un año sabático, aprovechando que su padre había venido a residir a Italia, que había empezado un curso de historia del arte y pintura, y al concluir, volvería a Londres a trabajar.

Después de pasar un rato agradable, pidió la cuenta. Le agradecí su invitación y me llevó a casa, quedando de vernos al día siguiente en la academia.

Capítulo 4

Durante esos días, me dediqué a mis clases de pintura, tratando de aminorar la ansiedad que me causaba el hecho de pensar en mi padre, su estado de salud y la supuesta maldición, que me tenía la mente saturada. Durante las noches, invariablemente sufría pesadillas, entes que en tinieblas hablan en idiomas que no comprendía y cuya presencia me aterraba, despertando con algún sobresalto o un grito, que ocasionaban que María o Montse corrieran a tranquilizarme.

Después de casi cuatro semanas de espera, el día tan esperado llegó. Sonó el teléfono y al levantar la bocina escuché una vocecilla que preguntó:

—¿Teresa?

—Sí —reconocí de inmediato la voz del traductor—. ¿Cómo está, señor Piateli?

—A Dios gracias, bien, Teresa. He completado la traducción y me gustaría verla en mi oficina lo antes posible —sugirió.

—Voy para allá —tomé mi bolso, emprendí camino y al

poco rato me encontraba tocando el timbre del viejo edificio. Tras largos minutos de espera y sin que nadie abriera, salió uno de los vecinos y sin cruzar miradas, di un paso al frente y empujé el portón, antes de que este se cerrara. Pasé al recibidor y me dirigí a la oficina de Sandrino Piateli, donde el hombrecillo se disculpó por no haber escuchado el timbre, argumentando que su intercomunicador estaba descompuesto desde hacía una semana.

Me pidió que tomara asiento, mientras él se sentaba en una silla giratoria frente a mí y, sujetando nervioso una carpeta verde que contenía un fajo de hojas numeradas con marcador rojo, expresó visiblemente azorado:

—Está listo, Teresa. Pero solo le digo que tiene en su poder algo asombroso y terrible a la vez. Esto se escribió en dos idiomas, algo inaudito en verdad. Usaron el latín como guía y el eslavo eclesiástico antiguo para resaltar acertijos, mensajes y frases significativas. Este idioma fue empleado para el culto y más tarde fue adoptado por la gente educada de la religión ortodoxa de los siglos XI al XIII.

Los eslavos se asentaron al norte del Danubio y fueron aceptados poco a poco por el pueblo rumano, dejando vestigios de su idioma en el actual vocabulario rumano. Pero sin desviarme del tema... —bajó su mirada a los papeles que tenía frente a él—. Esta obra fue escrita más o menos a finales del siglo XV, con una inteligencia maquiavélica. Está basada en la alquimia, conjuros, maleficios y una historia de atrocidades perpetradas por Vlad Tepes, de quien le voy a dar más información y detalles concretos del porqué es considerado un monstruo.

Se frotó ambas manos y continuó:

—Desde la perspectiva histórica, este hombre fue un ferviente defensor de los intereses y la independencia de Valaquia, región al sur de Rumania. Recibió una educación brutalmente estricta, además de que se crió dentro de la religión cristiana en Transilvania. Se menciona que a sus escasos trece años de edad, su padre lo abandonó en poder de los turcos que lo mantuvieron como rehén durante cuatro años. Durante ese tiempo tuvo que lidiar con gente que hablaba otro idioma, tenía una cultura y una religión completamente diferente a las suyas. Como era de esperarse —extendió su mano sobre los escritos—, se convirtió en musulmán, lo que lo convirtió en un acomodadizo. Tuvo una infancia dura y dolorosa, llena de abandonos y traiciones —tomó una hoja y leyó—: "Vlad Tepes estaba poseído de ira, buscaba con obsesión vengarse de los asesinos de su padre y de su hermano Mircea, a quien enterraron vivo por órdenes de Juan Hyundai, que era un hombre débil y amargado y, por entonces, el comandante a cargo de expulsar a los turcos fuera de Europa". Pero bueno... —hizo hincapié—, ahora no vale la pena mencionar su historia para no apartarnos del tema.

Se reacomodó en su asiento y comentó:

—Este ser perverso, que llegó a ser héroe para muchos y un demonio para otros, llegó a aprender, como todo un tahúr, a lograr sus objetivos a cualquier costo. Fue un hombre de infinita maldad, por lo que su primera esposa se suicidó desde el balcón de uno de sus castillos. Y no es para menos..., ya se podrá imaginar la vida que llevaba junto a este diablo.

Alcé las cejas, dejando escapar un prolongado suspiro.

—Vlad Tepes —retomó su relato— fue odiado por buenos y malos por lo que, a través de los siglos, se convirtió en inspiración de incontables historias y leyendas. En los cuadros que representan a Vlad siempre aparece con una estrella musulmana de ocho puntas en su frente, jamás con una cruz. Además, por un largo período, estuvo en contra de tener descendencia, por lo que se cuenta que cuando una de sus amantes le confesó que estaba embarazada, furioso ante aquella noticia, que iba en contra de sus deseos, le abrió el vientre de un tajo con su espada.

Fruncí el ceño.

—Durante aquellos largos años reinó el terror. Podríamos enumerar un sinfín de torturas y condenas inconcebibles, donde el sufrimiento y la obsesión por la sangre eran la clave de su máximo placer.

Interrumpí su relato.

—Ya, más o menos, me había platicado algo mi padre. ¡Qué horror de hombre! Incluso, me comentó que todo esto está basado en el miedo y la capacidad de vencerlo, de lo contrario, la maldición arremeterá hasta ver destruida a la víctima.

—Me temo que así es, Teresa, y sabemos que el miedo es lo más difícil de vencer. Y con respecto a Vlad... —reflexionó por unos segundos, restregándose la cara con la mano—, como diría Víctor Hugo: "Cuanto más pequeño es el corazón, más odio alberga". Pero yendo al grano, el libro también menciona sobre la cabeza y la mano que le cortaron después de su muerte en 1476. Sobre esta última creo que no hay nada documentado. Aunque se cree que su supuesta tumba podría estar en un convento en el lago Snagov, cerca de Bucarest, en donde hay algunos retratos y leyendas sobre él, pero se dice que su tumba está vacía. La verdad es que no se sabe a ciencia cierta dónde yacen sus restos.

Tocaron a la puerta. Hizo una mueca y se levantó a abrir, escabullendo la cabeza por un costado de la puerta. Escuché que pidió a su interlocutor que regresara más tarde. Cerró y regresó a sentarse frente a su escritorio.

—Disculpe, Teresa. ¿Por dónde íbamos? —hizo una pausa—. Ah sí... Se dice que ordenó a su único hijo vivo, Vlad IV, el cual tuvo con su última mujer Ilona Hundayi, y de quien no se sabe mucho, que llamara al brujo más prominente de toda Europa, aquel que, aparte de su poder, fuera alquimista, astrólogo y que tuviera contacto con el mundo invisible para encargarle que cuando él muriera, le cortara la mano izquierda con todo y su anillo del dragón negro, e hiciera un conjuro sobre este para que cayera una maldición sobre aquel que lo robara, y condenar con incalculable sufrimiento, la avaricia, la deshonestidad, la mentira y la traición, con lo que vivió obsesionado toda su vida.

Según mencionan... —arrastró su dedo horizontalmente sobre una línea del escrito frente a él—, castigó con actitud despiadada, a aquel que lo contradijera y no le rindiera tributos, ya que en su demencia y prepotencia absoluta, se creía el juez y el único responsable de acabar con aquellos que lo desobedecieran o fueran, de alguna manera, poco merecedores de vivir en su reino. Pero más bien, supongo que lo hizo por el mero placer de seguir haciendo sufrir.

En todo esto se encierra un elucubrado juego de palabras que conlleva la clave del nombre del dragón, que por lo que he percibido durante la traducción, en los siglos XIV y XV, los habitantes de varios pueblos asentados en las alturas de los Cárpatos aseguraban haber visto a estas criaturas aladas, sobrevolar montañas y aldeas, atacando a los animales y a los niños, que eran los seres más vulnerables. Asimismo, se cree que vivían en cuevas recónditas, elevadas en los riscos nevados inaccesibles al hombre. Ahí las hembras se apareaban con algunos machos que viajaban desde muy lejos y construían sofisticados nidos de piedra donde depositaban sus huevos.

El problema real vendría después... —continuó—, el macho abandonaba el nido y la hembra tenía que matar para alimentar a sus crías; razón por la que las granjas eran presa fácil. Y por consiguiente, fueron perseguidos hasta exterminarlos, convirtiéndolos posteriormente en la imagen de la violencia y la fiereza más desmedidas; en el animal volador más grande y salvaje jamás conocido, que pasaría a ser entonces, parte de una importante insignia militar.

—¿Habrá sido real que exhalaban fuego como se creía? —pregunté.

—Por los datos que he encontrado, al parecer era verdad. Aparentemente tenían una cavidad unida a los pulmones donde almacenaban un gas, que se cree era hidrógeno, y que los hacía volar como globos aerostáticos, además de tener una conexión con la boca donde al contacto con ciertos minerales que comían, se activaba, creando una llamarada que no llegaba a quemar su propia boca, pero que era su única arma letal.

—¿Algo así como los faquires lanzafuegos?

—Similar... —asintió—, pero volviendo a nuestra historia, necesitamos encontrar el nombre de este dragón en especial, y principalmente, una frase de exorcismo que solía emplearse en el siglo XIII. No sé si proviene del catolicismo ortodoxo romano u otro, pues creo que con la frase y el nombre del dragón, se romperá el hechizo. El problema es que si esa caja se ha abierto ya, sería catastrófico y el tiempo sería oro para develar su significado.

Lo miré horrorizada al darme cuenta de que era cierto lo que mi padre había dicho y le confesé que él la había abierto desde hace poco más de un mes.

—¡*Madonna*! —se llevó el puño a la boca—. ¡¿Cómo pudo hacerlo?! Tenemos que hacer algo pronto y... ¿quién es el último descendiente en su familia, Teresa?

—Yo, por supuesto. Por eso mismo estoy aquí, señor —sentí un escalofrío que recorrió mi espalda.

—Teresa... —apretó la quijada, resaltando las venas de sus sienes—. Tenemos que desentrañar esto antes de que sea demasiado tarde. La frase, como le comenté, es un exorcismo empleado en esa época por la iglesia y además, necesitamos descifrar el nombre del dragón que debe estar encriptado en algún lugar. Tendremos que leer y releer hasta encontrarlo. Usted lléveselos a casa, estúdielos por su lado y yo por mi parte, si usted me lo permite, me quedaré con las copias en latín y haré lo mismo. Estaremos en contacto para cotejar nuestros hallazgos y le prometo que desentrañaremos este acertijo pronto.

—Sinceramente eso espero, señor Piateli, y que no sea demasiado tarde como dice... —me levanté de la silla, tomé el montón de papeles, me despedí y regresé a casa, abatida.

* * * * *

Durante los días siguientes compré algunos libros sobre dragones medievales, un diccionario de latín y otras historias de esa época que pudieran darme alguna pista. No hacía otra cosa que leer aquellas hojas, llenas de frases complicadas. Mencionaban a los dragones de la edad media que representaban a Lucifer, al diablo o al demonio, que era la bestia del Apocalipsis según San Juan.

Por lo que había leído, algunos artistas medievales plasmaban imágenes de dragones en los claustros, en los castillos y en las catedrales, y se aseguraba que solo un caballero o algún centurión, eran los únicos capaces de vencerlos. Según mis hallazgos, ese centurión del que hacían mención, se trataba del arcángel San Miguel, cuya imagen era la protectora de los caballeros y las grandes batallas. Se decía también que, el arcángel San Miguel era el jefe del ejército de Dios, un poderoso sanador y el único ser, capaz de derrocar al dragón, que en el *Nuevo Testamento*, en la iglesia ortodoxa y en el judaísmo, se referían a él como el demonio. Así también, hablaban sobre la capacidad de vencer nuestros propios miedos, lo cual era vital para mí en aquellas circunstancias de mi vida.

Las bellezas que leí sobre esta gloriosa criatura celestial, fueron mi fuente de inspiración, por lo que hice una pintura de este animal durante el transcurso de aquella semana.

A partir de entonces, no paré de cuestionarme una y otra vez, cómo encontraría el nombre específico del dragón del anillo. Los días corrían y mi intensa lucha por comprender aquello, me hacía caer rendida por las noches, donde sueños tortuosos se encargaban de quitarme la poca paz interior que luchaba por almacenar durante el día.

Casi todas las mañanas llamaba a casa para preguntar por la salud de mi padre. Su estado no era bueno, a ratos pareciera mejorar, cuando a los pocos días recaía con fiebres que lo hacían delirar. Según decían, la tos que lo aquejaba lo postraba, aunque se encontraba estable dentro de su crisis.

Capítulo 5

Sonó el teléfono, se trataba del señor Sandrino Piateli, quien me informó que era urgente que viajara cuanto antes a Rumania a encontrarme con monseñor Constantin Damezcu, historiador y teólogo carmelita calzado, que según él, podría ser el indicado para asesorarme en la frase de exorcismo que solía usarse en aquella época. Me dio referencias detalladas para encontrarlo sin problemas, avisándome que me había concertado una cita para el día siguiente a las cinco de la tarde, en el monasterio carmelita en Bacau, al noreste de Rumania.

—No puede perder tiempo, Teresa.

Me quedé realmente sorprendida. Respiré profundamente, tratando de organizar mis pensamientos y respondí que haría los arreglos necesarios para el viaje, quedando con él en que lo mantendría al tanto de mi entrevista.

Durante aquellas semanas, había mantenido a mi padre enterado de mis avances, aunque a veces, cuando él se encontraba indispuesto y no tenía siquiera la fuerza para contestar el teléfono, lo tenía que hacer a través de mi madre.

Ya María y Montse estaban familiarizadas con aquella situación y, aparte de darme su apoyo, despejaron todas mis dudas y me apoyaron con la idea del viaje. Al día siguiente estaría volando para Rumania, en donde tomaría el tren de Bucarest a ese pequeño poblado encallado en lo más recóndito de los Cárpatos.

* * * * *

El viaje de casi tres horas al monasterio fue inolvidable, las montañas aún se encontraban nevadas y los valles empezaban a reverdecer, dando paso a la primavera. No por nada, Bucarest había sido bautizado como "Los Alpes de Transilvania" donde, en varias ocasiones, llegué a ver uno que otro oso corriendo, hermosos riscos, y pueblos y castillos dignos de cuentos de hadas.

Después de varias horas llegué a la estación de trenes de un pueblo pintoresco, donde tomé un taxi que me llevaría directo al monasterio para encontrarme con monseñor Damezcu.

Cuando dieron las cuatro y media de la tarde me encontraba en una sala, aguardando ansiosa, sentada en una incómoda silla de madera. Esa media hora fue eterna, no paré de hojear los escritos que llevaba conmigo, ideando por dónde comenzaría mi relato. De pronto apareció un hombre vestido con una túnica carmelita, que me invitó a pasar a una estancia donde había unas cuantas sillas dispuestas alrededor de una mesa de roble. Me hizo una seña con la mano para que tomara asiento, se ajustó los anteojos sobre su afilada nariz, a la vez que se sentaba frente a mí, preguntándome el motivo de mi visita.

Tomé aire y sin imaginar lo que estaba a punto de revelarle, coloqué la carpeta sobre la mesa y saqué de mi bolso la cajita que contenía el anillo.

Tras explicarle la razón por la que me encontraba ahí, monseñor Damezcu parecía no poder creer lo que escuchaba. Y reacomodándose continuamente las gafas, abriendo y cerrando la cajita de terciopelo negro, no paró de frotar su barbilla, como tratando de encontrar alguna respuesta.

Luego de revisar incontables veces los escritos, recordó que en la época medieval, algunos sacerdotes y carmelitas calzados, llevaban a cabo exorcismos de un modo diferente y que, por lo tanto, tendría que averiguar cuáles eran estos, buscando en ciertos libros o con alguien que supiera la frase que usaban entonces para poder darme una respuesta clara y contundente.

—En aquel tiempo —prosiguió tratando de encontrar algún dato relevante de la historia—, el beato Juan Soreth fue un destacado teólogo y prior de la orden, que pudo haber escrito en alguna de sus obras algo al respecto, pues vivió toda clase de situaciones clásicas de aquella época, además de las secuelas del Gran Cisma de Occidente y la peste negra.

Después añadió algo de historia, referente a la magia y el exorcismo. Tanto en la *Biblia* como en el *Corán*, mencionan los poderes que tenía el rey Salomón. En el *Corán* está escrito que el rey David, fundador de Jerusalén, aprendió en su juventud el lenguaje de las aves, el cual enseñaría a su hijo Salomón, quien a su vez, fue un hombre inmensamente sabio y el mismo que construyó el templo de Jerusalén, aparte de ser reconocido como "El mago" de sus tiempos. Escribió un libro sobre magia, con el cual logró poner el diablo a su merced. Durante aquella época y con la influencia de este, la gente luchaba contra las enfermedades a través de exorcismos.

En aquel entonces... se utilizaba el sello del rey Salomón para poder vencer al demonio. Era una estrella de cinco puntas con el nombre de Dios grabado en él, plasmándolo más tarde en toda clase de talismanes, con el fin de protegerse contra los grandes males.

Nuestra conversación se alargó por varias horas. Nos habíamos adentrado en un incesante intercambio de ideas por lo que, cautivada por su amplio conocimiento, escuché con gran interés sus relatos y conocimientos teológicos. Y saltando de una hipótesis a otra, sin llegar a nada en concreto, puntualizó parándose de su asiento:

—Señorita Rembèz, es difícil dar con alguna solución en este preciso momento, tendría que estudiar más a fondo la situación, pero le prometo que la ayudaré a encontrar lo que busca. Deme un poco de tiempo, le avisaré en cuanto tenga algo, no se preocupe. Y con respecto al nombre del dragón del anillo, supongo que debe estar en alguna parte del libro. Me temo que en eso no podré ayudarle. Lo único que se me ocurre es recurrir a algún especialista sobre esta materia de los siglos XIII, XIV o XV y tal vez consultar algún libro relacionado con los *draconarius*, que eran los portadores de las enseñas del dragón. Solo le puedo recomendar que tenga fe y que ore mucho. Póngase en manos de Dios, nuestro Señor, para que la proteja a usted y a su padre, pues su poder es mucho más grande que cualquier mal. Yo, por mi parte, rezaré por usted y para que nuestra señora del Carmelo nos indique el camino correcto a seguir.

Le agradecí sus palabras, le comenté dónde me hospedaría los próximos días antes de regresar a Italia y le supliqué que no me dejara sola, que estuviéramos en contacto, y que Dios le diera la guía necesaria para darme una esperanza. Me dio la bendición e hizo una oración en latín. Deseé que él pudiera darme la respuesta. Sentí tristeza y temor de dejar ese lugar en el que me sentía protegida.

Se había hecho tarde y había perdido el último tren de regreso a Bucarest, por lo que tuve que quedarme a pasar la noche en un hotel del pueblo, y regresar al día siguiente en autobús.

* * * * *

La sinuosa carretera me hizo sentir en varias ocasiones un fuerte mareo aunque, después de todo, valió la pena, solo por el hecho de ver aquellos paisajes rebosantes de verdor y los riscos de las empinadas montañas recortándose en el horizonte. Después de un largo viaje al que había sido el principado de Valaquia y donde pasaría medio día recorriendo lugares como La Patriarquía, sede de la Iglesia ortodoxa rumana, paseé por el parque y caminé entre puestos artesanales, comprando a la pasada unos íconos bizantinos y algunos huevos de Pascua, deseando desconectarme de mis preocupaciones por un rato.

Durante los siguientes dos días recorrí Sighisoara y Targoviste, donde se dice que Vlad vivió durante mucho tiempo en una fortaleza que ahora se hallaba en ruinas, y donde se suponía que mi padre había encontrado aquella "bomba de tiempo".

Al deambular entre los vestigios de aquel lugar, tomando fotos de cada rincón y tratando de encontrar alguna pista, alcancé a percibir a un pequeño niño que retozaba por los corredores. Paré mi paso y lo busqué con la mirada, escuchando únicamente unas risitas que se difuminaban a través de los muros. Caminé sin rumbo fijo por aquel laberinto, siguiendo aquella vocecilla, pero cuanto más me acercaba, parecía que el sonido de sus pisadas se perdía a lo lejos. Después de unos minutos me di por vencida y regresé por donde había venido; el viento comenzó a filtrarse a través de las ramas de los árboles, moviendo suavemente sus hojas, y entre los muros casi derruidos de la fortaleza, comencé a escuchar sonidos que parecían decir "Julianne, Julianne, Juli...".

Por unos instantes presentí que alguien me miraba, busqué alrededor, pero no vi a nadie. La temperatura había descendido considerablemente, haciéndome tiritar. Cerré la gabardina hasta el cuello y me encaminé hacia la calle, donde después de un largo rato tomé un taxi de regreso al hotel.

Al día siguiente, por la mañana, me llamaron de la recepción para avisarme que tenía una llamada.

—¿Señorita Rembèz? —preguntó una voz de hombre, con fuerte acento rumano.
—Sí, soy yo. ¿Quién habla?
—Aguarde un minuto, por favor, le va a hablar monseñor Damezcu —me informó, al tiempo que parecía hablar con alguien más.
—Buenos días, Teresa —escuché la voz del hombre que en ese momento representaba mi única esperanza—, es un alivio haberla encontrado antes de marcharse. Me atreví a llamarla porque creo tener una pista que puede ayudarla. Uno de nuestros hermanos carmelitas, Alberto Marino Mantuano, quien se encuentra en Nápoles, es uno de los encargados oficiales de la orden y comisario general de los carmelitas y es a él a quien se le han reportado los casos históricos y actuales de exorcismos y milagros. Me parece que es la persona indicada para hablar del asunto que ya conocemos, le sugiero que se ponga en contacto con él. Por favor apunte mi teléfono y los datos para localizarme cuando me necesite. Mucha suerte y que Dios la bendiga.

Capítulo 6

A mi regreso a Roma tenía ganas de llegar a casa y dormir hasta nunca despertar. Me sentía deprimida y con ganas de llorar. Todo aquello que estaba viviendo, en una época en la que lo único que deseaba era vivir tranquila como cualquier mujer de mi edad, la vida se había encargado de ponerme en una realidad distinta, con nuevos retos y desafíos, los que, muy a mi pesar, sabía que tenía que enfrentar.

Absorta en esos pensamientos, María entró a mi habitación para pedirme que le contara sobre los pormenores de mi viaje. Bajamos a la sala, me ofreció un té y mientras yo le hacía la reseña de mi visita a Bacau, le comenté también sobre el viaje que emprendería a Nápoles en los próximos días.

—Me gustaría acompañarte, ¿puedo? —se ofreció de inmediato—. Si quieres primero vamos a ver al monje y luego podríamos ir a casa del tío Piero, en Capri ¿qué dices? ¿Te animarías? Podríamos aprovechar para distraernos unos días. Tú puedes pintar, estudiar todos tus papeles, sacar conclusiones con tranquilidad y yo, por otro lado, aprovecho para visitar a un grupo de amigos que están allá. Las dos necesitamos un respiro ¿no crees?

Sin darle más vueltas al asunto acepté gustosa, pues su compañía me era imprescindible.

Por las llamadas que seguí haciendo a casa, advertí que las cosas estaban de mal en peor. Mi madre parecía muy nerviosa y, según me decía, la afección de papá lo tenía postrado en cama, a ratos con fiebre, lacerantes dolores de cabeza y sobre todo, se había apoderado de él un insomnio que lo tenía en vigilia día y noche, solo lograba dormir unos minutos y despertaba nuevamente sobresaltado. Esta situación lo estaba volviendo loco y, por desgracia, los doctores no sabían cuál era su verdadero padecimiento, pero a pesar de todo, aún seguía luchando por vivir.

Ese mismo día hice una llamada al monasterio en Nápoles, donde me notificaron que el hermano Mantuano llegaría en un par de días. Expliqué a mi interlocutor que me urgía verlo y que estaba recomendada por monseñor Damezcu, del monasterio de Rumania, a lo que me respondieron que me darían una cita la mañana de ese mismo martes, indicándome la dirección y las señas para llegar al monasterio, comentando que me esperarían gustosos.

Siempre tuve el deseo de conocer Capri, una pequeña isla en la costa amalfitana, al suroeste de Italia, y a la que se le dio ese nombre por las cabras que habitaban allí. Pero contrario a aquellos hermosos planes que algún día había tenido en mente, ahora deseaba aislarme del mundo, huir de tanta tensión, pero sin embargo sabía que no escaparía de la preocupación que se había convertido en mi fiel compañera.

Mandé a revelar las fotos que había tomado en Rumania y que vería más tarde durante el viaje. Empaqué los escritos, el anillo y el libro, y tres días más tarde emprendimos nuestro viaje a la playa.

* * * * *

Justo al llegar a la estación de trenes de Nápoles, cansadas y sedientas, buscamos una tienda para beber algo, cuando al sacar unas liras de mi bolso, se acercó un niño pequeño de aproximadamente ocho años, que vestía un mugroso overol de mezclilla, preguntando si queríamos tomar un taxi. Nosotras aceptamos, pero alcancé a percibir algo extraño en su actitud. Lo miré de reojo cuando, apresurado, levantó la maleta de María y corrió como una gacela entre la multitud del andén. Conmocionadas, nos miramos por unos instantes, para luego correr tras él sin lograr darle alcance. El muy bribón, había desaparecido en cuestión de segundos, dejándonos completamente desconcertadas.

—¡María! ¡Avisemos a la policía! —me dirigí hacia ella, levantando los brazos en el aire.

—¡Es el colmo de la pillería! —Se llevó la mano a la frente con indignación—. Es increíble que esto siga sucediendo en este país, pareciera que no hemos avanzado en los últimos años. De verdad yo ya no sé de qué lado está la policía.

Sin hacer mayor comentario, comprendimos que lo mejor era marcharnos de ahí. Tomamos un taxi. Durante el camino, guardé silencio, inmersa en mis pensamientos.

—¿Qué pasa, Teresa? —preguntó María.

—Tengo un mal presentimiento. No sé cómo explicarlo, es como si lo de la maleta hubiera sido un aviso.

—Por favor, no empieces a hacer conjeturas, Teresa. Creo que estás muy influenciada por la situación, simplemente pasó y ya, no pensemos más en eso, que de por sí tienes ya suficientes problemas con lo que estás viviendo.

—Tienes razón. Espero que estos días nos den un respiro a las dos —asentí con desgano y me volví hacia la ventanilla, queriendo liberarme de ese gran peso que venía cargando desde que mi padre me había anunciado su descubrimiento.

María conocía una casa de huéspedes a unas cuadras del muelle, desde donde zarparíamos al día siguiente para

Capri. Era una casona de principios de siglo, que tenía unos pilares de piedra en la entrada principal, de la cual colgaban unas macetas con helechos silvestres. Al pasar al vestíbulo, la dueña del lugar nos recibió amablemente y tras una corta introducción sobre los horarios del desayuno, nos dio la llave de nuestra habitación.

Después de dejar mi maleta en el cuarto, volvimos a salir a la calle para tomar un taxi al monasterio, donde tendría la tan esperada entrevista con el monje carmelita.

Al llegar a aquel sitio, paradas frente al portón de madera que se encontraba entreabierto, empujamos en medio de un sonoro crujido de bisagras oxidadas y caminamos por un corredor que nos llevó hasta donde se encontraba un señor sentado frente a un escritorio, que apilaba minuciosamente cientos de panfletos dentro de una destartalada caja de cartón. Al vernos, se paró rápidamente de su silla y fue a nuestro encuentro.

—¿Se les ofrece algo? —preguntó.

—Tengo una cita con el hermano Mantuano, llamé hace tres días y me dijeron que podía visitarlo el día de hoy —expliqué, sintiéndome nerviosa.

—Aguarden un minuto por favor, pueden tomar asiento —se marchó a toda prisa.

Luego de varios minutos de espera y de mirar incontables veces el reloj, el hombre regresó a informarnos que el hermano se encontraba indispuesto y que le era imposible recibirme ese día. No quiso dar más explicaciones y nos escoltó hasta la salida, cuando a medio camino le imploré que me dejara verlo, que él era el único que podía ayudarme. Además de que venía recomendada por monseñor Damezcu, del monasterio de Rumania, aclarándole que se trataba de un asunto de vida o muerte.

Atónito ante mi inesperado comentario, paró su paso en seco, se rascó la cabeza y pidió que lo esperáramos, alejándose nuevamente con paso veloz por el pasillo hasta perderse de vista. Poco rato después regresó diciendo que solamente yo podía pasar, señalándole a María que esperara en la sala de visitas.

El hombre me escoltó hasta un pabellón, donde había un corredor oscuro, impregnado con un fuerte olor a humedad. Nos detuvimos frente a un dormitorio, tocó a la puerta y desde el interior respondió una voz débil que lo hizo pasar. Me pidió que lo siguiera.

—Está bien, Tito —dijo el monje—. Puedes dejarnos solos, yo te llamo si algo se me ofrece.

Al mirar que se alejaba, el desfallecido monje me invitó a sentarme en una silla de madera frente a su cama para después preguntar:

—¿Qué es eso tan importante y de muerte por lo que quiere verme, hermana?

Le conté en resumidas cuentas la historia hasta llegar a la frase de exorcismo del siglo XV que necesitaba saber. Sacudió la cabeza e incrédulo, clavó su mirada en mí.

—¿Cómo puedo saber que me está diciendo la verdad, señorita Rembéz? Con todo respeto, esto es algo muy inusual y parece una fantasía. He escuchado cientos de historias, pero jamás una como esta. He visto cosas terribles, posesiones demoníacas, pero sin embargo, la maldición del anillo del dragón es... —meneó la cabeza con gesto escéptico—, perdóneme usted, pero suena increíble.

—Lo entiendo hermano —admití—, eso mismo pensé yo la primera vez que escuché esto, pero para su tranquilidad y seguridad, puede comunicarse con monseñor Damezcu en Rumania. Hace solo una semana estuve allá y me pidió que me pusiera en contacto con usted. Tengo todos los papeles aquí mismo, puede usted cerciorarse de lo que le digo, e incluso... —dije sacando la cajita de terciopelo de mi bolso—, esta es la prueba.

Tomó la caja y la abrió con cuidado para sacar el anillo que había en su interior. Lo observó por unos minutos con detenimiento y luego volvió a guardarlo, en medio de su reflexión y el resumen de toda la historia por mi parte.

—Le creo, le creo, a pesar de que la razón trate de impedírmelo. Ahora comprendo que usted está aquí por algo muy importante, pues se puede apreciar con claridad que el dragón, el rubí y la montadura, son en efecto del siglo XIV. Esto es una valiosísima reliquia, pero aunque yo sepa la frase de exorcismo de la época medieval ¿Cómo piensa emplearla? No tiene la preparación para manejar esas energías. Se necesita una persona que tenga la fortaleza espiritual, y por lo que usted dice, es necesario el nombre del dragón para poder llevarlo a cabo, de otra forma no servirá de nada.

—Entiendo, hermano, pero tengo que empezar por algo y si usted me lo permite, cuando haya descifrado el nombre completo, me gustaría visitarlo nuevamente, claro…, si no tiene ningún inconveniente. Ojalá me pudiera ayudar, aunque como el mismo libro refiere, únicamente yo podré hacerlo.

Guardó un largo silencio para luego romper en un estrepitoso ataque de tos que lo hizo palidecer, a tal grado que temí perdería el conocimiento.

—Lo sie…, lo siento… —sofocado, jalaba aire una y otra vez.

—¿Está bien, hermano? —pregunté mortificada—. Por mí no se preocupe, déjeme llamar al señor Tito —salí apresurada de su habitación y a los pocos minutos los dos estábamos de regreso. Afortunadamente el ataque de tos había cedido ya.

—Tito, por favor, tráeme el libro color púrpura con letras en oro que se encuentra en el librero de mi despacho, el que está justo detrás del relicario de la virgen —dijo el monje, secándose la boca con un pañuelo.

Tito asintió y nos dejó una vez más a solas. Sin preguntar, le serví un vaso de agua y se lo ofrecí. El hombre trató de forzar una sonrisa, le dio un par de tragos y lo regresó a su mesita de noche, diciendo:

—Espero poder ayudarle en algo, ya que no es común que un asunto tan delicado y de la orden, se le revele a cualquiera. En el mundo somos pocas las personas que tenemos el permiso del Vaticano para llevar a cabo exorcismos. Y usted...

Interrumpí con mucho respeto.

—Entiendo su punto de vista, hermano, pero esta no es una situación cualquiera. Usted ahora sabe que tengo un motivo sumamente especial, ¿no lo cree? Le aseguro que de otra manera no estaría aquí molestándolo.

Tocaron a la puerta, y en seguida pasó Tito sosteniendo un libro entre sus manos, que parecía sacado de un cuento de hadas. Se lo entregó al hermano Mantuano y sin hacer el menor ruido, volvió a marcharse en silencio.

En acto solemne, el monje lo abrió como si estuviera abriendo un tesoro. Pasó varias hojas, hasta que se detuvo unos segundos mirando una insignia medieval, algo así como la cruz cuadrada, usada en los estandartes de los caballeros de Las Cruzadas. Colocó su mano sobre esta y murmuró una oración antes de proseguir. Tardó un largo rato, como no queriendo revelar aquella frase, la que al fin expresó casi en un murmullo:

—Aquí está... —inhaló por la boca y me pidió que tomara nota—: *"Hic est dies... Vade retro, Infernales Draco! Virgo Carmelita est in me!"*.

Lo repitió dos veces haciendo un énfasis casi inaudible:

—Ahí la tiene, hermana. Quiero pensar que esta es la frase que busca, y estoy seguro que hará buen uso de ella cuando llegue el momento preciso. Recuerde siempre acompañarla de una oración. Esto no es un juego... —su mirada penetrante me hizo sentir incómoda por unos instantes—. Cuando el mal se empeña en que lo sigamos, que nos rindamos ante él..., el infierno nos recordará toda la vida haberlo llamado. No permita que su alma se involucre en las sombras del mal, hermana..., porque tratará de arrastrarla hasta devorar su voluntad. Tenga mucho cuidado, porque cuando el mal no pueda vencernos, tratará de acabar con lo que más amamos, y desatará su ira e impotencia sobre nosotros. Nos corresponde construir nuestro propio cielo o nuestro infierno. Pero recuerde siempre que la magnificencia de Dios está en todas partes, su poder está sobre todas las cosas y es nuestro único instrumento de liberación y salvación. Tenga mucha fe.

—Gracias por sus palabras, hermano, es muy importante para mí lo que dice, y me dará la fuerza que necesito en este proceso. Pero tengo una duda, la frase dice: *"Carmelita est in me"* y yo no soy carmelita.

—¿Acaso cree en la virgen como su madre, Teresa? —preguntó recobrando un poco el aliento, a la vez que su rostro iba retomando una dulce expresión.

—Sí, por supuesto, hermano —afirmé, llevándome la mano al pecho—. Esta medalla que tengo aquí es de la virgen de Schoenstatt y estoy segura de que ella me cuida siempre.

—Eso era lo único que quería escuchar, hermana. La virgen es la misma en cualquier lugar, es nuestra patrona y nuestra guía, solo que nosotros vivimos para hacer su santa misión, la misión de los hermanos carmelitas —sacó un libro y un escapulario de la gaveta de su mesa de noche—. Lea este libro y sabrá lo que nos ha motivado a todos los que estamos en la orden Carmelita para estar donde estamos. Creo que será de sumo interés e inspiración para usted que está en esta búsqueda, y este escapulario de la virgen del Carmen… —lo miró por unos segundos antes de dármelo—, expresa la fe en el encuentro con Dios en la vida eterna, mediante la intercesión de nuestra madre, que promete la salvación a aquellos que lo lleven puesto. No tema, hermana. Ella la protegerá y guiará, hoy y siempre.

Lo tomé de sus manos, le agradecí su bondad, sus palabras de aliento y que me hubiera recibido a pesar de su estado de salud, deseándole que se recuperara pronto.

Salí del dormitorio y regresé al salón, donde María aguardaba sentada con los ojos cerrados. Al escuchar mis pasos se levantó de un salto y preguntó:
—¿Encontraste lo que buscabas?
—Sí, al parecer ya tengo parte del acertijo. Bueno...
—encogí los hombros—, espero que sea esta la frase que necesito, y no lo sabré hasta encontrar el nombre del dragón, que por ahora solo Dios sabe cómo voy a dar con él. Deseo que este viaje me de la claridad para observar entre líneas las posibles pistas que me lleven a esclarecerlo.
Salí más aliviada.

De regreso a la casona paramos en la farmacia a comprar algunas cosas que necesitaba María y como moríamos de hambre, quedamos que al día siguiente terminaría de comprar uno que otro atuendo para el resto del viaje.

Pasamos a dejar los escritos al cuarto y al bajar a la recepción, encontramos a un joven que sostenía una bandeja con tazas y una jarra de café, al que le preguntamos por algún restaurante, recomendándonos uno que se encontraba en Capo Posillipo, comentando que era el lugar donde se comía el mejor pescado y el mejor cangrejo de la región.

Caminamos por la avenida hasta llegar al restaurante, donde un mesero nos guió hasta una mesa que tenía una fantástica vista al mar. Cenamos con una buena copa de vino y seguimos conversando, saltando de un tema a otro. Entre palabras y risas, guardé la calma y tomé un profundo respiro. Me encontraba cansada, exhausta de tanta incertidumbre y de un viaje que no sabía cómo culminaría.

Entre las luces de las velas, arreglos florales que adornaban las mesas y el aroma de vino y café, pude contemplar cómo algunos rostros sonreían, alzaban su copa en el aire, encendían un cigarrillo, mientras que otros, se perdían entre palabras difuminadas por la distancia, envolviéndome por completo en el suave sonido del piano.

Distraída y soltando un prolongado suspiro, quedé

atrapada por la mirada enigmática de un hombre que se encontraba solo, sentado en una mesa cercana. Tenía la piel dorada, nariz recta y fuerte, en tanto que sus penetrantes ojos verdes no se apartaron de mí. Sostuvo su copa frente a él y llevándola lentamente hasta su boca, contrajo los músculos de su rostro, dibujando una casi imperceptible sonrisa. Noté que analizaba cada uno de mis movimientos, pues el brillo de sus pupilas lo delató.

No pude concentrar mi atención en nada que no fuera él. Tenía la sonrisa más encantadora que jamás había visto. Tuve el impulso de esquivarlo, al tiempo que luchaba por reprimir una disimulada sonrisa. Mi respiración se entrecortó y mis manos comenzaron a temblar. Bajé la mirada y no pude hacer otra cosa más que jugar con el tenedor sobre los restos de mi plato. Luchando por recuperar la calma me reacomodé en la silla, viendo a María encender un cigarrillo, la vi abrir y cerrar la boca como si fuera un mimo, diciendo algo que nunca alcancé a escuchar. Distraída, regresé una vez más mi atención hacia aquel tipo, que al percatarse de que lo miraba alzó su copa hacia mí, logrando que me sonrojara como una niña.

—¡Teresa! ¡Hazme caso ya! —reclamó María—. Llevo media hora hablando y estás en la luna. ¿Qué te sucede, amiga?, pareces como si estuvieras completamente ausente.

Me disculpé con ella y al poco rato vi que el hombre pagó su cuenta y se dirigió hacia la puerta. Entonces pude ver que tenía un cuerpo fuerte y bien proporcionado, además de un excelente porte. Giró su cabeza por encima de su hombro, sostuvimos por última vez nuestras miradas y finalmente se marchó.

Al verlo salir del restaurante experimenté un incomprensible vacío, y comenté:

—¿Sabes, María? Creo que cada día que pasa, encuentro que la vida no ha resultado lo que imaginé desde niña —tragué saliva y proseguí—. Es extraño darse cuenta de que, inesperadamente, nuestras vidas cambian de rumbo. Sé que así es la vida y algo tendré que aprender de todo esto, aunque todavía no lo sé, y te confieso que me angustia más de lo que a veces puedo soportar.

—¿Qué te puedo decir? —Apagó su cigarrillo, exhalando el poco humo que había quedado dentro de su boca—. Si no hubiera sucedido así, quizá nunca nos hubiéramos conocido, como tampoco estaríamos en este lugar, bebiéndonos este delicioso café, ¿no crees? —alzó su taza frente a ella.

—Eso sí, ni hablar —admití.

De regreso a la casona, caminamos en silencio. María sabía que algo me sucedía y no hizo ningún comentario al respecto, dándome el espacio que necesitaba en ese momento.

Capítulo 7

A la mañana siguiente me levanté de la cama aún soñolienta. Medio sonámbula, caminé hacia la ventana y estiré mi cuerpo tratando de dispersar el cansancio que venía acumulando durante las últimas semanas. No había podido conciliar el sueño aquella noche, y durante mi vigilia no paré de pensar en el anillo, en la frase que había memorizado y en la salud de mi padre. Era una de esas veces en que maquinamos obsesivamente, haciéndonos presas de nosotros mismos. Pero en especial, recordé aquel hombre que había visto en el restaurante, logrando desconectarme unos minutos de la pesadumbre que estaba viviendo.

Me asomé por la ventana y aprecié una magnífica vista desde la habitación. Aquel amanecer, donde el sol brillaba con tonos rosados sobre el Mediterráneo, logró que hasta el cansancio más intenso desistiera de caer como una roca sobre mis hombros. Me apresuré a darme un baño, esperando que María despertara, pero al terminar de arreglarme, vi que seguía dormida. Me acerqué a su lado y le dije en voz baja, que el *ferry* saldría a las once de la mañana y era ya tarde, avisándole que me adelantaría para cerrar la cuenta.

Abrió un ojo y asintió como en cámara lenta, volviendo a cerrarlo casi herméticamente. Parecía no haberse repuesto del día anterior.

Bajé a la recepción y encontré a la dueña del lugar sentada tras un escritorio, mirando las noticias en el televisor. Al verme, me dio los buenos días y sugiriendo que desayunáramos antes de que nos cerraran el comedor, comentó que ella terminaría de cerrar la cuenta.

A los pocos minutos, escuché unos pasos que provenían de la escalera. Se trataba de María que venía cargando mi maleta en la mano.

—Tendré que comprarme algo de ropa —comentó—. Es obvio que tus vestidos tan lindos, no me sientan tan bien que digamos —opinó con gesto infantil, apretando el vientre.

—Está bien, pero primero vamos a comer algo, que me muero de hambre y huele delicioso lo que están cocinando allá adentro —señalé hacia el pasillo que llevaba al comedor.

La dueña nos encaminó hasta el lugar, donde había unas cuantas mesas cubiertas con manteles deshilados y, sobre estos, unas canastas con rosquillas y panecillos calientes, que despedían un exquisito olor a recién horneados, así como una gran variedad de jarritos rellenos con mantequilla, jaleas y mermeladas hechas en casa.

En cuanto terminamos de desayunar, nos despedimos de la dueña de la casona y salimos a la calle a comprar algo de ropa para María. Unos minutos antes de las once ella miró su reloj y exclamó:

—¡Santo cielo, es tardísimo, Teresa! El barco nos va a dejar y sinceramente, muy linda la casona, pero no quisiera pasar otra noche aquí en Nápoles después de lo de ayer.

Caminamos hacia el puerto, donde había ya una larga fila para abordar el barco. Mostramos nuestros boletos y media hora más tarde, estábamos zarpando rumbo a Capri. Nos dirigimos hacia la proa, donde nos sentamos en una banca frente

55

al mar. Era una magia observar la belleza de aquel inmenso manto azul: el mar Mediterráneo. Era exactamente lo que necesitábamos para distraernos de toda la presión anterior.

El viento de la mañana soplaba suavemente y, mirando hacia el horizonte, le conté a María sobre aquel hombre que había visto la noche anterior.

—Sentí que todo me daba vueltas —recordé—. No sé cómo explicarlo, solo sé que me dejó algo aquí clavado —dije señalando mi pecho entre risas—. Me pregunto, por qué de pronto veo a un completo desconocido, no cruzamos ni media palabra y con tan solo una mirada... —suspiré.

—Eso es un enigma. No lo sé amiga, pero a veces la vida tiene caminos inciertos y modos misteriosos de mostrarnos lo que hemos estado esperando. Y así es, solo hay que saber recibirlo con alegría.

Guardé silencio, mientras contemplaba a un par de gaviotas revolotear frente a nosotros. Saqué de mi bolso el anillo y medité en lo difícil que era cargar con algo tan pequeño y tan monstruoso a la vez, acaparando por completo mi vida. En plena reflexión, percibí la mirada atenta de un hombre pelirrojo y tez marcada por cicatrices de acné, que se encontraba a escasos metros de distancia, atrapado por el resplandor centelleante del rubí que permanecía entre la punta de mis dedos. Desconfiada ante su interés, bajé lentamente el anillo de su vista, advirtiendo que él sesgó su mirada en otra dirección.

María tomó el anillo de mis manos, lo observó de cerca por unos instantes y opinó sobre el sofisticado diseño, y justo al devolvérmelo, involuntariamente golpeé su mano, y este salió volando por los aires rebotando sobre la cubierta para luego caer al mar y desaparecer sin dejar huella.

Corrí hasta la baranda, paralizándome por completo. Me volví para mirar a María sin creer lo que había sucedido, alcanzando a ver cómo la estela del barco cubría de espuma nuestro rastro.

—¡No puede ser, no puedo creerlo...! —Cubrí mi rostro con desesperación—. Esto es lo único que me faltaba. ¿Y ahora qué? Esto se acaba de convertir en una tragedia. Ahora menos que nunca, voy a lograr romper este maleficio, y mi padre... —agité la cabeza con un nudo en la garganta.

María se levantó y se paró a mi lado, dándome una palmada de aliento en la espalda:

—Tranquila, Teresa, no podemos hacer ya nada. Recuerda que las cosas pasan por algo, aunque no lo comprendamos. Tal vez tenía que ser así. De cualquier modo, estoy segura de que hallarás la forma de acabar con esta pesadilla sin el dichoso anillo. Recuerda que nada está escrito y, lo que tenga que ser, será con o sin él.

—Tanto para nada... —exhalé una bocanada de aire, sintiéndome perdida.

—Eso no lo sabemos, y como tú siempre dices, confía en Dios. Te toca llevar a la práctica tu fe, que por lo visto, es lo más grande a lo que puedes recurrir por el momento.

Durante el viaje, mis pensamientos se volvieron angustiosos. No paraba de imaginar la tragedia que aquello nos acarrearía a la familia entera.

Luego de navegar casi cincuenta minutos sobre un mar, azul intenso y cristalino, a lo lejos alcanzamos a ver que estábamos próximos a llegar a la mítica isla romana. Se comenzaron a divisar los precipicios alrededor de la isla que caían hasta el mar, y sobre estos, se veían los pueblos de Capri y Anacapri.

A nuestra llegada rentamos un auto. Un viejo Fiat, azul metálico, en donde apenas cabíamos las dos con mi maleta. Nos encaminamos rumbo a la casa del tío Piero, que se encontraba cerca de una de las calles principales de la isla. Capri, en verdad, era un lugar mágico, en el que se podía admirar el paisaje de los farallones, unos gigantescos acantilados y crestas rocosas, que se proyectan verticalmente sobre el mar. La agradable arquitectura mediterránea, las casitas pintadas de color blanco y pastel, las jardineras colmadas de flores y los miles de árboles que adornaban la isla, parecieron reafirmar mi necesitad de estar allí.

Cuando llegamos, sentí alivio al descender del auto. La casa era blanca con rejas de madera, por todos lados explotaban buganvilias multicolores y en cada ventana, había una jardinera atiborrada de malvones blancos y rojos. En tanto que en el fondo del jardín se escuchaba una fuente que emitía un sonido relajante, y donde se encontraba una cabaña y un quiosco de granito blanco, en los que la maleza había trepado, abrazando cada uno de los pilares que sostenían una bóveda construida con piedrecillas de río. Este se encontraba sobre un promontorio que servía de mirador y ocupaba el borde del risco.

María entró a la casa y dijo que me vería dentro de un rato.

Me acerqué y pude ver un bebedero de aves que colgaba de uno de los pilares. En ese instante, añoré estar junto a mi familia sentada en el balcón que daba al jardín donde había pasado tantos años felices.

En medio del silencio, se escuchó la voz de María desde una de las ventanas del segundo piso de la casa, pidiéndome que subiera. Caminé hacia la casa por un caminito de piedra que bordeaba la cascada. Entré por el comedor, subí por las escaleras de piedra, en cuyas paredes colgaban decenas de retratos de familia, algunos con manchas amarillentas de humedad por el paso de los años y otros que aparentaban ser más recientes. Me asomé por un ventanal que daba a una cañada, donde centenares de gaviotas sobrevolaban en círculos, suspendiéndose en el aire, para luego lanzarse hacia el mar, atrapando algunos pececillos que se revolvían entre sus picos.

María ya me esperaba fuera de su cuarto.

—Ten las llaves de la cabaña, Teresa —me empuñó

un llavero en forma de velero—. Creo que ahí tendrás más privacidad para hacer tus investigaciones, además, es un lugar que estoy segura de que te va a gustar.

Bajé nuevamente al jardín, deteniéndome a contemplar unos pajarillos que daban de comer a sus crías, dentro de un nido que se hallaba en un recoveco que sobresalía de la pared. Después de un rato de verlos revolotear y abrir sus diminutos picos, ansiosos por ganar el mejor bocado, abrí la puerta de la cabaña, donde pude observar una ventana de bahía que atrapaba el azul del cielo y una formidable vista al mar. Tenía un baño de azulejos blancos con una cenefa de conchas azules, y una tina que tenía una ventana que daba a un patio interior, el cual estaba cubierto con una espesa maleza.

La cama matrimonial estaba cubierta con un edredón de piqué a rayas blancas y azules, y a un lado de esta, se encontraba una mesita de noche, en donde había una fotografía de la época, de una mujer con dos pequeños niños sentados en su regazo.

Me dirigí hacia la ventana y descubrí, con sorpresa, un caballete recostado a la pared, junto a un escritorio de madera que tenía algunos rastros de pintura. Entonces entendí por qué María había mencionado que ese lugar me gustaría. Acomodé mi maleta en la cama para desempacar mi ropa, la fui acomodando en ganchos dentro de un ropero y luego de organizar el resto de las cosas sobre el escritorio, entré al baño a refrescarme la cara, cuando escuché con claridad unos pasos que provenían del cuarto, y escasos segundos después, algo pareció azotarse contra el suelo.

—María... ¿eres tú? —pregunté.

Al no recibir respuesta, salí del baño pero, extrañamente, no había nadie. Mi maleta estaba tirada en un extremo de la habitación y los escritos se hallaban esparcidos por todos lados, como si hubiera pasado un torbellino.

Me asomé al jardín y no vi a nadie. Una ráfaga de

adrenalina recorrió todo mi cuerpo, quemándome por unos segundos la piel. Salí, temerosa, a buscar a María.

—¿Ya terminaste? —le grité desde la sala.

—Sí —descendió por las escaleras estrenando blusa y pantalón—. ¿Cómo se me ven?

—Muy bien —admití—. Te ves estupenda. Oye, por cierto, ¿estuviste hace un rato en la cabaña?

—No, ¿por qué?

—Escuché a alguien entrar al cuarto y cuando salí del baño, encontré la maleta y todos los papeles tirados por todos lados —moví la cabeza con extrañeza—. Juraría que había alguien, pero…, no tengo idea de qué fue lo que pasó.

María me miró y agregó:

—No te agobies, amiga, mejor vámonos, ya que tenemos una larga lista que comprar para la despensa.

Salimos rumbo a la calle y caminamos algunas cuadras, entre decenas de trabajadores que desfilaban por la acera descargando varias mesas y sillas, que bajaban de un viejo camión. Por lo que pudimos ver, nuestros vecinos tendrían una gran fiesta al día siguiente.

Al llegar a la bocacalle me percaté, a lo lejos, de una tienda de arte y le dije a María que quería comprar un lienzo para pintar y algunas pinturas que me hacían falta.

—Vamos —dijo María, mirando su reloj.

—No te preocupes. ¿Por qué mejor no te vas tú adelantando al mercado? No tardaré, solo compro un par de cosas y te alcanzo.

—Está bien. Estaré en Hugo's, que es un pequeño supermercado que está un poco más adelante —señaló con su mano al fondo de la calle.

Caminé entre pintorescas tiendas de antigüedades, en donde exponían esculturas y cuadros dentro de iluminados aparadores cuando, de pronto, un grito me sobresaltó. Giré mi cabeza a toda velocidad, advirtiendo con alivio que se trataba solamente de un grupo de niños que jugaban a la pelota en medio de la calle.

Al llegar a la tienda, me detuve frente al escaparate a contemplar algunos libros que estaban expuestos sobre una mesa; había pinceles de todos colores, formas y tamaños, así como una sofisticada caja de marquetería que tenía una gran variedad de óleos. Al cabo de un rato entré y, deteniéndome a ver algunos lienzos para luego echar un vistazo a mi alrededor, sentí una fuerte sacudida. ¡Él estaba ahí! El mismo hombre que había visto la noche anterior en Nápoles. Conteniendo la respiración, lo miré sin que él se percatara aún de mi presencia. Al parecer, estaba hojeando un catálogo en un rincón de la tienda, y sin poder apartar mi vista de él, dudando si entraba o huía de ahí, inesperadamente el vendedor, sin darme ninguna escapatoria, me preguntó si algo se me ofrecía. Aclaré nerviosamente mi garganta y armándome de valor, me dirigí hacia el mostrador, tropezando en el camino con una vitrina, tirando un contenedor repleto de pinceles que volaron por los aires.

De inmediato, el hombre alzó su vista y me miró con sorpresa, esbozando una sonrisa que me volvió a dejar sin aliento. Apenada, me apresuré a recogerlos al tiempo que él se acercaba a ayudarme.

—No te preocupes, querida, todo está bajo control —dijo, a la vez que traté de serenarme, sin lograr conseguirlo. Se puso de pie lentamente y volvió a tomar su libro para seguir leyendo.

Al momento de pagar, dejó el libro a un lado y se acercó a mí sin titubear.

—Perdona, ¿no nos vimos ayer en Nápoles?

—Creo que sí… —respondí con disimulo.

—De verdad el mundo es muy pequeño ¿no crees? ¿Estás aquí de vacaciones?

—Sí —asentí.

—Antes que nada —estiró su mano—, me llamo Manuel Vincenzo Massi ¿y tú? ¿Puedo saber cómo te llamas?

—Teresa.

—¿De dónde eres, Teresa?

—De Nueva York, pero estoy viviendo y estudiando en Roma desde hace algún tiempo —recordé la verdadera razón por la que me encontraba ahí—. Bueno, Manuel, encantada de conocerte, pero debo irme, me están esperando —tomé mis cosas y salí con paso veloz rumbo a la avenida principal.

Al ir caminando, escuché unos pasos tras de mí, giré sobre mi hombro y descubrí que se trataba nuevamente del apuesto hombre de ojos verdes que me llamaba por mi nombre.

—Teresa, Teresa, aguarda —casi a punto de tomarme del brazo, pareció arrepentirse y retirando su mano, añadió—: Solo quería decirte que espero nos volvamos a ver pronto, me dio mucho gusto encontrarte de nuevo.

Sonreí sin responder.

—No acostumbro a hacer estas cosas en la calle, pero como una excepción —apretó la boca apenado—, me atrevo a preguntarte si me permitirías buscarte durante estos días. Por supuesto, solo si tú quieres.

Hice una pausa y mirándolo con reserva, accedí.

—¿Dónde puedo encontrarte, Teresa? ¿Estás hospedada en algún hotel?

—No. Estoy viviendo en casa del tío de una amiga, Don Piero Scognamillio, pero honestamente no sé la dirección, está a unas cuadras de aquí.

—Sé perfectamente quién es él, es bien conocido por aquí, yo te busco pronto —besó mi mano, sin quitarme los ojos de encima.

Caminamos juntos hasta la bocacalle, donde nos despedimos para dirigirme a buscar a María, quien seguía en medio de las compras.

Al verla, no pude aguardar un segundo más para contarle lo sucedido.

—¿Adivina a quién vi?

—¿A quién? —preguntó con extrañeza, mientras terminaba de meter algunas cosas dentro de una canastilla de plástico.

—A Manuel —sonreí—, el hombre del que te platiqué que vi en el restaurante de Nápoles, se llama Manuel, ¿puedes creerlo?

—¿En scrio? ¡Cuéntame!

Relaté aquel encuentro...

—Y a todo esto, ¿qué edad le calculas? —preguntó divertida.

—Ni idea. Se ve joven, pero creo que ha de andar alrededor de los treinta y tantos.

—Mmm... —expresó con gesto pícaro—. No está nada mal, amiga. Ves, definitivamente no hay casualidades en esta vida. No tenías cómo saber que él estaría ahí y que tú, de la nada, decidiste ir de compras al mismo lugar. Increíble de verdad —alzó las cejas con asombro—. A veces el destino te aleja de algunas cosas y, otras, te da algo para seguir adelante, aunque sea únicamente para entretenerte un rato.

—Dijo que quería volver a verme —comenté entusiasmada.

—¿De verdad? ¿Cuándo?

—Quién sabe, solo comentó que me buscaría en estos días.

Salimos de la tienda y regresamos a casa. Nos dedicamos a limpiar la despensa y acomodamos las cosas y, luego de un ir y venir, subir y bajar, nos sentamos a comer a la mesa, donde continuó la charla hasta entrada la tarde.

—Me voy a dar un baño, María, estoy muy cansada y creo que me vendría bien despabilarme un poco —comenté sin poder contener un bostezo.

—Creo que yo haré lo mismo. Ya no aguanto los pies, los siento como un par de globos a punto de explotar.

* * * * *

Mientras me daba una larga ducha, queriendo aminorar la tensión, alcancé a escuchar de nuevo un ruido que provenía de la recámara.

—¿María? ¿María, eres tú? —guardé silencio, tratando de escuchar quién era. Cerré el grifo, tomé la toalla, salí con sigilo de la ducha y abrí la puerta pero, una vez más, no había nadie, solo que la puerta del cuarto se encontraba entreabierta. Luché por recuperar la calma, mientras que el agua de mi cuerpo escurría haciendo un gran charco.

Después de unos segundos de permanecer como una estatua, resoplé nerviosa, tratando de convencerme de que todo estaba bien. Cerré la puerta, me sequé y luego tiré la toalla sobre el suelo, advirtiendo que alguien me miraba. Giré con rapidez, alcanzando a percibir una silueta que se perdió entre la penumbra del jardín.

—¡Santo cielo! ¿Qué fue eso? —Me puse unos *pants*, abrí la puerta y corrí con todas mis fuerzas hacia la casa, exclamando entre gritos ahogados—: ¡María! ¡María!

—¿Qué pasa, Teresa? —preguntó con tono sobresaltado desde su habitación.

Subí las escaleras de tres en tres, como una gacela a punto de ser devorada, exclamando entre jadeos:

—¡Alguien entró a mi cuarto! Te juro que vi una sombra desaparecer en el jardín, me estaba espiando por la ventana. Esto no me gusta nada.

—No te preocupes, Teresa, bajemos a cerciorarnos de que esté bien cerrada la reja de la casa y si no, llamaremos a la policía. ¿Qué te parece?

—Está bien —respondí, tratando de recuperar la calma.

Dimos varias vueltas por el jardín sin percatarnos de nada fuera de lugar. La puerta de la calle permanecía cerrada con llave cuando, justo frente a nosotros, nos tomó por sorpresa un enorme gato negro con mirada intimidante, que fue acercándose con el pelo crispado, aventando zarpazos con los ojos inyectados de ira. Nos quedamos inmóviles, hasta que el espantoso animal brincó sobre el techo del auto, y entre escalofriantes maullidos, salió huyendo por debajo de la reja.

—¡Madre mía! Parecía un diablo —exclamé.

—Creí que se nos echaría encima —comentó María con el rostro lívido—. Pero gracias al cielo ya se fue...

—¿Y qué? ¿A poco crees que el gato aventó mi maleta al suelo esta tarde? Ese no fue ningún gato, y estos tampoco abren puertas, en serio estoy muy asustada, María.

—Está bien, amiga, de todas maneras, si había alguien ya se fue. Cierra bien tu cuarto y mañana veremos qué hacemos, me asustas más tú con tu cara de fantasma. Tranquila, Teresa, trata de relajarte. Y si te sientes más tranquila, puedes dormir en mi cuarto.

—Gracias, tienes razón —respiré profundamente, intentando una vez más serenarme.

—Calma, mujer, todo estará bien. Trata de descansar, mañana te despierto a buena hora para que desayunemos —se despidió, frotando cariñosamente mi espalda.

Capítulo 8

Un rayo de sol se filtró por un costado de la cortina, traspasando mis párpados que aún seguían herméticos. Con desgano, tomé la almohada, la puse sobre mi cara y tratando de volver a conciliar el sueño sin lograrlo, abrí un ojo y vi que eran las diez de la mañana. Supuse que María no había querido molestarme al verme tan cansada la noche anterior. Se lo agradecí, ya que las dos necesitábamos descansar. Seguí recostada dormitando cuando, minutos después y, con gran sobresalto, escuché una explosión que provino del risco. Me quedé paralizada sin saber qué hacer. Era como si aquel estado de adrenalina constante fuera ya parte de mí.

Al poco rato María llegó agitada, me dijo que había ocurrido un accidente en la playa, pidiéndome que me pusiera algo encima y la acompañara, mientras volvió a salir corriendo de regreso a la casa.

Me puse unos pantalones, una playera y salí a buscarla, alcanzando a escuchar que hablaba por teléfono con la policía, informándoles que una lancha rápida había chocado contra el arrecife. Colgó la bocina, cruzamos miradas, y sin decir nada más, corrimos de vuelta al jardín para bajar por una escalera interminable, con empinados y angostos escalones, tanto que en un par de ocasiones sentí que caería al precipicio.

Ya en la playa, que estaba cubierta de rocas y piedras, vimos cientos de pedazos de fibra de vidrio roja de lo que había sido una lancha. Tratamos de encontrar con la mirada algún rastro de vida, hasta que después de angustiosos minutos, descubrimos un cuerpo que flotaba en el agua tratando de acercarse a tierra.

—Pobre hombre —comenté, viendo a María quitarse las sandalias y zambullirse. Y mientras la veía nadar con una agilidad sorprendente, seguí buscando algún otro sobreviviente, cuando a lo lejos, vi que María remolcaba a duras penas al hombre bajo su brazo, el cual parecía estar muy mal herido.

Antes de que llegaran a la playa, un barco guardacostas se divisó en la lejanía y acercándose lo más que el mar les permitió, preguntaron si habíamos visto a alguien más que viniera en la lancha. Sin mucha explicación, dijimos que solo habíamos encontrado a un hombre que al parecer estaba muy mal herido. Dieron varias vueltas alrededor del lugar y gritaron del barco que mandarían a una ambulancia por tierra para recogerlo.

El hombre resollaba lastimeramente, lo dejamos recostado sobre la arena, esperando a que llegaran los paramédicos. María se arrodilló a un costado de él, hizo algunas respiraciones y colocó una de sus manos sobre su cabeza, sujetándole la muñeca con la otra. Fijó su vista en el horizonte como si estuviera meditando y escasos minutos después, el hombre dejó de quejarse. La expresión de dolor en su rostro se había transformado en una apacible. Sin emitir sonido, abrió los ojos y los fijó en María, en ese momento aparecieron los paramédicos que lo subieron a una camilla y se lo llevaron a toda prisa.

María, aún jadeante por el esfuerzo, expresó su deseo

de que el hombre se recuperara pronto, para luego comentar que merecíamos una taza de café bien caliente, a lo que sugerí que primero se diera un baño, puesto que no paraba de tiritar.

 Asintió, frotando sus muslos. Subimos a la casa y al poco rato bajó de su habitación con una toalla enroscada en la cabeza, aún con los labios amoratados.

 —Estoy preocupada —expresé en medio de un suspiro—, apenas ayer salimos de Roma y hemos tenido ya varias sorpresas, si es que se les puede llamar así. No sé qué pensar... ¿Crees que la maldición tenga algo que ver en todo esto?

 Me miró pensativa y pidió que cambiáramos de tema. Sacó un cuchillo de la gaveta de la alacena y se dispuso a cortar una hogaza de pan.

 —¿Qué fue lo que pasó allá abajo con ese hombre? —pregunté—. ¿Qué hiciste para poder calmarlo?, me di cuenta de que tan pronto le tomaste la mano, dejó de sufrir.

 Sonrió, encendió un cigarrillo y le dio un sorbo a su café antes de responder.

 —Es una técnica de sanación con manejo de energía. La aprendí hace varios años en un viaje a Vietnam. Como verás, hay varias cosas que no te he contado aún, amiga. Le dio una calada a su cigarrillo, guardó un silencio meditabundo y exhaló un prolongado hilo de humo.

 —¿Qué pasa, María?

 —No pude evitar recordar a Salvattore... —arrugó los labios.

 —¿El papá de Gio? —pregunté, al ver su rostro velado de tristeza.

 —Así es —afirmó—. Él me acompañó durante ese viaje. Pero poco tiempo después... —hizo una pausa y pareció perderse en sus recuerdos.

 —¿Qué piensas, María? ¿Qué te puso así?

 —La vida no siempre termina como algún día la

planeamos —comenzó su relato—. Hace nueve años, cuando estaba casada con Salvattore, te podría decir que era completamente feliz, para mí, éramos la pareja perfecta. Solíamos tener problemas como todos, pero en definitiva teníamos muchas cosas en común. Nos amábamos o, por lo menos, él era mi todo, nada me interesaba más que estar a su lado. Quizá por eso la vida se encargó de hacerme ver que en el mundo no solamente estábamos él y yo.

El problema comenzó cuando decidimos tener un bebé y yo no pude, esto se convirtió en una obsesión para ambos. Así duramos años intentándolo sin lograrlo, consultando especialistas sin ninguna respuesta positiva. Yo sufría muchísimo porque sabía lo que significaba para él ser papá, hasta que aquella presión nos fue separando día a día, comenzando a reñir sin razón y años después, me enteré de que tenía una amante y ella estaba embarazada de él. Como comprenderás, estaba destrozada, pues había logrado con otra mujer lo que mi cuerpo no podía darle. Sentí un dolor inimaginable —sus ojos se nublaron y con mirada distante, apagó la colilla de su cigarro en el cenicero—. Salvattore era mi vida y me traicionó de la manera más vil. Luego me dejé arrastrar por la tristeza, ya nada tenía sentido para mí, hasta que un buen día volvió la luz a mi vida. Retomé mi carrera y me dediqué por completo a ayudar a los demás, y de esa forma sabía que también me ayudaba a mí misma.

Y prosiguió:

—A los pocos meses de habernos separado y de que él se marchara con aquella mujer, pasó lo que menos me hubiera esperado —rió con ironía—: Yo también había quedado embarazada y aún no lo sabía, pues como me habían declarado infértil por tantos años, yo sabía que esa no era una posibilidad para mí. Y posteriormente..., Salvattore se enteró de mi embarazo cuando yo había cumplido casi siete meses y según me llegó el rumor, quiso volverse loco, ya que su relación con esa señora se había tornado insoportable.

Al parecer era bulímica y el bebé que esperaba tenía un serio problema congénito, del cual para serte sincera, no quise enterarme. Solo supe, por mi hermano Franco, que el día que nació Gio él estuvo en el hospital y me contó que lo vio llorar amargamente frente al cunero. Nunca jamás lo volví a ver. Fue el cobarde más grande que he conocido en mi vida. Ni siquiera tuvo el valor de mirarme a la cara, ni mucho menos luchar por su paternidad. La culpa y la vergüenza pesaron más que su responsabilidad de padre y su deseo de tener a su hijo, o por lo menos verlo de vez en cuando. ¿Puedes creer que hasta la fecha no lo conoce? Te confieso que me costó demasiadas lágrimas aprender a vivir sin él. Y por último, para que veas que todo se paga en esta vida, la mujer acabó dejándolo quién sabe por qué o por quién, y hoy sé que vive solo en algún rincón de Sorrento. Qué pena, ¿verdad? A pesar de todo, no le deseo ningún mal… —María trataba de evitar el llanto—. Ni hablar —alcanzó a exhalar—, me tocó vivir esto, lo he enfrentado con valor y con una fuerza que jamás imaginé tener. Como verás, cada día te salgo con algo nuevo, pero ya se me está acabando el repertorio —dibujó una leve sonrisa.

—No sé qué decirte —añadí cabizbaja, al escuchar aquel terrible pasado—. Solo quiero que sepas que cuando me necesites o cuando quieras desahogarte, aquí estaré.

A media conversación, sonó el teléfono de la sala y María se levantó a contestar.

—¿Aló? ¿Quién? Aguarde un segundo por favor —dejó la bocina y regresó a la cocina a buscar un bolígrafo, mientras, a la pasada, me miró intrigada.

—Sí, dígame, teniente… —guardó silencio para escuchar lo que decía su interlocutor—. Está bien, ahí estaré. Hasta luego, *ciao* —colgó.

Tardó unos minutos en la sala antes de regresar a la cocina.

—Tengo que salir, Teresa, me hablaron de la jefatura de policía para que vaya a declarar lo que vi del accidente.

Creo que encontraron a otra persona muerta no muy lejos de donde rescatamos al hombre.

—Te acompaño, solo déjame ir a cambiarme.

—No te preocupes, Teresa. Voy y vengo, mejor aprovecha para terminar de arreglar tus cosas. Pasaré a visitar a Donatella un rato y cualquier cosa te llamo.

* * * * *

Cuando María se marchó, regresé a la cabaña a tomar mis pinceles, mis pinturas, la tela que había comprado el día anterior e instalé el viejo caballete bajo la sombra de un flamboyán, que parecía estallar en flores de un rojo intenso como el fuego. Por unos momentos, me recliné sobre su tronco y contemplé aquel paisaje que se apreciaba desde el borde de la cañada.

Me dirigí a la cocina por un cazo con agua, encendí el estéreo de la sala y regresé al jardín, donde había dispuesto todo para comenzar a pintar. Miré en todas direcciones buscando un lugar para plasmar en mi lienzo, cuando reparé en un risco que tenía un diseño peculiar. En él las rocas se apilaban unas sobre otras con tonalidades ocres, que con el resplandor del sol hacían un sofisticado paisaje.

Bajé la vista, saqué un trozo de carboncillo para hacer el bosquejo sobre el lienzo y, luego de haber completado el dibujo en unos minutos, coloqué las pinturas acrílicas sobre la paleta, disponiéndome a dar mi primera pincelada.

Disfruté haciendo aquello que tanto me gustaba desde niña, tratando de olvidarme aunque fuera por un rato, del anillo, la frase, la maldición, y me empeñé en vivir unas horas de tranquilidad, aunque sabiendo que en el fondo nada había cambiado.

Me percaté de que habían pasado casi dos horas desde que María se había marchado, por lo que comencé a preocuparme.

Inmersa en la pintura, alcancé a escuchar una voz ronca y profunda que provenía del caminito de piedra, que bordeaba la casa a la entrada del jardín.

—¿Interrumpo?

Mi corazón dio un vuelco. Se trataba de Manuel que venía caminando con el rostro sonriente.

—¿Cómo entraste, Manuel? —pregunté con asombro.

—Tardé un buen rato tocando el timbre, y como nadie abría y escuché música por acá, me tomé la libertad de pasar. Espero no haber sido inoportuno.

—No, para nada.

Se acercó a mí sosteniendo un libro en la mano. Vestía unos pantalones de mezclilla deslavada y una camisa blanca de algodón con las mangas arremangadas. Me dio un beso en cada mejilla y echando un vistazo al lienzo, comentó:

—¡Estupendo!

—Gracias, pero es la primera marina que hago en mi vida. Sé que es un reto y creo que no pierdo nada con intentarlo. Echando a perder se aprende ¿no crees?

—Pues no parece, en lo más mínimo, que sea un experimento como aseguras. Es evidente que dominas lo que haces.

Sonreí sin apartar mi vista del lienzo, deseando descubrir aquello que Manuel percibía en mi pintura.

—¿Puedo? —preguntó, sentándose en el pasto.

Permanecí parada con pincel y paleta en mano, y le pregunté por qué hablaba tan bien inglés, sin rastros de acento italiano, a lo que contestó que había estudiado la carrera en Boston. Además de que su madre, a pesar de haber nacido y haberse criado en el Perú, había sido maestra de literatura inglesa durante su juventud.

—Mi madre siempre me hablaba en español o inglés, dependiendo de su estado de ánimo, y mi padre, en cambio, siempre me habló en italiano, con todo y que también vivió algunos años de su vida en América. Tenía un pésimo oído para los idiomas —sonrió con nostalgia.

—Y ¿dónde viven ellos ahora? —pregunté.
—Mi padre murió hace doce años y, tiempo después, mi madre regresó al Perú.
—¿Y por qué no te fuiste con ella? —En ese segundo, caí en cuenta de mi indiscreción y traté de disculparme—. Perdón Manuel, es que...
—Está bien, Teresa —me arrebató la palabra—. Lo que pasa es que hice mi vida aquí en Italia y mi trabajo me lo impidió, aunque en varias ocasiones he estado tentado a hacerlo. Dejar todo y empezar allá una nueva vida, sobre todo, porque siempre fui mucho más cercano a mi familia materna —su mirada se ensombreció.
—¿Sucede algo, Manuel?
—Nada, querida —respondió sacudiendo la cabeza—. Y ahora cuéntame, ¿quién es realmente Teresa?
Encogí los hombros sin saber por dónde empezar:
—Bueno, al igual que tú, vengo de una mezcla de culturas. Mi padre es francés y mi madre española. He vivido desde niña en una pequeña localidad al norte de Long Island en Nueva York, tengo dos hermanas, me encanta la pintura, el arte y la música son mi pasión. Vine a pasar un tiempo a Italia y estoy aquí en Capri para darme un descanso —tuve el impulso de dejar mi pincel y sentarme junto a él, pero permanecí de pie frente al caballete.
Por unos minutos se hizo un silencio incómodo.
—Cuando te vi en Nápoles —desvió la mirada y apretó su quijada con fuerza—, intuí que eras una mujer especial. No sabría cómo explicarlo. Creí que nunca te volvería a ver, y mira como es la vida... —levantó una ceja, tomó una varita y la puso entre sus labios, tratando de descubrir algo en mi mirada.
—¿Cómo pudiste haber sentido eso, Manuel, si ni siquiera me conocías? —pregunté sin poder ocultar mi interés, pues sabía perfectamente que la atracción había sido mutua.
—No lo sé, únicamente sé que así fue —me miró a

través de sus pestañas oscuras, dejando ver una dentadura perfecta.

Sentí sonrojarme ante aquella declaración y cambié de tema, ofreciéndole una cerveza que aceptó de inmediato. Al entrar a la cocina, me quedé absorta mirándolo por la ventana. Manuel era un hombre atractivo, el tipo de hombre que podía hacer suspirar a cualquier mujer.

Me serví limonada y regresé al jardín. Al darle su cerveza rozó mi mano, e instintivamente la retraje, sintiendo un revoloteo en el estómago que explotó en una tímida sonrisa.

Tomó dos tragos y acomodó la botella en el suelo. Me senté en una roca junto a él, me quité las sandalias y deslicé mis pies por el pasto, sintiendo la humedad del rocío que aún lo cubría.

—¿Y tú, Manuel, por cuánto tiempo estarás aquí en Capri?

—No lo sé aún. Acabo de llegar y no quiero pensar en cuándo regresaré. Vengo aquí para escaparme un rato de todo y aprovecho el tiempo que estoy solo para escribir. Es algo que trato de hacer cada vez que vengo a Capri, ya que el trabajo me absorbe y a veces me es imposible hacerlo.

—¿Se puede saber sobre qué escribes?

—Estoy escribiendo un ensayo de filosofía, pero no creas que por eso soy un Pitágoras, ¿eh? —rio—. Tengo un grupo de amigos a los que nos gusta escribir y nos juntamos de vez en cuando a conversar del tema.

—¿Llevas mucho tiempo escribiendo?

—Uff —exhaló—, desde niño me fascinaba leer, es más, mi padre me ofrecía por cada libro que leyera, llevarme a pescar con él. Por lo que te imaginarás la cantidad de libros que devoré. En la adolescencia hacía ensayos, en la universidad escribía para el periódico semanal, aunque también tuve un gusto especial por la poesía. Y por último me dediqué a la novela. Siempre me atrajo escribir y lo he hecho los últimos años de mi vida, aunque solo por el mero gusto de hacerlo. Podría decirte que aparte de los deportes acuáticos es mi pasatiempo favorito.

—¡Qué maravilla que tengas esa facilidad! ¡Qué envidia…!

—La clave está en que te guste leer, tener ganas de escribir y especialmente, ser perseverante y tener paciencia para sentarte horas frente a la máquina de escribir. Bueno, Teresa, y tú, ¿cuánto tiempo estarás aquí?

—Tampoco lo sé todavía —respondí tratando de recuperar el aliento—. Vengo con una amiga que estará solo unos días, pero yo quisiera quedarme un poco más, porque estoy estudiando y haciendo una investigación, por lo que necesito tiempo y sobre todo tranquilidad.

—¿Se puede saber qué investigas? A lo mejor podría ayudarte.

—No gracias, Manuel, tal vez más adelante.

—Está bien. ¿Sabes Teresa? Me gusta venir aquí porque me apasiona el mar. Sobre todo conducir lanchas rápidas, con todo y que uno de mis mejores amigos murió hace poco en una competencia. Me impactó tanto que aprendí a tenerle respeto al mar. Por otra parte, el trabajo como siempre me absorbe más de lo que yo quisiera.

—Por cierto, ¿supiste lo que pasó esta mañana? —narré lo sucedido…

—Sí, escuché algo cuando salí de casa, qué mala suerte, es una lástima. Pero… —hizo una pausa y se reacomodó—, el que escoge un deporte de adrenalina sabe qué riesgos corre.

—Lo sé, pero de todas maneras no puedo dejar de pensar en cómo estará su familia —dije.

—Ya lo creo…

Suspiré, haciendo evidente mi preocupación y nostalgia, proyectada por el estado de salud de mi padre.

—¿Extrañas, verdad? —preguntó.

—Sí, aunque no llevo tanto tiempo aquí, pienso mucho en mi familia.

—Y ¿por qué no regresas, mujer?

—Por ahora no puedo, necesito concluir varias cosas antes de volver, mis estudios... —hice una pausa pensando en la maldición—. Por ahora estoy contenta de estar aquí.

Conversamos casi toda la tarde, parecía como si fuéramos dos viejos amigos que no se veían desde hace años. Pensé en lo extraordinaria que es la química entre dos personas, donde no se puede esconder ni aparentar otra cosa, cuando se siente esa incontrolable atracción de una por la otra.

De pronto, Manuel hizo un aspaviento y golpeando su frente con la palma de la mano, entrecerró los ojos diciendo:

—Se me había olvidado...

—¿Qué cosa, Manuel?

—Tenía que ver a unas personas hace hora y media —meneó la cabeza apretando los labios—. Se me pasó el tiempo volando —se levantó y caminó hacia donde había dejado su libro, lo tomó del suelo y regresando a sentarse a mi lado, lo hojeó y de entre las hojas, sacó una fotografía, tomó un bolígrafo que colgaba de la pasta del libro y comenzó a escribir. Tardó unos segundos y al finalizar, añadió—: No la leas hasta que me haya ido. Me tengo que ir a pesar de que quisiera quedarme. La he pasado estupendamente bien, Teresa —se acercó, me dio un beso en cada mejilla, volvió a detener sus ojos atrapando los míos y se despidió para luego irse por donde había llegado. Casi inmediatamente después escuché el motor de una motocicleta, que fue desvaneciéndose hasta perderse en la lejanía.

Sin aguantarme un segundo más, saqué la foto que Manuel me había dado y vi que se trataba de una rosa roja con el fondo desenfocado, que al reverso decía:

"El amor... es un juego donde se apuesta el alma". Manuel.

Sonreí, al mismo tiempo que me entristeció pensar, que algún día tendría que regresar a Estados Unidos y quizá no volvería a verlo jamás.

Recordé que no había visto las fotos de mi viaje a Rumania. Fui a mi habitación por ellas y me senté sobre la cama mientras las sacaba del sobre. Las fui viendo una a una, cada lugar, su misteriosa esencia, los imponentes castillos y catedrales, que me hicieron recordar las brutalidades que se cometieron en la época medieval. Y más aún, cuando llegué a las fotos de las ruinas del castillo de Targoviste, me recordaban constantemente a Vlad, quien al parecer nos estaba haciendo tanto daño, incluso, cientos de años después de su muerte.

Al observar las fotos de las ruinas del castillo, reparé en una de ellas. Había una figura casi invisible de un hombre delgado que estaba a poca distancia de donde yo me encontraba, vestía con ropajes antiguos y un turbante en la cabeza. No se podía distinguir con total claridad, ya que estaba algo borrosa. Recuerdo que al estar en ese lugar, escuché a un niño reír y correr por los corredores, donde aparentemente no había nadie.

No pude creer lo que veía y sin poder explicarlo, guardé la foto en el sobre, miré mi reloj y me percaté de que María no había regresado todavía, por lo que decidí salir a buscarla. Al cerrar la puerta de la cabaña detrás de mí, la vi asomada por su ventana.

—¿Qué haces allá arriba? ¿A qué hora llegaste? Estaba muy preocupada por ti, dijiste que no tardarías en regresar y mira la hora que es —le pregunté, y luego subí a su recámara.

Al verme entrar por la puerta aclaró:

—Llegué hace un par de horas y los vi desde la sala platicando tan a gusto, que no quise interrumpirlos, no quise hacer de mal tercio.

—Fue que Manuel me cayó de imprevisto. No te imaginas lo bien que la pasé, es un hombre interesante, inteligente y si por mí fuera, seguiría en el jardín con él.

—¿Te impresionó, verdad?

—No es que me haya impresionado, sino que de verdad es un hombre especial —aclaré.

—Qué bueno, amiga, pero cuidado con los hombres, acuérdate de que algunas veces las apariencias engañan —hizo una mueca maliciosa.

—Creo que él es diferente a los que he conocido antes, pero cuéntame... ¿Cómo te fue con la policía? ¿Se arregló algo?

—Sí —afirmó—. Fue terrible, tuve que repetir cada detalle de lo que había visto para que pudieran levantar un acta y llevar a cabo los trámites de defunción del segundo hombre que encontraron. Lamentablemente se trataba del hermano del que rescatamos.

—¡Qué drama!, y ¿cómo está el del hospital? ¿Ya lo sabe?

—No lo sé, ni quiero imaginármelo.

—Pobres hombres y pobres familias —exhalé, pensando como la vida siempre pende de un hilo—. María, regresando otra vez a Manuel..., no sé qué me pasa, tengo miedo de seguir viéndolo.

—¿De qué tienes miedo, Teresa? ¿Te dijo o te insinuó algo que te hiciera sentir así?

—No, no, para nada —aseguré—. Más bien fue un sentimiento, algo que no se puede describir con palabras. ¿Ves, amiga? ni yo misma me entiendo —me sentí confundida—. Quién sabe, lo más seguro es que esté echando a volar mi imaginación.

—Ten calma, Teresa. Es obvio que Manuel se ha convertido en alguien especial y lo único que puedes hacer es vivir la vida como se te vaya presentando. Goza el momento, amiga, deja de martirizarte que no ganas nada con eso. Mejor, ¿qué te parece si bajamos a la cocina y nos tomamos una copa para que me sigas platicando de tu enamorado?

Nos servimos una copa de oporto y salimos al jardín. Nos sentamos en el quiosco desde donde se divisaba el mar, mientras platicábamos y reíamos divertidas, sin profundizar en nada. María encendió un cigarrillo, reflexionó por unos segundos mirando a lo lejos y me platicó sobre algunas aventuras de su niñez, cuando llegaban a casa del tío Piero y bajaban a la playa para hacer travesuras dentro de una balsa vieja, que llevaba años encallada en aquel lugar.

Al escucharla hablar, noté cómo se emocionaba narrando recuerdos tan memorables. Parecía recordar cada detalle con tanta viveza, que incluso en un par de ocasiones su barbilla se contrajo reprimiendo una gran emotividad.

—Hace casi catorce años nos reunimos la familia entera aquí para pasar la Navidad. Ansiábamos tanto aquellas vacaciones —reparó para tomar un profundo respiro—, porque la mayoría de mis tíos y primos habían viajado de lejos para estar juntos después de años sin vernos.

—Y ¿qué pasó? —pregunté intrigada ante su repentina melancolía.

—Mientras ultimábamos algunos detalles, el mismo veinticuatro de diciembre ocurrió la tragedia más espantosa que he presenciado en toda mi vida —su mirada pareció perderse en el pasado—. Alessandro, el hijo mayor de mi tío Piero, estaba poniendo la serie de foquitos en aquel árbol que está cerca de la casa —señaló con su dedo—, y al estar trepado arriba de la escalera, esta se ladeó y se cayó de espaldas, su cabeza chocó contra la barda y murió instantáneamente. Fue tremendo para toda la familia, pues era un gran tipo. Tenía veintiocho años, era simpatiquísimo, jugaba póker como todo un tahúr, aparte de ser también un estupendo jugador de polo —prosiguió con la mirada sombría—: Al escuchar el golpe, salimos corriendo de la casa. Lo recuerdo como si hubiera sido ayer, fue traumático ver la expresión de sus ojos abiertos ya sin vida. Es muy triste presenciar cómo alguien tan joven y tan deportista pueda morir en un accidente tan absurdo.

—Imagino lo que ha de haber sido para tus tíos; y más aún cuando llega la Navidad los recuerdos han de ser insoportables.

—Espantosos —repuso, apretando el entrecejo.
Sin mayor comentario y copa en mano, contemplamos un formidable atardecer. El sol, en tonos de naranja profundo, comenzó a descender por el cielo hasta perderse tras el horizonte y minutos después del crepúsculo había oscurecido casi por completo. Me percaté de que eran casi las ocho de la noche y ni siquiera habíamos comido. Cenamos en casa tranquilamente y fue entonces, cuando le comenté sobre la foto que había tomado en Targoviste y la figura que aparecía en ella, y María sin poder creer lo que le decía, me pidió que se la mostrara.

Fui a la cabaña por el sobre de fotografías y regresé, sacando la que le había comentado.

—¿Ves?... —señalé la figura—. Te juro que cuando la tomé no había nadie ahí, no acabo de comprender de dónde salió. Es más —recapacité—, únicamente recuerdo que escuché a un niño reír y correr por los corredores del castillo, lo busqué por todos lados pero nunca apareció —cerré los ojos por unos segundos haciendo un recuento de los hechos—. Fue algo muy extraño...

—Teresa, no es por asustarte, amiga, pero se ve como un fantasma, está vestido como se usaba en una época muy antigua y la figura está tan difuminada que puedes mirar a través de ella.

Volví a tomar la foto entre mis manos y la llevé a la cocina, que estaba más iluminada.

—Tienes razón, pero ¿no será que se superpuso la imagen cuando la revelaron? —traté de encontrar la respuesta más lógica.

Ladeó la cabeza, aclarando que si se hubiera superpuesto como yo decía, estaría o más grande o más pequeña en relación con el entorno.

—Y ¿vestido de época? ¿Tal vez de esa época? —cuestionó, convencida de que efectivamente se trataba de un fantasma.

Tomé la medalla de la virgen que llevaba al cuello y determiné, con la poca fe que a veces parecía abandonarme, confiar en que estaba protegida y, como me lo habían dicho mi padre, monseñor Damescu y el hermano Mantuano, no podía permitir que el mal ni el miedo se apoderaran de mi vida.

Recordé todo lo que había sucedido desde nuestra llegada a Nápoles, comenzando con el robo de la maleta de María, lo del anillo, mi maleta, los papeles esparcidos por el cuarto, el diabólico gato y el choque de la lancha. Traté de olvidarme de todo ello, queriendo pensar que habían sido meras coincidencias. Guardé la foto, tomé mi copa y dándole el último trago, traté de olvidar.

Platicamos hasta que a María la venció el sueño, se despidió y después que subió a su recámara, salí nuevamente al jardín y me senté en la banca del mirador. La noche estaba preciosa, con la luna en lo alto del cielo estrellado y su reflejo sobre el mar, parecía cubrirlo con un manto plateado. El aroma de las flores en la noche y la brisa me hicieron cerrar los ojos, agradeciendo a la vida aquel momento.

Pensé en la vida cotidiana y sus eternas prisas, continuamente inmersos en nuestros problemas y lo imperdonable que es desperdiciar lo bello que la vida nos regala, mientras que, por otro lado, estuve meditando sobre el anillo que ya no existía y sobre mi padre que cada día estaba más grave. No podía dejar de pensar cómo estaría y lo que le depararía el destino a raíz de todo aquello, pero cuanto más me resistía a pensar, la simple idea se encarnizaba en perseguirme.

Me levanté, caminé hacia mi recámara con cierto letargo y me recosté sobre la cama. Volví a mirar la fotografía que Manuel me había dado aquella tarde y, acercándola un poco más, pude percibir un suave aroma cítrico que me hizo sentir "mariposas" en el estómago. Durante esa noche di varias vueltas en la cama con un desasosiego total. Mi mente se había empeñado en atormentarme con ideas que me asustaban, sobre las cuales sabía que no tenía ningún control.

Capítulo 9

El canto de los pajarillos me despertó temprano. A lo lejos, alcancé a escuchar el teléfono sonar varias veces, María gritó desde la casa que la llamada era para mí. Me levanté y corrí a contestar mientras mi corazón latía descontrolado. Temía que fueran malas noticias sobre mi padre, pero María, al ver mi rostro afligido, me informó que era David.

Tomé el teléfono y la voz de David me devolvió la calma. Me había llamado para saludarme y saber cómo me encontraba. Le platiqué sobre los pormenores de nuestra llegada a Capri, además de comentarle vagamente sobre Manuel, pero de inmediato noté que no compartió en lo más mínimo mi entusiasmo. Guardó un corto silencio y cambiando radicalmente el tema, me platicó que un amigo suyo lo había invitado a su yate en Nápoles y que llegaría a Capri en unos días.

—Nos gustaría invitarlas a dar una vuelta, Teresa. Biaggio es un tipo divertido, por lo que supongo que podríamos pasar un buen rato los cuatro. ¿Qué dices?

—Encantadas —respondí.

Entre tanto, María que se encontraba parada cerca de mí, al escuchar lo que decía, apretó los labios y meneó la cabeza sin decir media palabra. Colgué el teléfono, quedando con David en que me avisaría la hora de su llegada.

—¿Qué vas a hacer con los dos al mismo tiempo, Teresa? —preguntó preocupada.

—David es solo mi amigo, además, únicamente vienen un par de días.

—Tú sabrás, amiga. Bueno, me voy a dormir un rato más. Nos vemos más tarde —subió a su recámara.

Camino a la cabaña, descubrí una puerta de metal, la abrí y encontré varias herramientas de jardinería y un par de bicicletas viejas que, sorprendentemente, estaban en magnífico estado. Volví a cerrar la puerta, entré a mi cuarto y me cambié para regresar a desayunar.

Leyendo el periódico reparé en la noticia del accidente de la lancha del día anterior. Tomé mi taza de café, me dirigí a la puerta del jardín y alcancé a ver a una parvada de pájaros que bebían en la fuente. Luego de permanecer ahí parada un rato, dejé la taza en el fregadero y salí a tomar una de las bicicletas para rodarla hasta la calle.

Con grata sorpresa, descubrí que Manuel estaba parado al otro lado de la reja, vestido con pantaloncillos cortos.

—¡Manuel! ¿Qué haces por aquí tan temprano? ¡Qué madrugador! —Traté de disimular mi alegría sin conseguirlo.

—Vine a invitarte a jugar tenis a casa de Saulo, un amigo. ¿Qué dices?

—Mmm... —apreté los labios—, creo que no soy una buena contrincante, pero qué te parece si mejor yo te invito a pasear un rato en bicicleta. Estaba a punto de salir a dar una vuelta y, si te animas, allá dentro hay otra.

—Bueno... —hizo una pausa antes de responder—, está bien, pero prométeme que un día de estos vendrás conmigo.

—Te lo prometo —aseguré.

* * * * *

Anduvimos por las calles sin rumbo fijo, hasta llegar a un antiguo portón de madera, que era la entrada a una espectacular villa romana. Según Manuel, había sido propiedad de su padre quien al morir se la había dejado por ser su único heredero. La casa se encontraba dentro de un viñedo, en el que, aseguraba orgulloso, hacían uno de los mejores vinos blancos típicos de aquella región.

Nos desmontamos de nuestras bicicletas y caminamos entre las vides, admirando la belleza de aquellas tierras rebosantes de verdor.

—Se dice que el vino blanco de Capri está nutrido por sus buenas tierras y cobijado por el sol. Este tesoro —arrancó unas uvas y extendió su mano para ofrecerme una, al tiempo que metía una en su boca—, se estableció en este lugar, porque el clima y estos suelos son muy favorables para su proceso de maduración.

—Por lo que veo eres todo un experto, ¿verdad? —Levanté las cejas.

Sonrió, repasando el viñedo con sus ojos.

—Este lugar perteneció a mi abuelo paterno, que quiso crear un vino especial, cosechando las uvas más selectas del territorio.

Al escucharlo hablar, me percaté de que aquel sitio, en verdad, era especial para Manuel.

—Dicen que mi abuelo, personalmente, junto con Marcelino, el viticultor y enólogo por más de cincuenta años, se paseaban todas las tardes por el viñedo, cantando, platicando e inspeccionando minuciosamente el estado de cada cepa. Es más... Marcelino actualmente tiene ochenta años y vive en aquella casa —apuntó hacia lo alto de la colina.

Por lo que contaba mi padre —metió otra uva a su boca—, que siguió con la tradición del abuelo, las uvas tenían que estar contentas. Y ese consentimiento, por así decirlo, era parte vital en el sabor de este vino único.

—Y ¿ahora les cantas tú? —pregunté divertida.

—Me encantaría hacerlo cuando vengo, pero Marcelino se ha vuelto celoso de esa labor, y en la actualidad, junto con su nieto, han seguido con esta tradición, convencidos del profundo efecto que tiene sobre las uvas. Además, estoy seguro de que así seguirá siendo, generación tras generación.

Posteriormente a la muerte de mi abuelo —continuó—, lo heredó mi padre y yo lo heredé de él, por lo que a raíz de eso, decidí conservar este tesoro familiar, en el que no puedo evitar sentir una profunda nostalgia cada vez que vengo aquí, pues veo a mi padre en cada rincón.

—¿Cuánto tiempo vivió él aquí?

—Pasó largos periodos durante su niñez y vivió aquí los últimos veinticinco años de su vida, justo después de que enfermara de diabetes al recibir una terrible noticia. Desde aquel día, solía decir que este sitio había llegado a su vida como la antesala del cielo. Confesaba que vivía para amar a sus tres mujeres —rió, metiendo la última uva en la boca—: a su esposa, a esta casa y a la vid que nacía en estas tierras. Durante muchos años dedicó su vida a "Villa Capriccio" y obtuvo las mejores cosechas de su historia.

—¿Y tu madre? ¿Por qué decidió dejar este paraíso?

—Porque los recuerdos fueron una carga difícil de sobrellevar. Al morir mi padre, perdió toda ilusión.

—Entiendo… —desvié la vista hacia la colina.

Caminamos por el viñedo, encontrando a nuestro paso algunos trabajadores que nos saludaron cordialmente, hasta que llegamos a la bodega donde el vino era producido y embotellado. Al entrar, pude admirar cientos de barricas de roble, un gran tanque de fermentación y un horizonte de botellas de un dorado brillante, apiladas por fechas para el añejamiento. Manuel tardó unos minutos observando con detenimiento algunas etiquetas.

—Esta es… —dijo.

—¿Es qué? —pregunté.

—La botella que me gustaría compartir con la mujer más bella del mundo —la envolvió en una bolsa de lona.

Sonreí.

—Otro día te traeré a comer el mejor pescado de Capri, el que hace Martina la cocinera, que encima de llevar años sirviendo en esta casa, es una mujer adorable que baila y toca el violín con mucha gracia. Te va a simpatizar.

Regresamos a tomar nuestras bicicletas, Manuel afianzó la botella al manubrio y proseguimos nuestro recorrido por la isla, donde fue narrando la historia de cada sitio, como la de las villas Jovis y Damecuta, que mandó a construir el emperador Tiberio, quien fue el conquistador de esta envidiable porción de tierra dentro del mar y que acabó por convertirla en la capital de su imperio.

—Incluso… —explicó—, dicen que su espíritu aún se pasea por cada rincón de esta isla. Fue un hombre brutalmente cruel y parece ser que el día que salió de Capri lo estrangularon.

Después de aquella reseña y de callejear por Capri, llegamos a una plaza con altos pinos, donde dejamos las bicicletas y nos sentamos a conversar en una banca de hierro junto a un junípero, cuya fragancia me transportó por unos segundos a mi infancia en la finca de mis abuelos paternos.

En varias ocasiones lo vi sonreír. Me aventuré a confesarle mi gusto por el canto y mi deseo de dedicarme algún día a hacerlo profesionalmente. Cuando de pronto, me detuve para aterrizar de nuevo en mi realidad y añoré profundamente mi vida, esa vida que había dejado unos meses atrás.

—Uno no pierde nada con soñar, ¿no crees, Manuel? ¿A poco tú no tienes alguna fantasía?

Me traspasó con sus ojos verdes y respondió con sutil picardía:

—Muchas fantasías, querida, muchas…

—En serio, Manuel —repuse—, ¿no tienes algún sueño que te gustaría hacer realidad?

—Por supuesto que sí, pero antes que nada, lo que me has dicho de ti, no creo que sea tan solo una fantasía como dices. Solamente con escuchar tu voz sé que algún día si te lo propones, lo lograrás —afirmó, mientras yo soltaba una divertida carcajada.

—¿Qué? ¿No crees lo que te digo? —añadió con aparente seriedad, conteniendo una sonrisa—. No creas que es solo un cumplido. Te aseguro que si sigues con ese espíritu, lo lograrás. Y como dice un proverbio chino, que mi padre solía decir cuando era yo aún adolescente: "Las grandes almas tienen voluntades, las débiles, tan solo deseos".

—Ten por seguro que lo intentaré, Manuel, aunque a veces las personas piensen que estoy medio loca.

—No hagas caso de la gente, Teresa. Si nos dejáramos llevar por el qué dirán o por cada persona que nos diera su opinión, estaríamos perdidos.

—Parece que estoy oyendo a mi padre —recordé, sesgando la mirada.

Se inclinó hacia mí y me dio un beso en la mejilla.

—Y con respecto a lo que me contaste el otro día, Manuel, sobre tu pasatiempo de escritor, ¿por qué no te dedicaste a eso si tanto te gusta?

—No lo sé —encogió los hombros—. Quizá pensé que me moriría de hambre y opté entonces por dedicarme a la economía, creyendo que tendría más oportunidades en la vida. Por eso me fui a estudiar la carrera a Estados Unidos —lo noté nervioso. Tragó saliva como si estuviera recordando algo que le afectaba—. Trabajé un tiempo allá, más tarde regresé a Roma y terminé en Milán, en una firma dedicada a la moda. Desde entonces mi trabajo se volvió un refugio, que me consume más tiempo del que quisiera. Bueno, uno decide lo que quiere vivir y así lo decidí yo —puntualizó, para luego agregar—: Teresa, me gustaría llevarte a un lugar muy especial o ¿tienes algún otro plan?

—No, para nada —respondí, olvidándome por completo de María.

Paramos en una vinatería, compramos una hogaza de pan, carne fría, aceitunas, queso, y con la botella que Manuel llevaba, montamos en nuestras bicicletas y nos encaminamos a Anacapri. Anduvimos por calles colmadas de árboles que parecían estallar de flores, y en el suelo miles de ellas tapizaban la acera, como si fuera un enorme tapete bordado a mano. Pude sentir una serenidad que no había vivido en los últimos meses y agradecí a la vida aquel maravilloso paseo.

Al final de aquella carretera, larga y serpenteante, llegamos a una playa donde no había nadie, más que decenas de aves que sobrevolaban en la distancia, picoteando pequeños cangrejillos que emergían de la arena. Nos desmontamos de las bicicletas, las recostamos a una cerca de madera, derruida por los estragos del agua. Nos quitamos los zapatos y caminamos por la orilla del mar, hundiendo los pies en la arena, mientras el ligero oleaje y la espuma acariciaban nuestros pies. Aquel era un paisaje hipnótico. El océano aparentaba ser un enorme zafiro que brillaba con la luz del atardecer, y la brisa, junto con el sonido de las olas, nos sumergió en una sinfonía relajante.

Gocé cada una de las anécdotas de Manuel, que se remontaban a su infancia y a su temprana adolescencia en Capri. No recuerdo haber reído tanto desde hacía mucho tiempo. Estaba tan entretenida con nuestra plática, que no noté pasar las horas.

—¿Sabes, Teresa? —dijo, al mismo tiempo que nos sentábamos en la arena—. Cuando era niño... —enmudeció antes de proseguir.

—¿Qué pasa, Manuel?

—No sé por qué tuve la necesidad de regresar a este lugar después de tantos años. Mis padres solían traernos a mi hermana Rossana y a mí cada verano. Invariablemente mi madre, y me parece que la estoy viendo..., se dedicaba desde temprano, a llenar una cesta con frutas, bocadillos y un termo con té helado, mientras que mi padre, por su lado, encajaba la sombrilla en la arena y disponía las sillas de lona alrededor de una mesa plegable. Cuando ambos terminaban aquel ritual, mi madre nos paraba frente a ella y nos embadurnaba de pies a cabeza con una crema contra el sol, que nos dejaba como dos fantasmas blancos. Luego, mi padre se ponía un simpático sombrero de marinero, sacaba el morral de lona donde cargábamos cubetas, palitas y moldes de plástico, con las que construíamos verdaderas fortalezas en la arena, y después de largas horas de insolación, mi padre, que nunca perdía la energía, se dejaba enterrar en la arena hasta el cuello, mientras lo veíamos, entre risas, derretirse del calor.

Sonreí al escucharlo hablar con tanta añoranza, cuando repentinamente guardó silencio y pareció zambullirse en sus recuerdos. Bajó la mirada y dibujó una línea con la punta de su dedo sobre la arena húmeda.

—Por desgracia, aquella felicidad duró muy poco... En una de las Navidades en el Perú, Rossana contrajo una rara enfermedad que la postró en cama por varios meses.

Sin hacer ningún comentario, lo miré con los labios apretados.

—La fiebre la hacía delirar día y noche. La tenía al borde de la locura... —exhaló, retomando el aliento que parecía haberse colapsado en su pecho.

De golpe, recordé lo que estaba sucediendo con mi padre y se hizo un silencio sepulcral. El rostro de Manuel se ensombreció y mirando hacia el mar, continuó:

—Aquellos cinco meses, sus últimos, fueron los más largos de nuestras vidas, y de una gran enseñanza. Aprendimos a valorar tantas cosas... Sin embargo, mi padre no pudo soportar tanto dolor y enfermó al poco tiempo de diabetes, la que más tarde le arrancaría la vida.

Trató de esbozar una sonrisa que apenas se dibujó en su rostro.

—Ahora casi veintitantos años después, he aprendido que el valor de la vida no tiene precio.

—No pienses más en cosas tristes, Manuel —acaricié su mano—, solo recuerda las cosas bonitas que viviste junto a ellos —yo estaba viviendo algo parecido con mi padre.

—Pero dejando a un lado las tristezas —tomó mi mano y la besó—, ¿qué te parece si comemos algo? —desenfundó una navaja suiza de su cinturón, abrió una bolsa por los costados y la extendió sobre la arena, acomodando la comida y la botella de vino. Comimos, charlamos y brindamos, a la vez que decenas de gaviotas se arremolinaban a nuestro alrededor, mientras les dábamos trozos de pan, los cuales se arrebataban unas a otras de sus puntiagudos picos, entre saltitos que dejaban marcadas sus huellas sobre la arena mojada.

Luego de un rato, me miró profundamente a los ojos, como queriendo ver más allá de mí. Guardó silencio y acariciando mi mejilla con la punta de su dedo, confesó:

—Cuando te veo sonreír, no puedo evitar olvidar lo que estaba diciendo...

Se fue acercando lentamente hasta que nuestros cuerpos se tocaron. Acarició mi cabello y besó mi mejilla con sus labios húmedos, haciéndome flotar entre sus brazos. Mi corazón comenzó a palpitar dentro de mi pecho, descubriendo un sentimiento que no había experimentado jamás. Volvió a atraparme con la mirada y con su cálido aliento, susurró a mi oído:

—Me enloquece el perfume de tu piel, mujer...

El silencio y la pasión gritaban desde mi interior, convirtiéndose en un eco delirante. Entrecerré los ojos disfrutando aquel momento. Mi cuerpo vibraba electrizado al sentir sus caricias, y sus labios terminaron por robarme un beso apasionado.

Deseé que esos minutos fueran eternos. Cuando al paso de las horas y al ver que los rayos dorados del sol comenzaron a difuminarse en el horizonte, evidenciando que era tiempo de emprender nuestro regreso a casa, muy a mi pesar, aterrizamos nuevamente en nuestra realidad. Manuel me tomó de la mano, la besó, mientras yo, nerviosa, me reacomodé mirando el reloj.

Caminamos bajo el sonido de las olas que bañaban de chispas plateadas nuestros pies. Abandonamos aquel lugar, a la vez que miles de gaviotas alzaban su vuelo, formando gigantescas parvadas que al unísono volaban mar adentro.

Agotados después de aquel largo día, tomamos las bicicletas y emprendimos nuestro viaje, decidiendo detener al conductor de una camioneta que pasaba por allí para que nos acercara un poco a la casa. Durante el trayecto, el hombre, que posteriormente supimos que provenía del sur de Inglaterra, y había piloteado un bombardero en la Segunda Guerra Mundial, relató con extraordinario sentido del humor, simpáticas anécdotas, haciéndonos reír durante todo el camino.

Ya de vuelta a casa, agradecimos a nuestro ocurrente piloto inglés, mientras bajábamos las bicicletas de la parte trasera del *pickup*, todavía divertidos por nuestra excursión.

Cuando el hombre desapareció en la oscuridad de la calle, Manuel me tomó entre sus brazos, me dio un último beso y sin decir más, nos despedimos.

Capítulo 10

A la mañana siguiente, al levantarme de la cama, me di cuenta de que casi no podía mover las piernas. Sentí como si varias puñaladas se enterraran en mis muslos y pantorrillas, sintiéndolas como unas terribles "agujetas". Sabía que eran indicios de mi falta de condición física. A duras penas logré ponerme un vestido encima y salí de mi habitación rumbo a la casa caminando con rigidez.

María, que estaba parada afuera de la puerta de la cocina, me preguntó qué me pasaba, le contesté que me sentía apaleada por el día anterior. Al dirigirme hacia ella, entre risas y una mueca traviesa, volvió a preguntar qué habíamos hecho para haber quedado en tal estado.

—Nada de lo que puedas estar imaginando —reí, meneando la cabeza—. La pasamos estupendamente bien. Por cierto, perdón por no avisarte que regresaría tan tarde, pero cuando me di cuenta, ya era tardísimo.

—No te preocupes, me lo imaginé y aproveché para ir a visitar a Carlo y Donatella, y acabé llegando más tarde que tú. Cuéntame, ¿qué hiciste ayer?

Le conté con detalles aquel día que tanto había disfrutado,

y al concluir, asintió lentamente, dándome a entender que sabía que eso sucedería tarde o temprano.

—Tengo la corazonada de que Manuel y tú no solo terminarán con una buena amistad, creo que hay algo más que eso, ¿o me equivoco?

—No lo sé —admití—, ya veremos qué pasa más adelante. Ya el tiempo lo dirá... —levanté los hombros—, la verdad no te puedo mentir, Manuel me encanta.

—Pues entonces no pierdas esta oportunidad, Teresa —dijo, y luego preguntó—: ¿Y qué piensas hacer hoy? ¿Tienes algún plan?

—No, creo que me pondré a leer los escritos, desde la pérdida del anillo, se me han quitado las ganas de seguir adelante con todo esto. Tengo que encontrar el medio para hacerlo sin él y averiguar el misterioso nombre del dragón, ya que el tiempo corre y no he podido hacer demasiado. Mi padre está cada día peor y por las noches siguen mis pesadillas. Me tienen muy inquieta todas las cosas extrañas que han sucedido últimamente.

—Me lo puedo imaginar —repuso—. Por eso mismo te voy a dejar trabajar en paz. Voy a salir un rato a dar una vuelta, luego iré a comer con Donatella y si te animas, más tarde te esperamos en su casa, ¿qué dices?

—Yo te hablo después, gracias de todas maneras.

—Si se te ofrece cualquier cosa estaré en casa de Carlo, su teléfono está escrito en un papel que está pegado en la puerta del refrigerador.

Regresé a mi habitación y, sobre el escritorio que estaba frente a la ventana que daba al mar, dispuse los papeles en secciones, coloqué el libro a un lado y traté de retomar lo que había dejado hacía unos días. Releí varias veces la frase de exorcismo, deseando que llegara a mí alguna idea de lo que buscaba. Leí los escritos por horas enteras. Me costaba trabajo entender, pues algunos párrafos estaban en rima, varios en enredosos acertijos y otros eran pensamientos filosóficos que no podía comprender del todo. En otros incisos se citaba algo que parecía que estaba sobreentendido y que por lo mismo no especificaba ni nombres, ni lugares, sino meras situaciones que se habían llevado a cabo en aquella época, aparte de una biografía minuciosa de Vlad III.

Parecía ser que los manuscritos habían sido escritos durante la vida de Vlad Tepes, y según mencionaban, algunos años después de su muerte. Pero entonces, ¿quién había escrito aquello? ¿Quién lo había escondido en el castillo de Targoviste? ¿El mismo brujo o su hijo?, o quizá alguien que en ese tiempo desconocía y que tal vez desconocería para siempre.

Al estar leyendo los escritos, llamó mi atención algo referente a la caja. "Acarreará grandes males y la muerte llegará en forma de nube que será el comienzo del dolor, manchando su cuerpo con sangre hasta disolver sus entrañas, y su último descendiente y sus descendientes a la vez, los seguirían hasta la muerte".

De pronto recordé, que mi padre había dicho algo parecido, no obstante, había omitido cosas que sospeché habían sido horripilantes. Señaló que al abrir la caja, un vapor nauseabundo había salido de ella haciéndolo sentir mareado. ¿Habría tenido que ver eso con la nube a la que hacía alusión aquella frase? Hojeé con rapidez algunas de las hojas don de también señalaba que: "Aquel que porte el aro que no le corresponda, la vida lo abandonará con sangre, lamentos y un gran sufrimiento". Estaba claro que para cualquiera que se pusiera el anillo, que ahora se encontraba perdido en las profundidades del mar, la maldición arremetería contra esa persona, como posiblemente le había pasado a mi padre al abrir la caja.

Tomé el libro que casi no podía entender, pues estaba en latín, aunque algunas frases eran algo comprensibles gracias al español que sabía por parte de mi madre. Pude imaginar que hablaba de torturas, castigos y de la muerte, que se citaba en varios capítulos, resaltando con tinta más oscura, la palabra "*mors*", que significaba muerte. ¿Qué habrá querido decir? Repetí varias veces la palabra "*mors, mors, mors*" cuando inesperadamente, un rayo de sol entró por la ventana, reflejándose en el escudo de metal del libro, que me cegó por unos segundos. Cerré mis ojos y moví el libro de su sitio, y casi inmediatamente después, se apoderó de mí un fuerte dolor de cabeza. Mareada y a pesar de que traté de seguir leyendo, mi vista se nubló una y otra vez.

Distraída por mi malestar, súbitamente sentí un escalofrío en la nuca, al percibir que alguien estaba detrás de mí. Atemorizada, sin querer volver la vista atrás, sentí un tibio aliento en el cuello que me paralizó. De pronto, escuché unas risitas infantiles y unos pasos veloces que se esfumaron por la habitación. Giré despacio la cabeza sobre mi hombro y sin advertir absolutamente nada, me pregunté exaltada, si me estaba volviendo loca o si aquello era parte de la maldición. Mi respiración se entrecortó. Me sentí inexplicablemente decaída y soñolienta, me recosté sobre la cama y caí en un sueño profundo, en el que vi a un ser que vestía con ropajes harapientos y me perseguía por largos e interminables pasillos de un laberinto oscuro, murmurando con voz profunda: "Julianne, Julianne…". Mi mente llena de angustia y temor, trató de alejarlo, pero parecía que donde mirara, estaba ahí acechándome, dejando entrever una dentadura amarillenta que castañeteaba en forma intimidante frente a mí.

Miles de sombras comenzaron a acorralarme hasta caer dentro de un pozo profundo y, continuando mi angustioso descenso por aquella fosa oscura y candente, tuve la sensación de que algo oprimía mi pecho. Entre mi consciente y aquella alucinación comenzó una lucha por despertar, sin que mi cuerpo pudiera reaccionar. Traté con todas mis fuerzas de abrir los ojos, pero los párpados me pesaban como dos rocas. Mi corazón comenzó a acelerarse, al sentir unas manos que recorrían mis piernas y, bajando lentamente por mis muslos y pantorrillas, esa presencia terminó por asirme los tobillos con fuerza.

Sentí que me iba hundiendo, enterrándome lentamente en el colchón. Tenía ganas de gritar, pero mis labios estaban sellados. Y luego de aquella frenética batalla por volver en mí, logré entreabrir uno de mis ojos, alcanzando a percibir una sombra parada al pie de la cama, que oscilaba con un vaivén. Por más esfuerzos que hice para ver con claridad, mi vista era completamente nebulosa. Me dolía todo el cuerpo, no tenía el control para darme cuenta de qué era aquello que me sucedía cuando, de manera inesperada, sentí un dolor desgarrador en la piel.

Capítulo 11

Con un gran sobresalto desperté de aquella alucinación y alcancé a ver una silueta que salió por la puerta, la cual extrañamente se encontraba entreabierta. Bajé mi mirada y advertí que tenía unos rasguños a lo largo de mis pantorrillas. Tambaleante, me levanté de la cama, parecía como si un tractor hubiese pasado sobre mí. Me dirigí al baño, abrí el grifo, me lavé la cara con agua fría y, aún consternada por lo ocurrido, tomé aire tratando de mantener la calma. Regresé de nuevo al cuarto, me aproximé al escritorio, percatándome de que el libro estaba abierto en una página que tenía un grabado del rostro del mismo hombre de mi sueño, el mismo de la foto que había tomado en Targoviste.

Portaba un gorro con una estrella, que tenía incrustada una piedra la cual sujetaba varias hiladas de perlas alrededor de su cabeza, aparte de una larga y rizada melena negra que caía sobre sus hombros. Aquello que yo había apreciado como un turbante en la foto, en el libro se veía con más claridad. Sus facciones eran muy peculiares, era delgado, tenía los ojos hundidos con una expresión amenazadora, dura y cruel. Su nariz era afilada, con un largo bigote sobre la boca, pero sobre todo, tenía rasgos angulosos y unos desagradables pómulos que se proyectaban de su rostro, haciéndolo parecer un loco.

Cuando leí más abajo, me petrifiqué. Estaba escrito el nombre de Vladislav, y más abajo decía: "*Societas Draconistrarum*". Tomé uno de los escritos que recordé contenía esa frase, la cual se traducía como "La orden del dragón", cuya finalidad era asesinar al sultán turco, Murad I, y sacar a su ejército de Rumania para así proteger a la familia real. El emblema de la orden era un dragón con la cola enroscada al cuello, complementado con una cruz roja que traspasaba su cuerpo. Al parecer, el dragón representaba a la bestia del Apocalipsis, y la cruz simbolizaba la victoria de Dios sobre las fuerzas del mal.

Recordé que el anillo del dragón era muy parecido al de los escritos, pero este en especial no tenía la cruz ensartada en el cuerpo del animal, ya que solamente llevaba montado el enorme rubí. Traté de interpretar aquello. ¿Querría decir que habían quitado a Dios para que solo reinara el mal? De otro modo, Dios no podría estar dentro de ningún maleficio, pero el rubí entonces, ¿qué representaba? No paré de darle vueltas a aquellas preguntas que aún permanecían sin respuesta.

Todo aquel plan maléfico aparentaba estar perfectamente maquinado y, la palabra "*mors*", posiblemente tenía que ver con todo eso, aunque no había averiguado aún dónde encajaba cada pieza. Metí una de las hojas de la traducción en el libro para marcar la página donde se encontraba la imagen de Vlad y me dispuse a cerrarlo al menos por ese día.

Me llevé la mano a la mejilla, aún desconcertada, y parada frente a la ventana, contemplé aquella formidable vista al mar, tratando a toda costa de poner mi mente en blanco. Y después de algunos minutos, decidí unirme a María en casa de sus amigos.

Aún con el ardor en las piernas, entré al baño a lavarme los arañazos, algunos parecían borrarse lentamente de mi piel. Resoplé queriendo serenarme y, sin saber qué hacer luego de lo que había sucedido, me puse unos pantalones encima y salí a llamar a María por teléfono y avisarle que iría a alcanzarla. Me dio la dirección, el lugar estaba relativamente cerca, así que tomé una de las bicicletas para luego salir a la calle.

Al llegar a la casa de Carlo y Donatella, me desmonté de la bicicleta y la recosté a la pared sobre la que trepaba una enredadera por todos los muros de un amarillo pastel, donde cada ventana estaba enmarcada con un ribete azul rey. Toqué a la puerta y en seguida me abrió una mujer de mediana edad, que preguntó con voz cándida:

—¿Teresa?

—Sí, y tú has de ser Donatella.

—Así es. Por favor pasa, te estábamos esperando.

Caminamos por el patio hasta llegar a la parte trasera del jardín, donde había un jagüey de piedra, rodeado de arbustos y rocas calizas, mientras que un grupo de personas se encontraba alrededor de una mesa tomando café.

—Por acá, Teresa —exclamó María, haciéndome señas con la mano—. Te voy a presentar a unos amigos de la carrera a quienes les he contado mucho sobre ti.

—¿Bien o mal? —bromeé.

—¡Pésimo! —contestó Carlo—. No, no es cierto, Teresa —se desmintió sonriendo—. Qué bueno que llegaste. ¿Quieres un café? —me ofreció una taza, sosteniendo la cafetera con la otra mano.

Acepté, al mismo tiempo que me acercaban una silla a la mesa. No paré de reír toda la tarde. Platicaban anécdotas de su adolescencia y, como un tiroteo, se arrebataban unos a otros la palabra entre risas, haciendo comentarios que parecían saberse de memoria. Indiscutiblemente, María estaba rodeada de gente muy agradable.

—Nos contó María que cantas muy bonito —comentó uno de los presentes.

Meneé la cabeza, lanzando ojos de flecha a María. Al poco rato, Francesco, otro de los invitados, sacó la guitarra y tocó varias canciones compuestas por él, cuando de pronto interrumpió lo que estaba tocando e informó a los demás que era mi turno. Me dio vergüenza cantar frente a tantos desconocidos, pero como buenos italianos, efusivos e intensos, insistieron hasta que no tuve otro remedio. Empecé a cantar, y ya animados todos entre copas, caladas de cigarrillos y risas, nos ambientamos hasta altas horas de la madrugada.

Fue una velada divertida y ecléctica, había gran diversidad de invitados, músicos, bohemios y hasta empresarios, pero la realidad es que juntos hacían una mezcla única de personajes.

Como a las tres de la mañana, después de varias copas, mucho baile, cantos afinados y, otros no tanto, nos despedimos de Carlo y Donatella, que nos acompañaron a subir la bicicleta al auto, entre jaloneos y risas. Aún divertidas, emprendimos nuestro regreso a casa comentando sobre aquella velada.

Al estacionarnos frente a la puerta de la casa del tío Piero, alcancé a ver a lo lejos, una nota pegada en la reja. Bajé a tomarla y esperé a que María descendiera del auto.

—Me imagino que es para ti, ¿cierto? —preguntó, echándole llave a la portezuela.

—Sí.

—Umm... amiga —frunció la boca—. Creo que Manuel te estuvo buscando y no te encontró. Qué bueno, que acumule las ganas de verte y vea que no eres presa fácil.

Sonreí y nos despedimos para irnos a dormir.

Ya en la cabaña, me puse el camisón y pude ver que los rasguños de mis piernas habían desaparecido casi por completo, dejando algunos rastros rojizos sobre mi piel. Volví a tomar una bocanada de aire, evitando darle vueltas al asunto, ya que sabía que de nada servía hacerlo en ese momento, y mucho menos a esas horas de la noche. Y como me lo había advertido mi padre antes de emprender aquel viaje: "Veas lo que veas, escuches lo que escuches o sientas, simplemente siéntelo y libérate de él", y así lo hice.

Me tumbé sobre la cama y me dispuse a leer la nota que decía: "Teresa, ¡qué día! Me la pasé estupendamente bien. No he dejado de pensar en ti. Un beso, Manuel".

Con una amplia sonrisa, imposible de desdibujar de mi rostro, doblé la nota sobre la mesa de noche.

A partir de entonces, Manuel y yo nos seguiríamos viendo durante los siguientes días, llegando a entablar una relación intensa, además de que habíamos descubierto que teníamos varias cosas en común, que nos unían cada vez más y el vernos se había vuelto casi una necesidad.

Empezaba a enamorarme de la isla. Había descubierto en aquel lugar de verdor, colorido y gente alegre, otro matiz a mi oscuro panorama.

Esa misma semana David habló para avisar que llegaría por la noche a Nápoles y que pronto estaría visitándonos en Capri. A esas alturas de mi relación con Manuel y justo como me lo había pronosticado María, no sabía cómo manejaría aquella visita.

Capítulo 12

Me despertó el sonido del teléfono, miré el reloj y advertí que eran pasadas las diez de la mañana, cuando María gritó desde la casa que era Manuel. Me levanté de la cama y fui a contestar, al alzar la bocina, escuché aquella voz inconfundible, que invariablemente hacía que mi estómago se contrajera. Me invitó ese día a conocer la gruta Azul, a lo que respondí con un corto silencio, que dudaba en ir, ya que prácticamente no había estado con María en toda la semana.

—Por favor, mujer, por esta vez no me digas que no. Te juro que no te vas a arrepentir, además no puedes regresar a Roma sin antes conocerla. Dime que sí… —insistió.

—Está bien, Manuel. Pero con la condición de que mañana se lo dedicaré a María por completo.

Después de una corta conversación, regresé al cuarto a arreglarme. Me encontraba nerviosa, esa relación me hacía cuestionarme sobre lo que pasaría cuando yo regresara a Long Island y él a Roma.

* * * * *

☙ Centinela del silencio ❧

Cuando estaba desayunando, sonó el timbre de la puerta y subí a la recámara de María para avisarle que saldría con Manuel y que llegaría a mediodía. Además de recordarle que David había dicho que llegaría ese mismo día a Nápoles y que estaría en Capri de un momento a otro.

—Tienes boca de profeta —le dije antes de marcharme.

—¿Por qué? —preguntó en medio de un largo bostezo.

—Porque no sé cómo le voy a decir a Manuel, que no lo voy a ver estos días por estar con David.

—No te agobies —trató de tranquilizarme—, simplemente, dile que vienen unos amigos de Roma a visitarnos un par de días y que ya tenías este plan hecho desde antes. Y por mí no te preocupes, nos vemos más tarde.

Salí del cuarto y me asomé por la ventana del pasillo, viendo a Manuel parado junto a su motocicleta. Bajé, y al abrir la reja de la calle, me dio un beso en la mejilla, diciendo:

—Estás muy linda, Teresa.

Estoy segura de que me sonrojé como si fuera una niña. No había podido acostumbrarme todavía a sus halagos y a su manera de decirlos.

Al llegar al puerto de Marina Grande dejamos la motocicleta en la calle y caminamos hasta el muelle, en donde trepamos a una pintoresca lancha amarilla, en la que daríamos nuestro paseo. Manuel trató varias veces de encender el motor del bote, hasta que después de mucho batallar, por fin la echó a andar entre risas.

Durante el camino y sin pronunciar palabra, nuestras miradas se cruzaron una y otra vez, hasta que después de un silencio molesto, Manuel se soltó cantando una barcarola, que es el canto de los marineros italianos que imitan el movimiento de los remos, mientras que yo lo miraba ensimismada.

En la entrada de la gruta, apagó el motor, tomó los

remos y remó lentamente hasta el interior. Estábamos completamente solos en ese lugar oscuro, cuando en una fracción de segundo, todo se iluminó desde las profundidades, con un resplandor celeste. Me quedé maravillada, al ver la variedad de tonalidades del agua cristalina. Era un verdadero privilegio el poder presenciar aquel milagro de la naturaleza. La luminosidad del interior y de cada rincón de la gruta era de un azul turquesa intenso, mientras que la bóveda parecía un gran zafiro.

Metí mi mano en el agua, viendo como mágicamente, miles de destellos creaban un remolino de estrellas entre mis dedos. El juego de luces que provenían de los rayos del sol, se reflejó en el agua infiltrándose en su interior, haciéndolo ver espectacular, formando sobre las piedras una cascada de misteriosas figuras carentes de geometría.

Sentí un extraordinario placer al admirar la belleza de aquel lugar. Manuel parecía traspasarme con los ojos, cuando inesperadamente, una bruma nos envolvió y una sutil brisa recorrió mi cuerpo. Se hizo silencio. Me volví hacia él y ante mis ojos, comencé a ver cómo nos adentrábamos en un sueño ilusorio que se iba transformando en una realidad. Era como si hubiéramos viajado en el tiempo. Manuel vestía un oscuro ropaje de época, con entallados pantalones color café, llevando en la espalda una capa marrón de lana burda con finos bordados en hilo negro.

A un costado de él, observé la figura de un niño sentado que me miraba con expresión serena. Tenía unos escasos siete años de edad, era de complexión delgada, con cabello castaño, además de que poseía una mirada que denotaba una profunda inocencia.

Ante mi asombro, me volví a mirar, llevaba puesto un vestido de lino crudo, con cientos de pliegues que caían hasta el piso, llevando un cintillo de piel que daba varias vueltas a mi cintura y un manto tejido que cubría mis hombros.

Los ojos de Manuel brillaban con nostalgia, cuando de

manera espontánea, pronuncié el nombre de Razvan, sin saber por qué lo hacía, y de manera natural Manuel se inclinó hacia mí tomándome de las manos.

Sentí una gran emoción y las lágrimas comenzaron a rodar por mis mejillas. Aquella escena que parecía reconocer, me invadió de melancolía. Era como si ese momento de dicha fuese a terminar en cualquier instante. Al mismo tiempo, en el fondo del bote y como un centinela, apareció la figura de un ser que llevaba tapado el rostro con una capucha blanca. En medio de un silencio absoluto, recordé al hermano Mantuano y supuse que era un regalo que me daba la vida, haciéndome sentir protegida. Traté de mirarle la cara, pero nunca develó su identidad.

El sol comenzó a brillar de nuevo en la gruta y el resplandor de los rayos me hizo apretar los ojos por unos segundos y al abrirlos vislumbré a Manuel sentado, tapando su rostro con ambas manos.

Aguardamos sentados sin hablar. Me acerqué a su lado, bajé lentamente sus manos, me estrechó entre sus brazos y con toda la ternura posible, me besó. Manuel aparentaba tener el corazón destrozado, y fue cuando comprendí que no había sido solamente un simple sueño o una alucinación, sino una realidad.

—Teresa... —exhaló—. Estoy desconcertado, pero al mismo tiempo me siento extasiado. No sé qué fue lo que sucedió ni el porqué, pero quiero que sepas que... —volvió a cerrar los ojos por unos segundos antes de confesar—, te quiero. Esto es una locura...

Ambos éramos testigos de lo que había sucedido allí. Me atrajo nuevamente hacia su pecho y envolviéndome entre sus brazos como para no dejar escapar esa vivencia, al cabo de algunas horas y, muy a nuestro pesar, emprendimos el viaje de regreso a casa.

* * * * *

María no había llegado aún, por lo que nos dirigimos a la cocina, donde empecé a cocinar algo para la comida. Saqué carne del refrigerador y mientras lavaba unas legumbres, Manuel se acercó por mi espalda, susurrándome al oído:

—Me fascinas, Teresa…

Mi cuerpo se electrizó ante la cercanía de sus labios, cuando imprudentemente el teléfono sonó. Corrí a ver de quién se trataba, pero al descolgar la bocina, habían colgado ya.

—Sea quien sea nos interrumpió en muy mal momento —arrugó la boca, para luego ayudarme a poner la mesa, en tanto que yo preparaba la ensalada y le pedía que sacara la botella de vino y un par de copas de la alacena.

Después de haber dejado todo listo, Manuel se dirigió a la sala a encender el viejo tocadiscos del tío Piero, donde estaba puesto un disco, que muy probablemente habría sonado cientos de veces antes. Regresó a la cocina, le dio un par de tragos a su copa y, al dejarla sobre la mesa, me tomó de la mano sujetando sutilmente mi cintura. Me dejé llevar, al tiempo que escuchábamos la voz aterciopelada del popular cantante norteamericano. Cerré los ojos bailando al ritmo del *jazz*, a la vez que Manuel pegaba su mejilla a la mía, apretándome contra su pecho. Inmersos en nuestra comunión de sentimientos y sensaciones que corrían por nuestros cuerpos, súbitamente se apartó de mí, dando un paso atrás con la mirada perdida. Tomó un sorbo de su copa, dio un profundo respiro y de nuevo fijó sus ojos en los míos, mientras se iba transformando la expresión de su rostro.

Guardó un largo silencio, que me hizo pensar que lo que estaba a punto de suceder, no era nada bueno. Aparentaba luchar por liberarse de algo que le oprimía en su interior, y después expresó con el rostro apagado:

—Necesito hablarte con la verdad, Teresa… —el tono de su voz sugería que estaba a punto de confesar en ese momento algo que sería decisivo.

—Me asusta tu seriedad, Manuel... —me senté lentamente frente a él. Enmudeció una vez más antes de continuar.

—No puedo callar más, Teresa. A pesar de no tener idea de cómo reaccionarás, jamás me perdonaría que pensaras que he jugado contigo —tomó el último trago de su copa—. No soy libre, Teresa...

—¿Qué...? ¿De qué hablas, Manuel? —Lo miré, confundida—. ¿Me estás queriendo decir que eres casado? —Bajó la mirada, aceptando su culpabilidad—. ¿Por qué me lo ocultaste? ¿Para qué te acercaste a mí, entonces? —Me paré de la mesa, dolida e impotente ante lo que escuchaba.

—¡Espera, Teresa! —exclamó—. Nunca imaginé que me fuera a ver en esta situación, no lo planeé, te lo juro. Como tampoco creí que esto llegaría tan lejos, ni que fuera a suceder tan rápido. Además, estoy separado de ella desde hace mucho tiempo, aunque... —apretó los labios—, aún vivimos juntos.

Agité mi cabeza con indignación.

—No puedo creer lo que estoy escuchando.

—Por favor óyeme —trató de acercarse a mí, al tiempo que yo lo rechazaba con la mano extendida.

—Dame la oportunidad de explicártelo, Teresa. Las cosas no son como te imaginas.

—Aquí no hay mucho que imaginar, Manuel —repliqué—. Todo está muy claro.

—Te suplico que me des la oportunidad de hablar —subió el tono de la voz, evidentemente desesperado. Guardé silencio y sesgué la mirada con el orgullo de una mujer herida.

Hace tres años, Lina, mi hijo Stefano, que apenas tenía dos años de edad y yo, realizamos un viaje en auto al Parque Nacional del Stelvio, al norte de Italia, donde pasamos una semana de vacaciones con varias parejas de amigos. Para resumirte la historia, en el trayecto de regreso a casa nos sorprendió una tormenta de nieve y una espesa neblina, que logró que fuéramos a vuelta de rueda detrás de un tráiler —resopló un par de veces antes de proseguir—. Tras horas y horas de manejar en medio de una barrera blanca, el tráiler puso su direccional para que lo rebasáramos, y creyendo que el camino estaba despejado, me aventuré a pasarlo, topándome de frente con un vehículo descompuesto en medio de la carretera. Pisé el freno a fondo tratando de volver a mi carril, consiguiendo solamente derrapar sobre el hielo de la carretera hasta caer en un barranco.

Lo único que recuerdo fue que, al recobrar la conciencia, tenía un par de costillas rotas. Lina por otro lado, tuvo fractura de cadera, quedando por varios meses postrada en una silla de ruedas. Pero lo peor no fue solo eso... Stefano quedó atrapado en el asiento trasero, donde recibió un golpe en la cabeza, que lo dejó con una parálisis parcial de la mitad izquierda de su cuerpo. Todo esto que te estoy diciendo, no es para que sientas lástima por mí, es porque tenía la necesidad de confesarte mi verdad.

—¿Y entonces en qué concluyó todo esto, Manuel? —no pude evitar preguntar con frialdad, aunque por dentro estaba conmovida.

Respiró profundo una vez más antes de responder.

—La historia no quedó ahí... Lina no me lo pudo perdonar nunca y tampoco creo que lo haga algún día. Y por otro lado, supongo que la culpa tampoco me ha permitido moverme de ahí. No puedo ni quiero dejar a mi hijo en ese estado, ¿me entiendes?

Bajé la cabeza sin pronunciar palabra.

—No pretendo que me entiendas ahora, Teresa, porque es algo que a veces ni yo mismo comprendo. Sencillamente, Lina es la madre de mi hijo pero nada más.

Lo miré aturdida sin saber qué responder, pensando, ¿qué sería de mí si nunca dejara a su esposa? ¿Cuál sería mi papel junto a él, y más con tantas culpas de por medio?

—Manuel, estoy muy confundida y me siento traicionada por tu silencio. No sé qué decirte ni qué pensar. Además de que si yo te aceptara en esta situación, no me gustaría que algún día me dejaras para regresar con ella. Tu hijo siempre será tu hijo, pero ¿qué pasaría con Lina y dónde quedaría yo? —abrumada con tantas preguntas y tantas dudas, empecé a caminar hacia la ventana.

Se hizo un silencio apabullante, que Manuel interrumpió diciendo:

—Dame una oportunidad, te prometo que arreglaré mi vida para poder estar juntos.

—Quiero estar sola, Manuel, por favor márchate.

—No me puedo ir así nada más —repuso con desesperación.

—Lo siento, Manuel, no quiero ni tengo nada más que decir por ahora.

Lo acompañé hasta la puerta, donde me despedí de él con un nudo en la garganta. Sin más palabras, lo vi arrancar su motocicleta, escuchando el rechinar de los neumáticos que mordieron la gravilla.

* * * * *

El resto de la tarde permanecí en mi cuarto, estaba deprimida, sin ganas de ver a nadie. Más tarde, llegó María a tocarme la puerta y al verme en ese estado, me preguntó qué me pasaba y, sin saber por dónde empezar, le conté únicamente sobre lo que me había sucedido aquella mañana en la gruta Azul.

—¡Es realmente increíble, Teresa! Hoy entiendo por qué la vida los hizo reencontrarse aquí. El destino siempre se las ingenia para lograr su cometido, no importa cuántas vueltas dé.

Meneé la cabeza, introspectivamente.

—Por cierto —comentó—, habló David que ya llegó a

Nápoles y que mañana estará aquí antes de mediodía. Espero que no se compliquen tus planes con tantos pretendientes.

—Por el contrario —objeté cabizbaja—. David me viene a caer como una bendición en estos momentos. Necesito un espacio por tantas cosas que han venido sucediendo y ya veremos qué pasará después.

Estuvimos conversando por mucho tiempo, yo por mi parte, decidí no contarle aún que Manuel era casado. No tenía ánimo para contarlo, y mucho menos entrar en una especie de plática terapéutica con mi adorada psicóloga.

Capítulo 13

Durante toda la noche, mi cabeza no paró de dar vueltas. Me atormentaba el hecho de pensar en Manuel, quien me había llamado temprano aquel día. Necesitaba un espacio para poner en orden mis sentimientos, por lo que le pedí que me diera tiempo para pensar, aclarándole que yo lo buscaría.

Esa mañana, me dediqué en cuerpo y alma a seguir buscando entre los escritos, la forma de descifrar la frase y el nombre del dragón. La conciencia me indicaba que era tiempo para continuar con mis investigaciones, ya que en ocasiones me resistía, asumiendo que sin el anillo no había nada que se pudiera hacer.

A lo lejos, alcancé a escuchar que sonaba el timbre de la casa. Crucé el jardín y me dirigí a abrir la reja.

—¡David! —exclamé, dándole un abrazo—. ¡Qué gusto verte!

—Al fin llegamos, Teresa —David venía acompañado de su amigo Biaggio, que me saludó amablemente, plantándome un beso en cada mejilla. Era un tipo alto, moreno, barbicerrado, que sin ser precisamente galán tenía cierto atractivo.

Los invité a pasar a la casa y María salió de la cocina a recibirlos. Venían contentos por haber llegado a Capri. No pararon de reír y de comentar sobre su ajetreado viaje. Según comentaban, a su llegada a Nápoles, Bartolino, el capitán del yate de Biaggio, y quien casi formaba parte de la familia Fortucci, se había tomado la libertad de llevar de paseo por la costa amalfitana a una de sus múltiples novias, la de turno. Teniendo que esperar casi cuatro horas en un bar cerca del puerto, hasta que el viejo lobo de mar, como lo llamó Biaggio, se dignara a regresar de su fogosa luna de miel.

—Como se podrán imaginar —aclaró David—, con tantas horas de espera y aprovechando que era la final de fútbol, rápidamente nos ambientamos y agarramos muy buena fiesta.

—Y ¿qué dijo Bartolino cuando los vio en ese estado? —pregunté.

—¿Qué iba a decir el muy sinvergüenza? —respondió Biaggio, sacudiendo la cabeza—. Como si nada, salió con la misma cantaleta de siempre. Que se le había hecho un poco tarde, pero que todo estaba listo para que zarpáramos.

—Y si lo vieras, Teresa —comentó David—. Es un viejo arrugado y achicharrado por el sol, que mide solamente metro y medio de estatura.

—Pues al parecer fuera de eso ha de tener mucho atractivo —opinó María encendiendo un cigarrillo—. Los feos tienen que desarrollar técnicas más sofisticadas para seducir a las mujeres y estos, a veces, pueden ser mucho mejores amantes que los guapos, que andan por la vida sintiéndose los mejores conquistadores.

—De eso estoy seguro —afirmó Biaggio—. Indudablemente, nosotros los feos tenemos más suerte que los guapos.

—Sobre eso no estoy totalmente de acuerdo —David rebatió con gesto bromista, pasando su mano por su cabello.

Reímos.

—Pues a mí, definitivamente me gustan más los feos, aunque... no taaan feos —enfatizó María—. Pero eso sí te puedo decir, que en un alto porcentaje, son más simpáticos y menos engreídos.

—Pero hay guapos que valen mucho la pena, ¿no crees? No hay que generalizar, siempre hay excepciones que rompen las reglas —añadí con tono nostálgico.

Salimos al jardín a sentarnos en el quiosco. Seguimos conversando, cuando repentinamente volví a sentirme presa de la incertidumbre. Mi corazón se sumió en un desasosiego que David percibió de inmediato.

—¿Qué pasa, Teresa? ¿Estás bien?

—Sí, solo estoy un poco cansada, Dave.

María y Biaggio siguieron charlando fingiendo no haber escuchado. Dave estiró su mano y me pidió que lo acompañara al borde del risco. Era tan sensible e intuitivo, que en seguida descubrió que algo no andaba bien conmigo e insistió hasta lograr que le confesara lo que me ocurría.

Su primera reacción fue de enojo y luego confesó que no soportaba pensar que nadie me lastimara y mucho menos jugara con mis sentimientos.

—Sé que no soy nadie para aconsejarte lo que hagas con tu vida, Teresa, pero como amigo, te pido que andes con cuidado. Por lo que me dices, parece ser que Manuel tiene una vida bastante complicada. Es más, ¿cuán dispuesta estarías tú a entrar en el remolino que implica su vida?

—No lo sé —admití—. Él me ha demostrado durante estos días que le importo de verdad. Pero te confieso que estoy muy confundida y, además, en unos días tendré que regresar a Roma. Y por cierto, ¿cómo vas con el proyecto de la galería que quieres abrir en Londres?

—Bien. Bueno... —ladeó la cabeza, arrugando los labios con ademán de fastidio—, ya sabes que siempre hay una que otra complicación en los asuntos burocráticos, pero dentro de todo, tuve la fortuna de que el padre de Biaggio, que es un destacado político siciliano, se interesara en invertir como socio mayoritario. Ya sabes cómo es la vida, siempre termina por sorprendernos.

—Qué bueno, Dave, me alegro por ti. Y cuéntame, ¿cómo conociste a Biaggio? ¿Quién es él?

—Es un empresario que se dedica a la importación y exportación de artículos de iluminación. Según dice un amigo mutuo, quien nos presentó hace poco en una exposición en el museo de arte moderno, hace menos de un año asesinaron a su madre en Beirut. No he querido preguntarle mucho, pero parece ser que ha tenido una vida bastante dura.

—¿Es libanés? —pregunté.

—Así es. Su nombre es Biaggio Farhat Fortucci.

—Aah... —asentí.

—Lo que llega a ser desagradable, es que su privacidad está muy limitada. Viaja con un equipo de seguridad que siempre lo acompaña, pero es increíble ver cómo en un abrir y cerrar de ojos, desaparecen. Aunque en verdad, nunca te das cuenta de que trae un séquito de hombres que le cuidan constantemente las espaldas.

—Ni hablar, ese es el precio del éxito ¿no crees? —dije, observándolo de lejos.

El clima tan agradable, nos mantuvo en el jardín hasta tarde, y antes de que se perdiera el sol, los cuatro salimos a caminar por la Piazzeta Umberto. Uno de los lugares más frecuentados de la isla, donde hay restaurantes, bares, el ayuntamiento y una linda iglesia con su campanario. A ratos, no pude evitar sentirme triste, David lo percibió, recalcando molesto, que no podía permitirle a nadie que me quitara la tranquilidad. Me esforcé en mantener mi mejor cara, pero mi corazón pedía a gritos soledad. Necesitaba poner en orden esa mezcla de sentimientos que llevaba dentro.

Así pasó aquel día, estuve muy inestable emocionalmente, oscilaba entre risas y lágrimas fugaces, que surgían y se esfumaban de un segundo a otro.

Ya por la noche, David y Biaggio regresaron a dormir a su yate. La noche fue nuevamente un suplicio, me presionaba la idea de tomar una decisión con respecto a Manuel, pues el tiempo parecía estar en mi contra.

* * * * *

Al día siguiente, como habíamos previsto, David y Biaggio nos llevaron, a María y a mí, a dar un paseo en el yate, el cual duró casi todo el día. En repetidas ocasiones, miré el horizonte y deseé que Manuel estuviera a mi lado. Me recosté en un camastro, cerré los ojos y traté de ordenar mis sentimientos. Sabía que me importaba más de lo que suponía, y el estar lejos de él me creaba una profunda inquietud.

Entrado el anochecer, al culminar nuestra travesía por la bahía de Nápoles, regresamos a Capri, donde nos invitaron a cenar, y aunque estábamos cansadas y tratamos de rehusar la invitación, su insistencia terminó por convencernos.

Durante el camino, María nos mostró algunos sitios que solía frecuentar, y al pasar frente a Villa Capriccio, alcancé a ver a Manuel que venía bajando de su auto, junto a otro hombre que cargaba una caja de madera.

—Ahí está Manuel —señalé, emocionada.

—¿Quién? —preguntó Biaggio, que venía distraído conversando con María.

—Manuel Massi —repetí.

—¿Ahí vive? —preguntó María con sorpresa.

—Sí —afirmé—. Tiene un viñedo que ha sido toda una empresa familiar por generaciones. Realmente es una belleza de lugar.

Biaggio alzó una ceja, hizo una extraña mueca con la boca y miró a David sin hacer comentario alguno. Me dio la impresión de que después de lo que le había platicado a Dave el día anterior, comenzaba a desagradarle ese tema.

Frustrada al verlo pasar de largo, supuse que pronto llegaría el momento de hablar con él y poner fin a esa larga agonía. Al llegar al restaurante donde remataríamos nuestra larga excursión, situado en uno de los picos más elevados de la isla, e inmerso en exuberantes jardines con vista al Vesubio, añoré una vez más estar junto a Manuel.

Dentro de todo, disfrutamos de la velada. Los cuatro habíamos hecho, aunque en poco tiempo, una estupenda amistad.

Durante la cena, Biaggio se disculpó varias veces parándose de la mesa. Hablaba por el radio que traía colgado al cinturón, y en varias ocasiones lo escuchamos discutir acaloradamente con alguien, hasta que por último regresó a la mesa y, sin dar mayor explicación, comentó que tenían que marcharse, porque se había presentado un problema con la policía del puerto. David lo miró con desconcierto, se apresuraron a pagar la cuenta y nos llevaron a casa, donde nos despedimos de ellos, pues según comentaba Biaggio, zarparían esa misma noche para Sicilia, donde pasarían un par de días en casa de su padre, para luego regresar a Roma.

Capítulo 14

Después de una larga noche y de haber dormido pocas horas, sonó el timbre de la casa. María no abría la puerta e imaginé que como tenía el sueño tan pesado, era imposible que ese sonido la despertara. Casi sonámbula, me puse la bata encima y crucé el jardín, sintiendo la fresca brisa de la mañana, cuando vi a un hombre parado en la puerta que miraba atento su reloj.

—¿Sí? —pregunté.

—¿Teresa?

—Sí. Soy yo.

—Soy Saulo, amigo de Manuel. Qué pena llegar a estas horas, pero tenía que hacerlo.

—Me asustas, Saulo.

—Lo siento, pero vengo a darte una mala noticia. Manuel tuvo un accidente esta madrugada, se encuentra hospitalizado y me imaginé que querrías saberlo.

Sentí que la sangre se me congelaba en las venas, fue como si las piernas hubieran dejado de funcionarme. Me apoyé en el marco de la puerta, sintiendo que me ahogaba y pregunté con voz atropellada:

—¿Qué le pasó? ¿Có... cómo fue?

—Su auto se volcó, y el dueño de la florería me habló por teléfono para avisarme que Manuel había chocado muy cerca de su tienda. Si quieres te puedo llevar al hospital, yo la verdad no sé más.

—Espérame un minuto, por favor. Déjame cambiarme rápido y avisar que me voy contigo —tenía ganas de gritar. Subí las escaleras enredándome con la falda y al entrar a la recámara de María vi que ella seguía dormida, me acerqué y la desperté violentamente.

—¿Qué pasa, Teresa? ¿Por qué estás así? —preguntó asustada.

—Manuel..., Manuel se accidentó, me voy al hospital.

—¿Cómo? ¿Qué pasó? ¿Quieres que te acompañe?

—No, no gracias —repuse con un nudo en la garganta—. Me está esperando su amigo Saulo allá afuera. Más tarde me comunico contigo.

Durante el camino no paré de murmurar:

—No puede ser, no puede ser, ¿por qué ahora? —mientras Saulo me decía que todo iba a estar bien.

Cuando llegamos al hospital, entré con la incertidumbre de que alguien me dijera que Manuel estaba muy grave o que había muerto. De alguna manera, creí saber que todo lo que ocurría era parte de la maldición que me perseguía y seguí pensando en eso con obsesión, a la vez que me sentí culpable de haberme negado a hablar con él durante los últimos días.

Saulo me acompañó hasta la entrada de la clínica, explicándome que se imaginaba que yo querría estar a solas con Manuel y que más tarde se comunicaría conmigo. Me dirigí a una enfermera para preguntarle por Manuel y ella sin mirarme, me cuestionó si era pariente de él, a lo que impulsivamente contesté que sí. Abrió un expediente, hojeó una larga lista y localizando el apellido, me indicó que se encontraba en terapia intensiva, por lo que podía visitarlo solo unos minutos.

Caminé despacio hacia el cuarto sin saber si quería llegar. Aquellos corredores parecían eternos. Abrí la puerta sin hacer ruido y vi a Manuel con los ojos cerrados. Su rostro permanecía impávido, su cuerpo estaba postrado en una cama y de su boca, un tubo lo conectaba a un respirador. Me aproximé a él, tenía la frente perlada de sudor, de su cuerpo entraban y salían toda clase de sondas y cables que lo conectaban con varios aparatos que tintineaban, regulando y monitoreando cada uno de sus signos vitales.

Me senté a su lado y esperé ansiosa a que en cualquier momento abriera los ojos y me viera ahí, pero no lo hizo. Salí del cuarto y le pregunté a un doctor que pasaba por allí, sobre el estado en que se encontraba Manuel y, sin mayor cuestionamiento, respondió que había recibido un golpe en la cabeza y que por desgracia se encontraba en coma.

—¡Dios mío! ¿En coma? ¿Cómo es posible?

—No sabemos cuán fuerte fue el golpe, aún le estamos practicando varios estudios y esperamos tener noticias de un momento a otro, pero... ¿Es usted su esposa?

Sin querer responder, fingí no haber escuchado y volví a entrar al cuarto. Me senté a su lado y tomé su mano deseando que abriera los ojos, sin percibir siquiera un rastro de vida en todo su cuerpo.

—Manuel —bajé la voz—, soy Teresa, aquí estoy y sé que me estás escuchando. Confío en que saldrás adelante y que no te darás por vencido —besé su mano, para luego confesar—. Te quiero, aunque no sé si algún día podremos estar juntos —hice una pausa y recapacité—: Manuel, tienes que despertar... Hazlo por tu hijo. Y quiero que sepas que no vas a estar solo. Estos días que no estuvimos juntos, caí en cuenta de lo mucho que me haces falta —mientras hablaba, entró una enfermera al cuarto avisándome que la visita había concluido.

Salí del cuarto sin saber qué hacer. Era un poco antes de las doce del día, cuando me dirigí al teléfono para llamar a María.

—¡Teresa! ¿Por qué no me habías hablado? Estaba muy preocupada, ¿cómo está Manuel?

—Mal, María, muy mal. Está en coma.

—¿Qué me estás diciendo? No lo puedo creer, voy para allá.

—No, no, espera —objeté—. Ya terminó la hora de visita. Está en terapia intensiva y no podré verlo hasta mañana, nos vemos en un rato —colgué el teléfono y salí del hospital, con la zozobra de pensar que algo pudiera suceder en mi ausencia. Por otra parte, Saulo se había marchado y no había dejado ningún teléfono para contactarlo.

De vuelta a casa, María no pudo evitar preocuparse.

—Teresa, qué bueno que llegaste. ¿Cómo te sientes?

—¿Cómo quieres que me sienta? No tengo idea de lo que voy a hacer con todo esto —suspiré con desaliento.

—Ven, cuéntame —me encaminó a la cocina donde me acercó una silla. Al concluir la reseña completa y sin poder reprimir mis emociones, rompí en llanto.

—Mañana te acompaño a ver a Manuel para que no estés sola, ¿quieres? —me dio una palmada en la mano.

La tristeza me oprimía el pecho. María trató de tranquilizarme, me dio unas gotas de un frasquito color ámbar, me hizo cenar y sugirió que me fuera a descansar un rato.

Ya en mi habitación, me quité los zapatos y me acurruqué en mi cama, sintiendo una sensación de soledad. Tomé de mi buró la fotografía que me había regalado y mi estómago se contrajo con una mezcla de melancolía y angustia, que me provocó un nudo en la garganta. La coloqué de nuevo sobre la mesita de noche, pensando en las personas que había perdido en el pasado. Manuel se había vuelto parte de mi vida y tuve miedo de pensar que podía perderlo, al igual que a mi padre.

Cerré los ojos y me quedé profundamente dormida.

Cuando desperté, miré a mi alrededor, tratando de reconocer la oscuridad del cuarto. Era ya tarde, vi que eran las diez de la noche, había dormido por varias horas. Me paré a lavarme la cara para despejarme un poco y al mirarme al espejo, noté que mis ojos estaban abultados. Lavé mi cara con agua fría, intentando inútilmente bajar la inflamación, para luego salir a buscar a María, advirtiendo que había luz en la ventana de su cuarto.

—¿Qué haces? —me senté al pie de su cama.
—Leyendo. ¿Cómo te sientes tú?
—Mejor, aunque sigo muy preocupada por Manuel. Tengo mucho miedo, miedo de perderlo.
—No la has pasado muy bien últimamente, Teresa, y lo mejor en estos casos es descansar. Quién iba a decir que pasarías unas vacaciones como estas. Así que por favor trata de no desesperarte, alguien tiene que mantener la calma. Y por cierto, ¿qué piensas hacer cuando yo regrese a Roma? Recuerda que me voy dentro de unos días y me inquieta dejarte sola en este estado.
—Lo sé, no te preocupes —aseguré—. Únicamente deseo que Manuel salga de esto pronto. Aparte de que tengo muchas cosas que leer y que hacer. No he hecho nada de lo que debería haber hecho y estoy agobiada por tantos problemas. No sé cómo me fui a meter en todo este lío.

María dijo que le pediría a Carlo y Donatella que estuvieran al tanto de lo que se me ofreciera.

—Oye Teresa, estaba pensando en la familia de Manuel, ¿les habrán avisado ya de su accidente?
—Supongo que Saulo, su amigo, se lo habrá dicho ya. Sé que su madre vive en Perú y que su padre murió hace varios años, pero no tengo idea de si su mujer ya lo sabe.
—¡¿Su qué?! —exclamó, dejando caer la mandíbula de par en par.
—Su esposa. No te lo había querido decir aún, pero...
—le conté la historia.
—Pobre hombre... —levantó las cejas con asombro—. Eso era lo único que le faltaba. Piénsalo bien, Teresa,

Manuel no es cualquier tipo. Fue sincero contigo y por algo llegó a tu vida del modo que lo hizo. Creo que deberías darle una oportunidad. Realmente tiene mucho mérito el que haya tenido el valor de confesártelo todo, afrontando tu reacción, y sabiendo que a lo mejor no querrías volver a verlo.

—¡Pero vive con ella en la misma casa! —exclamé impulsivamente—. Además, tampoco sería capaz de quitarle el hogar a su hijo, me sentiría muy culpable. Y sé que de cualquier manera, Manuel no lo dejaría jamás.

—¿Cuál hogar, Teresa? ¿Culpable de qué? ¿Qué no entiendes? —me miró, cerciorándose de que la estaba escuchando—. Tú no le estás quitando nada a nadie. Según tus propias palabras, ellos viven juntos sin ser pareja desde hace años. Inclusive, el niño tampoco perderá a Manuel pase lo que pase. Dale tiempo, amiga... Si él te prometió que arreglaría su vida para estar contigo, deja que lo haga, que luche por ti. Bueno, pero esa es tu decisión a fin de cuentas.

—¿Qué va a pasar ahora, María? Manuel está en coma y yo...

—Ten paciencia, no te adelantes a los hechos, ve cómo se van desarrollando las cosas poco a poco, no puedes hacer nada por ahora. Solo te queda esperar si es que quieres hacerlo y, si no, simplemente regresa conmigo a Roma.

—La verdad, no sé qué hacer.

María se encogió de hombros y apretó los labios, sugiriendo que hiciera lo que me dictara el corazón.

Seguimos charlando durante horas. Aquel día había sido muy deprimente. Me sentí desafortunada, al darme cuenta del giro tan drástico que había dado mi vida y la incertidumbre que me causaba el pensar en el futuro de Manuel. En nuestro futuro.

Capítulo 15

Temprano en la mañana tomé un taxi al hospital, con el temor de saber cómo había amanecido Manuel. Volví a entrar por el mismo pasillo que me llevaría hasta terapia intensiva y al estar frente a la puerta de su cuarto, inhalé profundamente para serenarme y armarme de valor, esperando recibir cualquier noticia.

Abrí y entré de puntillas, parándome frente a su cama. Manuel permanecía tendido tal como lo había dejado el día anterior, me acerqué y tomé su mano, murmurándole al oído:

—Manuel, soy Teresa, estoy aquí —acaricié su mejilla—. Siento mucho no haberte querido ver durante los últimos días. No ha sido nada fácil todo lo que ha pasado, ¿me entiendes verdad? Sé que me escuchas. Dijiste que lucharías por mí, entonces cumple tu promesa. No me puedes hacer esto, por favor despierta ya… —hablaba desde el fondo de mi corazón, y quizás no me hubiera atrevido a hacerlo si él hubiera estado consciente—. ¿Sabes? Aunque te parezca gracioso… Me di cuenta de que eres el hombre más romántico que he conocido en toda mi vida. ¿Recuerdas la primera vez que nos vimos en Nápoles? —Lo tomé de la mano—.

Cuando te vi allí sentado, traspasándome con la mirada..., me sentí como una adolescente. Supongo que algo así de intenso, no se siente varias veces en la vida.

No había acabado de decirle aquello, cuando tocaron a la puerta. Era María que me hacía señas para que saliera de la habitación.

—¿Cómo va? ¿Hablaste ya con el médico? —preguntó en voz baja.

—Todavía no. ¿Por qué no entras tú a verlo?

Mientras María se quedó en el cuarto, aproveché para preguntarle a la enfermera sobre el estado de salud de Manuel, me respondió únicamente que se encontraba estable. Se levantó de su silla y entró a un cubículo, evitando que le siguiera haciendo más preguntas. Permanecí parada frente al módulo, cuando vi al doctor que venía acompañado de su asistente. Al encontrarnos frente a frente, se llevó la mano a la cara reacomodando sus gafas sobre la punta de su nariz.

—¿Se le ofrece algo, señorita?

—Sí doctor, quisiera saber cómo sigue Manuel Massi.

—¿Es usted familiar?

Respondí que era amiga de él y que su familia no se encontraba en Capri. Me repasó inquisitivamente, decidiendo si accedía o no a darme información sobre Manuel, pero al verme tan preocupada, me tomó del hombro y dijo:

—No ha recobrado la conciencia aún, pero estamos optimistas. Aunque finalmente, todo dependerá de él y de que se normalicen pronto sus signos vitales.

Al ver que el doctor se dirigía a otra habitación, me apresuré a avisarle a María, quien seguía sentada al lado de Manuel, con los ojos cerrados. Al escucharme entrar, se levantó de inmediato.

—Ahora entiendo por qué te enamoraste de él. Indiscutiblemente es uno de los hombres más guapos que he visto en toda mi vida, Teresa.

Me robó una desahogada sonrisa, que pronto se esfumó de mi rostro.

—Teresa, de todo corazón espero que Manuel salga del coma pronto —dijo al salir al pasillo—. La vida no puede mantenerlo dormido por mucho tiempo, en verdad sería un desperdicio —meneó la cabeza, buscando animarme—. Vas a ver que cuando menos lo esperes, recobrará la conciencia y así su historia de amor seguirá. Pero bueno, estaré aquí afuera, no te preocupes por mí, traje un libro.

Nos dimos un abrazo y luego aguardé en silencio frente a la cama de Manuel, sintiéndome desconsolada. Al poco rato, llegó la enfermera a notificarme que la visita había concluido por ese día. Traté de contener las lágrimas y caminé hacia la salida, donde María me estaba esperando.

Durante el camino de regreso a casa, no pude aguantarme más y exploté, diciendo:

—A mala hora lo conocí. No entiendo cómo me pude dar el lujo de meterme en esta situación, cuando mi padre está muy grave y él supone que yo estoy en plena búsqueda... —agité la cabeza, sintiéndome profundamente culpable—. Y todavía tengo la desfachatez, de tomar un papel que ni siquiera me corresponde y que tampoco sé si quiero asumir. ¿Me entiendes, María? Mi vida está demasiado complicada como para complicarla aún más. Todo esto es realmente absurdo.

—Sabes que lo que dices, no es del todo cierto ¿verdad? —rebatió tajante—, tu relación con Manuel, no es pasajera y nadie mejor que tú lo sabe. Es obvio, Teresa. Durante estos últimos días te ha tocado vivir cosas muy fuertes —continuó—: No te cierres a unas cosas extraordinarias por culpa de lo que está pasando. No desperdicies esta oportunidad, amiga. Lo único que sé, es que ese hombre te quiere y te lo ha demostrado. Posiblemente la vida te está poniendo a prueba para medir tu fortaleza y para ver quién eres en realidad.

—No lo sé... Esto ha ido demasiado lejos—afirmé.

—Hay un dicho que dice: "La vida más que un juego, es un deber", y pienso que hay que aprender a hacer las dos cosas a la vez. Sé que no es el mejor momento para hablarte de estas cosas, ni darte un sermón, pero supongo que es una manera de encontrarle algún sentido a todo esto.

—Quizá tengas razón y no lo dudo, pero han sido demasiados problemas y yo ya no sé ni qué quiero —me quedé pensativa—. ¿Sabes?, durante estos días no he coincidido con Saulo en el hospital para agradecerle el haberme avisado sobre el accidente de Manuel.

Al llegar a la casa y después de haberme desahogado con María, concluí aquella conversación, avisándole que me quedaría unos días más en Capri.

* * * * *

Pasaron algunos días y todo permaneció sin cambio alguno. Manuel seguía en coma y nadie de su familia había aparecido por el hospital, si es que ya se habían enterado de lo ocurrido.

Una de esas mañanas, desperté con un fuerte dolor de cabeza, todo parecía que me retumbaba por dentro. Me quedé en la cama sin querer salir de ella, ya que desde niña, solía enroscarme entre las sábanas tratando de apaciguar mis tristezas. Sabía que había comenzado a deprimirme. Y mientras soñaba despierta, recordé que Anna, mi hermana, se casaba al día siguiente. Me daba mucho pesar el no poder estar a su lado, y más aún, el hecho de que se casara con el hombre más detestable que había conocido en mi vida, deseando con toda mi alma equivocarme y esperando que ella pudiera encontrar la felicidad que tanto se merecía.

Estuve dormitando, hasta que escuché un ruido a lo lejos. Me imaginé que era María arreglando todo para marcharse a Roma. Mi estómago se contrajo al pensar en su partida y salí rumbo a la casa, donde la encontré empacando sus cosas, dentro de una bolsa de lona roja que había comprado unos días antes. Al verme, comentó que su *ferry* salía en dos horas, que me dejaría el auto, y que me acompañaría al hospital para ver a Manuel antes de partir.

Al poco rato estábamos camino al hospital.

Abrí la puerta del cuarto y advertí que Manuel permanecía postrado en la posición habitual de los días anteriores. Volví a sentir una profunda pena al notar que su semblante se había demacrado notablemente. Entré y le di un beso en la frente. Sus ojos seguían cerrados como dos cortinas de hierro, y sus labios tenían un pálido tono amarillento, como si hubieran sido esculpidos en cera.

Me senté a su lado, le tomé la mano, y al acariciar su mejilla, fui dibujando su perfil con la punta de mi dedo, luchando por contener la humedad de mis ojos. Reconocí, que durante aquella semana que habíamos pasado juntos, había llegado a sentir por él mucho más que una simple atracción física.

Absorta en mis pensamientos, me tomó desprevenida la presencia del neurólogo. Este venía entrando al cuarto, junto a otro hombre que llevaba puesta una bata verde y empujaba una mesita rodante, que portaba un aparato con varios cables y electrodos.

—Teresa, ¿de vuelta usted por aquí? —preguntó con cortés familiaridad.

—Así es, doctor, ¿qué noticias tiene? ¿Cómo lo ve?

—Lamentablemente no como quisiéramos —confesó—. Por ahora tenemos que practicarle un encefalograma para verificar los impulsos eléctricos de su cerebro y cerciorarnos de que todo esté funcionando bien.

Miré a Manuel con tristeza y apreté su mano. Me afligió no verlo moverse. Le di un beso y salí en busca de María, que aguardaba en la sala de espera leyendo distraída. Me acerqué, tomé asiento junto a ella y le pedí esperar a que los médicos se marcharan para entrar, contándole lo que ellos me acababan de informar.

Al cabo de un rato, los vimos salir con una expresión poco alentadora. Parecían preocupados y solamente murmuraban, apuntando algunos datos en un expediente. Se me estrujó el estómago, al pensar que las cosas no marchaban tan bien como lo habían pronosticado hacía solo unos cuantos días.

Me paré de inmediato y fui a encontrarlos a medio camino, pero esta vez únicamente indicaron que se encontraba estable. Siempre había odiado esa palabra, que no me decía absolutamente nada. Para mí era igual que me dijeran que no tenían la menor idea de lo que sucedía.

María se levantó y se dirigió al cuarto. Mientras tanto yo, aún nerviosa, esperé afuera, rogándole a Dios que Manuel despertara en algún momento.

Luego de varios minutos de mirar el reloj y al ver que María no salía, me asomé sigilosamente por el resquicio de la puerta y encontré ante mí, una escena mágica. Un rayo de sol se filtraba por las persianas de la ventana, iluminando la habitación, entre pequeños destellos dorados que centelleaban suspendidos en el aire. Sin poder apartar mi vista de María, que parecía estar en una especie de trance, me percaté de que Manuel había movido sus ojos, aún cerrados bajo sus párpados.

Sobrecogida, entré silenciosamente cerrando la puerta tras de mí, viendo como Manuel luchaba por volver en sí, al mismo tiempo que empecé a sentir que la piel se me erizaba por la emoción.

Entreabrió uno de sus ojos, como si la luz del cuarto le hubiera deslumbrado, comprendí que verdaderamente aquello había sido un milagro. Manuel fue abriendo poco a poco sus ojos, no había acabado de recobrar la conciencia aún, cuando me acerqué a él y le susurré que estaba a su lado, que todo estaba bien. En tanto que María salió en busca de la enfermera para avisarle que había vuelto del coma, y esta, escéptica, entró a cerciorarse de lo que le decía.

—¡*Madonna*! —volvió a salir en busca del médico, quien nos pidió que abandonáramos la habitación.

Por largos y angustiosos minutos, caminé inquieta de un extremo al otro de la sala de espera, cayendo en cuenta de que se había hecho tarde y que María apenas tendría tiempo de llegar al puerto. Al ver mi semblante desconcertado, me avisó que ya no me preocupara, que ella tomaría un taxi.

La acompañé hasta la calle, le agradecí todo lo que había hecho por Manuel y por mí, cerré la puerta del auto detrás de ella y la vi alejarse por la avenida. Volví a tomar un profundo respiro y entré a la clínica, donde advertí que los doctores se marchaban aún sorprendidos por la repentina mejoría de Manuel.

Antes de entrar a la habitación, me detuve a pensar en lo que le diría a Manuel. Estaba nerviosa al verlo despierto y con plena conciencia. Abrí la puerta y me asomé al interior y al encontrarnos con la mirada, sonrió lánguidamente. Me alegré de verlo sin tantos tubos que entraban y salían de su cuerpo.

—¿Cómo te sientes? —pregunté en voz baja acercándome a su lado, al mismo tiempo que los latidos de mi corazón, fueron acelerándose.

—Supongo que bien —cerró los ojos y estiró su mano buscando la mía—. Gracias, gracias porque sé que estuviste a mi lado todo este tiempo.

—No sé qué decirte, Manuel, han pasado tantas cosas durante estos días.

Apretó casi imperceptiblemente los labios con evidente agotamiento.

—No digas nada...

—Tengo que hacerlo, Manuel —repuse muy a mi pesar—. No tengo mucho tiempo para estar aquí en Capri. Tengo que volver pronto a Roma y esto que ha pasado ahora, así como también lo que quedó pendiente entre nosotros, me tiene en la incertidumbre. Tú tienes hecha tu vida aquí en Italia y yo solo estoy de paso.

Guardó silencio, como si estuviera debatiéndose en una lucha interna. Su mirada decaída delataba que aún no comprendía plenamente mis palabras. Era evidente que estaba aún, bajo el influjo del coma en el que había permanecido durante esos días.

Después de verlo luchar contra sí mismo, logró articular con mucho trabajo:

—No te vayas, Teresa...

Me acerqué a darle un beso en la frente.

—Mejor descansa, Manuel. Luego hablaremos de eso cuando hayas salido del hospital.

Volvió a cerrar los ojos y soltó mi mano, cuando un joven se asomó por la puerta, pidiéndome que saliera de la habitación, avisando que le iban a practicar unos estudios. Manuel me miró por debajo de sus pestañas negras, y yo, sin decir nada más, le di un beso en la mejilla y después me marché del hospital.

Regresé ya tarde a casa, cabizbaja, llena de dudas y sentimientos encontrados. Sentí que me faltaba el aire. De alguna manera tenía que recuperar la calma para pensar con claridad. Unos cuantos días antes había estado segura de mis sentimientos hacia él y hubiera sido capaz de cometer cualquier locura. En cambio, ahora era distinto, mi cabeza y mi corazón habían entrado en una batalla campal.

Me dirigí a la cocina, abrí la despensa y decidiendo qué comería, tomé una lata de atún. Con mucho trabajo, logré abrirla con un oxidado abrelatas. Miré a mi alrededor buscando un plato y al no encontrarlo a mano, saqué un tenedor de la gaveta y acabé comiéndomelo con desgano de la misma lata, masticando lentamente cada bocado.

Al terminar de comer salí al jardín y al ver los últimos fulgores del atardecer, el cual poseía una pócima infalible para el espíritu, me senté sobre una roca desde donde divisaba el desfiladero, sintiendo como poco a poco iba recuperando la paz interior.

Recordé que Victoria, mi hermana, decía: "Dale oportunidad a la vida, no huyas de ella, el huir nos hace cobardes y nunca alcanzaremos la felicidad si no nos arriesgamos". Deseaba estar junto a Manuel y, en cambio, me encontraba profundamente asustada al haberlo visto tan frágil, en aquella cama del hospital. Y hasta entonces tampoco había encontrado algo que me diera una pauta en mi búsqueda de la frase y eso me provocaba mucha angustia. Regresé a mi habitación y me senté frente al escritorio, donde seguían aquellos montones de papeles que había abandonado durante esa semana.

Abrí el libro donde lo había dejado marcado con la imagen de Vlad, pero insólitamente, estaba marcada otra página donde había un grabado del dragón del anillo. De pronto, un murmullo en el jardín llamó mi atención. Me paré temerosa y asomándome por la rendija de la puerta, alcancé a distinguir una sombra a lo lejos. Asustada, traté de ver de qué se trataba, cuando a mis espaldas oí que algo caía de lo alto y rodaba por el escritorio.

Capítulo 16

Giré precipitadamente y vi un objeto que daba vueltas emitiendo destellos carmesí sobre uno de los escritos. Me acerqué con temor y al descubrir de qué se trataba, quedé petrificada frente a la mesa. El anillo había reaparecido de la nada y se encontraba justo encima de la palabra *"drac"*. Pasmada y sin saber qué hacer, mi miedo se intensificó hasta sentir que perdería la razón. Lo que tenía frente a mis ojos era imposible... Yo misma lo había visto sumergirse en el fondo del mar.

Traté de serenarme. Tomé papel y pluma, y escribí la palabra *"drac"*, junto a la palabra que había encontrado anteriormente; *"mors"*. Saqué el papel donde había apuntado la frase del hermano Mantuano y escribí todo de corrido: *"Drac mors, hic est dies, vade retro. ¡Infernales Draco! ¡Virgo carmelita est in me!"*, como un relámpago, un fuerte viento golpeó la ventana abriéndola de par en par. Las hojas que estaban sobre la mesa salieron volando por los aires, cayendo dispersas por el suelo. A duras penas logré cerrarla y atrancarla de nuevo, mirando a mi alrededor, aún perturbada por lo ocurrido.

※ Centinela del silencio ※

Recogí cada una de las hojas, las cuales se habían mezclado, y sin querer dar más vueltas al asunto, organicé los escritos nuevamente, cerré el libro y aún nerviosa, tomé el anillo para guardarlo dentro de su caja. Durante esa noche, las pesadillas fueron más intensas que en días anteriores, me sentía con fiebre, me paré varias veces a mojarme la cara con agua fría, mientras que una fuerte náusea me mantuvo despierta por horas enteras en el baño. Me miré al espejo, estaba pálida y ojerosa. Me recosté de vuelta con gran temor y oré en silencio hasta quedar profundamente dormida.

Amanecí agotada, me dolían todas las articulaciones, me senté con trabajo sobre mi cama y me dispuse a arreglarme para salir al hospital, tratando de apartar de mi mente lo sucedido la noche anterior.

Busqué desesperada las llaves del auto. Di varias vueltas por la casa, hasta que luego de casi una hora, salí a la calle y las encontré insertadas en la portezuela. De milagro nadie se había percatado de ello. Al encender el motor, me di cuenta de que el tanque de gasolina estaba vacío y fui rumbo a la gasolinera, donde percibí, luego de unos minutos, que una camioneta negra estaba estacionada en el otro extremo de la calle, en ella se encontraba un par de sujetos que no dejaban de mirarme. Intimidada, simulé no haberlos visto. Durante el camino al hospital, advertí que me seguían de cerca. Lentamente disminuí la velocidad hasta estacionarme frente a una florería, esperando despistarlos, y aprovechando la parada para comprarle un ramo de flores a Manuel.

Luego de algunos minutos, salí de la tienda muy nerviosa, mirando en todas direcciones, cerciorándome de que se habían marchado ya. Supuse que había sido una alucinación mía y abandoné el lugar a toda velocidad.

Al llegar al hospital, me dirigí hacia terapia intensiva, cuando descubrí que el cuarto de Manuel se encontraba vacío. Por unos segundos me quedé inmóvil frente a la cama, hasta que una enfermera se acercó y me informó que lo habían trasladado a terapia intermedia. Exhalé con alivio y traté de serenarme, mientras recorrí el largo corredor, donde decenas de pacientes deambulaban como fantasmas, vestidos con batas blancas, entre camillas y sillas de ruedas, que iban y venían a toda velocidad.

—¿Se puede? —Toqué a la puerta.

—Pasa, pasa, querida —respondió una vocecilla casi apagada, desde el interior.

—¿Cómo amaneciste, Manuel?

—Bien, ¿y tú? Siéntate aquí —señaló el sillón junto a la ventana. Manuel estaba ya rasurado, peinado y con un mejor semblante, aunque no como hubiera querido verlo.

Le di un beso en la frente.

—Te traje estas flores para que te alegren un poco el cuarto —tomé una jarra vacía que estaba sobre su mesa de noche, la llené con agua del grifo y las fui acomodando, al mismo tiempo que le platicaba superficialmente sobre el clima de aquella mañana.

—¿Sabes Teresa? —Apenas logró pronunciar palabra—. Me siento encarcelado en este lugar y los doctores dicen que estaré unos días más en observación. Ya no quiero estar aquí...

Paciencia, paciencia, hombre —le dije, tomando asiento frente a él—. Sé que no ha sido fácil, pero debes de tomar conciencia de lo grave que estuviste. No te va a pasar nada por estar aquí unos días más, y ya en cuanto salgas podrás hacer todo lo que quieras.

Entrecerró un ojo, aún con ánimos de bromear con picardía.

—¿Todo...?

—Bueno, casi todo —sonreí, cambiando de tema—. Hay cosas que no han cambiado aún entre nosotros, que nos impiden seguir con todo esto. No sé si llegaré algún día a arrepentirme de estar aquí.

Meneó la cabeza, exhalando un hilo de aliento.

—El peor arrepentimiento es no haber luchado ni haberte arriesgado por aquello que quieres y por aquello en lo que crees —cerró su puño con tal fuerza, que el catéter de su mano pareció salir de su vena.

Bajé la barbilla, reflexionando ante aquellas palabras.

—Calma, Manuel —me senté a su lado.

—Perdóname, Teresa —arrugó la boca—, pero estoy desesperado.

Entiendo, pero ¿qué te parece si mejor me cuentas sobre alguno de tus múltiples viajes por el mundo? —traté de que se distrajera un poco.

—No me cambies el tema, mujer. Esto no se puede postergar y menos ahora.

—Hablaremos cuando salgas del hospital, ¿qué te parece? Por cierto, ¿ha venido Saulo a verte? En todo este tiempo no he coincidido con él.

—Lo único que sé es que vino un par de veces cuando estaba en terapia intensiva. Me comentaron que había tenido que marcharse a París y sé que así fue.

—Y ¿qué pasó con Lina? —pregunté intrigada.

—No quiero hablar de ella ahora —objetó entre jadeos—. Muy probablemente ha de seguir en Inglaterra, donde desde hace dos semanas están tratando a Stefano. Y con respecto a Saulo, supongo que al haberte avisado a ti, se quedó tranquilo porque estaría en buenas manos.

Agité la cabeza con incredulidad.

—No lo puedo creer... ¿Cómo se le pudo ocurrir algo así? Soy una completa desconocida y ¿así confió ciegamente en mí para cuidarte? ¿Para hacerme cargo de ti? La verdad, todo esto es muy extraño, Manuel... Imagínate nada más, pensar en el hecho de entregarle yo el relevo a Lina. ¿Cómo hubiera sido eso posible? Además, perdóname que te lo diga —expresé con indignación—, pero ¿quién caramba iba a pagar tus gastos de hospital? Y en el peor de los casos, ¿qué habría pasado si te hubieras muerto?

—Tienes razón, no te alteres —apenas se escuchó su voz—. El hospital tiene ya todos mis datos y Marcelino ya estaba enterado. Te aseguro que si Saulo se marchó así, fue porque creyó que todo estaría bajo control y que Lina llegaría de un momento a otro.

—Yo nunca me hubiera ido a ninguna parte, hasta entregarte en manos de tu familia —comenté alterada—. Saulo se fue sin tener la seguridad de que ibas a estar bien, ¿qué clase de amigos tienes?

La mirada de Manuel se ensombreció, permaneciendo en un silencio meditabundo.

—No quise hacerte sentir mal, Manuel, pero... —encogí los hombros—. Tú sabrás. Por lo menos, dime quién es Saulo. ¿A qué se dedica?

Tomó aire y explicó con voz ahogada.

—Saulo es amigo de Lina desde la adolescencia, comenzó a trabajar conmigo desde hace algunos años y se volvió mi mano derecha. Por eso fue a París, donde me representará en el festival de la moda. Sin mí, por ahora la empresa depende de él al cien por ciento.

Me llevé la mano a la cabeza, sin poder apartar la idea de su mujer.

Solo una loca como yo se hubiera metido en este lío. Y ¿qué va a pasar si Lina y yo nos encontramos frente a frente? ¿Quién voy a decir que soy? ¿Tu amante, tu amiga o que soy una completa desconocida que se apiadó de ti?

—No te enfades —suplicó—. Lo más seguro es que ella no venga por ahora. Y de verdad, Saulo no es quien tú te imaginas.

—No me convences... —levanté las cejas con desgano—. Aunque supongo que te ha de apreciar mucho para ser amigo de tu esposa y saber de lo nuestro sin que ella se entere. A pesar de todo, supongo que ha de ser un buen hombre para haberme avisado lo que te había sucedido.

Era ya tarde, estaba cansada y le dije a Manuel que

regresaría a casa, pues tenía mucha hambre. No había comido nada durante todo el día y de cualquier forma, él se veía exhausto y necesitaba descansar.

* * * * *

Parada frente al auto, saqué las llaves de mi bolso, abrí la portezuela y me detuve unos segundos, sintiendo que alguien me observaba.

Durante el camino, pasé por un restaurante que me había recomendado Fabbio Tossi, mi maestro de pintura, situado en Via lo Palazzo. Bajé la velocidad y me estacioné ahí mismo, volviendo a mirar por encima de mi hombro, cerciorándome de que no hubiera nadie a la redonda.

Al entrar al restaurante, escogí una mesa lejos de la multitud. Necesitaba aprovechar esos minutos para pensar en lo que pasaría cuando Manuel saliera del hospital y yo tuviera que regresar a Roma.

Mientras ordenaba de comer, el mesero me servía una copa de *limonccelo*, un extravagante licor de limón, típico del sur de Italia. No pude dejar de contemplar a toda la gente que estaba sentada a mi alrededor, parecía ser un lugar muy concurrido. Había una mesa donde una pareja no dejó de besarse y acariciarse, en otra un grupo de gays festejaba escandalosamente algún cumpleaños, en tanto que en un rincón se encontraba una familia que vestía muy elegante y que apenas cruzaron palabra y, por último, en el otro extremo del lugar, unos bohemios aparentaban filosofar de la vida.

Al estar saboreando una jugosa carne, aún entretenida con aquel grupo tan sui géneris, atrajo mi atención un hombre que venía entrando con un portafolio en la mano. Rastreé su trayectoria de la puerta a su mesa, reconociéndolo de inmediato por su pelo rojizo. Se trataba del mismo sujeto que había viajado junto a María y a mí en el *ferry*. Se sentó y como atraído por mi mirada, se volvió hacia mí, a la vez que yo desviaba la mía, aparentando no haberlo visto. Repasó con rapidez a un grupo de personas sentadas cerca de su mesa y luego, misteriosamente sacó una caja de cuero negro que colocó frente a él. Por unos minutos observó con detenimiento algo en su interior y al ver que el mesero se aproximaba, presto cerró la caja y la introdujo nuevamente en su portafolio. No pude perder de vista cada uno de sus movimientos, cuando al volverme hacia la ventana, una sacudida de adrenalina me dejó petrificada. Alcancé a ver el mismo auto negro que había visto aquella mañana, y en su interior se encontraban los mismos hombres que miraban en mi dirección.

¡Dios mío! ¿Estaré imaginando cosas? No, no creo que me estén siguiendo a mí, esto tiene que ser una mera coincidencia. Calma Teresa, no tienes por qué pensar en esas cosas —mi pulso comenzó a acelerarse—. Pero ¿por qué no se bajaban? ¿A quién esperaban? Eché un vistazo a mi alrededor y no vi a nadie que tuviera ninguna prisa por salir. Estuvieron parados afuera media hora y partieron sin que nadie se subiera al auto.

"Estás paranoica, Teresa", masculló para mí misma, nerviosa, "creo que estoy muy cansada". Pedí la cuenta y me levanté de la mesa, cuando al pasar frente a la mesa del hombre de cabellera roja y tez cacarañada, se inclinó hacia el frente llevándose ambos puños entrelazados a la boca, mirándome atento por debajo de sus pestañas doradas.

Regresé mis ojos hacia el frente y pasé de largo hasta llegar a la calle. Manejé deprisa, creo haber hecho el trayecto en la mitad del tiempo promedio. Abrí la puerta, entré y puse el cerrojo por dentro. Me dirigí hacia la sala a poner el único disco que había escuchado tantas veces durante los últimos días y me tumbé en el sofá con la mirada perdida. De pronto sonó el teléfono y me puse de pie de un salto.

—¿Aló? —contesté.

—Qué propiedad.

—¡María!, qué bueno escucharte, he pensado mucho en

ti y apenas te acabas de ir. La casa se ve tan sola, además..., necesito decirte lo que sucedió ayer, no sé si es terrible o simplemente asombroso. No lo vas a creer, amiga.

—Cuéntame, Teresa, ¿qué pasó?

—Apareció el anillo, de la nada.

—¿Qué? ¿Es una broma, verdad? —preguntó incrédula—. Si ambas lo vimos hundirse en el mar. No puede ser, Teresa...

—Te lo juro —aseguré—, quién sabe cómo pasó, pero estaba sobre el escritorio del cuarto como si hubiera caído del techo. No sé, pero hoy me queda muy claro que no puedo deshacerme de él como en alguna ocasión se lo propuse a mi padre. Es indudable que me perseguirá para recordarme que la maldición no ha concluido aún.

—Eso sí es increíble, Teresa, y te consta que no soy tan escéptica.

—Lo sé —reconocí—. Imagínate el impacto que fue para mí verlo girando sobre uno de los escritos. Me haces mucha falta —confesé con pesar.

—Eso quiere decir que a veces hago algo bueno en esta vida —bromeó tratando de subirme los ánimos—. Y cuéntame, ¿cómo está Manuel?

—Mucho mejor, aunque se ve aún muy demacrado. Al parecer saldrá del hospital en unos días y eso me tiene agobiada. ¿Qué va pasar entonces?

—Dios dirá, amiga. Las cosas se irán dando solas, ten calma y, por favor, no vayas a cometer ninguna locura antes de tiempo, ¿eh?

—No te preocupes, María, por supuesto que he pensado en todo.

Sonó el timbre de la puerta.

—Acaba de llegar alguien —callé, tratando de escuchar algo—. ¿Quién podrá ser a estas horas?

—Ve a ver. Aquí te espero... —sugirió.

—¿Quién sabrá que hay alguien aquí? ¿Qué querrán?

—cuestioné con sobresalto, mientras seguían tocando la puerta con insistencia—. Mejor no abro, si quieren algo que vengan mañana.

—No, Teresa, podría ser una emergencia —replicó.

—¿Emergencia de qué? —pregunté con cierto nerviosismo.

—Tal vez de Manuel.

—Si fuera algo de Manuel no vendrían a buscarme a la casa, simplemente llamarían por teléfono. ¿No crees?

—Tú siempre imaginando lo peor —dijo—. Háblame si necesitas cualquier cosa, si no, yo te hablo mañana para que me cuentes cómo van las cosas. ¿Qué te parece?

Colgué la bocina, el timbre de la calle ya había cesado de sonar, me dirigí hacia la puerta para asomarme por la mirilla, pero ya no había nadie afuera. Decidí no abrir y salí rumbo a mi cuarto, cuando a medio camino escuché unos estruendos que provenían de la entrada principal. Parecía que alguien trataba de derrumbar la puerta a golpes.

Capítulo 17

Me paralicé del miedo en un rincón del jardín. Tuve el impulso de esconderme y terminé por correr a la cabaña a encerrarme bajo llave. Me metí en el clóset tras la poca ropa que había colgada, y agazapada, observé a través de las rejillas de madera esperando no ser descubierta. A lo lejos, se escuchaba que seguían tratando de entrar a la casa, hasta que un enorme estruendo pareció haberles abierto el camino. Sentí pavor, mi frente y mis manos comenzaron a sudar frío, estaba tan aterrada, que empecé a temblar sin parar. No entendía qué pasaba ni qué era lo que querían esas personas y fue cuando supuse, que podrían ser los mismos hombres que había visto esa mañana y que según yo imaginaba me seguían. No podía pensar bien, mi mente estaba atenta a lo que pasaba allá afuera.

Hubo un silencio que me hizo pensar que se habían marchado al no encontrar a nadie en casa y al estar concentrada en mis propios miedos, pude ver a través de las rejillas de la puerta que forcejeaban la chapa de mi habitación. Las lágrimas comenzaron a cegarme.

No había poder humano para parar a aquellas bestias.

Vi que destrozaron la chapa de un golpe y al verlos dirigirse hacia donde me encontraba, creí desfallecer. Uno de ellos, vestido con chamarra negra y pantalón café, abrió la puerta del ropero y al descubrirme ahí escondida, me gritó con los ojos desorbitados de ira:

—¿Por qué no abrías la puerta, estúpida?

Las palabras se atropellaban en mi garganta sin poder salir. Traté de articular palabra, sin lograr conseguirlo.

Me sujetó de la blusa, me sacó a empujones y me aventó sobre la cama.

—Si no te marchas mañana mismo de la isla, terminaremos de una vez por todas con tu enamorado —profirió el otro sujeto de barba desaliñada, reacomodándose una boina verde sobre su cabeza.

Sin comprender por qué decían aquello y sintiéndome completamente impotente, me eché a llorar, al mismo tiempo que se miraban uno al otro entre risas, para luego azotarme nuevamente sobre la cama. Los dos hombres eran de tez morena, cabello negro, nariz aguileña, tenían rasgos duros, con la diferencia de que uno llevaba barba y el otro tenía una cicatriz en la ceja izquierda. Sin embargo, ambos hablaban un pésimo italiano. A la legua se veía que era gente pagada para hacer aquello, pero ¿quién los había mandado?

—¿Qué quieren de mí? —inquirí con pánico.

—Más te vale que no vuelvas a ver a Manuel Massi, o la próxima vez no solo lo mandamos al hospital, sino que tendrás el privilegio de vestirte de negro para asistir a su funeral.

No podía creer lo que estaba escuchando, esos dos hombres habían causado el accidente de Manuel en el que casi había perdido la vida y él ni siquiera lo sospechaba.

—Bueno... —uno de ellos, apuntó a mi frente—. Estás advertida, más vale que hagas lo que te decimos, ¿está claro?

—¿Por qué hacen esto? —masculle.

El sujeto de barba, con mirada amenazante, me golpeó la mejilla con la culata de su pistola y volvió a lanzarme hacia atrás, estrellando mi cabeza contra la cabecera de hierro, haciéndome una herida que empezó a sangrar.

—Tarde o temprano... —el tipo mal encarado, apretó los dientes reprimiendo su rabia.

—¿Tarde o temprano qué? —pregunté temerosa, sintiendo un intenso dolor que me hacía llevarme constantemente la mano a la cabeza y a la cara.

—No más preguntas y haz lo que se te dice —repuso tajante—. Si no te largas de aquí cuanto antes... —apretó la mandíbula—, verás con tus propios ojos de lo que somos capaces —gruñó uno de ellos, para luego salir huyendo de la casa.

Permanecí largo rato en la misma postura, mis piernas no me respondían, estaban engarrotadas y mi cara parecía inflamarse por minutos. Un dolor punzante se clavaba en mi mejilla y la sangre no paraba de brotar por un costado de mi cabeza.

Por varios minutos traté de pensar y atar cabos sueltos, sin encontrar ninguna explicación. Me levanté de la cama trastabillando. Tenía pavor de salir del cuarto para ir a hablar por teléfono, no sabía si avisar a la policía o hablarle de nuevo a María.

De regreso a la sala, descubrí que la puerta principal estaba destrozada. Me causó una gran frustración el ver aquello en ese estado y mi primer impulso fue llamar a María. Marqué su teléfono varias veces, ya que mis dedos no pararon de apretar un número equivocado, hasta que por fin contestó.

—¡María! —exclamé casi a gritos.

—Teresa, ¿qué te pasa?

—Después que hablé contigo entraron unos hombres en la casa. Derrumbaron la puerta. Yo me escondí en mi cuarto y...

—¿Y qué, Teresa? ¡¿Qué pasó?! —interrumpió alterada.

—Me golpearon y me amenazaron para que abandonara Capri mañana mismo... —traté de explicarle, pero mi nerviosismo me hacía tartamudear, haciendo que las palabras se trastocaran en mi boca.

—¿Estás bien? ¿Te hicieron algo?

—Me pegaron en la cara y me abrieron una herida en la cabeza, pero eso es lo de menos, estoy muy asustada. No sé qué hacer ¿Por qué me tienen que seguir pasando estas cosas, María? Ya no entiendo nada.

—¡Llama a la policía, Teresa! Yo hablaré con Carlo para que de inmediato vaya a la casa, no te preocupes y ten calma.

—¡No! —exclamé—. Tengo miedo de que si doy parte a la policía esos hombres tomen alguna represalia en contra de Manuel y lo maten.

—¡Escúchame bien, Teresa! —expresó enfática—. Si no haces algo, lo matarán de igual manera. Ese tipo de personas, si es que se les puede llamar así, matan sin ningún remordimiento, y tampoco tenemos idea de qué es lo que hay detrás de todo esto. Cuando hables con la policía, les dirás todo y mañana mismo regresas a Roma, ¿lo entiendes verdad?

—¿Cómo voy a regresar luego de lo que ha pasado, María? Manuel está solo en el hospital, ¿y si van allá y lo matan? ¡Dios santo...!

—Haz lo que te digo, Teresa, esto va en serio —increpó enojada—. Por ahora haz lo que te digo. Voy a colgar y a avisarle a Carlo lo que acaba de suceder, enciérrate en tu cuarto y le diré que te busque ahí.

Colgué y miré a mi alrededor, advirtiendo que toda la casa estaba hecha un desastre. Entré a la cocina, abrí el congelador para sacar un poco de hielo y me lo puse en la mejilla. Todo me daba vueltas. Regresé a mi recámara, tomé una toalla mojada y la coloqué sobre mi cabeza esperando a que llegara Carlo. Aguardé sobre mi cama, a la vez que cientos de preguntas me venían a la mente, tornándose insoportablemente angustiantes.

Como a los quince minutos tocaron a la puerta del cuarto, caminé con desconfianza hacia la ventana y al asomarme por una rendija de la cortina vi que se trataba de Carlo.

—¡Santo cielo! —exclamó al verme—. ¿Cómo estás, Teresa? María me lo contó todo, es increíble que algo así te haya sucedido aquí en Capri.

—Estoy bien, Carlo, a pesar de que sigo sin comprender nada de lo que pasó.

—Ni creo que lo vayas a comprender por ahora. Empaca tus cosas para venirte a dormir a la casa, Donatella nos está esperando.

Carlo regresó a la sala para hacer algunas llamadas. Primero habló con Donatella para avisarle que me encontraba bien y que en un rato estaríamos en camino para allá. Después, alcancé a escuchar que hablaba con la policía para explicarles lo ocurrido.

Salí de la habitación con mi maleta y vi que Carlo venía de regreso por el caminito del jardín a encontrarme.

—No nos podemos ir aún, Teresa, la policía viene en camino, tendrás que explicarles todo. Es lo mejor que puedes hacer, así custodiarán la casa y protegerán a Manuel tu amigo. ¿Estás bien?

—Creo que sí, Carlo, gracias otra vez y perdona que te involucre en esto, pero María insistió en avisarles. Y si te soy sincera, quién sabe qué hubiera hecho yo sola.

—Ni lo digas, para eso estamos los amigos.

Caminamos hacia la casa y en cuestión de minutos la policía había llegado.

—¿Qué fue lo que pasó aquí? —interrogó el oficial inspeccionando cuidadosamente la sala.

Me senté en un sillón frente a aquellos hombres vestidos

de verde, que me miraban atentos por lo que estaba a punto de relatar. Al terminar de hablar y exponerles mis miedos sobre las represalias que pudieran llevar a cabo esos hombres en contra de Manuel, el oficial me sugirió abandonar Capri al día siguiente. Argumentando que no tenía ningún sentido que me expusiera quedándome allí, Carlo apoyó las palabras del oficial, informando que él personalmente me llevaría al puerto por la mañana. Yo tuve que acceder, aunque no estaba convencida.

El oficial aseguró que pondrían vigilancia en el hospital para evitar cualquier imprevisto, hasta que se aclarara el asunto. Notificando también, que dejarían a un vigilante para resguardar la casa del tío Piero. Después de dejar todo arreglado y terminar de empacar, tuvimos que ir a levantar un acta que ratificara lo que había ocurrido. Salimos de la casa rumbo a la jefatura de policía, donde estuvimos horas esperando a que volvieran a interrogarme, mientras que yo repetía en detalle la misma historia, advirtiéndome que no podía salir del país hasta nuevo aviso.

Al concluir mi declaración nos dirigimos a casa de Carlo, donde Donatella nos recibió en la puerta. Carlo le explicó lo sucedido y sin hacer más preguntas, Donatella me guió hasta la recámara donde pasaría la noche para luego disponerse a curar la herida de mi cabeza y el golpe en mi cara.

—Aquí estarás bien, Teresa, cualquier cosa que necesites, por favor no dudes en avisarnos —salió del cuarto cerrando la puerta tras ella. Me tumbé en la cama con un nudo en la garganta y un fuerte zumbido en la cabeza. Me aterraba la idea de que Manuel estuviera en peligro de muerte, e irme así nada más, me causaba una enorme inquietud. Imaginé lo que iba a sentir, al saber que me habían golpeado y que su aparente accidente, había sido en realidad un intento de homicidio.

Capítulo 18

Me desperté y comprobé que era un poco tarde. Me di un baño y al mirarme al espejo, noté que mi pómulo estaba morado y muy inflamado, a tal grado que casi no podía abrir el ojo. Me vestí, tomé mi maleta y bajé al recibidor a buscar a Donatella para averiguar a qué hora saldría el *ferry* a Nápoles.

Cuando esperaba en la sala, escribí una nota para que se la entregaran a Manuel antes de que saliera del hospital. En esta le explicaba el motivo de mi partida y le daba el teléfono de la casa de María para que se comunicara conmigo cuando tuviera la oportunidad, además de pedirle que se cuidara, deseando que todo se solucionara pronto.

Carlo y Donatella salieron de su recámara a preguntarme cómo había pasado la noche. Al verme, Donatella se llevó las manos a la boca, y Carlo, sorprendido exclamó:

—¡Qué brutalidad te hicieron, Teresa! No puedo creerlo...

—Lo sé, me duele todo —comenté desalentada, llevándome la mano a la mejilla.

En tanto que Donatella verificaba los horarios de salida

del barco, metí la mano en mi bolso, saqué la carta que le había escrito a Manuel y le pedí a Carlo que se la hiciera llegar cuanto antes, prometiéndome entregársela ese mismo día. Me despedí de Donatella y partimos al puerto de Marina Grande, donde tomaría el *ferry* de regreso a Nápoles.

* * * * *

A mi arribo a Nápoles, tomé un taxi para llegar a la estación donde tomaría el tren hacia a Roma, pidiéndole al taxista que se desviara al monasterio de los hermanos carmelitas para hacerle una última visita al hermano Mantuano. Deseaba contarle los pormenores de mi estancia en Capri, así como también el extraño suceso del anillo y mis hallazgos en los escritos.

Toqué a la puerta y me abrió Tito, el encargado del lugar, al ver mi rostro, quedó azorado y dejó caer la mandíbula, preguntando qué me había sucedido.

—Es una larga historia, Tito, pero ya estoy bien gracias, únicamente vengo a visitar al hermano Mantuano. ¿Cómo sigue?

—¿No lo sabe usted? —inquirió apesadumbrado.

¿Saber qué?

—El hermano Mantuano murió al día siguiente de su visita, se puso muy mal esa noche y no pudieron hacer ya nada por él… —exhaló, agachando la cabeza.

Sin poder creer lo que me acababa de anunciar, expresé mi profundo pesar ante aquella terrible noticia, ya que en el fondo tenía la esperanza de que él me pudiera dar algún consejo que me sirviera de guía en mi búsqueda. Consternada, me despedí de Tito y volví mis pasos de regreso a la calle, donde me esperaba el taxi para llevarme a la estación.

Durante el trayecto, tuve que contener varias veces el llanto. Me sentí sola y más deprimida que nunca. La vida se empeñaba, una vez más, en seguir haciéndome las cosas más difíciles. ¿Qué iba a hacer ahora? ¿Cuál era el siguiente paso a seguir? El hermano Mantuano era mi última esperanza y una vez más me sentí perdida.

Tras haber llegado a la estación, después de un bloqueo de calles que estaban en reconstrucción y que nos impidieron el paso para tomar avenidas aledañas, compré mi boleto y aguardé en el andén hasta abordar el tren. Luego de una larga espera, abrieron las compuertas de los vagones y la gente comenzó a subir entre jaloneos.

Me senté en un compartimiento junto a la ventana con otras personas. Frente a mí, se encontraba un señor de escasos cuarenta años de edad, su rostro denotaba una dureza implacable y, a su lado, una pequeña niña lloraba desconsolada. A un costado de ellos se encontraba un muchacho rubio y fornido, que traía una mochila verde en la espalda y empuñaba un mapa de Italia en la mano. Se reclinó en su asiento, se colocó unos audífonos en los oídos, encendió un toca cintas que traía colgado al cinturón y cerró sus ojos, evitando interactuar con los demás. Suspiré y miré por la ventana para ver cómo nos alejábamos de la estación. Ahora me encontraba cada vez más lejos de Capri. Con nostalgia, me pregunté si algún día volvería a ver a Manuel, o si solo quedaría en mi memoria como un bello recuerdo. Tomé mi suéter, lo coloqué enrollado bajo mi cabeza y me recosté sobre el vidrio. Deseaba huir, aunque fuese por un rato, de los recuerdos tormentosos que me asaltaban constantemente.

*****

Cuando abrí los ojos, me sentí aliviada de haber llegado a la estación Termini, en Roma. Estiré las piernas, me incorporé aún soñolienta y tomé mi maleta para bajar del tren, caminando con letargo por el andén hasta la salida de la estación, donde tomaría un taxi a casa.

Comenzaba a lloviznar. El tráfico se había convertido en una verdadera pesadilla que nos mantuvo a vuelta de rueda por casi una hora. Tenía ganas de descansar y olvidarme de aquel viaje para siempre.

Al llegar a casa, encontré un mensaje que María había dejado sobre la mesa del recibidor, notificando que llegaría más tarde, que Montse se había marchado a Brindisi el fin de semana y que al señor Piateli le urgía hablar conmigo. Casi agradecí que nadie estuviera en casa, ya que no estaba de buen humor para conversar.

Subí a mi recámara a desempacar y al borde de las lágrimas, recordé a Manuel, al hermano Mantuano y mi intempestiva partida de Capri. Me senté en la cama con cierto nerviosismo y le marqué a Sandrino Piateli, pues sabía que su insistencia significaba algo de suma importancia.

—Teresa, qué gusto escucharla de nuevo. Me urge verla, si es posible hoy mismo. Descubrí una pista crucial que nos ayudará a completar parte de la frase —manifestó el traductor, impaciente.

—Voy para allá —colgué el teléfono, tomé mi bolso y partí de prisa hacia su despacho.

Cuando llegué al viejo edificio, toqué el timbre pero nadie abrió. Me percaté de que la puerta se encontraba entreabierta, empujé lentamente y caminé hasta encontrarme completamente sola en medio del vestíbulo oscuro y silencioso.

—Señor Piateli, ¿está ahí...? —lo llamé varias veces sin obtener respuesta. Toqué a la puerta de su oficina y tampoco había nadie. Parecía no haber luz. Caminé por un pasillo tocando de puerta en puerta, asomándome con sigilo, hasta que después de merodear varios minutos, regresé al recibidor y fue entonces que sentí una mano en el hombro que me tomó desprevenida y me hizo soltar un grito ahogado.

—¡Dios mío! ¿Qué le sucede, Teresa? —exclamó Piateli, más asustado que yo.

—Perdón... —me disculpé—, no lo escuché entrar. Pero dígame qué es eso tan urgente que necesita decirme.

—No quise asustarla, Teresa —dijo, guiándome a su despacho—. Salí un segundo a la calle, se fue la luz hace un par de horas y fui a comprar unas velas.

Caminamos hacia su despacho y me senté en un sillón frente a su escritorio. Como en un ritual, Piateli fue encendiendo varias velas que colocó dentro de algunos frascos de vidrio y luego se dejó caer sobre su silla, tomó aire y sacó un legajo de papeles del cajón, los cuales acomodó por secciones. Sin emitir palabra, los hojeó con rapidez, hasta que encontró uno que parecía ser el que buscaba y agregó:

—Me temo que es vital que viaje a Rumania nuevamente y lo antes posible, Teresa. Creo saber dónde podemos encontrar el nombre del dragón. Según los escritos, se encuentra en una pintura de Vlad II, o sea, el padre de Vlad Tepes y que, al parecer, en luna llena, se puede apreciar una palabra que tiene escrita con alguna tintura fosforescente empleada en aquella época. En la actualidad, hay lámparas especiales para ver esto y podríamos buscar alguna. Sin embargo, el problema es que no sé si el cuadro se encuentre todavía en algún lugar de Brasov o en el castillo de Bran, que es hoy un museo de arte feudal. Este tiene interesantes colecciones de muebles, armas y armaduras, además de que se ha remodelado decenas de veces. Parece ser que ahí se llevaron algunas pinturas de Vlad II, posterior a su muerte. La única salida, sería ir allá y hablar directamente con el anticuario de Brasov, Alexandru Voicolescu, que es un reconocido coleccionista de arte en la zona. Estoy seguro de que él debe saber algo al respecto y le ayudará a encontrarlo —indicó, dándome un papel con todos sus datos.

—Por lo visto, tengo que emprender el viaje cuanto antes —comenté fastidiada.

—Así es, Teresa. El castillo de Bran está situado a unos treinta kilómetros de Brasov, en el centro de Rumania.

Este lugar tiene una historia realmente interesante, ya que fue construido por los caballeros teutones a principios del siglo XIII y sirvió para defender el camino comercial entre Valaquia y Transilvania, durante la Edad Media. Parece ser que Vlad lo utilizaba meramente con fines militares, aunque la fortaleza perteneció a su abuelo, Mircea el Viejo. El castillo fue propiedad de los sajones de Brasov, desde finales del siglo XV hasta principios del siglo XX, regalándolo más tarde a la reina María de Sajonia. Según lo que he leído en estos días —siguió su relato—, se dice que los reyes, María y Ferdinand, hicieron de esta fortaleza su residencia de veraneo y, con el paso del tiempo, se la heredaron a su hija. Por otra parte, parece ser que el misterioso castillo de Bran posee infinidad de laberintos subterráneos y una gruta, en la que fue depositada una vasija de plata que tenía trescientas siete gemas incrustadas y en la que se dice que depositaron el corazón de la reina María. Quién sabe cuál habrá sido el propósito real de esto. Pero lo que sí sé ahora, es que en este castillo que le menciono... —sacó un libro del cajón y lo hojeó para luego señalar con su dedo—, hay varios cuadros, los cuales puede ver aquí. Probablemente pudiera ser uno de estos, aunque no lo sé con certeza. Y volviendo a los escritos, Teresa, se refiere a un cuadro renacentista de Vlad II, posando parado con una capa color bermellón, asiendo una cadena que sujeta a un dragón negro, poniéndolo a su merced. Y este a su vez, parece luchar tratando de liberarse de su dominio. No tengo idea de quién lo pintó, pero lo que sí sé es que en el pecho del dragón está inscrito el nombre que buscamos.

—Está bien, señor Piateli, lo buscaré, pero antes necesito contarle lo que me sucedió durante mi viaje a Capri y mi entrevista con el hermano Mantuano... —relaté la historia y le comenté que tenía casi la frase completa, aunque sabía que algo faltaba todavía.

—Claro que falta algo, Teresa. El nombre del dragón no

es *Dracmors*, como supone. Esto quiere decir "El dragón de la muerte" y a este le antecede el suyo propio, que es el que está específicamente escrito en ese cuadro.

—Ya entiendo… —asentí—. Mañana a primera hora haré todos los arreglos para salir hacia Bucarest.

Capítulo 19

Nadie se había levantado aún. Le dejé escrita una nota a María para avisarle que nos veríamos más tarde y salí de la casa para tomar un taxi. Era una mañana fría y lluviosa, las calles estaban sumergidas en una espesa neblina, los autos aún traían encendidas las luces y el viento se filtraba por mi chaqueta, haciéndome tiritar. Metí las manos en lo más profundo de los bolsillos de mi gabardina y caminé de prisa tratando de entrar en calor, cuando en la siguiente esquina, advertí que un *minicab* se acercaba a toda velocidad. Agité la mano por encima de mi cabeza y, al verme, zigzagueó cruzando la avenida, deteniéndose frente a mí.

Me subí al auto y le pedí al conductor que me llevara a la agencia de viajes, donde compraría mi boleto de avión para salir hacia Rumania el día siguiente por la tarde.

Después de haber hecho todos los arreglos, tomé el metro que me dejó a unas cuadras de la academia de arte. No había asistido las últimas semanas, así que llegué entusiasmada para ver a David. A medio pasillo me topé con el profesor Tossi, que se paró en seco al ver mi ojo amoratado. Como era natural, me preguntó qué me había pasado a lo que yo solamente respondí que había sido un accidente. Él se limitó a comentarme sobre algunos temas que había dado en la última semana, pidiéndome que me pusiera al corriente en mis trabajos. Al parecer, en unos cuantos días se llevaría a cabo una exposición ahí mismo en la academia, con el tema "Agua en movimiento". El tema de la exposición me pareció ideal, ya que estaba a punto de terminar de pintar la marina que había comenzado en Capri.

Al concluir con la detallada reseña del evento, Fabio me pidió que pasáramos al salón, en donde alcancé a ver a David que venía con la mirada baja, guardando unos papeles en una carpeta negra que llevaba en la mano.

—¡Dave! —exclamé, cambiando mi rumbo para encontrarnos a medio camino.

—¡Teresa! ¿Qué te pasó en la cara? —levantó el entrecejo azorado.

—Después te cuento —aseguré.

—No, no, por favor dime quién te hizo eso. No me dejes con la preocupación —insistió, sin poder apartar su mirada de mi rostro.

—Es una larga historia y por ahora no quiero ahondar en ella, Dave. Te prometo que más tarde lo haré, te lo aseguro.

Meneó la cabeza con gesto mortificado.

—Pero ¿estás bien? ¿Te sientes bien?

Asentí, sin pronunciar una sola palabra.

—De cualquier forma, es bueno verte de regreso, querida.

—Tenemos que ir a comer, Dave. Tengo muchas cosas que contarte y, sobre todo, te tengo preparada una larga reseña de lo que ocurrió luego que te marchaste de Capri. No lo vas a poder creer.

—Pues así lo veo —clavó su mirada en mi ojo amoratado—. Saliendo de aquí, nos vamos, ¿quieres?

—Perfecto —afirmé.

Durante la clase, no pude evitar volver a sentir ese vacío que se empeñaba en perseguirme. Me encontraba agobiada y presionada por la inesperada decisión de tener que partir a Rumania al día siguiente, en ese momento lo menos que quería era viajar y mucho menos después de lo sucedido en Capri. Me ponía nerviosa la idea de emprender una nueva búsqueda que no sabía cuánto tiempo me tomaría, y menos sin saber si lograría encontrar aquel cuadro que, aparentemente, era el eslabón perdido.

El recuerdo de Manuel se había convertido en una obsesión. Sabía que no podía remediar nada, ni cambiar las cosas. Tenía que ser paciente y esperar a que el tiempo dijera la última palabra. ¿Pero cuánto tiempo tendría que esperar?

Al salir de la academia, David y yo caminamos por la calle rumbo a la Stravaganza. Era un extraordinario lugar en el que tocaban el mejor *jazz* de Roma y donde nos encontramos con algunos amigos que nos invitaron a sentarnos a su mesa, pero David, al ver mi expresión, denegó la invitación, asegurándoles que sería en otra ocasión.

Durante la comida, él se percató de que algo andaba mal conmigo y preguntó:

—Algo te pasa Teresa, y sé que no me equivoco.

—Parece que siempre me lees la mente, Dave.

Sonrió, meneando la cabeza.

—Las cosas no han salido como yo quisiera. Pareciera que la vida se ha encargado de recordarme, día tras día, que estoy bajo una maldición.

—¿De qué hablas, Teresa? —se reacomodó en su silla.

—Tengo que contarte algo que no te había dicho antes, Dave, y que es el verdadero motivo por el cual estoy aquí en Europa. Por favor escúchame y no hagas ningún juicio ni comentario hasta que termine de hablar. Es algo que no vas a poder creer, por lo menos nadie que esté en su sano juicio lo haría.

—Me asusta tu seriedad, querida.

—Lo sé —tomé un trago de agua para aclarar mi garganta y conté aquella historia, viendo cómo subía y bajaba las cejas, sin poder creer lo que escuchaba.

—Y a todo esto… ¿Qué opinas de lo que te acabo de decir? —pregunté al concluir mi relato.

Exhaló una bocanada de aire antes de responder.

—Uff...

—Sabía que reaccionarías así, pero lo que te conté es real, aunque quisiera que no fuera así, y por eso me ha sido imposible regresar a casa.

—Y ¿qué pasaría si no descifraras la frase, Teresa?

—No quiero ni pensarlo —agité mi mano—, y mucho menos me puedo dar el lujo de tener miedo ahora, aunque a veces el temor me domina. Explícame ¿cómo puedo dejar de temerle a lo desconocido, a las fuerzas sobrenaturales? Es por eso que mi padre está tan grave y no he logrado hacer nada para ayudarlo. Imagínate lo que siento, Dave. Yo sé que todo esto suena absurdo, pero supuse que sería algo con lo que podría yo sola y me estoy dando cuenta de que me está rebasando —hice una pausa para luego retomar—. Esto está yendo más allá de lo que algunas veces puedo enfrentar y lo que me ha ocurrido en las últimas semanas me lo ha confirmado. El problema es que he perdido la perspectiva y estoy dejando de ser objetiva con lo que me sucede. Han sido tantas cosas, que no sé cuándo son situaciones naturales en mi destino y cuándo son por causa de esta maldición. Lo peor de todo es que estoy perdiendo la esperanza de que esto se resuelva algún día.

—No es para menos —frotó su mejilla con preocupación— y, como amigo, quiero que sepas que cuentas conmigo en lo que necesites, no hay nada que pudiera darme más alegría que verte contenta.

—Te juro que en este instante me conformaría solo con estar tranquila y en paz —repuse, para luego contarle lo sucedido después de su regreso a Roma.

—Ahora comprendo por qué estás así, Teresa. Aunque estoy seguro de que las cosas pasan por algo, e incluso, absolutamente todo está en tu destino, es parte de lo mismo. Quién sabe por qué o para qué te tocó vivirlo, pero lo que sí te puedo decir es que tienes que enfocarte en solucionarlo, no importa cuánto tiempo te tome, ni cuán difícil sea —recalcó, y tratando de romper la tensión comentó—: Estoy seguro de que te portaste fatal en otra vida... —se esforzó en fingir seriedad, pero no lo consiguió—. Ojalá que por lo menos haya sido conmigo.

—No lo dudo en lo más mínimo —reí—. Y hablando en serio, ¿tú crees que en verdad existan otras vidas? Esto me ha estado metiendo mucho ruido últimamente.

Me miró por unos segundos y me tomó de la mano, reconociendo:

—Realmente no lo sé. Crecí pensando que solo teníamos esta, pero por lo que he visto y escuchado durante los últimos años, sinceramente ya no sé en qué creer. Pero no deberías de pensar en eso ahora, Teresa. Ya bastantes problemas tienes como para comenzar a cuestionarte sobre esos temas, que de todas formas nadie sabe a ciencia cierta.

—No, no... —reparé—. Te lo pregunto porque es algo que me he venido cuestionando estas últimas semanas, y más aún después de lo que nos ocurrió a Manuel y a mí en la gruta Azul. No encuentro ninguna otra explicación —tragué saliva y proseguí—: Nunca he creído en ello y, sin embargo, hay situaciones en las que te cambia todo el esquema y empiezas a preguntarte cosas que nunca antes te preocuparon.

—Solo Dios sabe, Teresa... Y sobre Manuel, prefiero que no me hables de él porque me voy a poner celoso —hizo una mueca de disgusto.

—No tienes por qué estarlo, Dave, ya sabes que todo mi amor es para ti... Pero como amigo —enfaticé, dándole una cariñosa palmada en la mano.

—Ya lo sé, ya lo sé. Ni hablar... —alegó, torciendo la

boca de lado—. Como ya no me tocó en esta vida, tendré que conformarme con ser tu amante en la próxima.

—Te tendré en cuenta, te lo prometo —hice una pausa antes de proseguir—. Pero bueno, Dave, a todo esto..., necesito pedirte un favor enorme. Es algo muy importante para mí.

—Dime, encantado de ayudarte en lo que quieras. Ya sabes que contigo soy siempre materia dispuesta.

—¿En lo que quiera? ¿Estás seguro?

—Absolutamente. Tus deseos son órdenes...

Sonreí, para luego pedirle como un favor especial que me acompañara a Rumania al día siguiente.

—¿Así nada más? ¿Mañana a Rumania? —preguntó atónito.

—Me temo que sí —encogí los hombros—. Además eres la única persona en la que puedo confiar y ahora te necesito más que nunca. Tengo que encontrar un cuadro renacentista de Vlad II, que al parecer está en algún sitio de Brasov, pero no sé dónde exactamente. Tengo algunos datos, y la idea es descubrir el nombre del dragón que está pintado en el pecho del animal que, según Piateli supone, se trata de la pieza clave para desentrañar este enredado acertijo.

Sin creer aún aquello que le pedía, le dio un par de tragos a su copa y añadió apretando los labios:

—Mmm... Lo siento, Teresa, pero me pides demasiado... —lo miré desilusionada e inmediatamente exclamó—: —Por supuesto que iré contigo, simplemente quería ver tu reacción para darme cuenta si de verdad me necesitas tanto como dices.

—Sabía que contaría contigo —no pude evitar sonreír de oreja a oreja—. De lo contrario, ni me hubiera atrevido a preguntártelo. Te prometo que, con todo y todo, nos vamos a divertir.

—Creo que va a ser toda una aventura —agregó—. ¿Quién iba a decir que íbamos a andar de Sherlock Holmes por las tierras del Conde Drácula?, o más bien, ¿James Bond? Creo que me gusta más Bond, por aquello de que siempre va acompañado de alguna mujer bella. Pues entonces no hablemos más del tema. Dame el número del vuelo y lo mandaré comprar en seguida.

—Gracias, Dave, mil gracias. El vuelo es... —dije sacando mi boleto de la bolsa—. Sale mañana a mediodía y te pido que, por favor, reserves tu habitación en el hotel.

—¿Qué? ¿Me vas a mandar a morir solo? —Hizo el esfuerzo por no sonreír—. Y entonces, ¿cuál va a ser la diversión del viaje?

—Más te vale dormir solo, amigo, soy sonámbula y con eso de la maldición, de mis pesadillas nocturnas, que tengo el anillo maldito, que vamos a estar en la tierra de los vampiros y que hablo sola a media noche, no te conviene dormir conmigo.

—Lo sabía... —chasqueó sus dedos—, era demasiado bueno como para ser verdad. Eso me pasa por tener tanta imaginación —frunció la boca aparentando estar decepcionado.

—Ni hablar, querido, vamos juntos pero dormimos separados.

—Es una pena escuchar eso —me guiñó un ojo, dejando escapar un largo suspiro.

* * * * *

Como a las siete de la tarde, le pedí que me llevara a casa, quedando en recogerme al día siguiente para irnos juntos al aeropuerto.

Nadie había llegado todavía. Me dispuse a escribir una carta a mis padres para contarles sobre mis avances en la investigación, mi viaje a Nápoles, a Capri y ahora nuevamente a Rumania, omitiendo por el momento mi relación con Manuel y el motivo por el que había tenido que abandonar la isla. Cuando en eso, escuché que abrían la puerta de la casa. Bajé y vi a Montse que venía regresando de su viaje.

Al verme, dejó su maleta en el recibidor y me preguntó, mortificada.

—Teresa, ¿qué te pasó en el ojo, hija?

—Un pequeño accidente, Montse, pero ya estoy mejor, en verdad no te preocupes.

—Santo cielo... ¿De verdad estás bien? —insistió, sin poder apartar sus ojos de mi rostro.

—En serio me siento bien Montse, pero dime, ¿cómo te fue en tu viaje?

—La pasé de maravilla con mi hermana, a la que no veía hace mucho tiempo. Ya a nuestra edad es importante visitar a la familia... Cada día nos ponemos más viejos. ¿Y a ti, cómo te fue en Capri?

—Qué te puedo decir, Montse, no tan bien como me hubiera gustado, pero por fin ya estoy aquí de regreso un poco más tranquila.

Caminamos a la cocina, donde nos preparamos una taza de té y nos sentamos a la mesa.

—A ver, Teresa... ¿Qué te pasa? No te ves muy contenta, cuéntame.

—Me imagino que María ya te habrá contado todo, ¿no es así?

—Algo, pero verás que las cosas irán saliendo poco a poco. Ten paciencia, hija. Y según lo que me contó María sobre Manuel, si él en verdad te quiere, te buscará. Dale tiempo..., su vida no es nada fácil de arreglar y, por lo visto, tampoco la tuya. A él le tomará tiempo poner fin a sus problemas de tantos años, pero tengo la certeza de que es un buen hombre.

—No sé qué voy a hacer, Montse —solté un prolongado suspiro—. Mi vida está muy complicada y en realidad estoy saturada de problemas. Incluso, viví situaciones extrañísimas en Capri y mañana tendré que viajar a Rumania, ¿lo puedes creer? Piateli descubrió algunas cosas por las que tengo que ir personalmente a Brasov. Ya te imaginarás cómo estoy, parece ser que todo esto nunca terminará.

—¡Qué batalla la tuya, Teresa!, en verdad lo siento. De todas maneras, piensa que la vida te irá dando la claridad que necesitas.

Luego de conversar con Montse, se despidió diciendo que iría a descansar. Mientras tanto, subí a empacar mi maleta y durante la tarde, seguí buscando algo que me diera alguna otra pista, entre aquellos cientos de papeles que había vuelto a apilar por grupos sobre el escritorio. Al sacar el anillo de la caja, se apoderó de mí un incontrolable temor, al recordar lo que había sucedido la última vez en Capri. Leí por varias horas, hasta que una frase me llamó la atención: "Cuando la casa de la paz nos abra las puertas a su jardín, el tiempo habrá llegado. El aro de sangre será posado sobre la 'calavera' y sobre los restos de la muerte y, con el verbo divino, cerraremos la puerta del mal".

—¿A qué se referiría con el aro de sangre? —Le di vueltas a aquella idea por unos minutos—. ¿Tendría que ver con el anillo y el rubí, que quizá representaba la sangre? Y ¿qué querría decir el resto de aquella frase? Sabía que ahí estaba gran parte de la clave del acertijo, pero ¿cómo interpretar aquello? Supuse que la calavera, podría referirse a la muerte, junto con la frase del exorcismo. No obstante, aún tenía que encontrar el lugar y el nombre del dragón.

Tomé nuevamente el anillo entre mis dedos y reflexioné: Si el dragón original llevaba una cruz que este no poseía, y en lugar de eso llevaba el rubí, era claro que aún faltaban varios cabos sueltos por atar. Saqué el papel donde había escrito la frase cuando estaba en Capri y debajo, apunté la que había descubierto ahora. Esa noche me sentí fatal. Volví varias veces el estómago hasta quedar postrada sobre mi cama. Un estupor casi catatónico se apoderó de mí, sumiéndome en un sueño alucinante, donde apareció el monje una vez más. Era el mismo que había visto en el bote de la gruta Azul, pero ahora se quitaba la capucha blanca y; asustada, veía que se trataba del hermano Mantuano que me entregaba una cruz de madera. La tomaba entre mis manos, caminaba por una escalera oscura hasta llegar a una bóveda, donde se encontraba una lápida de piedra, y ahí la clavaba con fuerza, haciendo que estallara en mil pedazos, para luego centellear en un rojo azulado brillante, que me hizo despertar de un salto.

Por un rato muy largo, permanecí inmóvil sobre mi cama sin querer abrir los ojos. Aquel sueño me había parecido tan real, que no pude parar de preguntarme si en realidad había un sueño o no. Pasé algunas horas dilucidando el significado y, sin encontrar, como de costumbre, ninguna señal, caí nuevamente dormida hasta el día siguiente.

Capítulo 20

Comencé a sentir una gran incertidumbre al darme cuenta de que las semanas pasaban y Manuel no se comunicaba conmigo. Me pregunté si solo habría sido un amor pasajero, esperando que no fuera así. En varias ocasiones me cuestioné si se había arrepentido de todo lo que me había prometido y esa idea me confundía todavía más. Recordaba su cara con tal claridad, que me imaginaba haberlo visto hacía unos segundos diciéndome que me amaba.

Me desperté cansada y terminé de hacer la maleta para salir en el vuelo de las cinco y media de la tarde. María tocó a mi puerta y asomándose con discreción, me preguntó si había podido descansar.

—En realidad no —contesté decaída—. ¿Sabes? Pasé una noche angustiosa, estuve soñando con el hermano Mantuano y el sueño parecía tan real que me asustó. Fue como si hubiera querido comunicarse conmigo. Fue algo muy extraño…

—Los sueños son a veces tan vívidos, Teresa, que uno no podría asegurar si son reales o son sentimientos reprimidos que nos atormentan en el subconsciente. En ocasiones, lo que vemos o sentimos durante los sueños son simplemente el reflejo y la proyección de nuestros miedos y deseos. Pero de cualquier modo, trata de no pensar en eso, amiga.

Luego de denegar la invitación que María me hacía para ir a comer con ella, Gio y Montse, a casa de Tía Carmella, una amiga de la infancia de su madre, argumenté que tenía mucho trabajo que hacer antes de salir aquella tarde para Rumania, pero que me comunicaría con ella durante el viaje.

El resto de la mañana me dediqué a investigar y a leer cada una de las frases, que había ido anotando en una lista, y acomodándolas en diferente orden traté de interpretar su significado. Así que después de horas de trabajo y de estar saturada con tantas ideas que aún parecían no tener sentido, me sumergí en un desasosiego interno que terminó deprimiéndome. Fue entonces, cuando el recuerdo de Manuel me sorprendió una vez más, clavándose en mí con gran fuerza, y sin poder sacarlo de mi corazón, terminé bañada en lágrimas.

* * * * *

Cuando faltaban unos minutos para las cuatro de la tarde, David pasó por mí para luego emprender nuestro camino hacia al aeropuerto, en donde tomaríamos nuestro avión a Bucarest.

—¿Estás bien, Teresa? ¿Te pasa algo? —preguntó, tomándome de la mano.

—Estoy harta de todo, Dave... —confesé—. ¿Qué más me puede suceder ahora? Mi padre está muy enfermo, muriendo y nadie sabe qué es lo que tiene, se trata de una maldición y una patética historia que no tiene pies ni cabeza. Al mismo tiempo, ocurren atentados, objetos que aparecen y desaparecen por arte de magia y..., —resoplé, tratando de contener las lágrimas que se empeñaban en hacerse presentes—, ¿cómo puedo no tener miedo ante sucesos aterradores que no comprendo, ni puedo controlar? Y por otra parte, tengo que emprender viajes que parecen no tener ningún sentido y, lo único que me faltaba…, es haber permitido que Manuel se burlara de mí. ¿Cómo pude creer en él, Dave? ¡Soy una estúpida!

—No digas eso, querida. A veces la vida nos pone pruebas en circunstancias, que si lo permitimos, nos pueden destrozar el alma. Simplemente son para recordarnos quiénes somos en realidad, para templarnos y hacernos fuertes. Velo así, hay situaciones o personas que simplemente llegan a nuestras vidas por alguna razón. Pero te conozco, Teresa…, y sé que eres mucho más fuerte de lo que piensas. Tienes tanto por delante, aparte de que cualquier hombre sería feliz a tu lado,… —apretó una sonrisa inocente.

—¡Pero, Dave! ¿No entiendes? —repuse con renuencia, a pesar de que él trataba de animarme.

—Claro que entiendo —aseguró—. Por eso mismo, te voy a decir esto que mi padre me dijo cuando yo apenas tenía catorce años y que cambiaría por completo mi forma de ver las cosas. En aquel entonces, todo me afectaba, el afilado humor inglés de mi padre era mi peor enemigo, me ponía muy mal escuchar las tragedias de los demás y peor aún enfrentar las mías. Me sentía eternamente agredido por todo, hasta que un buen día…, el sabio de mi padre me sentó frente a él, y recuerdo aquella frase que me dijo, como si la hubiera escuchado ayer: "Hijo…, toma la vida en serio, pero por el amor de Dios, no te tomes a ti mismo tan en serio… Aprende a reírte de la vida, antes que la vida se ría de ti". —hizo una pausa, esperando que encontrara algún sentido en sus palabras.

Lo miré, pensativa, hasta que finalmente comprendí que aquellas palabras eran mucho más profundas de lo que aparentaban ser. Efectivamente, no podía cederle el poder sobre mí a las situaciones que no estaban bajo mi control y el tomar la vida con cierto sentido del humor, me haría la vida más ligera.

—Gracias, Dave...

—Me alegra que nos vayamos lejos, querida —cambió de tema—. Pero, por favor, no dejes de ser tú y no le permitas a ese cretino que te quite la paz cuando más la necesitas. Dale tiempo al tiempo, de verdad imagino por lo que estás atravesando que, por otra parte, siendo objetivo y sin meter mis sentimientos personales de por medio... —exhaló un hilo de rendición—, supongo que las cosas no son como te las imaginas. Acuérdate de que siempre hay otra versión de la misma historia. Pero entre tanto, me voy a encargar de que la pases muy bien y te olvides de él por unos días.

Comprendí que David tenía razón y, luego de escuchar aquellas palabras, que lograron relajarme y hacerme reflexionar, me quedé mucho más tranquila.

Minutos después de haber llegado al aeropuerto, estábamos abordando nuestro avión a Rumania. Durante el vuelo no paramos de hablar como si no nos hubiéramos visto en toda la vida. Teníamos tanto que contar, que en ocasiones nos arrebatábamos la palabra entre risas.

Próximos a nuestro aterrizaje en el aeropuerto de Bucarest, me asomé por la ventanilla y contemplé anonadada la luminosidad de las avenidas trazadas en todas direcciones en la espléndida ciudad. Era de noche cuando tocamos tierra. Descendimos del avión y tras recorrer un largo corredor, llegamos a una sala donde había mucha gente, esperando impaciente, varios vuelos demorados por la lluvia.

Al salir a la calle nos aguardaba un auto de la embajada que nos llevaría a un hotel, situado en la calle Edgar Quinet, en el mero corazón histórico de Bucarest. Al llegar ahí, nos registramos, subimos a dejar nuestras maletas y quedamos en encontrarnos más tarde en la recepción, y luego cenaríamos en el restaurante del hotel.

La habitación era amplia, sobria, decorada en tonos

crudos. Nada que ver con los cuartos de los hoteles modernos. Tenía una cama matrimonial y revistiendo la cabecera, una alta corona de la que colgaban dos cortinas sujetadas a los costados de la cama, con un candelabro antiguo que colgaba del techo.

Esa misma noche, durante la cena, le conté a David con más detalle los pormenores de mi viaje, así como también la historia del hermano Mantuano, y todo lo que me había ocurrido últimamente en torno a mis investigaciones. Cuanto más le contaba, más sorprendido parecía, pero creí que era de vital importancia que supiera el trasfondo de todo aquello, debido a que lo estaba involucrando en algo crucial en mi vida.

* * * * *

Desperté con una gran ansiedad que me obligó a llamar a casa. El teléfono sonó varias veces pero nadie contestó. Comencé a preocuparme, hasta que después de varios intentos, respondió una vocecilla a lo lejos.

—¿Bueno?

—¿Quién habla? —pregunté exasperada.

—¡Teresa! Qué gusto escucharte, mi vida, ha pasado tanto tiempo desde que hablamos por última vez. ¿Estás bien?

—Sí, mamá, perfectamente bien. ¿Por qué nadie contestaba? Llevo mucho tiempo intentando comunicarme.

—Tranquila, hijita. Vengo entrando a la casa de recoger unos estudios de tu padre. Cada día está peor, ya casi no puede ver. Está más deprimido que nunca y muy preocupado por ti. No hace más que reprocharse que por su culpa tú estés…

—Dile que no se agobie —interrumpí—, que estoy bien y a punto de encontrar lo que buscamos. No permitas que se desanime, mamá, es vital que no pierda la fe a estas alturas.

—Vuelve a casa, hija —su voz parecía entrecortarse—.

Sé que esto ha sido un suplicio para ti y para todos nosotros también. Las cosas tienen que solucionarse de algún otro modo, Teresa.

—Sí, mamá, eso espero de corazón... —aseveré con gran dolor—. Te prometo que pronto regresaré, pero primero tengo que arreglar varias cosas antes de hacerlo, no puedo dejar las cosas así nada más. De mí depende acabar con esta maldición y quién sabe qué pueda pasar si lo abandono todo en estos momentos.

—Lo entiendo, mi vida, pero te echamos mucho de menos.

—Ya verás que todo va a salir bien, mamá. Hay que tener fuerza y mucho ánimo.

—Mantenme al tanto, por favor. Cuídate mucho y mándales un abrazo y un beso muy grande a todos por allá. No te olvides que te queremos con el alma, hija.

Colgué el teléfono. Me afligía pensar en lo que pasaría si fallaba en resolver aquello. Me sentía entre la espada y la pared, pues sabía que no podía regresar con las manos vacías. Y al mismo tiempo, me dolía no estar junto a mi padre que se estaba consumiendo día a día.

Miré a través de la ventana y, suspirando, traté de apartar tantas preocupaciones. La mañana estaba fría, la ciudad, en plena calma y la gente comenzaba a salir a las calles. Bucarest es una ciudad de arquitectura soberbia, por lo que la llamaban: "El París del Este". Su nombre se dice que provino de un pastor llamado Bucur, que quería decir "alegre", denominándola así: "La ciudad de la alegría".

Me sentí más aliviada, me encontraba con Dave, y su compañía y su apoyo eran de enorme consuelo en esa etapa de agitada búsqueda. Al cabo de un rato, abstraída, viendo aquella estupenda vista desde mi habitación, tomé mi maleta y bajé a encontrarme con David que me esperaba ya en el restaurante. Desayunamos, hicimos el plan de nuestro viaje y verificamos el mapa para emprender nuestro camino a Brasov, mientras que el auto que la embajada nos había prestado, aguardaba en la entrada principal del hotel.

Iniciamos nuestro viaje con la esperanza de hallar el cuadro y, maravillados con los impresionantes monumentos medievales, de misteriosa historia, de raíces celtas y griegas, tomamos la carretera de ciento sesenta kilómetros que nos llevaría a Brasov, a través de los Cárpatos. Aquellos paisajes de bosques, de montañas, campos y ríos, eran como para dejarte sin aliento. Las praderas, me recordaron las películas donde los caballeros de la edad media cabalgaban con espadas y armaduras. David y yo coincidimos en que nunca antes habíamos visto algo tan espectacular.

Recorrimos gran parte del corredor entre Bucarest y Brasov, visitando Sinaia entre otros pueblos. Es un lugar donde se construyó uno de los castillos más bellos de Valaquia, Peles, el cual en aquella época, fue habitado por los reyes rumanos, convirtiéndose posteriormente en un interesante museo.

—Por cierto, Teresa —dijo, a la vez que bajaba un poco el volumen de la música clásica que veníamos escuchando durante el camino—, se me había pasado comentarte que la semana próxima mi padre dará una cena en la embajada y me gustaría que me acompañaras esa noche.

—Por supuesto, ¿cómo podría negarme?

—¡Estupendo! —exclamó.

La llegada a Brasov fue impresionante, aquel pueblo parecía parte de un cuento de hadas. Las fachadas barrocas adornaban toda la ciudad. Estacionamos el auto y caminamos por el centro de Brasov, donde encontramos una plaza peatonal, en la que había tiendas, restaurantes y una explanada presidida por un ayuntamiento, rodeado de terrazas al aire libre. Nos sentamos a tomar un café para descansar del largo viaje.

—Teresa, ¿a qué hora vas a visitar al anticuario? Yo creo que deberíamos registrarnos en el hotel y hacer la cita con este hombre. Sería ideal que nos pudiera recibir hoy mismo, ¿no crees?

Asentí, sacando el papel donde tenía escrita la dirección.

—A lo mejor de aquí podríamos ir a verlo —sin hacer mayor comentario, llamé al mesero, quien se acercó cortésmente preguntándome qué se me ofrecía—: ¿Me podría indicar dónde queda este lugar? —le mostré el papel en mi mano.

—Por supuesto, señorita, está a pocas cuadras de aquí. Está justo en el callejón que lleva a la iglesia Negra —colocó un papel sobre la mesa y extrayendo un bolígrafo de su mandil, dibujó un rápido croquis.

Tras una corta caminata, llegamos a la galería. Tocamos el timbre y nos abrió una mujer delgada, de ojos rasgados, con tez pálida, casi transparente, que nos recibió con amabilidad. Le explicamos que acabábamos de arribar de Roma y queríamos ver al señor Voicolescu para consultarle algo muy importante.

Nos pidió que aguardáramos unos minutos, entrecerró el portón a sus espaldas y al poco rato regresó pidiendo que la acompañáramos. Caminamos por un pasillo atiborrado de íconos bizantinos, cuadros e infinidad de antigüedades, esquivando a nuestro paso, una que otra caja en medio de la senda. Llegamos a un despacho que estaba repleto de libros y objetos antiguos, en donde se encontraba un hombre sentado en un sofá de pana verde, de cuyos descansabrazos, uno completamente descosido del borde, le brotaban una enmarañada borra vieja.

Era un hombre de figura lánguida, con rostro amarillento y afilado. Su apariencia era flemática y excéntrica. Portaba un saco de terciopelo color azafrán, con una corbata de moño púrpura al cuello. Su escasa cabellera despeinada y sus enormes gafas negras de fondo de botella, lo hacían parecer un personaje de fábula.

David me miró e hizo un gesto sin que el hombre se percatara, tratando de contener la risa. Le guiñé un ojo, haciéndole una mueca para que se comportara y, esquivando su mirada, caminé delante de él.

—Pasen, siéntense, por favor —indicó, dejando el libro que sostenía entre sus manos sobre un taburete—. ¿En qué puedo servirlos, amigos míos?

—Estamos investigando el paradero de un cuadro renacentista de Vlad II, el padre de Vlad Tepes, que al parecer está sujetando a un dragón negro. ¿Queríamos saber si usted tiene idea de dónde podríamos encontrarlo? —inquirí.

Me miró sorprendido, se rascó la cabeza y luego tomó un cigarrillo, lo introdujo meticulosamente en una boquilla de carey y lo encendió con mirada reflexiva.

—Perdonen que les pregunte, pero ¿cómo saben de ese cuadro? ¿Cuál es el motivo por el que necesitan hallar ese en especial? Les puedo asegurar que soy experto en arte, y mucho más en el de mi país, por lo que me sorprende que siendo extranjeros, sepan de un cuadro del que yo no tengo conocimiento.

David y yo nos miramos y sin darle mayor explicación, argumenté:

—Estamos haciendo una investigación para recopilar datos relevantes para un libro de arte medieval y nos indicaron sobre la existencia de ese cuadro, que según afirman, está todavía en algún lugar de Brasov.

Se paró de su asiento y dando algunas vueltas por el cuarto, se dirigió a un librero donde había un centenar de libros acomodados por épocas. Tardó unos minutos, dándonos la espalda, hasta que extrajo uno, de los entrepaños, sopló con fuerza sobre la cubierta para sacudir el polvo y con la mano, quitó algunos rastros de telarañas. Lo hojeó despacio, y sin quitarle los ojos de encima, caminó de regreso a sentarse en su viejo sillón.

—El cuadro que mencionan, no aparece en ninguno

de estos libros, sin embargo, existen algunos cuadros de Vlad II de esa época. Algunos se encuentran en museos muy específicos, pero el que ustedes buscan no está registrado en ninguno. Por lo menos, no en los museos públicos, tal vez se encuentre en una colección privada o en algún castillo de Valaquia, donde haya vivido la familia del vampiro —comentó con ironía—. Pero les vuelvo a preguntar, ¿cómo saben de su existencia? —insistió con evidente curiosidad.

—Este dato nos lo dio un profesor de historia que se ha especializado en la vida de Vlad Tepes —dije, refiriéndome a Piateli—. Según mencionó, parece ser que el cuadro puede estar todavía en alguna parte de Brasov.

Volvió a agitar su cabellera despeinándola aún más. Aparentaba darle vueltas al asunto desesperadamente.

—¡Ajá! —sugirió—. Posiblemente podría estar en una de las torres del castillo Bran. Vlad Tepes vivió poco tiempo ahí, ya que permaneció más tiempo en la fortaleza de Poenari y en Targoviste, que están ya en ruinas.

Se dice que mantuvo en su poder, y en especial en Bran, pertenencias de su padre. Desde aquel tiempo parece ser que se ha conservado una cámara bajo llave donde se decía que guardaban algunos tesoros de la Orden del Dragón, a la que pertenecía su padre. Mis abuelos solían decir que era un lugar mágico que nadie se atrevía a profanar ya que, como ustedes sabrán, en aquel entonces la gente era muy supersticiosa. Se creía que ahí se guardaban artefactos de guerra, copones con algunos corazones del enemigo, que eran utilizados para hacer conjuros contra sus adversarios para así salir victoriosos en sus batallas. Se cree también, que había esculturas y cuadros de los hombres prominentes de la orden. Pero volviendo a lo anterior, en realidad es imposible entrar a ese sitio, ya que está totalmente resguardado.

Por otra parte... —agregó—. En la chapa tiene un orificio que no es para una llave, se dice que existió un anillo que se insertaba en el orificio y era la única forma de acceder a ese lugar sin que los espíritus arremetieran en contra de su profanador. Bueno, ya saben ustedes cómo eran las creencias de aquella época.

Miré a David sorprendida. No me cupo la menor duda de que se refería al anillo de Vlad y que de seguro, el cuadro podría encontrarse adentro. Había demasiadas coincidencias en aquella historia, aunque para el anticuario, se tratara de una leyenda más del castillo. Sin hacer mayor aspaviento, comenté:

—Muy interesante y ¿usted sabe cuál es la torre que menciona?

Rió con sarcasmo:

—¿En realidad quieren saberlo? Aunque se los dijera, no hay acceso a esa parte del castillo y como les decía antes, tampoco hay ningún otro medio para abrir esa puerta. Aparte de que está vigilada continuamente por los guardias, creo que ni siquiera podrían entrar con una orden oficial, pero aguarden... —recapacitó por unos segundos, mientras maquinaba maliciosamente—. Está bien, ya ustedes sabrán. La torre es la que se encuentra en el ala oeste del castillo. Yo no la conozco, pero sé que es esa. Esperen un segundo, voy a regalarles algo que tengo por aquí —se dirigió hacia una caja de cartón que se encontraba arrumbada en un rincón. Tardó varios minutos y extrajo unos papeles que luego extendió sobre su escritorio—. ¿Ven esto?

—Sí, claro, es un plano —respondió David.

—Efectivamente. Es el mapa del interior del castillo Bran. Si ven aquí... —señaló un recuadro—. Este es el lugar al que me refiero. Hay algunos corredores que llevan hasta este punto, y bajo el pozo que está en este patio —circuló con su dedo—, existen pasadizos y un laberinto de túneles de varios kilómetros que llegan hasta la ciudad. Es más..., se cree que hay varios que llegan a cada una de las torres. Se dice que escapaban por ahí durante las batallas. Asimismo, contaban que los niños encantados por la flauta de Hamelin, llegaron hasta Transilvania por medio de las grutas de ese lugar.

—Muy interesante —comentó David disimuladamente.

—Aquí están los horarios de visitas al castillo, queda a unos cuarenta kilómetros de aquí.

—Muchas gracias, señor Voicolescu —agradecí, meditando sobre sus palabras.

—Solo les pido, que si llegan a entrar a ese lugar, me den el privilegio de ser el primero en enterarme de ello —guiñó un ojo en acto de complicidad—. Espero haberlos ayudado. Aquí les doy mi tarjeta por si algo se les ofrece. Por cierto..., tengan mucho cuidado con los gitanos, siempre ha habido muchos por aquí y últimamente andan descarriados haciendo sus fechorías.

—Gracias por avisarnos —estreché su mano.

Nos despedimos y regresamos por el pasillo de la galería, cuando vi que algo rodó bajo mis pies haciendo que tropezara y, trastabillando, fui a caer entre un montón de cajas que se derrumbaron sobre mí. Miré hacia atrás mientras frotaba mi rodilla. El anticuario se disculpó diciendo que estaba remodelando y, por aquella razón, todo se encontraba fuera de lugar.

David se acercó y me ayudó a incorporarme, al tiempo que el anticuario recogía un artefacto que se encontraba a medio camino. Lo repasó por unos instantes y comentó:

—Este látigo, que tiene el cuero más corto de lo usual, misteriosamente llegó hace unos días a mis manos —nos acercamos David y yo para apreciarlo de cerca—. Lo trajo a vender un mercader, que aseguró había pertenecido a su familia por generaciones. Según dijo, provenía de un pueblo cercano a Sibiu, donde los moradores creían en la leyenda de una dragona blanca que había viajado desde Marruecos para aparearse en estas zonas de los Cárpatos. Imagino que ya sabrán, como en todas las historias de dragones, que siempre se referían a las bestias feroces que destripaban animales, mataban niños y eran eternamente perseguidos por los pobladores para aniquilarlos.

Asentimos sin apartar nuestros ojos del anticuario.

—Pues, contrario a todas esas leyendas —bajó la mirada y pasó suavemente la palma de su mano por el mango de plata—, aquella dragona blanca que había viajado de territorios lejanos, se asentó en uno de los picos más elevados de las montañas, donde procreó a un pequeño dragón que murió al poco tiempo de nacer, permaneciendo recluida dentro de una cueva, velando por largo tiempo el cadáver de su cría.

Según cuenta la leyenda, un día, un joven explorador llegó a su guarida y la escuchó gemir, y al notar que se trataba de un llanto de tristeza, en vez de huir, se acercó a la bestia y sin que esta se inmutase, vio correr las lágrimas por sus ojos. Valiente el muchacho, se acercó a la dragona y le acarició la cabeza para consolarla. Dicen que esta cerró sus ojos en agradecimiento ante aquel acto de profunda compasión, volviéndose desde entonces su fiel compañera.

Y siguió su relato.

—La domó con su bondad y se convirtió en la protectora de los habitantes de aquel pueblo, derrocando con fiereza a otros dragones y maleantes que llegaban a amenazar el territorio, convirtiéndose en *înger pazitor*, que significa "ángel guardián" y para otros *"santinela"*, o sea un centinela, cuyo nombre lo decía todo.

A partir de entonces —continuó con entusiasmo—, pasó a ser el emblema de protección, de valentía y de bondad. Su imagen fue grabada en las empuñaduras de las armas de caballeros, nobles y en especial, de los habitantes de aquella región.

—Está bellísimo —me llamó la atención aquella

historia y me aproximé, tomándolo de su mano. El prominente mango de plata, estaba diseñado con una detallada figura de un dragón y la tira de cuero estaba tan deteriorada, que se había desgarrado casi por completo.

—¿Cuánto vale? —pregunté.

—No lo sé con certeza aún —respondió el anticuario levantando la barbilla—, pero estimo que unos dos mil setecientos leí, que son aproximadamente unos mil doscientos dólares.

—Le doy setecientos dólares ahora mismo por él. No me pregunte el porqué de mi interés, pues ni yo misma lo sé, pero... —observé el látigo con detenimiento—. Por favor, señor Voicolescu, un objeto más o menos en su galería no hará ninguna diferencia.

Me miró sorprendido y denegó mi oferta, argumentando que no era una baratija cualquiera, sino una auténtica antigüedad, una pieza única en su género.

Suspiré viendo el látigo por última vez, se lo entregué y volví a agradecerle la información que nos había proporcionado.

En camino hacia la iglesia Negra, David me preguntó:

—¿En serio estabas dispuesta a pagar setecientos dólares por esa cosa?

—Sí, de verdad me encantó, a pesar de que no traigo conmigo esa cantidad de dinero para comprarlo.

—Y ¿cómo lo ibas a pagar, entonces? —levantó el ceño.

—No lo sé —reconocí—. Fue una locura..., y bueno ¿qué opinas? ¿Crees que sea un disparate la idea de entrar a la torre? Traigo conmigo el anillo que puede ser el que abra esa puerta.

Exhaló antes de responder:

—Sí, por supuesto, sé que todo esto es una locura, pero si ya estamos aquí, podríamos aventurarnos. Lo que sí te digo, Teresa, es que si tomamos la decisión de hacerlo, estamos poniéndonos en riesgo, aunque en el fondo, no te lo niego, la idea es muy tentadora.

—A estas alturas, Dave, creo que es la única oportunidad de encontrar la última pieza de este rompecabezas.

—Así lo veo, y parece ser que el señor Voicolescu es el más interesado en que lo hagamos. ¿Te diste cuenta de que prácticamente nos dio a entender que encontraríamos el modo de entrar a la torre?

—Sí, fue evidente su interés al darnos el mapa del castillo.

—¿Entonces? ¿Qué sugieres? —preguntó.

—Supongo que primero tenemos que estudiarlo a fondo, e ir mañana mismo para allá, aunque te confieso que me da un poco de miedo.

Antes de llegar a la iglesia Negra, alcancé a escuchar que alguien gritaba mi nombre a lo lejos. Giré mi cabeza sobre mi hombro para ver de quién se trataba y vi que el señor Voicolescu venía con paso veloz sosteniendo el látigo en su mano. Me detuve y me dirigí a su encuentro, sin comprender qué sucedía.

—Tome, señorita Rembèz —me lo empuñó decidido—, creo que esto le pertenece a usted.

Lo miré desconcertada y me disculpé con él, por haber hecho una oferta sin traer esa cantidad de dinero conmigo, cuando insistió que no se trataba de ninguna venta.

—No puedo aceptarlo, señor... —dije apenada—. En realidad no puedo hacerlo.

—Por favor —volvió a insistir—. Soy un hombre muy intuitivo y sé que cuando tengo estas corazonadas, nunca me equivoco. Y como usted mencionó hace unos minutos en mi galería, no sé por qué, pero pude percibir en su rostro algo que me convenció, más que a vendérselo a entregárselo.

—Pero...

—Nada —objetó, empuñándome el látigo en la mano—. Por favor no me haga un desaire, se lo ruego, no crea que hago esto todos los días. Tenga la seguridad de que lo hago convencido de lo que estoy haciendo.

Sonreí dándole nuevamente las gracias. El hombre se alejó por donde había llegado, mientras David y yo nos mirábamos sin comprender lo que había pasado.

—Mmm... Qué extraño hombre —asintió con los labios aprctados—. Debo admitir, que hasta en eso tienes buena suerte... —comentó, mientras proseguimos nuestro camino hasta la iglesia.

Parados frente al pórtico, pude apreciar que se trataba de una de las más bellas y enormes construcciones góticas que había visto en toda mi vida. Entramos en silencio. Las galerías eran de estilo barroco y el decorado se fundía perfectamente con la arquitectura, además de un enorme órgano que permanecía en completo silencio.

Caminamos por uno de los pasillos laterales, admirando la bóveda de aquel templo protestante luterano, y tras leer un tríptico que había en la entrada, supimos que un incendio había arrasado con la ciudad entera ennegreciendo sus gigantescos muros, aunque después fue restaurado varias veces, haciendo que el daño fuera casi imperceptible. Tomamos algunas fotos del interior y luego salimos el resto de la tarde a dar una vuelta por Brasov: un lugar enigmático, que parecía inmune a los efectos del paso del tiempo.

Capítulo 21

Aquella noche tuve un sueño en el que me vi recostada sobre una cama de latón, en medio de un patio que tenía cuatro columnas blancas en cada esquina, y que el sol iluminaba tenuemente. Veía personas vestidas con túnicas blancas que me rodeaban cuando, en un segundo, cientos de palomas alzaron su vuelo.

A mi costado, como otras tantas veces, apareció una figura vestida de marrón que, como el mismo centinela que había visto sentado en el fondo del bote en la gruta Azul, parecía velar por mí. En completo silencio me tomó de la mano y, haciéndome sentir protegida, levantó poco a poco su rostro, permitiéndome descubrir al fin su identidad. Se trataba del hermano Mantuano, que posaba suavemente su mano sobre mi frente, obligándome a cerrar los ojos en medio de una profunda paz.

Aquella presencia, tan llena de bondad, que permanecía en completo silencio frente a mí, irrumpió como un eco en las profundidades de mi corazón, percibiendo que repetía una y otra vez: "La fe y la confianza, más fuertes que una roca".

Me desperté con un fuerte sobresalto y no pude volver a conciliar el sueño, pues la idea de ir a la fortaleza de Bran y traspasar la seguridad, me generaba mucha ansiedad. Me sentí como una delincuente en peligro de ser aprendida aunque, en el fondo, estaba segura de que ese riesgo implicaba quizá la única salvación. Aunque mi mayor preocupación era haber involucrado a David en algo que podría implicar un problema serio para la posición política de su padre y, por supuesto, para él mismo.

* * * * *

Emprendimos nuestro viaje al castillo que estaba situado en el pasillo Bran-Rucar, una antigua carretera comercial entre Transilvania y Valaquia. Después de casi media hora de camino, llegamos a la imponente fortaleza medieval, que estaba erigida sobre la cumbre de una roca que se proyectaba sobre un bosque extraordinario.

Bajamos del auto y nos dirigimos a la entrada. Compramos los boletos para luego caminar por una empinada vereda, hasta llegar a lo alto de la cima, donde se encontraban unas enormes paredes de piedra calcárea. El castillo era exactamente como nos lo imaginábamos: el típico castillo de una película de terror, decorado con pieles, armaduras, trofeos de caza y habitaciones decoradas con muebles y artefactos de aquella época.

Por suerte había poca gente, lo que nos dio espacio y tiempo para verificar, con detenimiento, el plano que el señor Voicolescu nos había dado el día anterior. Todavía estábamos lejos de la torre y, para colmo de males, había lugares acordonados que nos impedían el acceso a los pasillos, que nos llevarían a la escalera donde se encontraba la puerta que buscábamos. Recorrimos otras rutas pero el resultado era el mismo hasta que, desesperados, nos escabullimos por un pasadizo oscuro, donde no parecía haber vigilancia, mientras me sentía constantemente acechada por los guardias del castillo.

David me tomó del brazo y comentó entre risas:

—Si alguien nos sorprende, te prometo que diré que soy tu rehén...

—Cállate, ya. No hagas ruido —no había terminado de decir aquello, cuando escuchamos una voz frente a nosotros que abruptamente nos sorprendió:

—Esta área está restringida al público, hagan el favor de regresar por donde entraron.

Creí que mi corazón se detendría. Era un hombre corpulento, que aparecía frente a nosotros vestido con uniforme caqui. Sin responder, dimos media vuelta y regresamos, como niños regañados, por donde veníamos. Seguimos paseando por el castillo, simulando estar en plena visita turística. Recorrimos los pasajes, diferentes alas, habitaciones y patios, llegando siempre al mismo punto para seguir caminando en círculos, sin querer alejarnos de nuestro objetivo: "El ala oeste del castillo". Nos detuvimos varias veces a revisar el mapa, hasta que nos dimos cuenta de que había dos entradas para llegar allí y, por más que buscábamos la manera de traspasar la seguridad, nunca lo logramos.

Me aproximé a un guardia, aventurándome a preguntarle con disimulo:

—Perdone, ¿qué hay allá arriba, señor?

—Una torre que está cerrada al público —afirmó, con expresión imperturbable.

—Ah... —volví a disimular un interés inocente para inmediatamente regresar a la salida, donde me esperaba David revisando por enésima vez el mapa.

—¿Qué hacemos entonces, Teresa?, con los guardias custodiando la entrada nunca lograremos pasar.

—Mmm... a ver, préstame el folleto que te dieron en la entrada. Parece ser que hoy cierran a las seis de la tarde. Tengo un plan un poco más complicado que quizá sea nuestra única opción, Dave. ¿Qué te parece si vamos al pueblo a comer y regresamos como a las cinco y media de la tarde?, el resto imagínatelo...

—¿Estás pensando en...?

—Exactamente —aseguré.

—Y ¿dónde piensas que nos vamos a esconder? Y no solo eso, Teresa, ¿cómo vamos a salir de aquí?

—Lo principal es entrar y ya después planearemos cómo vamos a salir. ¿Recuerdas que el señor Voicolescu especificó que había un pasaje secreto que llevaba a cada una de las torres? Pues lo averiguaremos y si no lo encontramos, no te preocupes, hallaremos la salida de alguna forma o en el peor de los casos, podríamos pasar la noche dentro del castillo y mezclarnos con los turistas por la mañana.

—No lo puedo creer... —resopló—. Me asombras cada día más. Me encanta que seas tan valiente, pero me preocupa que no hayas pensado en lo que pasaría si nos sorprendieran allá adentro.

—Prefiero no pensar en eso ahora, Dave. Creo que podemos escondernos en alguna habitación o en una de las mazmorras. Te pediría que no me acompañaras, pero estar completamente sola en ese lugar y más aún de noche, me aterra.

—No es para menos... —sacudió la cabeza—. Este castillo ha sido inspiración de vampiros y demonios, y quién sabe si serán reales o no, pero la vida del tal Vlad supera a cualquiera de ellas. Imagínate lo que no han visto y escuchado estas paredes. La energía de ese lugar, no parece ser la más positiva y amigable del mundo. Y sobre todo, no entiendo cómo la familia real se atrevía a pasar sus vacaciones de verano aquí. ¡Qué audaces!

—Qué masoquistas, diría yo —repuse—. Pero bueno, por favor no te me eches para atrás, ahora que estamos con el pie casi adentro. Te lo pido... —supliqué, entrelazando mis manos.

—Sabes perfectamente que no puedo decirte que no, eres demasiado insistente. Pero está bien, a las cinco y media estaremos de vuelta y solamente recuerda que tienes que traer la lámpara que te dio Piateli.

—¡Gracias! ¡Gracias! ¡Gracias! —repetí.

—Tú ganas por esta vez, Teresa.

Aguardamos el resto de la tarde en el restaurante, hasta que a las cinco en punto salimos a caminar. A lo lejos, llamó mi atención una mujer oscura que nos miraba con ojos penetrantes. Sigilosamente se dirigió hacia nosotros, sus pasos parecían flotar sobre el piso. Traía un largo velo en la cabeza y una falda que tapaba sus tobillos. Estaba vestida de negro de la cabeza a los pies. Nos siguió a escasos metros como un fantasma, cuando detuve mi paso en seco, giré sin que se inmutara en lo absoluto y mirándome fijamente a los ojos, expresó como un presagio:

—Tenga mucho cuidado, no juegue con fuego. Hoy es luna llena y la puerta será por fin develada. Imponga su control y su poder por encima de todo y, si el Señor de las Tinieblas viniera a estremecer su espíritu, recuerde que el miedo invita a los seres de la oscuridad, ya que para ellos es signo de debilidad. Conserve fielmente su fuerza y su coraje. Si confía, jamás podrá ser vencida ni por el mismo dragón de la muerte. Las energías más densas de la tierra son impenetrables al que no teme. El miedo es el camino a la perdición. Vea lo que vea, escuche lo que escuche, no deje de mirar dentro de usted y su propia luz la guiará, protegiéndola en todo momento —murmuró y retrocedió velozmente, perdiéndose por uno de los callejones que desembocaban en la avenida.

David y yo nos miramos, perturbados ante aquellas palabras. Traté con todas mis fuerzas de recuperar la calma, mientras él me tomaba de la mano cuestionando:

—¿Cómo lo supo? ¿Cómo sabía lo del dragón?

Solté su mano y corrí hacia el callejón tras ella, pero

ya fue demasiado tarde, la gitana había desaparecido en la penumbra. Misteriosamente y en cuestión de segundos, el cielo se encapotó y la temperatura descendió, al tiempo que miles de cuervos atravesaron el cielo, emitiendo escalofriantes graznidos que taladraron nuestros oídos.

Ante aquella espeluznante escena corrimos al auto, donde me abrigué con una chamarra y añadí aún aturdida:

—Tengo miedo, Dave, mucho miedo, de verdad no puedo evitarlo. Además, esos horrendos pajarracos...

—Parece un presagio, Teresa, creo que has visto las cosas más sencillas de lo que en realidad son. No hay que ser tan ingenuos y mucho menos después de esto. Tenemos que tener bien claro a lo que vamos, recuerda que la mujer mencionó que el miedo nos lleva a la oscuridad, y creo que debemos empezar por ahí. Tu padre te lo advirtió desde antes, ¿lo recuerdas?

—Es cierto, pero aún no sé cómo controlarlo.

A nuestro regreso al castillo, vimos cómo la gente comenzaba a marcharse y el cielo se había despejado nuevamente, dando paso a los últimos destellos dorados del atardecer. Estacionamos el auto, bajamos con paso veloz hacia la entrada. Por fortuna, todavía estábamos a tiempo para que nos dejaran pasar sin ningún problema. Caminamos por los corredores, entre salas y cuartos, tratando de evadir a los guardias, hasta llegar a una habitación que tenía una celda contigua donde se encontraban varias cajas apiladas, creando el escondite perfecto.

Nos cercioramos de que nadie se percatara de nuestra presencia y nos ocultamos tras ellas esperando la hora para poder salir. Esos últimos minutos de espera fueron un verdadero martirio. Escuchamos pasos que iban y venían, hasta que casi después de media hora de espera, se hizo un silencio sepulcral. Estábamos completamente solos dentro del castillo. Mi respiración se hacía cada vez más pesada, a tal grado que mi propio temor parecía oprimir mi pecho. Sin poder apartar la vista el uno del otro, nos levantamos con cautela, al mismo tiempo que todas las luces se apagaron, dejándonos a oscuras. Con escalofríos, me aferré al brazo de David y traté de recobrar el aliento.

—Saca la lámpara, Teresa —indicó David bajando la voz, mientras caminábamos por el corredor—. Esto no me gusta nada.

—A mí tampoco —reconocí, encendiendo la linterna.

La penumbra hacía todo aún más lúgubre. El cielo se había despejado y la luz de la luna se filtraba por algunas rendijas iluminando tenuemente el lugar, por lo que las sombras que se formaban a nuestro paso lograron darnos algunos sustos.

Proseguimos nuestro paso por el corredor que nos llevaría a la torre, mis ojos poco a poco empezaron a adaptarse a la oscuridad. Nos deslizamos por debajo del cordón y seguimos nuestro paso, hasta llegar a un arco donde se encontraba una escalera en espiral, que ascendía por un tétrico cubo que parecía una boca de lobo.

Mis piernas no paraban de temblar. Sentí una ráfaga de adrenalina que recorrió mi espalda y en seguida me afiancé de la mano de David que caminaba delante de mí. Subimos lentamente en medio de la penumbra.

Al alcanzar la cima de la torre, encontramos un gran portón de madera con una cruz de hierro, cuyos extremos se clavaban al piso y al techo, haciéndola prácticamente una caja fuerte. Dirigí la linterna a la chapa que se encontraba en el centro y, ante nuestro asombro, vimos que tenía labrado un chapetón, en cuyo interior, había un orificio cuadrado con el diseño de una flor de lis. Acerqué la luz para poder apreciarlo con más detalle y me percaté de que su relieve interior, era el negativo del dragón del anillo. Sorprendida, me volví para ver a David y, sin dudar un segundo, le pasé la linterna para sacar el anillo de mi bolso.

Sentí una fuerte sacudida al comprobar que en efecto

era su contraparte y la que podría abrir ese lugar que llevaba tantos siglos sin haber sido violado. Lo tomé temblorosa, acercándolo a la chapa, cuando pareció encenderse como una llamarada roja, alcanzando a quemarme la punta de los dedos. Lo lancé por los aires y luego cayó al suelo, rodando sin control hacia el cubo de la escalera. En medio de la confusión, David alumbró con mucho trabajo su recorrido, constatando con impotencia cómo caía por los escalones, rebotando estruendosamente hasta que el sonido cesó. Corrimos hacia abajo dando tumbos en la oscuridad, cuando de pronto, David me jaló bruscamente de la chamarra y me detuvo a medio camino.

Capítulo 22

Conteniendo la respiración, alcanzamos a escuchar unos gemidos y lamentos que parecían de ultratumba, seguidos de una voz que pronunciaba, "Julianne, Julianne, Juli...". Era la tercera vez que escuchaba ese nombre, pero ahora resultaba escalofriante, ya que el ambiente estaba completamente desolado. Era como si el sonido del anillo hubiera despertado aquello que había permanecido dormido por una eternidad.

—¿Oyes eso? —susurré casi al borde del colapso. Se escuchaban los pasos de un niño, que parecía correr sin rumbo fijo por todo el castillo.

—Recuerda lo que mencionó la gitana, Teresa: "Las energías más densas de la tierra son impenetrables al que no teme. El miedo es el camino a la perdición". No tengo idea de qué sean esas voces ni esos pasos, pero lo que sí te puedo decir, es que no parecen ser terrenales. Imagínate lo que estas paredes habrán escuchado durante tantos siglos. Es como si se hubieran grabado en cada rincón y la noche fuera su fuga, la que les permite respirar nuevamente.

—Puede que tengas razón, Dave, aunque no puedo

evitar tener el corazón en la boca. Estos pasos los he escuchado anteriormente, es algo muy extraño, pero han aparecido justo cuando he estado en situaciones o lugares que involucran a Vlad, y también cuando han pronunciado el nombre de Julianne. Definitivamente me quieren volver loca. Todavía no hemos abierto la puerta y... —resoplé nerviosa.

—Lo sé, pero tenemos que bajar de cualquier forma, no podemos quedarnos aquí arriba hasta mañana y menos sin la llave. Hay que mantener la calma en todo momento —exhaló un profundo respiro, luchando por serenarse.

—Está bien —respondí con voz suave, bajando la escalera casi de puntillas. Las voces callaron dejándonos una vez más en un silencio total. Buscamos el anillo por todos los rincones del cubo, hasta que al cabo de varios minutos de búsqueda con la linterna, un destello rojizo llamó nuestra atención. El anillo se encontraba detrás de la pata de una mesa. Nos acercamos, lo aseguré con todas mis fuerzas dentro de mi puño y tomando a David de la mano, subimos una vez más las escaleras, sin hablar, sintiendo la desagradable sensación de estar siendo observados.

Perturbada aún por lo ocurrido, me paré de nuevo frente a la puerta, al mismo tiempo que David alumbraba la chapa. Sujeté el anillo, el cual todavía seguía caliente. Con decisión lo introduje en el orificio, entró a duras penas y de pronto... *crack, crack, crack, crack,* las cuatro patas de hierro comenzaron a retraerse pesadamente de las esquinas del marco de piedra, dejando la puerta libre para entrar.

Nos miramos pasmados y asustada comenté:

—Dave, creo que sería mejor que entrara yo sola.

—¡De ninguna manera! Viajar hasta aquí, entrar al castillo como verdaderos malhechores, pasar por todo esto y a la mera hora, dejarme a un lado, por ningún motivo.

—Pero David...

—Pero nada... —rebatió—. Se acercó a la puerta, la empujó poco a poco y me dio la mano para que lo siguiera. Con la escasa luz de la linterna pudimos apreciar que el cuarto estaba repleto de telarañas, que cruzaban de un extremo al otro casi impidiéndonos el paso. Cuando, con sobresalto, advertimos unas figuras que permanecían de pie frente a nosotros. Petrificados, contuvimos la respiración mientras nos íbamos acercando a ellas, descubriendo entre risas nerviosas, que se trataba únicamente de armaduras oxidadas, sostenidas con espadas carcomidas casi por completo. Estas aparentaban ser personas a punto de cobrar vida en cualquier instante, y recordé entonces, que la confianza y la fe eran vitales para alejar cualquier temor que me asaltara.

En tanto deambulábamos a hurtadillas, arrancándonos a nuestro paso las telarañas de la cara, mientras el polvo que se levantaba a nuestro alrededor me hizo toser repetidamente.

David agitó su mano, caminando frente a mí.

—Tratemos de no hacer más ruido, querida, nos pueden descubrir. No sabemos si hay algún velador haciendo rondines por el castillo.

—Lo siento, no puedo evitarlo —estiré el cuello de mi playera para taparme la nariz. Repentinamente, nos topamos frente a una enorme caja que se encontraba en el centro de la habitación, percatándonos de que se trataba de un enorme sarcófago de madera tallada, y sobre el cual estaba tendida una manta casi deshecha por el tiempo. Aparentaba ser una bandera o un estandarte tejido con hilos negros y dorados, que tenía una extraña figura casi indistinguible. Por lo poco que pude apreciar, parecía ser un animal con gran hocico y garras, que tenía un nombre bordado, del que solamente se alcanzaban a distinguir las últimas letras "*oii*".

—¿*Oii*...? ¿Qué querrá decir? —preguntó David.

—Ni idea. Las primeras letras están completamente ilegibles.

—¿Quién estará ahí dentro? —trató de abrir la tapa del ataúd.

—¡Espera, Dave! ¡No hagas eso! —masculló—. Venimos

a lo que venimos, no se te vaya a ocurrir hacer enojar al muerto. Y con las historias que nos contó el señor Voicolescu, de que este lugar está embrujado, mejor dejemos las cosas como están y busquemos el cuadro para irnos de aquí lo más rápido posible.

Me miró apretando el ceño, como si le hubiera quitado el regalo de la sorpresa que estaba a punto de abrir, dejándolo con la duda de su contenido.

Detrás del sarcófago, advertimos un baúl de madera apolillada con largas asas de cuero, que tenía un escudo con forma de flor de lis, igual al de la chapa de la puerta, y encima de este se encontraban tres bandejas oxidadas repletas de polvo. En la pared, colgaba una figura de hierro que semejaba una garigola, asemejando espadas entrelazadas con una espiral al centro. Al pie del baúl, yacían dos figuras de piedra, con un parecido entre quimeras chinas y gárgolas, que tenían cuerpo de león o gato y algo similar a un reptil, cuyas caras estaban dentadas de un modo grotesco.

Alumbramos las paredes donde se encontraban recostadas varias lanzas de madera, con capuchones de oro y tres cuadros tapados por un enmarañado velo de telaraña. Me aproximé a tomar una de las lanzas para poder alcanzar a limpiarlos, cuando escuchamos unas voces a lo lejos.

—¿Escuchaste eso? —pregunté alarmada.

—Sí, creo que no estamos solos Teresa y ese sonido sí me pareció bastante terrenal, ha de ser la policía.

—Apúrate, Dave, toma otro de los palos y limpiemos los otros cuadros.

Descubrimos apresurados cada uno de ellos y después de mucho batallar, aparecieron tres figuras que todavía estaban muy polvorientas para identificarlas con exactitud, pero aparentaban ser los rostros de tres hombres.

Tomé mi chamarra y la ensarté en la lanza para alcanzar a frotar las imágenes que no podíamos definir aún. Poco a poco, la primera comenzó a aparecer, se trataba de un hombre vestido con una armadura sujetando un estandarte, la segunda dejó entrever a otro con los brazos en alto, empuñando una espada a punto de degollar a un hombre oscuro que yacía en el suelo sujetando un casco y, para nuestra sorpresa, el tercero tampoco era el que buscábamos, aunque los tres parecían ser la misma persona.

Sentí que el mundo se me venía encima. ¿Cómo era posible que no estuviera el cuadro que buscábamos allí? Sin hacer comentario alguno, Dave encogió los hombros desanimado. Descolgué mi chamarra, la sacudí con fuerza y caminé de puntillas por el cuarto, cuando noté un recoveco detrás de una de las armaduras en donde había una escalera angosta.

Nos escabullimos por un lado y subimos hasta un tapanco que semejaba un anfiteatro con vista al sarcófago. Había una mesa en el centro y cientos de bichos se arrastraban sobre ella, además de un sinfín de cosas arrumbadas en los rincones.

—Ahí, Teresa, alumbra ahí… —señaló insistente con su dedo, reparando en un cuadro que estaba en el suelo, recostado y volteado hacia la pared.

Despejamos el camino entre arañas que colgaban y artefactos de guerra. David lo tomó y lo arrastró por el piso poniéndolo boca arriba sobre el suelo. Y sumamente nerviosa, supe que esa era nuestra última esperanza.

Inesperadamente, se volvieron a escuchar voces siniestras de ultratumba que provenían de la parte de abajo, las cuales susurraban frases que no pudimos entender, pero que por el tono y la gravedad de la voz, era obvio que no se trataba de nada bueno.

—No escuches, Teresa, ten fe y no tengas miedo, aunque tu cabeza te diga lo contrario.

Sin responder, tomé mi chamarra, desempolvé la pintura hasta que fue surgiendo la cara de un hombre, luego su cuerpo y por último, la figura de un animal a un costado.

—¡Santo Cie…! —exclamé, alcanzado a ahogar las

palabras dentro de mi boca. Creo que lo hemos encontrado —lo froté hasta que empezó a aparecer la mano que empuñaba una cadena, y por último, la cabeza que parecía ser de un dragón—. No lo puedo creer... Por fin. Pensé que nunca lo encontraríamos.

—Oh Dios... —David exclamó, dejando caer su mandíbula—. Esto sí es increíble, sinceramente imaginé que todo se trataba de una leyenda.

Traté de limpiar el busto del dragón, cuando alcanzamos a escuchar unos pasos a lo lejos, la sirena de una patrulla y, repentinamente la voz se apagó.

—Teresa, la policía está aquí, rápido ilumina al dragón para ver si ves algo.

Más nerviosa que nunca y casi sin poder sujetar la linterna entre mis manos, logré iluminar la imagen sin que nada resaltara de la pintura.

—¿Qué pasa? ¿Por qué no se ve nada?, tendría que aparecer el nombre del dragón como decía en los escritos.

—¿No será que lo debes ver con la luz de la luna, como originalmente indicaban los escritos? —sugirió, bajando la voz a casi un murmullo.

—Puede ser... —hice una pausa dirigiéndome al barandal para revisar si la ventanita de la torre alumbraba algún lugar donde pudiéramos llevar el cuadro—. El único sitio donde refleja la luz es sobre el sarcófago, ¿crees que podamos bajarlo hasta ahí?

—Sí, creo que entre los dos podemos lograrlo, pero hay que procurar hacer el menor ruido posible, Teresa. Me temo que están a punto de dar con nosotros. Todo parece indicar que vieron nuestro auto estacionado afuera.

Tapé mi boca sintiéndome impotente por no haber previsto ese detalle y, sin perder tiempo, entre los dos cargamos aquel cuadro que tanto pesaba. Bajamos casi a ciegas, cuando al encontrarnos al pie de la escalera, vimos que la armadura nos impedía el paso.

—Espera, Teresa, apóyalo aquí en el escalón. Déjame mover este armatoste —empujó poco a poco la armadura hacia atrás, la cual se balanceó y yo creí que se desplomaría sobre el suelo. David dio una rápida zancadilla hacia el frente y la sujetó con fuerza, mientras se tambaleaba como un péndulo, logrando ponerla de nuevo en pie.

Entre resuellos, regresó a ayudarme a cargar el cuadro, que con mucho trabajo logramos colocar sobre el féretro.

—¿Ves algo, Teresa?

—No alcanzo a ver nada, está demasiado alto. ¿Y tú distingues algo? —pregunté, acercando una de las figuras de piedra para subirme sobre ella.

—Está todavía muy sucia para que refleje algo —respondió David moviendo la cabeza—. Necesitamos frotarlo sin que lastimemos la pintura. Tú que eres la artista, ingéniate algo.

Tomé mi bolso y lo abrí, esperando encontrar algo que sirviera para limpiarlo. Escarbé apresurada en el interior para sacar una crema para las manos y una bolsita de pañuelos desechables.

—Tal vez con esto podamos limpiarlo un poco sin arruinarlo, sería un pecado echarlo a perder —vacié la mitad del frasquito y tallé con suavidad, hasta que empezó a tomar otra tonalidad. Por último, esparcí el resto de la crema. De pronto, algo brilló vagamente sobre el pecho del animal, empezando a surgir letras fosforescentes que fueron formando la palabra *"zmeumoii"* y debajo de esta, casi imperceptible, se leía: *"maleficus I"*.

—¡¿*Zmeumoii, maleficus I*?! —exclamamos al unísono, y simultáneamente la puerta se azotó y sus cuatro cerraduras volvían a clavarse en el piso y la pared, dejándonos prisioneros adentro de la torre.

Capítulo 23

Corrimos hacia la puerta y nos percatamos de que no tenía chapa por dentro. Empujamos con fuerza, pero fue inútil. Estábamos atrapados dentro; o más bien algo o alguien nos había atrapado.

—¿Q... qué fue eso? —tartamudeé.

—Creo que a esto se refería la gitana, Teresa.

En una fracción de segundo, escuchamos pasos que subían estrepitosamente por la escalera. Parecían ser los policías que golpeaban la puerta gritando: *Polijist, polijist*.

El sonido del eco era tan potente, que los muros retumbaron a tal grado que las armaduras comenzaron a vibrar, las lanzas salieron disparadas como dardos por todo el cuarto, entonces nos agazapamos al pie del sarcófago tratando de esquivarlas. Era como si todo lo que había ahí dentro hubiera cobrado vida. Un viento helado hizo que el cuarto pareciera un congelador y el vidrio de la ventana vibrara a punto de estallar.

Escuchamos que arriba, en el tapanco, volaban cosas golpeando las paredes, disparándose objetos que aterrizaban sobre nosotros.

—¡La puerta, Teresa! ¡La puerta del laberinto! —señaló con tono apremiante—. Tiene que estar por algún lado.

—¡No la veo, David! —Traté de iluminar el piso.

—¡Empuja fuerte hacia atrás! —Atrancó las piernas sobre el piso, presionando el ataúd con su espalda—. Puede que esté aquí debajo.

Como pesaba cerca de una tonelada solo la pudimos mover escasos centímetros, dejando entrever un angosto pasadizo. ¡Estaba ahí!, la entrada al túnel estaba ahí. Todo iba encajando paso a paso como lo había explicado el señor Voicolescu, refiriéndose a los pasajes secretos del castillo, y la gitana que nos había advertido sobre las supuestas fuerzas del mal.

—Recuerda que no podemos tener miedo, Teresa —me recordó.

—Lo sé, lo sé, pero…

—¡Nada! —Siguió ejerciendo más presión sobre el féretro—. Empuja con todas tus fuerzas, no podemos rendirnos ahora. Tienes que creer que puedes moverlo y así lo vas a lograr.

Entre gritos de policías fuera de la puerta, sirenas de patrullas que ululaban a lo lejos, el retumbar de sonidos ensordecedores y objetos que volaban por los aires chocando contra las paredes y cayendo sobre nuestras cabezas, luchamos para mover aquel enorme cajón, que por suerte desplazamos otro tramo, dejando un espacio por donde apenas podíamos escabullirnos. En un santiamén, y con gran sobresalto, vimos cómo la tapa del sarcófago se desprendió con un fuerte chasquido, haciendo que se deslizara ligeramente, dejando entrever algo que no quise averiguar.

Tomé la linterna, bajé por una escalera que descendía por un largo conducto de piedra, seguida de David que caminaba a escasos pasos detrás de mí.

—Confío, confío, confío. No temo nada de lo que veo ni escucho —repetí tratando de serenarme.

El pasaje era angosto, oscuro y fétido. Era difícil respirar allí dentro. Sentí una opresión en el pecho que me ahogaba, haciéndome sentir mareada y con náuseas. David comenzó a toser hasta casi vomitar. Era claro que el aire de ese lugar estaba viciado y había estado estancado por siglos. Llegamos a una intersección, donde me apoyé en un muro de piedra, mientras la cabeza no dejaba de darme vueltas. Después de unos minutos tratando de sobreponerme, noté cómo David se desplomaba cayendo de bruces al suelo, desfallecido. Me acerqué a él casi sin fuerzas y lo ayudé a pararse para proseguir nuestro camino, pues sabía que si permanecíamos allí por más tiempo, moriríamos de asfixia.

Uno de los túneles se encontraba tapado. Sin tener otra opción, tomamos el único camino que quedaba libre. Anduvimos por varios minutos, hasta que el pasadizo se hizo tan angosto que difícilmente David cupo. Sentí claustrofobia y quise correr, pero él no estaba bien y a duras penas podía caminar. Traté de sobreponerme, y ya más adelante empezamos a respirar más desahogados. Eso significaba que estábamos cerca de alguna salida.

En medio de un gran malestar físico, repentinamente escuchamos unos chillidos frente a nosotros y tan pronto vimos de lo que se trataba, solté un grito tapando mi boca con repulsión: Se trataba de miles de ratas que corrían hacia nosotros atraídas por la luz de la linterna. Eran enormes roedores hambrientos, que abrían sus asquerosas mandíbulas, dispuestos a atacarnos y a llevarse un bocado de nosotros. Corrí para salvar mi vida con toda la adrenalina de mi cuerpo, sin pensar en David, que igualmente corrió tras de mí gritando:

—¡Oh no! La pisé de nuevo, la pisé. Me mordió el pantalón, no puede ser. Me va a dar rabia.

Corrimos como liebres en medio de la oscuridad, sin saber qué hallaríamos frente a nosotros. Hasta que al llegar a un tramo que se encontraba inundado de agua, me detuve y alcancé a escuchar que David venía corriendo a escasos metros de mí. Habíamos dejado atrás aquel hervidero de ratas y contemplamos por unos instantes el canal, buscando la forma de cruzarlo. Tras darle varias vueltas a nuestras mentes llegamos a la conclusión de que no había otro modo; teníamos que caminar a través de él o regresar por el mismo lugar por donde veníamos, cosa que indiscutiblemente no cabía en lo absoluto en nuestros planes.

Nos desplazamos paso a paso por el inclinado y resbaloso canal, sumergiéndonos en el agua helada que nos llegaba a la cintura. El suelo estaba lamoso y en varias ocasiones patinamos, hundiéndonos hasta el cuello. Estábamos tan concentrados en nuestro avance, que no pronunciamos palabra durante el trayecto, hasta que casi al final de aquella cloaca, advertimos una escalera de hierro que ascendía por un conducto vertical. Nos afianzamos débilmente a los peldaños, estábamos casi congelados y, tratando de retomar las fuerzas para trepar, resbalé y volví a caer de espaldas en el agua estancada.

David me miró asustado y descendió a toda prisa para darme la mano y ayudarme a seguir adelante.

Temblando de frío y con gran dificultad, proseguimos nuestra escalada hasta la superficie, donde se encontraba una rejilla que se hallaba en medio de un jardín. Alcanzamos a distinguir algunos árboles y arbustos que rodeaban el lugar, así como también el sonido de una caída de agua que provenía de una fuente o algún río cercano. Entre ambos empujamos con fuerza la armazón de metal, hasta que esta por fin cedió. David se asomó primero para cerciorarse de que no hubiera nadie a la redonda y luego se arrastró, mientras yo lo seguía de cerca al borde de la hipotermia.

Por lo visto, nos encontrábamos cerca del estacionamiento del castillo. Alcanzamos a escuchar altavoces que provenían de patrullas y luces intermitentes que nos guiaron hasta donde se encontraba todo un operativo policiaco. Nos asomamos entre los arbustos y vimos nuestro auto estacionado a unos quince metros de las patrullas, en tanto que todos los policías, permanecían reunidos frente a la entrada del castillo.

—Teresa, no podemos quedarnos aquí. Después de contar hasta tres vamos a caminar hacia el auto tratando de no hacer ningún ruido.

—Nos van a descubrir, Dave —balbuceé con los labios entumecidos.

—No tenemos otra opción.

Sin darle más vueltas al asunto, saltamos la cerca y caminamos hacia el auto en la penumbra del estacionamiento. Por suerte, nadie nos había descubierto aún. David abrió la puerta con mucho cuidado, nos deslizamos en su interior para ponerlo en marcha y salir a toda velocidad.

En cuestión de segundos, los oficiales corrieron a sus patrullas para tratar de darnos alcance, David aceleró rechinando los neumáticos en la gravilla, dejando una espesa estela de humo para entrar en una frenética persecución por las calles de Bran.

Al tiempo que ambos veíamos los destellos de los autos por el espejo retrovisor, comencé a sentir que se me tensaban los músculos del cuello. Después de muchas vueltas para lograr despistarlos, nos adentramos en la carretera a Brasov, y justo al llegar a un cruce, frenó y, luego de mirar en ambas direcciones, hundió nuevamente el pie en el acelerador para proseguir nuestro camino en dirección este.

A lo lejos, aún se alcanzaban a escuchar las sirenas que venían persiguiéndonos. Y unos cuantos kilómetros más adelante, David desvió el auto bruscamente, internándonos por una vereda en la que estuvimos a punto de caer al desfiladero. Escondimos el auto tras una valla de piedra y aguardamos casi una hora antes de regresar de nuevo a la carretera. Todavía se escuchaba el ulular de las sirenas que, minutos después, callaron.

—¿Se habrán ido ya? —preguntó David, mirando su reloj.

—No lo sé —me encogí de hombros—, es probable que

ya no estén cerca, no se escucha nada. Tengo mucho miedo, Dave. Lo más seguro es que ya sepan que el auto es de la embajada, debieron de haber tomado el número de la placa. No sé qué va a pasar, por más que huyamos, van a dar con nosotros, pero lo que más me preocupa, eres tú. Tu padre se va a enterar y creo que no le va a gustar esto en lo más mínimo. En verdad lo siento.

—Más que lamentarlo, tenemos que pensar qué vamos a hacer si nos descubren, de otro modo, las consecuencias podrían ser bastante más complicadas de lo que imaginamos.

—¿Y qué podemos decir, Dave?

—No lo sé aún —reconoció—, tal vez que nos asaltaron y que nos robaron el auto, porque de cualquier forma se van a enterar de que no pasamos la noche en el hotel.

—¿Y qué hacemos con el coche, entonces? —pregunté temerosa.

—Déjame pensar. Primero tenemos que salir de aquí —puso marcha atrás y lentamente condujo hacia la carretera principal donde no se veía ni se escuchaba nada. De regreso a Brasov, vimos a lo lejos dos patrullas atravesadas en medio del camino, cerrando el paso. David bajó la velocidad, apagó las luces del auto, dio media vuelta y volvió por donde veníamos, hasta dar con una casa abandonada, donde escondimos el auto en la parte trasera del jardín.

David apagó el motor y mi ritmo cardiaco comenzó a desacelerarse. Me quité la ropa mojada, quedándome con la blusa y la ropa interior. Salí del auto, coloqué mis pantalones sobre el capó, esperando a que se secaran un poco con el calor del motor. Regresé y me acurruqué en el asiento trasero, viendo en mi reloj que pasaban de las doce de la noche. David se quitó los zapatos y los pantalones para quedarse solamente en bóxers. En silencio, subió un poco la calefacción mientras íbamos recuperando la temperatura.

Aproximadamente una hora después apagó el auto y nos quedamos dormidos hasta que aparecieron los primeros rayos de sol al amanecer, a través de las copas de los árboles. El frío de la mañana era insoportable. Salí a recoger mi ropa, que aunque ya no estaba empapada, todavía estaba helada.

—¿Pudiste descansar algo? —me preguntó David dando un largo bostezo.

—Muy poco ¿y tú?

—Igual. Espero que no haya nadie buscándonos. Estuve pensando durante la noche, que lo mejor va a ser dejar el auto aquí escondido y caminar hasta la carretera. Hallaremos la manera de regresar al hotel, allí rentaremos un auto y daremos parte de lo sucedido a la embajada. Tenemos que ponernos de acuerdo por si nos llegan a interrogar y, muy a mi pesar, tendremos que inventar una historia para evitar que la policía nos detenga.

—Nunca me imaginé que este error nos fuera a meter en un lío de esta magnitud —cerré mis ojos tomándolo del brazo.

—Ya deja de torturarte. Yo decidí hacer esto contigo y no soy ningún tonto. Esto que pasó fue un error de ambos y mejor, pongámonos en marcha antes que la policía dé con nuestro paradero.

Nos dirigimos por un camino empedrado hasta salir a la carretera y de ahí, seguimos caminando por varios minutos hasta que un auto se detuvo y nos llevó sin más contratiempos hasta Brasov.

De vuelta en el hotel, todo aparentaba estar en calma, tomamos un baño, nos cambiamos y nos reunimos en mi habitación para llamar a la embajada. Nos dispusimos a repasar la historia una y otra vez, coordinándonos para dar la misma versión y así estar seguros de que todo saldría como lo habíamos planeado. De lo contrario, podríamos vernos en serios problemas.

David tomó aire para intentar serenarse, marcó el número de la embajada y pidió hablar con el secretario del embajador. Le informó que la noche anterior nos habían robado el auto y que nos abandonaron en un camino cercano a Bran.

Por lo que alcancé a escuchar, estaban enterados ya del asunto y la policía nos buscaba desde la madrugada. Lo peor del asunto fue que le dijeron a Dave que tendríamos que dirigirnos de inmediato a la embajada en Bucarest, pues ya había una orden de arresto en nuestra contra.

David trató de no dar mayor explicación en ese momento y pidió que le mandaran un auto para recogernos.

—No tardarán en llegar por nosotros. Diremos exactamente lo que hemos acordado, Teresa. No puede haber ninguna contradicción en nuestras declaraciones, un error nos podría llevar a prisión.

Repasamos varias veces la misma historia, hasta que al cabo de un rato, sonó el teléfono. Era la recepcionista para avisarnos que habían llegado por nosotros. No quise llamar al señor Voicolescu, temiendo que pudiéramos meternos en un problema mayor que en el que ya estábamos, además que cualquier indiscreción, podría mandarlo a él también a la cárcel por haber sido nuestro cómplice.

El trayecto de regreso fue insoportablemente angustioso, durante todo el camino me parecía que la policía nos seguía y aparecería en cada esquina. Era claro que la conciencia no me dejaría en paz hasta abandonar Rumania.

A nuestro arribo a la embajada nos estaba esperando el jefe de seguridad. Un hombre robusto, de rostro impávido, reservado, que vestía un traje oscuro y portaba un portafolio café. Se dirigió hacia nosotros, dando instrucciones a un joven para que bajara nuestras maletas del auto, y luego nos escoltó hasta una oficina, donde ya había varias personas esperándonos.

Mi pulso se aceleró al ver a tanta gente reunida. No soportaba la idea de mentir, esto me hacía sentir como una embustera. Sin embargo, sabía que a pesar de esos sentimientos, no tenía otra opción más que hablar con decisión y seguridad para que no sospecharan de nosotros.

Nos sentaron en unas sillas frente a un escritorio, donde permanecían parados un inspector de la policía, un abogado de la embajada y el jefe de seguridad. David me guiñó un ojo tratando de que me relajara, tomó la palabra sin darme tiempo de comentar ni media palabra antes que él y comenzó su declaración con tal seguridad, que parecía estar actuando sobre un escenario shakesperiano, tan inmerso en su papel de víctima, que dejó a todos boquiabiertos, eliminando cualquier duda.

Luego de su interrogatorio, continuaron conmigo, que ya tenía perfectamente memorizada la historia que debíamos contar. Pude constatar y reafirmar las palabras de Dave, aunque en el fondo, me moría de miedo, ya que una simple contradicción hubiera podido hundirnos, arrestándonos ahí mismo. Tomaron nota, siguieron con algunas preguntas capciosas para reconfirmar nuestra supuesta coartada y después de casi hora y media de exhaustivo cuestionamiento, nos pidieron que pasáramos a otra sala, donde esperaríamos mientras nos avisaban.

Entre tanto, David y yo evitamos cruzar palabra. Estábamos cada uno tan sumido en su propia conciencia que, imaginé, como en las películas de detectives, que si comentábamos algo al respecto, podría ser detectado por alguna cámara oculta.

David miró incontables veces su reloj y comentó:

—Ojalá que las cosas se arreglen pronto, pues de lo contrario perderemos el avión a Roma.

Al cabo de una larga y angustiosa espera, se presentó el abogado frente a nosotros para avisarnos que la policía no había quedado del todo satisfecha con nuestro testimonio, por lo que el secretario del embajador se había comprometido a esclarecer a fondo lo sucedido. Mientras tanto, nos pidió que firmáramos unos documentos antes de marcharnos y, repasándonos con mirada inquisitiva, comentó que estábamos en libertad para regresar a Roma. Mi cuerpo se relajó a tal grado que no pude pararme del asiento. David se acercó a mí sin hacer ningún comentario, me tomó de la mano y me ayudó a ponerme en pie para luego dirigirnos a la salida, donde nos esperaba otra camioneta que nos llevaría al aeropuerto.

Nos disculpamos por haber dado tantas molestias y dimos las gracias, abandonando la embajada a toda velocidad. Por suerte, nuestro avión salía retrasado y teníamos tiempo suficiente para llegar al aeropuerto sin contratiempos.

* * * * *

Durante el vuelo, no paré de pensar y sentirme fatal, al ver cómo había acabado nuestro viaje. Horas más tarde de haber dejado Bucarest, David cayó dormido. Metí la mano en mi bolso y saqué el anillo que aún estaba mojado, lo observé con detenimiento y, pensativa, recordé lo sucedido la noche anterior. Tomé un bolígrafo, pero mi libreta chorreaba agua, sequé un poco las hojas con una servilleta, para luego escribir las palabras; *"zmeumoii, maleficus I"*.

Me recosté sobre la ventana, acomodé una almohadilla bajo mi cabeza y caí dormida súpita hasta escuchar que la azafata anunciaba nuestro próximo arribo a Roma. Exhalé toda la tensión, sintiendo que me liberaba de mi delirio de persecución cuando, de manera sorpresiva, recordé a Manuel, cuya evocación me quitó una vez más la calma. "No, otra vez no, por favor", pensé. "¿Cuándo va a acabar este suplicio? Si no es una cosa, es la otra. Dios mío, dame un respiro por favor, estoy muy cansada".

David se incorporó y ajustó su cinturón, todavía soñoliento. Me miró y al ver la expresión de mi rostro, tomó mi mano y la besó sin hacer ningún comentario.

Capítulo 24

Por la mañana salí temprano rumbo al despacho de Piateli para notificarle nuestro descubrimiento, sobre la persecución, el despistar a la policía y mostrarle el látigo que me había regalado el excéntrico anticuario.

Me instalé frente a él, saqué algunos de los papeles que traía conmigo y coloqué el anillo sobre su escritorio, disponiéndome a relatar aquella aventura.

Cuanto más me adentraba en el tema, Sandrino Piateli se paraba y sentaba frotando nerviosamente sus manos. Parecía estar fascinado con cada detalle, pues interrumpió varias veces, exclamando emocionado:

—¡Adoro las películas de suspenso, las adoro…!

Lo miré con el entrecejo fruncido, soltando una leve risita que fue secundada por él.

—Lo siento, Teresa, pero no puedo evitarlo. Esto parece sacado de una novela de terror. Me imagino lo que ha de haber sido para ustedes haber hecho esto. Qué envidia.

—¿Envidia? —cuestioné atónita—. Lo único que puedo decirle es que nadie tiene ni la menor idea de lo que vivimos allá. Jamás sospeché que algo así pudiera existir y si me lo hubieran platicado, jamás lo hubiera creído. De hecho, se me había olvidado comentarle que en tres ocasiones; la primera en el castillo de Targoviste, la segunda en uno de mis sueños y la última en el castillo de Bran, alcancé a escuchar unas voces, un murmullo que repetía el nombre de Julianne. Al principio, para serle sincera, no le presté ninguna atención, pero la última vez en el castillo, aunque suene bastante incoherente, puedo jurar que me llamaban a mí... No sé cómo explicárselo.

—¿Julianne? —Rascó su barbilla—. No lo sé Teresa, déjeme investigar. Debe haber alguna conexión entre usted y esa mujer. No se preocupe, lo averiguaremos. Lo más importante es que ya está aquí y que logró conseguir lo que buscábamos en un tiempo récord. Imaginé que tardaría semanas, o que nunca llegaría a conseguirlo.

—Ni lo diga. Aquí está el nombre del dragón —saqué mi libreta para mostrársela.

—¿*Zmeumoii, maleficus I*? ¿*Zmeumoii, maleficus I*? —repitió, moviendo los ojos en todas direcciones—. *Maleficus*, significa "malvado o hacedor del mal", y sobre el significado de *zmeumoii,* tendré que investigarlo. Cuando tenga algo le avisaré y, por lo visto, creo que ya tenemos gran parte de la frase, o eso espero.

Cotejamos nuestros respectivos hallazgos, tomó el papel que le había dado antes de irme a Rumania con diferentes datos y la frase, uniendo la supuesta última palabra que faltaba. "*Zmeumoii maleficus I dracmors. Hic est dies... Vade retro, Infernales Draco! Virgo Carmelita est in me!*". Leyó varias veces tratando de comprender cada palabra cuando, inesperadamente, uno de los libreros que estaba en la pared se colapsó, y todos los libros se regaron por el piso.

Lo miré asustada y comenté:

—Algo parecido me sucedió en Capri cuando yo también la repetí y eso que ni siquiera estaba completa.

—El alcance de esa frase es mucho más poderosa de lo

que imaginamos, Teresa. Tenemos que tener mucho cuidado al meternos con estas fuerzas. Ahora veo que Vlad fue un hombre muy suspicaz y enredador. Y con respecto a aquella frase que me mencionó la última vez que nos vimos —abrió una carpeta, sacó un papel de entre las hojas y leyó acomodándose las gafas—: "Cuando la casa de la paz nos abra las puertas a su jardín, el tiempo habrá llegado. El aro de sangre se posará sobre la calavera y sobre los restos de la muerte y con el verbo divino, cerraremos la puerta del mal".

El aro de sangre, estoy casi seguro de que se refiere al anillo con el rubí "sangre de paloma". La calavera por otra parte, hace alusión a la muerte, y en los escritos, menciona vagamente algún lugar de sacrificio sagrado y que estas energías, que quedaron plasmadas por siglos en ese sitio, tengan la fuerza para destronar el mal. Por otra parte, se menciona más de una vez una frase... *mors janua vitae* y la he interpretado como: "En la tumba o la roca que representa la muerte, se romperá el maleficio para recuperar la vida y la paz". Además, hallé una pista muy significativa, que se refiere a los posibles sitios donde se puede llevar a cabo este rito. Esta tiene que ser alguna tumba que, por ende, represente la muerte, y no en cualquier panteón o cripta. Supongo que debe ser un lugar mucho más sagrado y poderoso.

—¿Y por qué tendría que ser sobre una tumba?

—Porque el símbolo sagrado de la muerte, significa el exterminio, la destrucción de la materia, aquello que desaparece en la evolución de la vida y que es capaz de transportarnos a un lugar de tinieblas o directo a la gloria. Cualquier renacer o comienzo debe atravesar una etapa de muerte antes de dar paso a una vida nueva. Y así... —continuó—, la muerte nos libera de las fuerzas del mal, a la vez que nos da el poder de purificar y regenerar. Si comprendemos esto, es exacto lo que necesitamos. Dejar las cosas como estaban antes de que la maldición apareciera en escena. En la antigüedad —extrajo unos papeles de su portafolio y los colocó frente a él—, la muerte era representada principalmente por una lápida, una tumba, a veces con una calavera, así como también con la típica figura de un ente vestido de negro, sosteniendo una guadaña entre sus manos. Y por último, una serpiente o un dragón.

—En ese caso —asentí—. ¿Podría ser alguna tumba egipcia, griega, o algo así?, ya que en esos lugares se practicaban sacrificios como parte de su religión y su cultura. ¿No es cierto?

—Posiblemente, Teresa. Podríamos empezar por comprender que cada una tenía un propósito específico dentro de su cultura, su religión y sus sacrificios, que eran casi siempre para mantener satisfechos a sus respectivos dioses, y quizá analizando cada una veríamos cuál es la más factible y empezar por ahí.

Se levantó de su asiento y fue a inspeccionar unos libros, para luego tomar uno y explicar:

—Para los egipcios, por ejemplo..., su civilización estaba cimentada en la religión, ya que consideraban el culto divino y la religión funeraria, como parte fundamental en su vida y su cultura. Además, Teresa, en la época de Ramsés, se empalaba del mismo modo que en la edad media y, Anubis, el señor de la muerte, era el guardián de las tumbas, encargándose de guiar a los muertos al más allá.

Los aztecas o los toltecas, por otro lado, llevaban a cabo sus sacrificios para evitar que los dioses se enojaran y destruyeran el mundo. Pero sin desear divagar en conjeturas sobre los sitios donde se pueda romper la maldición... —movió la cabeza—, debemos avocarnos a buscar alguna pista en el mismo libro. Puedo asegurar que la respuesta está escrita entre líneas y que quizá la hemos releído varias veces, sin percatarnos de ello.

Exhalé una bocanada de aire, relamiendo mis labios una y otra vez. Piateli, al notar mi semblante, añadió:

—No se aflija, Teresa, verá que hallaremos el sitio cuando menos lo esperemos. También yo desearía que la frase estuviera ya completa, como usted la descifró. Sin embargo, me temo que si no hallamos pronto la respuesta, tendrá que hacer una peregrinación por los lugares de sacrificio más conocidos de la historia, y comenzar un incansable maratón de "prueba y error" y esto tomará mucho tiempo. Un tiempo que vale oro en este momento.

—Espero no llegar a ese punto, pero ¿cree usted que posiblemente podría llevarse a cabo en alguna iglesia o una catedral? —sugerí.

—Puede ser, no lo sé —declaró—. Pero por lo que he analizado, intuyo que ese lugar tiene que ser muy específico y no creo que sea cualquier iglesia. Sería una salida muy sencilla a este complicado y enredoso acertijo.

—Podríamos hacer la prueba ¿no? —Seguí luchando por encontrar aunque fuera un poco de esperanza.

—Todo puede ser, aunque lo dudo. Pero supongo que no pierde nada con intentarlo.

—Y ¿tengo que ser yo misma quien lo haga? ¿No podría ser un sacerdote para que haga una especie de exorcismo?

—Me temo que no, Teresa —objetó—. Efectivamente solo usted puede lograrlo. Le repito, es algo mucho más complejo de lo que cree. Estoy seguro de que no es tan sencillo como para dárselo a un cura y que él se encargue de ello. Esto se trata de magia negra, con fuerzas inimaginables que han permanecido intactas durante siglos. Vea cómo está su padre... Claro, a través de la palabra de Dios se romperá el maleficio, por algo se necesita la frase religiosa.

—Comprendo, pero el tiempo está pasando y...

—Lo sé —reconoció—. Comprendo su angustia, pero le prometo que pensaré y entre los dos encontraremos la solución.

Me despedí de él, tomé un taxi de regreso a casa y a mitad del camino, le pedí al conductor que se desviara hacia la basílica de San Juan de Letrán, la cual recuerdo haber escuchado que había sido la primera sede del Vaticano en Roma. Posiblemente allí podría efectuar el ritual o encontrar alguna señal que me guiara en mi búsqueda.

Estaba inquieta porque tenía que hacer aquello yo sola, sabiendo el alcance que tenía el maleficio. Oré unos minutos en silencio antes de entrar.

La basílica de San Juan es la más antigua de Roma y, en su fachada, casi idéntica a la basílica de San Pedro, se halla en la parte central la figura de Cristo y, a los costados de este, San Juan Evangelista, San Juan Bautista y los apóstoles.

Ya en el interior de la catedral, que había sido restaurada cientos de veces, por culpa de incendios y terremotos ocurridos en los siglos pasados, caminé rumbo al altar por uno de los pasillos, donde observé con detenimiento las estatuas de los apóstoles representando escenas del *Antiguo Testamento* y del *Nuevo Testamento*. Aquello era como estar dentro de un verdadero museo.

Permanecí de pie por unos minutos, dilucidando por dónde empezaría. Miré a mi alrededor, hasta ver el baldaquino, que según dicen, en su interior está la mesa donde Jesucristo celebró "La última cena". Me acerqué sin que nadie me viera, saqué el anillo de mi bolso para colocarlo junto a este y rogué con toda mi alma ser asistida en ese momento.

Saqué el papel para leer la frase:

"*Zmeumoii maleficus I, Dracmors, Hic est dies... Vade retro, Infernales Draco! Virgo Carmelita est in me!*", repetí la frase poniendo énfasis en cada palabra, cuando inesperadamente entró un rayo de sol que iluminó el sagrario, sin percatarme de que nada diferente o inusual hubiera ocurrido.

Dios mío, te imploro que me ayudes a romper el embrujo que ha sido puesto sobre este anillo y por el que mi padre se está muriendo. Perdona su soberbia y no dejes que el mal nos venza. Tú eres el único capaz de devolvernos la paz —aguardé unos minutos parada sin saber qué hacer. No sabía si lo que había hecho había funcionado o no. Tomé el anillo y el papel para guardarlos nuevamente en mi bolso. Caminé hacia la salida, cuando escuché que algo se estrellaba una y otra vez contra los ventanales de la iglesia, a tal grado que el ruido se hizo ensordecedor.

Me detuve asustada, sin comprender lo que ocurría, parecía que estaban a punto de bombardear aquel lugar. La poca gente que se encontraba dentro, comenzó a correr, mientras un monaguillo y un sacerdote vestido con sotana blanca, salieron de la sacristía, dirigiéndose a toda velocidad hacia el atrio de la basílica. Desconcertada, corrí tras ellos. Estábamos parados frente a las puertas, cuando vimos con horror que cientos de palomas estaban muertas sobre la inmensa explanada, mientras otras, totalmente enloquecidas, se atacaban picoteándose ferozmente hasta matarse.

Corrí hasta la avenida, dejando atrás varias cuadras, hasta que logré escapar de aquella aterradora escena, después tomé un taxi que me llevó sin más contratiempos a casa.

Fue incomprensible lo que había sucedido esa tarde. Nunca antes había visto algo así, parecía que aquellas aves se habían vuelto locas y cientos de ellas se suicidaron en masa.

Durante toda la noche, una vez más, sueños y pensamientos cargados de temor dieron vueltas en mi cabeza, sintiendo una fuerte opresión en el pecho. Mi corazón me decía que algo andaba mal y que el camino que faltaba por recorrer, resultaría más largo y duro de lo que yo imaginaba.

Capítulo 25

Desperté esa mañana pensando en el pasado, tratando de convencerme de seguir viviendo mi vida lo mejor posible y, para bien o mal, sabía que el recuerdo de Manuel quedaría grabado en mi corazón para siempre.

Absorta en mis pensamientos, alcancé a escuchar un bullicio que provenía de la calle. Me dirigí a la ventana y observé a lo lejos a dos muchachos que discutían acalorados tras haber chocado en medio de la avenida. Los autos se encontraban uno encima del otro, mientras que algunos vecinos curiosos, salieron de sus casas a presenciar la pelea.

Sonó el teléfono, cerré la ventana y me aproximé a la mesita de noche. Descolgué la bocina y alcancé a escuchar que María decía: "Sí, aguarde un segundo", cuando la escuché decir que la llamada era para mí.

—¿Señorita Rembèz? —preguntó un hombre con voz firme.

—Sí, soy yo, ¿qué se le ofrece?

—Habla el teniente Filio de la jefatura de policía, me encargaron avisarle que está libre para salir del país cuando lo desee.

—¿Encontraron al culpable, teniente?
—Lo siento, pero no puedo darle ninguna información al respecto.
—Comprendo, de todas formas, gracias. *Ciao* —colgué pensativa.

Al poco rato, María tocó a la puerta preguntándome qué quería el oficial. Le comenté que me había notificado que podía salir del país cuando quisiera, contándole que había pensado volver a casa antes de lo planeado, ya que la condición de salud de mi padre me tenía permanentemente mortificada, además de confesarle que lo de Manuel me había afectado más de lo que hubiera imaginado. Le comenté, por otra parte, que había hablado con Piateli, y que al parecer teníamos ya la frase que habíamos buscado por tanto tiempo, o por lo menos casi en su totalidad, resumiendo que solamente nos restaba averiguar el lugar dónde llevarlo a cabo.

—Ni hablar, Teresa, lo primero es lo primero y comprendo que estés preocupada por tu padre. No ha sido nada fácil lo que has vivido durante estos últimos meses.

Me sentí desalentada ante lo que se veía venir con mi regreso a casa.

—No te preocupes, amiga, mejor ocúpate. Y cambiando de tema, ¿qué vas a hacer hoy?

—David me invitó a una cena que su padre ofrecerá en la embajada.

—Ya era hora de que te divirtieras un poco, Teresa. No te olvides de ti misma.

Ante todo, María tenía razón. Era imprescindible recuperar el ánimo para seguir adelante, pues de lo contrario, todo se volvería incluso más complicado.

*****

Terminé de organizar algunas cosas que tenía pendientes antes de mi próximo regreso a Estados Unidos, llegué a casa al anochecer y ni María ni su madre habían llegado todavía. Me serví una limonada, subí a mi habitación a terminar con algunas cosas pendientes y al estar acomodando unos libros sobre el escritorio, cayó al piso la foto que Manuel me había dado en Capri. La tomé entre mis manos y, exhalando una bocanada de aire, volví a meterla entre las hojas, dispuesta a cerrar ese capítulo de mi vida para siempre.

Descolgué el vestido verde esmeralda que me había comprado en uno de mis viajes, lo dejé sobre la cama, me maquillé y rocié el perfume sobre mi cuello y muñecas. Tomé el vestido, abrí el cierre de la espalda y me enfundé en él. Era de una seda muy suave que caía hasta mis tobillos.

Montse tocó a mi puerta.

—¡Te ves preciosa, Teresa! —Se llevó la mano a la boca—. Te traigo un collar que me regaló mi esposo en un viaje que hicimos a Suecia hace casi treinta años. Me encantaría que lo usaras esta noche, hija. Elegí este camafeo de esmeraldas que va perfecto con tu vestido.

Me acerqué a ella tomándolo de su mano. Tenía seis hilos de perlas que la sujetaban al frente y haciendo juego, unos aretes de perlas con una delicada esmeralda colgando.

—Está divino, Montse, pero no puedo usarlo. Me imagino el valor sentimental que tiene para ti.

—Teresa... —suspiró—, no digas eso, por supuesto que tiene un extraordinario valor sentimental y por lo mismo, insisto en que te lo pongas, porque tú eres muy especial para María y para mí.

—Muchas gracias por tus palabras, Montse —le di un beso en la mejilla—. Ustedes para mí también son muy especiales.

Sonó el timbre. David había llegado por mí. Al bajar por la escalera, vi que me esperaba en el recibidor mirando hacia la sala.

—¡Teresa!... —exclamó al verme—. Te ves bellísima. Sin duda alguna seré la envidia de todos.

Sonreí.

Partimos hacia la embajada. Al llegar, nos estacionamos frente a una mansión que estaba resguardada por una cuadrilla de escoltas, que vigilaba los alrededores.

—Adelante, señor... —se asomó uno de los guardias por la ventanilla del auto, al mismo tiempo que agitaba la mano para que nos abrieran el paso.

El *valet* me abrió la portezuela, en tanto que David bordeaba el auto para ayudarme a descender y entrar juntos a la recepción. En la puerta, aguardaba un hombre con un elegante esmoquin, que nos recibió cortésmente.

—Pasen, pasen. David, tu padre los está esperando.

—Gracias Liam —respondió David, con gesto amigable.

Descendimos al salón por una escalinata de mármol, cubierta con un tapete persa. A un costado se encontraba un blasón de familia y un gobelino antiquísimo, que adornaba uno de los muros principales de aquel lugar. Nos acercamos a un grupo de personas, donde David me presentó a su padre. Un hombre alto, muy bien parecido y aunque algo reservado, me besó la mano y dirigiéndose a David, comentó:

—Sabía que tenías buen gusto, hijo, te felicito. Es más bella de lo que decías.

Me sonrojé y David añadió:

—Gracias papá, pero no soy su tipo. Me conformo con que sea mi bella acompañante por esta noche...

Antes de que terminara de hablar, se acercó una mujer de rasgos finos, cabello rubio y ojos azules.

—¿Teresa?

—Sí... —extendí mi mano y me dio un beso en la mejilla.

—Por fin te conocemos, querida. David habla maravillas de ti, lo tienes bastante impresionado y creo que con mucha razón.

—Gracias, señora, es un placer conocerla.

Conversamos por unos minutos y luego David me llevó

a ver el cuarto de trofeos de su padre, quien era un auténtico amante de la cacería. Abrió la puerta del comedor que daba a una enorme biblioteca, en cuyas paredes de roble, colgaban decenas de cabezas de animales. Había una gran variedad de ciervos, que llevaban en su parte inferior, una placa de bronce grabada con el nombre de la especie y el año en que habían sido cazados.

Había un escritorio de caoba con incrustaciones de concha, así como varios muebles estilo georgiano, que me hicieron recordar aquellos formidables castillos de Francia, donde uno podía transportarse como en un sueño, al aristocrático siglo XVIII. En el centro de la biblioteca se veía un par de sillones frente a una chimenea de piedra, que se encontraba encendida dando un toque acogedor a la habitación.

A lo lejos, se alcanzaba a escuchar la música de una orquesta. Minutos después, entró su padre a apresurarnos para que regresáramos al salón.

—Ya llegaron todos nuestros invitados, David. Recuerda que tenemos que ser buenos anfitriones, hijo.

—Ya vamos, papá —repuso, para luego expresar encogiendo los hombros—. Ni hablar, así es la vida, Teresa.

Regresamos al salón principal. Su madre se acercó a nosotros pidiendo que tomáramos asiento. Al ir caminando a nuestra mesa, tuve el impulso de volverme hacia el descanso de la escalera y, como atraída por una gran fuerza, descubrí con un vuelco en el corazón, la presencia de Manuel; quien se encontraba parado como si fuera una estatua de hierro, apoyando su mano sobre el barandal.

Debió haber sentido que lo traspasaba con los ojos, ya que como un imán, atraje su atención, quedando ambos petrificados, sin poder apartar la vista el uno del otro. Lentamente descendió por las escaleras dirigiéndose hacia mí, aún con las miradas engarzadas. Mi estómago se contrajo provocando un inquietante vacío. Era claro que no podía negar los sentimientos que aún sentía por él.

Tomé aire y traté de tranquilizarme. Manuel lucía más atractivo que nunca, había recortado su cabello y lo llevaba engomado hacia atrás, dándole un aire varonil. Tuve el deseo de correr hacia él, cuando David, sin percatarse aún de lo que sucedía, me guió hasta nuestra mesa, en donde se encontraba Biaggio, que se levantó de su silla a saludarme.

—Teresa, qué gusto verte. ¿Cómo está María?, la he llamado un par de veces esta semana pero es una mujer demasiado ocupada. Dile que no me daré por vencido tan fácil.

—Yo se lo diré, te lo prometo —me senté a la mesa junto a otras seis personas. David se volvió hacia una señora que estaba sentada junto a él, que le picoteaba insistente el brazo con su dedo y yo, con total disimulo, repasé una y otra vez a Manuel con la mirada, alcanzando a ver que permanecía de pie en el otro extremo del salón. Por lo visto, estaba tan sorprendido como yo.

Casi hipnotizada y sin poder prestarle atención al hombre que estaba sentado junto a mí, David se volvió y murmuró entre risas:

—¡Auxilio!, esta mujer me está ahogando.

—¿Perdón?, no te escuché —comenté totalmente distraída.

—¿Qué pasa, Teresa? Parece como si hubieras visto a un fantasma —comentó sorprendido.

—Dios mío... —comenté—, no se te va una, pareces tener telepatía.

Levantó las cejas y contrajo la barbilla ante mi comentario.

—No había pensado en eso, pero puede que tengas razón. Y por eso mismo no podrás ocultarme cuando te pasa algo, querida.

—Contigo no puedo guardar ningún secreto aunque me empeñe en fingirlo, ¿verdad?

—Pues ya ves, tengo el sexto sentido muy desarrollado.

Durante la cena, David platicó con los invitados, mientras que yo, no pude evitar seguir observando que Manuel me miraba fijamente. Parecía como si nadie existiera a su alrededor. Aquel momento se había convertido en un auténtico suplicio.

Casi sin probar bocado, me levanté para ir al baño, dejando a lo lejos el sonido apagado de las voces, para luego desaparecer por uno de los corredores de la embajada. Entré al baño, cerré la puerta y me paré frente al espejo, sin comprender la presencia de Manuel en aquel lugar. ¿Qué hacía ahí solo? ¿Cómo iba a reaccionar si cruzaba palabra con él? Abrí el grifo, me lavé las manos y las sequé con una esponjosa toalla que colgaba de una argolla de bronce. Tomé el lápiz labial, pinté mis labios y retomando aire para volver a salir, abrí la puerta. Caminé con paso lento por aquel lugar en el que desembocaban algunos pasillos que llevaban a otros salones de la embajada, cuando inesperadamente vi a Manuel recostado sobre una columna.

—Teresa... —murmuró.

—¿Qué haces aquí, Manuel? —pregunté, caminando hacia él, luchando por no mostrar mi nerviosismo.

—Eso mismo te pregunto yo a ti, mujer.

—Vengo con David, el hijo del embajador. ¿Y tú? —traté de simular que me era indiferente su presencia.

—Vine solo, pero eso es lo de menos. Qué bueno que estás aquí, porque necesitamos hablar.

—No tenemos nada que hablar, Manuel, todo ha sido muy claro —manifesté molesta bajando la voz—. Tú tienes la vida ya hecha, y yo por mi parte tengo muchas cosas que resolver en la mía. Dejemos esto por la paz.

—Las cosas no son como te las imaginas, escúchame por favor —me tomó con firmeza del brazo, dirigiéndome al salón de trofeos.

—Suéltame, Manuel... —arremetí, zafándome de su

mano—. Tu silencio fue obvio. Evitémonos la molestia de explicar algo que ya no vale la pena, ¿no crees? —pregunté incisiva—. Pero eso sí, me imagino que gozaste tu aventura conmigo.

—¡Te equivocas, Teresa! —apretó la quijada—. ¡Escúchame por favor! No des por sentado algo de lo que ni siquiera tienes la más remota idea.

—Lo que sea, Manuel. De cualquier modo ya no me interesa nada contigo... —expresé con ironía.

—No lo digas en ese tono, mujer, siéntate y por favor escúchame.

Me senté en uno de los sillones frente a la chimenea y Manuel permaneció de pie frente a mí, sosteniendo su copa.

—Cuando partiste de Capri, la policía fue a buscarme al hospital y me lo contó todo. De verdad siento mucho lo que te pasó, Teresa. Nunca hubiera imaginado que algo así pudiera suceder en un lugar como Capri.

—Pues ya ves... —ladeé la cabeza, esperando que explicara el porqué no se había comunicado conmigo durante esas semanas.

Guardó silencio, mirando a través del líquido rosado que llenaba su copa, aventurándose a preguntar:

—¿Por qué no dejaste ningún dato para poder buscarte? ¿Por qué te fuiste así nada más, Teresa? ¿Te arrepentiste después de todo lo que vivimos juntos?

—¿Qué me estás queriendo decir, Manuel? —pregunté ahuecando la boca—. ¿Qué...? Entonces ¿Carlo no te entregó la carta?

—¿Cuál carta? ¿Quién es Carlo? —arrugó el ceño y pensando por unos instantes, espetó—: Aaah... ¿Estarás hablando del sobre que me entregó la enfermera? Estaba vacío... —parecía buscarle sentido a lo sucedido—. Solo dijo que se lo habían entregado, pero se disculpó porque alguien se había atrevido a sacar lo que había en él. De verdad no entiendo nada...

—Pues yo ahora lo comprendo todo… —asentí con mirada introspectiva.

—Seguramente la policía le impidió verme y se lo entregó a la enfermera. Pero sigo pensando… ¿quién pudo haber sacado la carta? ¿A quién le interesaría su contenido? Es más, en varias ocasiones le pregunté al teniente encargado del caso por ti, pero se negó rotundamente a darme ninguna información. Solamente me advirtió que no me daría ningún dato, porque te pondría en peligro. Para que bien me entiendas…, hasta la fecha sigo sin saber quién quiso matarme y cómo dieron contigo, pero ten la seguridad de que no descansaré hasta averiguarlo.

Al escuchar a Manuel hablar, pude ver la transparencia de su mirada.

—Luego de todo aquello, salí del hospital tres días después, imaginando que nunca más te volvería a ver… —prosiguió, dándole un trago a su copa.

—¿Y qué paso cuando regresaste a Milán? —no pude evitar cuestionarlo.

—Al llegar a casa, me encontré con la noticia de que a Stefano le habían diagnosticado una extraña enfermedad. El síndrome de Reye, sobre el cual ahora no quiero entrar en detalles. Por lo que… —exhaló con cierto ahogo—, luego de ver cómo estaba la situación, te confieso que no tuve el valor para decirle a Lina que me iba de la casa, a pesar de que de todas formas no sabía si te volvería a ver algún día.

Al escucharlo hablar con tanto dolor, no pude más que guardar silencio.

—Sé que tarde o temprano llegará ese día. Descubrí que no puedo seguir al lado de ella. Tengo claro que no es sano para nadie seguir viviendo así.

—No sé qué decirte, Manuel. Tú, mejor que nadie sabes qué es lo mejor para ti y tu familia. Pero me pregunto, ¿durante todo este tiempo nunca pensaste en lo que yo estaría sintiendo?

—Te confieso que pensé que te habías marchado porque no querías más problemas y comprendí que era lo mejor para ti.

Agité la cabeza, pensando en que cada quien tenía una su historia.

—Pues si te soy honesta, Manuel, supongo que con tantos problemas y luego de lo que me estás diciendo, creo que sería mejor dejar las cosas como están, ¿no crees? No te compliques más, que de todas formas yo pronto regresaré a casa y...

—Pero, mujer —replicó—. Lo que vivimos en Capri no puede quedarse así nada más. Dame la oportunidad de demostrarte que mis palabras en todo momento fueron sinceras. Te juro que lo que más deseo es estar a tu lado, pero necesitaré tiempo para poner mi vida en orden.

Mis sentimientos por él seguían intactos, lo seguía amando a pesar de todo. Mi tristeza afloró y sin poder reprimir las lágrimas, Manuel dejó su copa sobre la mesa, besó mi mano y susurró:

—La vida nos ha vuelto a reunir, Teresa, ¿te das cuenta? El mundo es inmenso y estamos aquí.

—Pero Manuel...

—No digas ya nada, Teresa, ahora no —me tomó de la mano y entre sus brazos me besó. Quise huir de la habitación, pero sabía que aquello era mucho más fuerte que yo misma. El amor que sentíamos el uno por el otro, se desbordaba en nuestras caricias, en nuestros besos, en nuestras miradas. Comprendí entonces que tenía que darle otra oportunidad, que no podía huir de él.

A lo lejos oí la voz de David, quien parecía buscarme por los corredores de la embajada.

—Es David —aclaré nerviosa—. No quiero que me vea aquí sola contigo, Manuel, por favor no salgas ahora.

—¿Qué relación tienes con él? —preguntó con molestia.

—Es mi mejor amigo, solamente eso —contesté con determinación y salí del salón secándome las mejillas.

—Aquí estoy, Dave —lo encontré a medio camino.

—¿Qué hacías, Teresa? ¿Dónde estabas? Me tenías preocupado. Tardaste mucho en regresar a la mesa y decidí buscarte. ¿Estás bien?

—Me sentí un poco mareada y entré a la biblioteca para descansar del ruido. Ya me siento mejor, te lo aseguro.

Caminamos hacia la mesa, y percibí que David me miraba con el rabillo del ojo.

—Creo que a estas alturas te conozco bastante bien, querida, y ya sabes que mi intuición nunca falla.

—Lo sé, en serio ya estoy mejor, Dave —aseguré, mientras caminábamos de regreso al salón y sin poder ocultarle más la verdad, terminé por confesar que estaba con Manuel.

—¿Quién...? —paró su paso y haciendo una mueca, se volvió hacia mí con el entrecejo arrugado—. ¿Cómo es posible? ¿Qué hace él aquí? ¿Qué quería?

—Es invitado de tu padre. Además, me explicó por qué no me buscó durante estas semanas... —respondí con sequedad.

—Y le creíste ¿no es así? —me cuestionó. Por unos momentos me sentí en el banquillo de los acusados.

Aturdida y sin comprender su reacción, pregunté:

—¿Qué te pasa, Dave...? ¿Por qué te pones así? Tú sabías perfectamente cuál era mi relación con Manuel.

A pesar de verlo agitar la cabeza con evidente disgusto, rectificó.

—Discúlpame, Teresa, no quiero que me mal interpretes, pero no soporto la idea de que se burle de ti una vez más.

—Te equivocas, Dave, Manuel me lo ha explicado todo y le creo —puntualicé, sin darle opción a seguir con el cuestionamiento.

—Está bien... —bajó la mirada apenado—. Lamento

haberte molestado, por favor no te enojes. Si me atreví a decirte esto, es por lo mucho que me importas.

—Gracias, pero no te preocupes tanto por mí. Bueno... —hice una pausa, queriendo romper la tensión que se había generado en el ambiente—, pensándolo bien, mejor sigue preocupándote. Creo que es parte de nuestra relación..., pues de lo contrario, pensaré que ya no me quieres.

—Ves cómo me tratas... —meneó la cabeza, contrayendo al mismo tiempo las comisuras de sus labios.

Aún inmersa en nuestra conversación, alcancé a ver que Manuel regresaba a su mesa y al percatarse de que lo miraba, me guiñó un ojo. Divertida, volví la cara, al tiempo que Biaggio se sentaba junto a mí y, al advertir aquella escena, levantó las cejas con sorpresa.

—¿Es Manuel Massi? ¿El mismo de Capri?

—Así es —afirmé.

—Me comentó David que estuvo a punto de morir hace unas semanas, ¿no es así?

—Así es Biaggio, se salvó de milagro.

—Este hombre ha corrido con mucha suerte, salvándose de la muerte y... —lo miró de reojo—, además es muy afortunado de tener a esta bella dama pensando en él.

Sonreí, cuando David nos interrumpió.

—¿Bailamos, Teresa?

—Encantada —me disculpé con Biaggio, parándome de la mesa.

Caminamos hacia la pista de baile que se encontraba en el centro del salón. David me tomó de la mano, bailamos al ritmo de la orquesta, reímos divertidos y olvidamos por completo el incidente de aquella noche. Al poco rato, sentí que alguien me tomó del hombro, giré y vi que se trataba de Manuel que le pedía a David bailar conmigo, y este, encogiéndose de hombros, aceptó a regañadientes.

—Teresa —Manuel redujo su voz a un susurro—, ese hombre está enamorado de ti ¿lo sabías?

—No digas tonterías, Manuel —rebatí.

—¿No le viste la cara? Estaba furioso.

—Mmm... puede ser —repasé a David con la mirada, mientras se alejaba—, me acabo de dar cuenta de que tengo un amigo muy celoso y que me cuida como un ángel guardián. David es como un hermano para mí. Ha sido un apoyo incondicional desde que llegué a Roma y lo quiero mucho.

—Está bien, pero yo diría que te cuida como un perro guardián —soltó una carcajada.

—Manuel... —cambié el tema—. Como te dije hace un rato, en unos días regreso a casa y quiero que me prometas que no olvidarás todas tus promesas.

—¿Cuándo te vas? —preguntó.

—Mi padre se está muriendo y quiero estar a su lado ahora más que nunca. Tú, mejor que nadie, sabes lo que eso significa.

—Lo siento... —me apretó contra su pecho—. Imagino cómo te sientes y lo duro que ha de ser para tu familia tenerte tan lejos. Quisiera poder acompañarte, pero te prometo que nos veremos muy pronto —acercó sus labios a mi oído, me tomó de la cintura y bailamos como si fuera la última vez que lo haríamos.

Al finalizar la música, me tomó de la mano y me guio entre las mesas hasta el otro extremo del salón. Caminamos entre la gente, bajo la mirada atenta de David que no se despegó ni un segundo de mí, hasta perdernos por la puerta de vidrio que daba a la terraza, donde había una fuente con cientos de flores rojas y blancas que flotaban sobre el agua.

—No puedo creer que estés aquí, Teresa —tomó mi cara entre sus manos—. Y ahora que te vuelvo a ver, te marchas —relamió sus labios, con semblante apagado—. Pero no te preocupes, preciosa..., llegará el día que nos volveremos a reencontrar y será una historia diferente.

Hipnotizada por su cercanía, no pude dejar de admirar

sus facciones, entre los reflejos de las velas que ondeaban suavemente sobre el muro de piedra.

—Espero que sea como dices, Manuel.

Me tomó de las manos y, llevándolas a sus labios, las besó. Acarició mi nariz con la punta de su dedo y me estrechó entre sus brazos.

Al pasar las horas, miré mi reloj y comenté que era ya tarde. La gente había comenzado a marcharse, por lo que le dije que regresáramos al salón para pedirle a David que me llevara a casa, sintiéndome realmente culpable por no haber estado con él durante toda la noche.

—Déjame llevarte a casa, Teresa —insistió.

—No Manuel, vine con él a la cena, he estado contigo toda la noche, e irme así, sería imperdonable.

—Pero Teresa, te prometo que no te voy a raptar —recapacitó por unos segundos y entrecerrando un poco los ojos, miró en todas direcciones, para luego insinuar con gesto travieso—. Bueno, pensándolo bien, quién sabe…, eres demasiada tentación para mí.

Agité la cabeza, contrayendo las comisuras de mis labios y, caminando de regreso al salón, comenzamos a escuchar un gran bullicio a lo lejos. Al cruzar la puerta de vidrio, nos detuvimos frente a un tumulto de gente que rodeaba a una persona que permanecía acostada en el suelo, alcanzando a ver tan solo unas piernas que se retorcían entre escalofriantes gemidos.

Desconcertados, Manuel y yo nos miramos sin saber qué hacer, en ese momento vimos que uno de los invitados se hizo paso entre la gente, afirmando que era médico y solicitando que llamaran de inmediato a una ambulancia. Los curiosos comenzaron a retirarse y el doctor se arrodilló a un costado del hombre que seguía convulsionándose. Pidió a algunos presentes que le ayudaran a sujetarle los brazos, mientras este le enroscaba una servilleta en la lengua y le presionaba con una cuchara dentro de la boca.

Alcancé a ver que David y Biaggio nos miraban desde lejos, discretamente. Dave se acercó a nosotros y aclaró lo sucedido.

—Parece ser que el señor es un secretario de estado —se volvió para ver al hombre que seguía tirado en el suelo—. Sufrió un ataque epiléptico, pero por fortuna había un médico entre los invitados. Qué mala suerte, pobre hombre... —regresó su mirada, clavándola en Manuel—. Y bueno, Teresa, ¿no me vas a presentar?

—¡Por supuesto! Perdóname, por favor, pero es que todavía no me recupero del susto. Él es Manuel; Manuel, él es David, de quien te he hablado tanto. Es el mejor amigo que he tenido desde que llegué a Italia y puedo decirte que de toda mi vida —hice hincapié, sin perder de vista la reacción de David.

—Mucho gusto —ambos estrecharon sus manos mirándose inquisitivamente a los ojos.

—Dave, creo que es hora de regresar a casa—interrumpí la tensión que se había formado en el ambiente.

—Está bien, Teresa. ¿Prefieres que yo te lleve o te vas con Manuel? —trató de ser cortés.

—Contigo, Dave, por supuesto.

—En serio, Teresa —insistió—, porque si quieres que te lleve Manuel, por mí no hay ningún problema. Ya que después de este incidente, estoy seguro de que mis padres querrán que los acompañe a despedir al resto de los invitados.

—Entiendo, pero antes quiero despedirme de ellos, ¿me acompañas? —lo tomé del brazo.

—Encantado... —le tendió nuevamente la mano a Manuel—: Me dio gusto conocerte y, por favor, cuida mucho a Teresa.

Manuel asintió sin responder y aguardó mientras que David y yo caminamos hacia donde se encontraban el embajador y su esposa.

—Por cierto, Biaggio se acaba de marchar y me pidió que lo despidiera de ti —comentó.

—Gracias, Dave, y por lo ocurrido hace un rato, mejor olvidémoslo. La pasé sensacional, y de verdad lamento no haber estado el resto de la noche contigo. Espero que lo comprendas y que, a pesar de todo, sepas que te quiero mucho.

—Lo sé y es mutuo, querida —besó caballerosamente mi mano.

Me despedí de sus padres, que seguían preocupados por el lamentable incidente. Volví a darle un beso a David y caminé hacia Manuel que esperaba al pie de la escalera, mirando su reloj.

—¿Lista? —preguntó al verme.

—Sí —respondí, alzando un poco mi vestido.

Al llegar a la puerta principal, Manuel corrió hacia uno de los meseros y encontrándolo desprevenido, tomó la botella y un par de copas, dejando al hombre boquiabierto. Le dio las gracias y corrió de nuevo hacia mí.

—¿Qué hiciste, Manuel? ¿Qué te propones? —pregunté entre risas, tratando de adivinar sus claras intenciones. Me guiñó un ojo sin hacer comentario alguno.

Trajeron su auto, me abrió la portezuela y bordeándolo con agilidad, subió para luego acomodar la botella y las copas en el asiento trasero. Era una noche cálida. Manuel tomó mi mano y añadió:

—Teresa, quiero que esta noche sea muy especial.

—Lo fue ya, Manuel. Pero me preocupa tu situación y el mañana. No me puedo quitar esa idea de la cabeza.

—No pienses en eso por ahora. El mañana no existe, vivamos el presente, pues no sabemos si mañana estaremos aquí para contarlo. Y... —reiteró—, nada ni nadie nos quitará este privilegio. No quiero arrepentirme de no haber luchado por esto que estamos viviendo. Y si existe ese mañana, ten por seguro que estaremos juntos.

—Quiero pensar que así será, pero perdona que te pregunte... ¿y Lina y tu hijo? ¿Dónde están ellos ahora?

—En Milán. Están tratando a Stefano en una clínica.

Sin entrar en mayor detalle, a los pocos minutos de camino estábamos llegando a la Fuente de Trevi. Sin comprender aún lo que tramaba, bajó la velocidad hasta estacionarse en medio de la calle desierta.

—Ven, baja... —me tomó de la mano al descender del auto.

Caminamos hacia la fuente que estaba majestuosamente iluminada. Por unos instantes, vino a mi mente aquella película de principios de los sesentas, donde la despampanante modelo sueca se sumergía seductoramente en la fuente, mientras que el reportero, su obsesivo enamorado, la observaba de lejos. El recuerdo de esta escena me robó una sonrisa. Era una maravilla presenciar aquel lugar sin gente y sin ruido, bajo un cielo completamente estrellado. Manuel se paró junto a mí frente a la escultura de Neptuno y confesó:

—Aquí mismo te quería traer, mujer. Frente a él, que es el dios del mar y que en el mar fue donde te conocí, te prometo que te amaré por siempre... —señaló con su dedo—. ¿Ves esos dos tritones que están a su lado? Ambos conducen la carroza de Neptuno, pero a su vez, uno está sometiendo a un brioso caballo de mar y, en contraste, el otro dirige a uno dócil. Esto significa la bravura y la placidez cambiante de los océanos. La vida para mí es así..., un ir y venir. Un día estás aquí y el otro, solo Dios sabe... —selló mis labios con los suyos, cuando de pronto el sonido de un silbato nos regresó a la realidad.

Se trataba de un policía que se dirigía hacia nosotros, indicando que moviéramos el auto de inmediato. Manuel apresurado sacó una moneda de su bolsillo y pasando su brazo por mi espalda, cerró los ojos, pidió un deseo y la arrojó al agua.

De vuelta en el coche, dijo:

—Quiero pedirte un último favor, pero no me digas que no.

—¿Cuál?

—Que pasemos a mi departamento y brindemos por última vez antes de que regreses a América. Te prometo que no te llevaré tan tarde a casa.

Callé y sin saber qué responder, miré fijamente las luces del semáforo, tratando de organizar los sentimientos que surgieron de pronto dentro de mí. Habían pasado demasiadas cosas durante esas semanas y al mismo tiempo, yo sabía que eso era lo que más deseaba. Además, estaba a punto de regresar a casa y no sabía cuánto tiempo pasaría antes de volverlo a ver.

Antes de poder pronunciar palabra alguna, di un largo suspiro.

—En realidad no creo que sea lo mejor para los dos en estos momentos, Manuel. Aparte de todo, ya es bastante tarde...

—Te quiero, Teresa, recuerda que mis sentimientos por ti son reales. Esto para mí no es un juego, tenlo por seguro... —enfatizó—. No me cansaré de repetírtelo, pero sobre todo —buscó la manera de romper el hielo—, sería un crimen desperdiciar esta excelente botella de champaña. ¿Por lo menos una copa? Di que sí, por favor... —trató de convencerme apretando los labios como un chiquillo.

—Eres un manipulador —sonreí.

—De algún modo tengo que hacer mi lucha, mujer. Eres difícil no me cabe la menor duda, y creo que es una de las cualidades que me gustan tanto de ti.

Durante el camino, platicamos más relajados. Al llegar, sacamos la botella y las copas, sentí un incomprensible desasosiego que oprimía mi pecho. Tomé aire y subimos al departamento. Manuel dispuso las copas sobre la mesa, tomó la botella de champaña y luego de llenarlas, brindó:

—Por nosotros..., y por la vida que me concedió el privilegio de volver a verte. ¿Qué más puedo pedir?

Chocamos nuestras copas.

Di un trago y desviando la mirada por unos instantes, dejé lentamente la copa sobre la mesa.

—Manuel, quiero aprovechar que estamos solos para contarte algo que no te he dicho todavía, pero que necesito que sepas antes de regresar a casa.

—¿Qué pasó, Teresa? —preguntó sin quitarme los ojos de encima.

—Estos últimos meses, te podría decir que he vivido entre el cielo y el infierno.

—¿A qué te refieres con eso, mujer? ¿Estás hablando en serio?

—Muy en serio, Manuel. Trataré de explicarte lo más claro y objetivo posible el porqué estoy aquí desde hace tantos meses. Pero antes de hacerlo, quiero que me prometas que dejarás a un lado la razón y el juicio, porque lo que te voy a contar será tan descabellado, que pensarás que me estoy volviendo loca y te aseguro que no es así.

—Te lo prometo, te escucho —volvió a tomar un trago de su copa.

Relaté aquella larga historia, tratando de ser lo más coherente posible. Manuel parecía estar tan sorprendido como lo había estado David en aquella ocasión, ya que de cuando en cuando, dejaba caer su mandíbula sin poder creer lo que escuchaba.

—Manuel, no sé qué pienses de todo esto, es una historia que casi nadie sabe. E igualmente, lo que ocurrió aquel día en la gruta Azul, fue una prueba de que no necesariamente lo que no vemos no existe. ¿Recuerdas aquello? podría jurarte que el monje que vimos en el bote era el hermano Mantuano, quien murió unos días antes sin que en ese momento yo lo supiera aún. Inclusive, sigue apareciendo en mis sueños, llegando siempre antes de que suceda algo terrible, como si fuera un ángel de la guarda...

—No sé qué pensar, Teresa —meneó la cabeza con

evidente desconcierto—. Esto suena bastante... —levantó una ceja, reprimiendo una mueca de incredulidad.

—Lo sabía —irrumpí molesta—, por eso no te lo había contado antes. No debí haberte dicho nada, creo que perdí mi tiempo al confiarte algo que para mí es trascendental, y que es obvio que para ti resulta ilógico de creer.

—No te pongas así, preciosa, no hagas conjeturas de lo que yo pienso, pero creo que hablar de maldiciones a estas alturas de la vida... —resopló—. Para mí, una maldición es la que estoy viviendo con Stefano, mi hijo.

—No me digas preciosa en ese tono —subrayé—. Entiendo que para ti sea solo eso. Pero por lo visto, eres incapaz de ver más allá de tus propios problemas, sin embargo, déjame decirte que no eres el único que los tiene...

Desconcertado ante mi enérgica reacción y sin poder articular palabra, apuró de un solo trago el resto de su copa.

Se hizo un incómodo silencio, al que reaccioné diciendo:

—Por lo visto, no tengo nada que hacer aquí. Creí que eras diferente y más después de lo que pasó en Capri —tomé mi bolso y me levanté del sillón dispuesta a marcharme.

—Espera, Teresa, espera... —se apresuró a decir, poniéndose de pie de un salto—. En serio lo lamento —me tomó el brazo con suavidad—, no quise hacerte enojar. Sé que a veces soy un completo imbécil, pero siéntate por favor. Quiero que comprendas que para mí una maldición es algo real y tangible, y esta historia, sinceramente, parece sacada de una película de terror.

Resoplé con enfado.

—Solamente piensas en ti, ¿verdad? Ten por seguro que no estoy tan desquiciada como para atreverme a inventar algo así, ¿qué ganaría con eso? Y si eres tan incrédulo como pareces ser, entonces explícame, pero científicamente y con bases, ¿qué fue lo que sucedió en la gruta Azul aquel día?

—Eso fue diferente, Teresa —luchó por dar una

explicación convincente sin lograrlo—. Le he dado muchas vueltas a lo que pasó aquella tarde y...

—¿Y qué? ¿Diferente cómo? ¿Aún dudas de lo que vivimos allí?

—Por supuesto que no —afirmó—. Eso fue algo... —hizo una pausa apretando sus puños—, se puede decir que entramos en un mismo estado de conciencia. Tal vez..., fue un chispazo de otra vida, aunque la idea me sigue preocupando, pero una maldición, no lo sé, ¿sabes lo que eso significa?

—Lo sé perfectamente bien, Manuel —inhalé y exhalé un par de veces, tratando de guardar la calma—. Tampoco ha sido fácil para mí creerlo, lo he estado viviendo día tras día en carne propia desde que llegué aquí, y no te imaginas las cosas que me han sucedido. Como consecuencia de todo eso mi padre se está muriendo, está enfermo de algo que la ciencia no ha alcanzado a diagnosticar. En fin, supongo que no tengo por qué convencerte de nada, cada quien es libre de creer lo que le venga en gana.

—Calma, mujer, calma, tienes razón —se retractó, al ver que la conversación iba subiendo de tono e intensidad—. Te creo, a pesar de que la razón me diga lo contrario, y más porque sé quién eres tú, pero no es fácil concebir estas cosas tan extrañas y sobrenaturales per se. Si ya lo de Capri me ha confundido mucho, imagínate esto. Tienes que comprender que asimilar algo así toma tiempo, y me pregunto con franca curiosidad... ¿Tú lo creíste cuando lo escuchaste por primera vez? Dudo que una persona como tú no se lo hubiera cuestionado aunque fuera un poco.

—Es cierto, tienes razón —confesé bajando la guardia—. Al principio creí que mi papá se estaba volviendo loco. Por mucho tiempo me rehusé a creer en esa idea tan absurda, hasta que comencé a descubrir y a comprobar que era cierto lo que él decía.

—Lo siento, Teresa, sé que me excedí —bajó la cabeza

apenado—. Lo único que puedo decirte es que cuentas conmigo para lo que sea, y que ¿si esto es una realidad como dices?, encuentres lo que buscas para liberar a tu padre y a ti misma de esta maldición —sus palabras me parecieron lo suficientemente honestas.

Reconocí que la actitud de Manuel había sido comprensible y, ante mi aplomo, no tuvo otra opción más que hacer a un lado sus dudas.

—Todo va a estar bien, ten fe —palmeó mi mano.

Volvimos a sentarnos en la sala, ya más tranquilos. En tanto se relajaban nuestros ánimos, comentó, rellenando nuestras copas:

—Por ahora deja eso a un lado, Teresa. Hoy es un día muy especial para los dos y no quiero que nada lo empañe —rozó mi piel con sus labios, electrizándome por completo. La fragancia de su loción me hizo cerrar los ojos, exaltando todos mis sentidos. Sus manos, se desplazaron suavemente por mi espalda hasta llegar a mi cuello, y saboreando cada sensación que recorría mi cuerpo, fue acercando sus labios a los míos, hasta besarnos con silenciosa pasión. Aquel momento fue uno de los más bellos de mi vida. Experimentando una alegría y una paz indescriptible, que deseé nunca terminaran. Las horas pasaron lentamente, esa noche marcaría para siempre el curso de mi vida.

Capítulo 26

Durante el camino de regreso a casa, a unas cuantas cuadras de haber salido del departamento de Manuel, advertí que los faros de un auto apuntaban hacia nosotros, acercándose a toda velocidad. Luego de algunos minutos, le comenté nerviosa:

—Creo que nos están siguiendo, Manuel.

Él miró por el espejo retrovisor, cerciorándose de que una camioneta gris trataba de darnos alcance y, sin hacer el menor aspaviento, metió el acelerador hasta el fondo. La camioneta que venía detrás de nosotros, se acercó más y más, hasta golpear la defensa trasera de nuestro auto. En ese instante, recordé, en cámara lenta, lo que nos había sucedido a David y a mí hacía solo unos cuantos días en Brasov y entré en estado de pánico.

Después de zigzaguear y esquivar autos a nuestro paso, logramos escabullirnos entre dos camiones que se encontraban parados frente a un semáforo, dejándolos atorados en el tráfico.

Al llegar al puente Palatino, el cual cruza el río Tíber, Manuel se detuvo y descendió del auto dirigiéndose hacia la orilla. Se llevó la mano a la cabeza con evidente angustia, por lo que de inmediato, bajé y me dirigí hacia él, abrazándolo por la espalda.

—Manuel, no sabemos qué fue lo que ocurrió ni quién lo hizo, pero me preocupa marcharme después de todo esto. Debes hablar con la policía cuanto antes, esto no fue una casualidad, estoy segura de que son los mismos hombres que quisieron matarte en Capri. Por favor, haz algo ya.

—¡Estoy harto de todo! Esto está yendo demasiado lejos —exclamó, sacudiendo la cabeza—. Necesito decirte algo que no te he dicho antes, Teresa. Se trata de una parte de mi pasado que he querido borrar, pero sé que siempre estará ahí, persiguiéndome... No sé si ahora tú podrás entenderme a mí —se giró hacia mí y dando un paso atrás, apretó con fuerza su puño, mientras sus nudillos se iban poniendo blancos—. No soy el hombre que te imaginas. Yo también he guardado un secreto...

—¿De qué hablas, Manuel? —pregunté, entrecerrando los ojos con extrañeza.

—No quise confesártelo antes, por miedo a que te decepcionaras de mí y... —titubeó.

—Habla ya —demandé.

—¿Recuerdas que un día en Capri te platiqué que había estudiado en Estados Unidos?

—Sí, lo recuerdo perfectamente, ¿por qué?

—Porque —exhaló una bocanada de aire antes de continuar—, cuando terminé la carrera y la maestría, aun siendo bastante joven, fui un prestigioso profesor en la universidad. En aquel tiempo, trabajaba también como asesor en una importante transnacional textil italiana, en Boston. Y poco tiempo después regresé a Italia, donde me asignaron la dirección de ventas en la casa matriz en Roma. En ese entonces, ganaba un muy buen sueldo y admito que era muy afortunado, pues tenía todo lo que cualquier hombre hubiera deseado a esa edad. Pero eso no duró mucho... —expresó con el rostro sombrío—. Un día, de regreso a casa de la oficina, conduciendo mi auto por el mismo camino de siempre, llegué hasta la avenida principal donde había un accidente que provocó un embotellamiento descomunal. Por lo que opté por tomar el primer atajo que encontré, sin saber que este me conduciría al mismísimo infierno.

—¿Y qué pasó entonces? —pregunté, sin dejar de mirarlo un segundo.

—Entré a una zona que nadie en su sano juicio se atrevería a transitar, y mucho menos al anochecer. Como era de esperarse, en cuestión de segundos, dos hombres bloquearon mi paso para asaltarme. Traté de esquivarlos, cuando uno de ellos se abalanzó contra mí con un tubo en la mano, rompiendo el parabrisas del auto en mil pedazos, que se incrustaron en mi cara. Por eso tengo estas pequeñas cicatrices que vez aquí —señaló el borde de su ceja y su mejilla—. Frené el auto en seco. Uno de los tipos me golpeó, me arrastró de espaldas por el pavimento, luego me empujó contra la pared presionando el cuchillo en mi cuello y al extraer la cartera de mi bolsillo, intentó matarme pero…, desgraciadamente —exhaló—, forcejeamos al grado que fui yo quien terminó matándolo a él. Y… ¿por qué te digo desgraciadamente? —Agitó la cabeza con evidente frustración—. Porque ese cretino, al que yo mismo le quité la vida, era la oveja descarriada de una familia prominente. ¿Increíble no? Un individuo que había tenido todo el dinero inimaginable, que vivía una doble vida y terminó metido en el tráfico de drogas, perdiéndose por completo en ese mundo.

Sin siquiera pestañear un segundo, resoplé un par de veces, atenta a sus palabras.

—Ese sinvergüenza que arruinó mi vida, fue uno de los tres hijos de un poderoso y acaudalado político de aquella época, que entonces trabajaba activamente para el gobierno. Además, se cree que es un hampón de la mafia. Como ya te podrás imaginar, las cosas se complicaron aún más, ya que el poder que tenía esta familia logró que me recluyeran veinte años en la cárcel, aunque por mi buen comportamiento, logre salir a los seis...

Permanecí en completo silencio, mientras se sentía un ambiente lleno de tensión y angustia.

—Después de aquellos largos años en prisión, mi vida dio un giro radical. Al salir de ahí volví a nacer, a comenzar desde cero después de tener aquel historial. Nunca pude recuperar mi trabajo y, social y profesionalmente hablando, fui un apestado. Se me cerraron todas las puertas; mis amigos, mis colegas y mi novia de aquel entonces, no pudieron con el peso de aquella situación. Ella acabó por marcharse con su familia a Bologna para siempre. En cambio, la única que jamás puso en entredicho mi inocencia fue mi madre, quien siempre creyó en mí.

Calló momentáneamente para luego retomar su relato. —Después de mucho batallar para volver a hacer algo digno con mi vida, logré conseguir temporalmente un empleo de taxista por algunos años, mientras ideaba cómo salir adelante —pareció perderse en el pasado—. Al principio me compadecía de mí mismo, ya que me había preparado desde niño para ser alguien en la vida y, un simple día, el destino me había arrebatado aquella posibilidad. Todo se esfumó. Durante aquellos años de encierro, viví las cosas más atroces que un hombre pueda soportar, por lo que aprendí a hacerme respetar a golpes y a hacer cosas indescriptibles que uno puede llegar a idear por desesperación y para salvar su propio pellejo. Allá adentro, en la cárcel, rige la ley de la selva, el fuerte es el único que sobrevive. Hasta que uno de esos días que uno corre con suerte conocí al que sería en ese tiempo mi ángel de la guarda, Valerio Bertinelli. Su auto se había averiado y justo aquella tarde, yo pasaba por ahí en mi taxi.

—¿Valerio Bertinelli? ¿Acaso es el magnate de la moda que se casó con la modelo sueca, la que se suicidó hace unos años? —pregunté.

—Ese mismo —respondió—. Uno de los diseñadores de moda más renombrados en el mundo.

—Dicen que es un mafioso de cuidado, ¿no es así? —inquirí.

—Parece ser que tiene su lado oscuro después de todo, aunque realmente yo nunca me percaté de nada malo.

—¿Y luego, qué pasó?

—Lo llevé a un sitio recóndito en la Toscana, que quedaba a más de dos horas de camino. Durante aquel viaje comenzó a hacerme toda clase de preguntas, que se convirtieron en un debate de ideas y, durante aquella conversación, me preguntó el porqué había acabado siendo taxista. Te confieso que me asaltó, más de una vez, la duda de repetir esta historia que te estoy contando, pero me atreví a hacerlo, y gracias al cielo creyó en mí, dándome la oportunidad de demostrar quién era yo y volver a rehacer mi vida profesional, a pesar de que la marca de la prisión quedaría en mí para siempre —cerró los ojos, exhaló y retomó su historia—: Reconozco que esa experiencia me costó mucho dolor, y mira las vueltas que da la vida... El hombre emprendedor que fui y que afortunadamente pude volver a ser, es un criminal... ¿nada fácil verdad? —aguardó estático, esperando ver mi reacción.

Quedé muda ante aquella confesión. Era duro escucharlo, sabiendo que había vivido una injusticia de ese tamaño.

—En verdad lo siento, Manuel —afirmé sobrecogida—. No puedo creer que habiendo sido un asesinato en defensa propia, todos te hayan dado la espalda —concluí.

—Así es la vida, Teresa. El mundo en el que vivimos no entiende de lealtades ni de valores, por el contrario, unos usan a otros, hasta que les dejan de servir y te vuelves desechable. Tristemente, descubrí con esta experiencia que nadie es indispensable en la vida.

—Es indignante darse cuenta de que la justicia no existe en ningún lugar —comenté con enfado—, y que pueden destrozarte la vida en un segundo. Por lo visto nadie está exento de nada. Además, supongo que el haber estado en prisión se convierte en un estigma.

—Así es... —admitió, mirándome por unos segundos antes de continuar—. Espero que con todo esto que te he dicho, no cambie tu percepción sobre mí.

Hice una pausa y acaricié su mejilla.

—No, Manuel, por el contrario... Creo que tuviste el valor para confesármelo y por lo que me acabas de decir, no dudo de que lo que pasó hace un rato y lo ocurrido en Capri, tenga que ver con aquel hombre que mataste, de otra forma, ¿quién te querría matar? Me angustia mucho pensar que el sinvergüenza que está detrás de todo esto, no parará hasta matarte. Tu única salida es la policía, por lo menos intentar que te pongan seguridad por algún tiempo.

Subimos nuevamente al auto. Durante gran parte del camino guardamos silencio, hasta que Manuel tomó mi mano y suplicó:

—Discúlpame, Teresa, por haber dudado de lo que me contaste en el departamento, me siento muy mal al reconocer lo estúpido que puedo llegar a ser. Y ahora tú, ni siquiera me cuestionas lo que te acabo de confesar. Realmente lo siento, verás que antes de lo que te imaginas, encontrarás la respuesta a lo que has buscado por tantos meses.

Al llegar a casa, permanecí estática dentro del coche, y desviando mi mirada a través de la ventanilla, sujeté la palanca de la portezuela con fuerza, vacilando en abrirla. Me temía que esa sería la última vez que vería a Manuel antes de mi regreso a Long Island.

Luego de luchar contra esa incertidumbre y una tristeza que se acrecentaba por segundos, Manuel bajó del auto, me acompañó hasta la puerta de la casa y con un nudo en la garganta, me despedí de él. No soportaba la idea de no saber si lo volvería a ver algún día.

Capítulo 27

Manuel tuvo que regresar a Milán, había llamado un par de veces esa semana y, por otra parte, yo había decidido regresar a Nueva York en esos días.

Por la tarde fui a despedirme personalmente de Sandrino Piateli, quien no tuvo otra opción que pedirme que estuviéramos en contacto como hasta entonces. Le platiqué sobre mi visita a la basílica de San Juan, el ataque de los pájaros y pese a no saber aún si todo aquello había servido de algo, quise pensar que al menos no había sido perjudicial.

—Señor Piateli —expresé con resignación—, tendré que poner las cosas en manos del destino. He hecho lo que he considerado mejor, y tengo fe en que las cosas se irán dando solas y en el tiempo preciso. Le prometo que lo mantendré al tanto de mis hallazgos.

—Ni hablar, Teresa. Es una lástima que se marche así de improviso. Deseo que consiga pronto la pista que nos falta —sacó una libreta de la gaveta—. Por cierto, descubrí algo que es muy importante que sepa, pero me temo que no le va a agradar en lo más mínimo.

Me recliné hacia el frente, colocando el anillo sobre su escritorio.

—Dígame, por favor.

—¿Recuerda que alguna vez mencionó una frase que había hallado referente a la caja? Aquella que mencionaba: "Acarreará grandes males, y la muerte llegará en forma de nube que será el comienzo del dolor, manchando su cuerpo con sangre hasta disolver sus entrañas y, solo su último descendiente y sus descendientes, a su vez, los seguirían hasta la muerte".

Asentí, al tiempo que Piateli hacía una pausa para examinar con detalle el interior de un fólder, que extrajo de una bandeja de cuero verde.

—Analizando minuciosamente los escritos, Teresa, llegué a la conclusión de que la frase "Acarreará grandes males", se refería en aquella época, a las pestes, pero lo más terrible de todo, describe que: "La muerte llegará en forma de nube que será el comienzo del dolor, manchando su cuerpo con sangre hasta disolver sus entrañas". Por mis investigaciones, supongo que lo anterior se refiere directamente a la peste negra que azotó por ocho largos años a Europa en el siglo XIV y que mató a un tercio del continente europeo.

Precisamente, esta pandemia de peste bubónica, se contraía a través de la picadura de la pulga de la rata negra, o inhalando vapores o aire contaminado que emergía de las profundidades de la tierra. Estos solían ser altamente tóxicos, y en algunos casos eran generados por los gases que emanaban los cadáveres en descomposición. Por consiguiente, cuanto más muertos, más ratas, más gases, más contagios y así sucesivamente la enfermedad se diseminó como pólvora por todo el continente.

Los primeros síntomas de contagio eran... —revisó sus apuntes—: insomnio, dolores de cabeza insoportables, alta temperatura con escalofríos, malestar generalizado, estertores intensos, tos, etc. Paulatinamente se iban produciendo en la piel enormes bubones, además de que al romperse los vasos sanguíneos, comenzaban a aparecer hemorragias subcutáneas que se tornaban de rojizas a púrpuras, casi negras, para luego comenzar a gangrenarse. Era por eso que el enfermo empezaba a escupir sangre, ya que esta bacteria, llamada *Yersinia pestis*, terminaba por deshacer todos los órganos internos de la persona. Algo así como el ébola de nuestros tiempos. ¿Alguna vez vio una película sobre la época medieval, Teresa? En ellas se aprecian los campos de batalla o las calles, inmersas en una neblina de vapores subterráneos.

—Sí, lo recuerdo —afirmé.

—Pues bien, algunos de esos vapores son a los que me refiero, y creo que significa que la muerte vendrá en forma de nube o gas.

—¡Santo cielo! ¿Sabe lo que eso significa? Mi padre mencionó que al abrir la caja brotó un vapor nauseabundo de su interior que le provocó un mareo y un fuerte dolor de cabeza. ¿Usted cree que después de tantos siglos pudiera ser que…?

—Es posible, Teresa. Si salió ese vapor que él aseguró, podría ser porque la caja estuvo perfectamente sellada durante todo este tiempo. Hermética diría yo, y con tanta humedad adentro, cualquier bacteria o virus pudo subsistir en estado latente y al contacto con el oxígeno, ¡puuum!... —extendió su mano enérgicamente en el aire.

—Y ¿acaso piensa que la enfermedad aún pudiera tener la misma intensidad y siga siendo tan contagiosa como dice? —inquirí.

—Me temo que sí, Teresa. Recuerde que estamos hablando de brujería. La gente moría en cuestión de días, a tal grado que era necesario quemar absolutamente todo lo que había entrado en contacto con el enfermo, hasta sus casas, para luego confinarlos en sitios recónditos y despoblados. Pero en este caso específico —tomó un lápiz de su escritorio y punteó ansioso sobre las hojas que tenía frente a él —, según menciona la frase, solo será contagiado y morirá el que profane la caja, el último descendiente de este y todos los descendientes que le prosigan. Recuerde que la peste negra azotó Europa un siglo antes de que estos documentos se escribieran y, no obstante, se sabe que para los brujos eso no implicaba ningún obstáculo. Poseían toda clase de herramientas para lograr sus objetivos y hacer sufrir lentamente a sus presas por meses o quizá por años enteros antes de morir. No sabemos qué conjuro se urdió aquí y mucho menos lo que pueda surgir más adelante. Hoy se cree, que si fuese esa bacteria que le digo y no un virus como aseguraban en el pasado, la gentamicina y la tetraciclina serían los antibióticos indicados. Sin embargo... —arrugó los labios—, no sabemos si es ya demasiado tarde para eso y, como le decía anteriormente, si se tratara de un virus, estas tampoco ayudarían en nada, aunque no está demás intentarlo. Recuerde, Teresa, que estamos hablando de una maldición —se llevó la punta del lápiz a la boca.

—Lo sé... —me desplomé sobre el respaldo del sillón. Piateli siguió hojeando los escritos.

—En aquellos tiempos, los brujos más destacados provenían de monte Brocken, un sitio recóndito en las montañas de Alemania. También en Rumania había brujos gitanos que eran los más perversos. A estos se les solía llamar *atsinganoi*, término para designar a los videntes, espiritistas y hechiceros, entre otros. Con el paso del tiempo, estos maleantes fueron extremadamente maltratados y denigrados, hasta ser convertidos en esclavos y, encima de tanta crueldad, los rumanos que en aquel entonces fueron los más despiadados, los trataban como bestias infrahumanas.

—Y prosiguió—: A principios del siglo XV, la magia era condenada con la hoguera por la iglesia, porque se llevaba a cabo en sectas, donde hacían prácticas de ocultismo, calificadas como actos demoníacos, demostrando desde entonces, que la brujería estaba en pleno auge. Pero volviendo a su padre, Teresa... —giró su dedo, contrario a las manecillas del reloj—. En aquel tiempo, había muchos métodos para darse cuenta si la enfermedad que se padecía era de origen maléfico. Lo más común era observar si la lengua del enfermo se había tornado blancuzca, lo cual era signo de estar bajo la influencia de un embrujo. Bueno... —encogió los hombros—, eso se decía, quién sabe si era cierto. Yo, la verdad, creo que cuando cualquiera se enferma, su lengua se vuelve lechosa. En este especulador mundo de la magia, Teresa, uno no sabe hasta dónde creer y hasta dónde es fanatismo puro creado por mentes desvariadas.

Aquella historia me había caído como un balde de agua fría. Por lo que señalaba Piateli, mi padre parecía estar contagiado, y yo en cualquier momento contraería el mismo mal.

—Y ¿cómo estaremos seguros de que mi padre no contagiará a mi madre y a todos los que lo rodean?

—Lamentablemente no podemos estar seguros de eso, Teresa. Pero por lo visto, parece ser que esto llegará únicamente a los descendientes de los que habla el texto. Supongo que para ahora, si fuera el caso, su madre estaría ya contagiada y no es así. ¿O me equivoco?

—Por fortuna mi madre está bien, pero... ¿mi padre ya lo sabrá? —inquirí—. ¿Sabrá que probablemente ha contraído esa terrible enfermedad?

—Lo dudo —agitó la cabeza—. En su estado de salud, no creo ni siquiera que haya tenido la fuerza para seguir investigando, y quién sabe si los mismos doctores puedan diagnosticarla tal cual, ya que la peste negra se erradicó hace muchísimo tiempo. Lo más seguro es que irán de una hipótesis a otra sin llegar a conclusiones absolutas. Harán toda clase de análisis, estudios, y dirán que es un problema del hígado, de la sangre, de los pulmones, tuberculosis, toxoplasmosis, y así seguirán, hasta que por último asegurarán que se trata de un virus desconocido.

—¿Y ahora qué hago? ¿Tendré que hablar con mi padre de esto, o con cualquier otra persona para ayudarlo de algún modo?

—Pudiera ser, Teresa —levantó el entrecejo—, aunque por ahora, no tengo la menor idea de cómo manejar esta noticia. Creo que debería tomar conciencia de que si en realidad es víctima de un hechizo, por más medicamentos que le administren, el desenlace será inminente.

Mordí mis labios sin saber qué decir. Cubrí mi rostro por unos instantes y agitando la cabeza, deseé deshacerme de aquella terrorífica escena que se había plasmado en la pantalla de mi mente. No pude evitar sentir un profundo enojo.

—¡Ah! —Chasqueó sus dedos—. Se me olvidaba comentarle algo importante, Teresa. ¿Recuerda que le dije que averiguaría el significado del dragón *zmeumoii maleficus I*? Pues creo que lo he encontrado ya.

—¿Y qué quiere decir? —pregunté, prestando toda mi atención.

—Parece ser que en Rumania se le dio este nombre a un dragón que tenía ciertas cualidades de vampiro. Algo así como los *moroii*, que eran los vampiros vivos de aquella época. En los textos se menciona que el *zmeumoii*, no necesariamente tenía que chupar sangre ni necesitaba pasar el día en la oscuridad, como se les atribuía a todos los vampiros que conocemos. Por el contrario, este extraño dragón, de poderes indescriptibles, parecía tener contacto con los espíritus de la oscuridad, y llevaba incrustada una piedra rojiza en su frente, que según decían, le daba una fuerza descomunal. *zmeumoii* podía convertirse desde un espeluznante dragón que escupía fuego, hasta indistintamente en un hombre o una mujer.

Se dice que por las noches cazaba a sus víctimas, a las cuales elegía para atormentarlas con alucinaciones diabólicas, de las que era difícil despertar. Este monstruo volador, sediento de maldad, tenía la extraordinaria habilidad, así como los *moroii*, de robarse la energía y la juventud de los humanos. Solía habitar en las cuevas de las altas montañas nevadas de los Cárpatos, así como de igual manera en los cementerios, donde llevaba a sus presas para destazarlas. El *zmeumoii* era un ser que tenían control absoluto sobre otros animales, teniendo una habilidad sorprendente para convertirse en seres inconcebibles por la razón.

Además... —continuó inmerso en su explicación—, tenía poderes sobrenaturales sobre el clima y la naturaleza. Se menciona que poseía características de reptil, con cabeza de cabra, además de llegar a transmutarse en un ser alado abominable.

—¡Madre mía! —exclamé azorada—, intuyo que tal vez tuvo que ver con lo de las palomas en la basílica y también con aquel día en Capri, cuando abrieron la puerta de mi cuarto y mi maleta voló por los aires, descubriendo únicamente a un horrible gato en el jardín, que estuvo a punto de atacarnos. Nunca apareció nadie más y siempre me quedé con la duda de lo que había ocurrido. Es más... —recordé—, en un par de ocasiones, como en Bran, por ejemplo, cuando la gitana concluyó su presagio, inexplicablemente, el cielo se oscureció en cuestión de segundos y miles de cuervos cruzaron los aires graznando ferozmente. ¿Qué opina de esto?

—A estas alturas todo es posible, Teresa... —tomó el anillo de la mesa y lo miró detenidamente—. Ahora comprendo el verdadero significado del rubí "sangre de paloma". Este es el que le da la fuerza a la bestia.

—Cuanto más sé, más miedo me da lo que pueda venir —comenté, asiendo con fuerza la medalla de la virgen que llevaba colgada al cuello.

—No pierda la objetividad, Teresa. Más vale que mantenga la calma, porque no sabemos todavía lo que nos va a deparar todo esto.

Reflexioné sobre sus palabras y recordé preguntarle

sobre el nombre de Julianne, a lo que respondió que me lo confirmaría más adelante, ya que aunque tenía una fuerte sospecha, no quería adelantarse a darme una respuesta hasta que estuviera completamente seguro.

Me paré de la silla, me dirigí hacia él y le extendí mi mano para estrechar la suya, agradeciéndole todo lo que había hecho por mí desde mi llegada a Roma, expresando mi pesar por tener que marcharme, ya que sabía que lo echaría mucho de menos.

Capítulo 28

Me despedí con tristeza de tanta gente que había sido tan importante para mí durante esos meses. Llamé a mi madre y sin darle detalles, le pedí que hablara con los médicos de mi padre para que en seguida le administraran los antibióticos que mencionaba Piateli, argumentando que estos podrían ser nuestra última opción para salvarlo de aquella terrible enfermedad. Cada día que faltaba para mi regreso a casa parecía eterno. Además, Manuel ya estaba fuera de mi vida y seguir en Roma, se había convertido en un verdadero martirio, ya que todo me lo recordaba.

David me acompañó a recoger algunos papeles a la academia, en donde pasé a despedirme de Fabio. Aproveché para comentarle que regresaría a Nueva York a tomar clases de canto a lo que, presuroso, me recomendó a un compañero suyo del conservatorio, Ezzio Fortucci, que desde hacía varios años se había dedicado al canto profesional, sugiriendo que me pusiera en contacto con él a mi llegada.

Luego de haber concluido con el papeleo y de haber reconfirmado mi boleto de avión en la agencia de viajes, pasé una tarde entretenida con David, quien me llevó a casa ya entrado el anochecer. Me encontré a María sentada en el comedor frente a un cerro de papeles que tenía sobre la mesa.

Alzó la mirada y preguntó:

—¿Quién te trajo, amiga?

—David, pero tuvo que marcharse.

—¿Cómo te fue? —preguntó—. ¿Terminaste de hacer lo que te faltaba?

Exhalé, antes de acercar una silla para sentarme frente a ella.

—Así es, estoy agotada. No tienes idea de lo que me costó despedirme de todos. Después de estos meses, es difícil partir y dejar tantos recuerdos y vivencias. He hecho una vida aquí en Roma que ha sido muy importante para mí, además de que la costumbre de convivir con gente que he llegado a querer tanto, hace muy difícil mi partida.

—No te agobies, amiga, ya sabes que puedes regresar cuando quieras. Esta es tu casa, pero lo primero es lo primero. Piensa que vas a ver a tu padre, a tu familia y a tanta gente que también te quiere y te necesita allá.

—Lo sé —reconocí, bajando la mirada, entrelazando mis manos sobre la mesa—, pero me atormenta el hecho de regresar a enfrentarme con la enfermedad de mi padre y no saber si todo lo que he hecho habrá valido la pena.

Mientras hablaba, percibí que el rostro de María se nubló momentáneamente. Hice una pausa, y le pregunté qué le sucedía.

—No sé qué hacer, Teresa —encendió un cigarrillo, a la vez que iba a la sala por un cenicero—. Estoy pasando por una situación que desearía no hubiera sucedido nunca.

—¿De qué hablas, María? Me asustas.

Volvió a tomar asiento.

—Biaggio me ha llamado varias veces, quiere que nos veamos este fin de semana. Es un hombre muy intenso, pero me parece agradable, aunque por otro lado, estoy viviendo un romance con el hombre que no debería...

—¿Con quién? —pregunté intrigada.

—Me da vergüenza confesarlo, pero se trata de uno de mis pacientes. ¿Sabes lo que eso significa, Teresa? No lo debí haber hecho nunca, pero las cosas se dieron poco a poco y cuando nos dimos cuenta, era ya demasiado tarde. Estábamos completamente atrapados en esta relación. No lo pude controlar y... —le dio una calada a su cigarro, tomó un sorbo de café y prosiguió con la mirada sombría—: Llevo años de mi vida trabajando y jamás permití que pasara algo así. Siempre había tenido la claridad, el dominio sobre mí misma, poniendo distancia con mis pacientes y nunca, ni siquiera en sueños, imaginé que algo así me pudiera suceder. Me siento muy mal, porque sé que me aproveché de su vulnerabilidad.

Fijó pensativa su vista en el humo que expelía su cigarro.

—Él es un hombre atractivo, aunque con el pequeño detalle de que es ocho años menor que yo y... —hizo una pausa antes de proseguir—, es empleado de una vinatería, no tiene un centavo y llegó a mi terapia porque tenía problemas con su pareja, pensando que yo lo ayudaría a resolverlo, y mira... —asintió con evidente culpa—, acabé resolviendo a mi favor. ¿Entiendes ahora lo que me pasa? No debí de haberlo hecho nunca y ahora no sé cómo voy a salir de este lío. Me siento responsable de algo que en el fondo no quiero dejar ir. Sé que es una total incongruencia, sin embargo, esto que siento por Marco es mucho más grande de lo que nunca imaginé sentir por ningún hombre —exhaló un prolongado hilo de humo de su boca.

—María, entiendo que esto no es nada fácil. Dile a Marco que no puedes ser su terapeuta, si es que los dos quieren seguir con esta relación. El tiempo lo dirá. Yo creo que por algo pasan las cosas en la vida y pienso que debes de estar tranquila porque sé que no lo hiciste con alevosía.

—Ese es el principal problema —objetó tajante—, yo

sé que debí de haber parado esto a tiempo y no lo hice. Me dejé llevar sabiendo perfectamente lo que estaba haciendo. Ojalá fuera tan sencillo como lo dices. Supuestamente soy una profesional o eso siempre creí, además él y su pareja esperaban que yo les resolviera su problema. No sé qué voy a hacer, en serio no lo sé —agitó las manos con desesperación—. Tengo que pensarlo y, a pesar de que esto me duele más que nada en la vida, tendré que alejarme de él. Creo que saldré con Biaggio este fin de semana para intentar olvidarme de Marco. Aparte de que Biaggio podría ser un buen partido y por lo menos, él sí es completamente libre.

—Me gustaría poder ayudarte María, pero desafortunadamente solo tú sabes lo que es mejor para ti y para él. Sinceramente, yo te apoyo en lo que decidas, sea cual sea tu decisión.

Al término de una larga plática, entre lágrimas y una que otra risa fugaz, subí a mi recámara para empacar y poner en orden mis cosas. Miré a mi alrededor sin saber por dónde empezar. La maleta se encontraba abierta sobre mi cama, había cosas tiradas por doquier. Envolví el látigo que me había regalado el anticuario de Brasov, guardándolo dentro de un cilindro de cartón. Acomodé los escritos, los papeles y algunas de mis pinturas para después bajarlas al recibidor.

Regresé a mi cuarto, me puse el camisón y estaba a punto de ir a la cama cuando sonó el teléfono.

—Teresa, Teresa, te hablan por teléfono —gritó Gio desde su habitación.

—Gracias —levanté la bocina.

—¿Aló?... —hubo un largo silencio en el otro extremo de la línea—. ¿Quién es? —volví a preguntar.

Era evidente que la persona que había marcado dudaba en contestar y luego de unos segundos de silencio absoluto, respondió una voz ronca y profunda:

—Teresa...

—¿Sí?

—Necesitaba escuchar tu voz, preciosa —reconocí la voz de Manuel—. Te llamo para decirte que no he dejado de pensar en ti. Durante estos días he llegado a la conclusión de que..., realmente me haces mucha falta.

Al escucharlo decir aquello, se me estrujó el corazón.

—¿Teresa? ¿Me escuchas?

—Sí, Manuel, aquí estoy —afirmé.

—Lamento llamarte a estas horas, pero estoy desesperado. Te quería decir que he decidido viajar a América en unas cuantas semanas, porque sé que no aguantaré tanto tiempo sin verte. Te extraño.

Con una incomprensible mezcla de sentimientos que lograron hacerme dudar, enmudecí, antes de volver a hablar:

—Yo también, Manuel..., pero siendo realista, creo que lo nuestro, por lo menos por ahora, no tiene sentido. Tú tienes demasiados problemas en tu vida con tu familia y no quiero crear mayor caos del que ya estás viviendo. Y, sinceramente, yo tampoco estoy como para eso...

—No me hagas esto, por favor —replicó—. ¿Qué te hizo cambiar de parecer? La última vez que hablamos me dijiste algo completamente distinto.

—Lo sé, lo sé —reconocí—, pero es que han pasado tantas cosas que estoy saturada. Creo que es de sabios rectificar, Manuel. Me parece que es lo mejor para todos y aunque nos duela, el tiempo se encargará de sanar las heridas. Y... si la vida, más adelante, nos llegara a poner en el mismo camino, libre de problemas, será otra historia. Pero hoy por hoy, los dos tenemos circunstancias completamente diferentes que nos impiden estar juntos.

—No puedo creer que estés diciendo eso, mujer. Me vas a volver loco... —resopló alterado—, y más aún después de todo lo que hemos vivido. Sé que mi vida es complicada en estos momentos, pero cuando existe algo más profundo de por medio, las limitaciones irán tomando su lugar. Dime, por lo que más quieras, que no lo dices de corazón.

—A veces ya no sé ni qué pensar, Manuel —expresé llena de incertidumbre—. Pero está bien... Trataré de esperarte, aunque no tengo idea por cuánto tiempo aguantaré vivir a la expectativa de algo que quizá jamás sucederá.

—No lo digas en ese tono que me haces sentir muy mal —dijo suplicante—. No perdamos la fe, recuerda que te quiero.

Suspiré, para luego notificarle que regresaría a casa al día siguiente.

—¿Mañana? ¿Tan pronto? Creí que sería a finales de esta semana. ¿A qué hora sale tu vuelo?

—A las diez de la mañana —sentí tristeza de tener que dejar Italia.

—Nunca creí que llegaría este día tan pronto. Pero todo va a estar bien, ya lo verás.

—Eso espero, Manuel. Por cierto, he pensado mucho en lo que sucedió la otra noche, ¿hablaste ya con la policía? ¿Hiciste algo al respecto?

—Sí, por supuesto —aseguró—. Siguen investigando lo ocurrido y me ofrecieron protección durante algún tiempo. Pero, por favor, no te preocupes por mí, parece ser que soy el gato de las nueve vidas.

—No te confíes tanto, Manuel, la vida da muchas vueltas y no es porque sea pesimista, pero la suerte no puede durar para siempre. Sea quien sea, te anda buscando para matarte, pero confío en que lo tengas ya todo bajo control como dices.

Después de una larga conversación y luego de despedirnos varias veces, Manuel quedó en volver a llamarme durante los siguientes días.

Capítulo 29

El despertador sonó un poco antes de las siete de la mañana, me volví hacia él y lo apagué desanimada, pues sabía que tenía que marcharme y dejar todo atrás. Traté de sacudirme la tristeza de la que era presa desde hacía ya algún tiempo, arreglé las últimas cosas que estaban sobre la cama y salí a buscar a María y a Montse para despedirme de ellas, ya que el pequeño Gio se había marchado desde temprano al colegio.

Toqué a la puerta de la recámara de María y asomándome por el costado de la puerta, vi que ya estaba despierta. Me acerqué a su lado, le di un abrazo muy fuerte y sintiendo que dejaba más que a una amiga, a una hermana, no pude evitar soltar algunas lágrimas. Sin saber qué más decir, le prometí que estaría en contacto con ella, para luego salir apresurada de su habitación, topándome con Montse que venía de la suya, diciendo que me prepararía el desayuno antes de que me marchara.

Casi al terminar de desayunar, sonó el timbre. Me apresuré a dar la última mordida a la rosquilla de plátano y me despedí de Montse, agradeciéndole nuevamente todo lo que había hecho por mí, pero sobre todo, por haberme tratado como a una hija más.

* * * * *

Durante el trayecto al aeropuerto, David y yo charlamos sin parar, era como si quisiéramos aprovechar esos últimos minutos, puesto que no sabíamos cuándo volveríamos a vernos.

Ya en el aeropuerto y al terminar de registrar mi equipaje, me acompañó a la entrada de la sala donde nos despedimos con un abrazo efusivo. Caminé hacia el puesto de revisión con nostalgia, cuando de manera sorpresiva, se acercó un pequeño niño que me aguijoneó la espalda con su dedito, mientras que un guardia corría tras él.

—Me pidieron que le diera esto —extendió su mano para entregarme un sobre y una cajita, corriendo apresuradamente de regreso hacia la salida.

—¡¿Quién me la manda?! —alcancé a preguntar.

—Aquel señor que está allá —apuntó con su dedo hacia la puerta.

Ante mi asombro, vi que se trataba de Manuel que me miraba desde lejos, diciendo:

—Te amo.

Aquella sorpresa me robó una enorme sonrisa. Era la primera vez que Manuel pronunciaba esas dos palabras. Agité mi mano diciendo adiós y con una desdibujada sonrisa, proseguí mi camino entre los demás pasajeros.

Luego de todo el ajetreo de aquella mañana, cansada y deprimida, abordé el avión. Me senté junto a la ventanilla exhalando un profundo suspiro y traté de soltar toda la tensión que venía cargando desde hacía varios días.

Abrí mi bolso, saqué la cajita y el sobre que solo decía: "Para: Teresa". Lo abrí emocionada, desdoblé el papel y leí:

Teresa querida:

Gracias por llegar a mi vida. Me has hecho sentir nuevamente un hombre vivo...
Te amo,
Manuel.

Sonreí, mientras las lágrimas se hicieron presentes una vez más durante aquella mañana. Sobre la palma de mi mano, sostuve la cajita que estaba envuelta en un papel dorado con un moñito blanco. Tiré de los listones muy despacio para no romper el papel y, terminando de desenvolverla con mucho cuidado, vi un cofrecito de estaño con un delicado repujado en la tapa. Fui abriéndola poco a poco, hasta descubrir en su interior, una argolla de oro con un brillante montado entre dos zafiros. La tomé entre la punta de mis dedos para apreciarla de cerca, al hacerlo, me percaté de que en su interior tenía grabada nuestras iniciales. Lo introduje en mi dedo y contemplándolo por unos instantes, sentí una alegría indescriptible.

* * * * *

A unos cuantos minutos de aterrizar en el aeropuerto JFK de Nueva York, me asomé por la ventanilla. Estaba chispeando y el sol trataba de abrirse paso a través de una deprimente nube gris que cubría casi por completo "La Gran Manzana".

—Qué nublado está —pensé en voz alta.

Un joven que venía sentado junto a mí, aclaró:

—No, solo es eso, la nube de contaminación que ve allá —se inclinó hacia la ventanilla, señalando una capa densa sobre la ciudad—, está cada vez peor por el efecto invernadero que generan los rascacielos. A este paso, quién sabe a dónde vamos a parar...

Hice una mueca de disgusto. Cuanto más descendíamos, pude observar a poca distancia, el imponente puente de Brooklyn uniendo los barrios Manhattan y Brooklyn. Recordé, con añoranza, cuando en mi infancia paseábamos junto a mis padres, por los barrios bajos de Manhattan y por aquellos interminables bulevares que aún cruzan la ciudad cosmopolita, de norte a sur y de este a oeste, como una perfecta cuadrícula. En esos tiempos se respiraba un ambiente sano, donde la gente estaba libre de malicia, la que ahora parecía haberse apoderado de muchos y que, vergonzosamente, por culpa del hambre, el poder y la corrupción, la capital se había convertido, en gran parte, en un nido de maleantes.

Al bajar del avión me encaminé por los largos corredores del aeropuerto hasta salir por la puerta de la aduana, en donde alcancé a ver a lo lejos, tras un tumulto de gente, varias manitas que ondeaban por los aires, gritando mi nombre. Para mi grata sorpresa, descubrí que se trataba de mi madre y mis hermanas que habían ido a recibirme.

—¡Qué gusto verlas! —expresé feliz de estar de regreso.

—Qué bueno que llegaste bien, mi vida —mi madre me tomó entre sus brazos—, estábamos muy preocupadas y me imagino que ni siquiera te has enterado de lo ocurrido, ¿verdad?

—¿De qué hablas, mamá? —pregunté dejando lentamente la maleta en el suelo.

—Hoy a mediodía, escuchamos en las noticias que otro vuelo que venía de Roma se había accidentado y no te puedes imaginar el susto que nos llevamos. Por fortuna, pudimos corroborar, antes de que cundiera el pánico, que el vuelo en el que venías había salido una hora antes. Gracias al cielo estás bien, hija.

—Qué barbaridad, pobre gente —comenté con sobresalto.

—¡Basta de malas noticias! —interrumpió Victoria—. Lo bueno es que ya estás aquí —se acercó a darme un beso.

—Tienes razón, hija, qué manera de darle la bienvenida a tu hermana, perdóname, Teresa.

Me volví hacia Anna, le di un beso y la felicité por su boda.

Camino a casa pregunté, en repetidas ocasiones, por la salud de mi padre y, ellas, evidentemente nerviosas, cambiaban de tema, diciendo que él me esperaba con mucha ilusión. Supuse que las cosas no estaban bien. Tenía angustia de llegar a casa y encontrarme con un escenario trágico.

Luego de casi una hora de camino, entre calles y avenidas que se encontraban en un total caos vial, llegamos a casa. Bajé del auto y me paré frente a la reja contemplando a mi alrededor, haciendo un recuento de los años felices que había vivido en aquel lugar. Mi madre abrió la puerta que daba al precioso jardín. El cerezo que se hallaba junto a la casa, estaba lleno de frutos y otros cientos se encontraban regados por el suelo, donde parvadas de pajarillos los picoteaban sin cesar. Entre tanto, Tya, la cocinera de toda la vida y parte invaluable de la familia, aguardaba como una estatua al pie de la escalera, extendiendo sus brazos esponjosos hacia mí. Era una mujer afroamericana, regordeta y de baja estatura, que era ocurrente y mal hablada como nadie que yo hubiera conocido. Provenía de Georgia, de una pintoresca localidad en las márgenes del río Misisipi.

Entramos a la casa, todo permanecía tal como lo había dejado aquel día que partí para Roma. Subí mi equipaje a mi recámara, donde encontré la polca de vidrio llena de agua sobre mi mesita de noche y un ramo de flores silvestres dentro de un jarrón. Me sentí realmente agradecida al pensar que, como siempre, mi madre era una irremediable detallista.

Me dirigí al cuarto de mi padre con el temor de encontrar algo que no quería enfrentar y, armándome de valor, abrí lentamente la puerta, encontrándolo postrado en su cama con un semblante devastador. Tenía los ojos cerrados, con unas ojeras oscuras que lo hacían ver cadavérico, su piel grisácea parecía de ceniza y el pelo bastante más cano que antes, lo hacía parecer diez años más viejo. Al pararme a su lado, descubrí, alarmada, que estaba repleto de abultadas manchas rojizas en la cara y en las manos.

Al escucharme entrar, entreabrió los ojos y me miró sin pronunciar palabra. El solo recuerdo parecía asfixiarlo, pues jalaba una y otra vez el aire con fuerza por su boca. A duras penas podía respirar y resollando, me extendió la mano pidiéndome que me sentara junto a él. Me acerqué recostándome sobre su pecho y sin poder contenerme, estallé en un sollozo mientras él acariciaba mi cabeza con ternura.

—Perdóname, hija, no deberías estar pasando por esto, todo es culpa mía, perdóname, por favor —apenas pudo emitir un murmullo y estrechándome contra su frágil cuerpo, permanecimos ambos unos minutos en silencio.

—Te necesito, papá, todos te necesitamos, no puedes dejarnos. Dios sabe que te equivocaste y no te abandonará.

—Estoy pagando mi soberbia, hija, pero tú no… —aquellas palabras, eran el producto de una reflexión dolorosa que había suavizado su corazón.

—No digas nada, papá. Verás que pronto todo se va a resolver —quise darle aliento para que no se diera por vencido.

—Ya es demasiado tarde para mí, Thérèse —dijo con tono resignado. Sabía que no era fácil para él expresar sus emociones directamente—. Hasta ahora me doy cuenta de la importancia de tener tiempo para vivir. Y tú, mi niña, tienes una vida, un futuro por delante. Incluso —tragó saliva—, durante todo este tiempo, he luchado contra mis propios miedos y también he aprendido a aceptar la muerte, a sentirla día a día y a reconocer que me aterra desprenderme de este cuerpo que me tiene preso en el dolor y la culpa. Estoy cansado… —exhaló con dificultad—. Me quiero ir ya, pero no sin antes saber que tú estarás bien.

—Recuerda que Dios tiene la última palabra, papá, él sabrá lo que hace, tenemos que tener fe y respetar su decisión. Además —tomé su mano y añadí con profunda empatía—, como tú me dijiste un día, siente el miedo, reconócelo, acepta que está ahí y libérate de él.

Apretó mi mano, sus ojos se desbordaron dejando rodar una lágrima por su pálida mejilla. Callamos por unos instantes, dándonos una tregua a tanto dolor, ya que ambos sabíamos que ya no había palabras de consuelo en esos momentos.

—Lo bueno —luché por dibujar una sonrisa sin conseguir que esta fuera real— es que ya estoy aquí y estoy feliz de estar de vuelta en casa. Este viaje fue muy valioso para mí, papá, no solo por el propósito de haber descubierto tantas cosas que me llevarán tarde o temprano a romper con esta maldición, sino porque viví cosas increíbles e interesantes, conocí gente linda y comprendí que todo en la vida tiene una razón de ser.

—Qué bueno que veas la vida así, hija, pero estás pagando por una deuda que yo tenía que pagar y ahora la vida me lo está cobrando.

—No te sigas atormentando, por favor —le rogué—. Estoy convencida de que las cosas ya estaban escritas y esto me ha hecho poner la vida en una balanza.

—Sé que a estas alturas, no puedo hacer nada más que pedirle a Dios, que por lo menos tú estés bien, Thérèse. Y en lo que a mí respecta, creo haberme reconciliado ya con él.

—No pierdas la confianza, papá —le pedí una vez más—. Y en cuanto te sientas un poco mejor, te platicaré con más tranquilidad todo lo que descubrí.

—Puedes hacerlo ahora, hija. Me gustaría saberlo, he aguardado tanto para que llegara este día —dijo ansioso.

Relaté aquella larga e intrincada historia. Mi padre comentó que esperaba que encontrara la respuesta antes que fuera demasiado tarde para mí, ya que a él le quedaba muy poco tiempo de vida, además de que sus ojos ya no le permitían ayudarme, pues ya había perdido la vista casi por completo.

Destrozada al verlo en ese estado, le pedí que descansara y que más tarde siguiéramos platicando. Lo tomé de la mano y hablándole al oído, comencé a orar en silencio, mientras sus ojos se colapsaron como unas cortinas de hierro y comenzaron a agitarse violentamente de un extremo al otro, dentro de sus párpados completamente cerrados. Permanecí sin habla, mirando aquel extraño movimiento, al tiempo que su rostro iba recuperando un semblante apacible.

Mi madre entró en la habitación, nos miró a ambos y murmuró:

—El pobre ya no duerme más que a ratitos. Vamos para que cenes y después tú también descanses, mi vida, has de estar agotada del viaje. Qué gusto me da tenerte de regreso, todo se va a arreglar pronto, ya verás.

Me levanté de la cama y caminé de puntillas sin hacer ruido, me volví sobre mi hombro para ver de nuevo a mi padre en aquel estado cuando, súbitamente, volvió a abrir los ojos con expresión de sobresalto.

Me volví hacia él y le dije en voz baja:

—Trata de descansar, papá, todo está bien.

Contrajo la barbilla y volvió a cerrar los ojos con el entrecejo arrugado, como si mi presencia lo enfrentara con sus fantasmas internos.

* * * * *

A la mañana siguiente me desperté un poco antes de las cinco. Los estragos del cambio de horario, eran evidentes. Bajé a la cocina aún de noche, encendí la luz y me preparé un té, sintiendo un enorme hueco en la boca del estómago. Regresé a mi habitación y volví a meterme en la cama, contemplando el anillo que me había dado Manuel. Suspiré sin saber lo que el destino nos depararía en los próximos meses.

Ese día llamé a mis amigos para avisarles que había regresado, seguí buscando la respuesta para romper con aquella maldición que pesaba sobre mis hombros como una lápida, y me comuniqué con Ezzio Fortucci, el amigo de Fabio, para concertar una cita, si era posible ese día o por lo menos esa misma semana.

Al poco rato, mi madre se asomó por la puerta de mi habitación y al verme recostada sobre mi cama, leyendo una novela con mi taza de té, me pidió que la acompañara a la cocina para que desayunáramos juntas. En tanto ella, como siempre, únicamente tomó un pan tostado con mantequilla y mermelada de naranja, acompañado de su tradicional café colombiano, para luego disponerse a preparar un compost con algunas cáscaras de plátano, cascarones de huevo y quién sabe cuántas cosas más para sus árboles frutales. Le comenté que había decidido regresar a trabajar al centro cultural, al que había tenido que renunciar antes de marcharme a Italia. Le dije que quería sentirme nuevamente útil, ya que no deseaba ser una carga permanente para ellos, y mucho menos bajo las circunstancias en las que se encontraba actualmente papá. Le comenté también que si el tiempo me lo permitía, tomaría clases de canto, las que hacía varios años había abandonado, asegurándole, por supuesto, que no descuidaría el compromiso que había hecho con papá sobre las investigaciones.

—Me alegro por ti, Teresa, en realidad creo que te toca ya vivir tu propia vida y ser feliz, hija.

Me platicó sobre la boda de Anna, la vida de mis hermanas, sus maridos, de mi padre y en especial, que había comenzado a trabajar en una asociación de mujeres voluntarias, que prestaban servicios sociales y se dedicaban a recaudar fondos para niños con cáncer. Sabía que mi madre tenía el don de la palabra, el poder de reconfortar a los demás y, al mismo tiempo, todo esto le ayudaba a sentirse bien consigo misma. Por lo que me alegró saber que ciertos días de la semana visitaba la clínica de oncología en Rockville, en donde conversaba con los niños que se encontraban en fase terminal y, de igual manera, daba apoyo a sus familiares.

Estaba contenta por ella, pues necesitaba dedicarse tiempo a sí misma, a sus intereses personales, era algo que se merecía después de haber sufrido tanto. Esa labor altruista le remuneraba en todos aspectos, dando a su vida un sentido de valía. Aunque con tristeza, pude percibir un profundo pesar en sus ojos, que disfrazó con una sonrisa forzada. Como siempre, mi madre trataba de no preocupar a los demás con sus problemas, motivo por el cual no quise presionarla y así acabamos de desayunar en paz.

Aquella misma mañana, hice algunas llamadas, entre ellas al centro cultural que había dejado antes de partir a Europa y, que afortunadamente, pude lograr que mi exjefe tomara en ese momento la llamada. Le comenté que había llegado de mi viaje y que estaba interesada en regresar a trabajar cuanto antes, a lo que sin ningún cuestionamiento, me abrió de nuevo las puertas a mi viejo empleo, quedando feliz de volver a lo que tanto me gustaba hacer.

Después de concluir con aquella conversación, llamé a la academia de canto donde trabajaba Ezzio y pedí una entrevista con él, la que me concedieron ese mismo día antes de la una de la tarde. Al parecer, me había levantado con el pie derecho. Todo se había ido acomodando como esperaba.

Me arreglé y partí al momento, deseando llegar a tiempo a mi cita.

Al arribar al lugar, me pidieron que aguardara hasta que el profesor terminara una clase. Esperé por casi una hora, hasta que vi salir a un hombre de unos escasos cuarenta años que venía bromeando entre risas, con un joven que tocaba graciosamente la armónica. Tenía un bigote negro bien aliñado y el cabello recortado casi a ras de piel. Además, poseía aire de gitano, definitivamente era un tipo varonil. Me levanté de mi asiento y fui a encontrarlo a medio camino.

—¿Ezzio? —Me paré frente a él.

—Sí. ¿Qué se te ofrece, linda?

Me presenté ahí mismo y le comenté que Fabio Tossi, mi profesor de pintura en Roma, me lo había recomendado mucho. Sorprendido al escuchar aquel nombre, me explicó la relación que los unía a ambos desde la adolescencia, para luego preguntarme cuándo había regresado de Roma.

—Apenas ayer —respondí.

—Pues primero me gustaría hacerte una prueba de voz, Teresa. ¿Puedes ahora mismo?, porque después estaré muy ocupado el resto de la semana o, si prefieres, encantado puedo recibirte otro día.

—¡No, no! Ahora mismo está perfecto.

Me condujo hasta un salón, donde me acercó un banquillo para que tomara asiento. Caminó hacia un piano de media cola que se encontraba cerca de la ventana por donde entraban los rayos del sol. Hizo una pausa, giró hacia atrás y tomando el cordón de la persiana, la entrecerró. Levantó la tapa del piano, se sentó y al terminar con algunos ejercicios de vocalización, me miró y me pidió que le cantara una canción, la cual canté a capela, al tiempo que lo veía asentir, moviendo la cabeza rítmicamente.

—Magnífico... Cantas con una sensibilidad innata.

—Gracias, pero espero poder hacerlo mejor con tu ayuda.

—¿Has grabado algo ya?

—No —admití—, pero espero hacerlo algún día.

—Será un privilegio trabajar contigo —miró su reloj y comentó apresurado—: Si me disculpas, ahora tengo mucho trabajo que hacer. Inscríbete y nos vemos esta misma semana. Fue un placer conocerte y más aún porque vienes recomendada por mi viejo amigo.

* * * * *

Esa tarde la dediqué por completo a mi padre que se encontraba un poco más tranquilo y lúcido, a pesar de que su salud estaba francamente deteriorada. Durante mi larga visita permaneció sentado en un *reposet* junto a su cama, vestido con una bata y una chalina térmica que cubría sus piernas hasta el suelo. Pude notar que todo le dolía, pues en varias ocasiones se quejó al hacer el menor movimiento. Tenía la vista casi perdida, sus pensamientos no parecían claros, pues divagaba constantemente en cada tema.

Me pidió que lo ayudara a cambiarse la parte de arriba de la pijama por una limpia y al quitarle la que tenía puesta, descubrí, con horror, que cientos de manchas abultadas, unas rojas, otras casi negras y algunas llagas enormes, abarcaban grandes extensiones de su cuerpo.

No pude creer lo que veía y, él, al percatarse de que lo miraba horrorizada, torpemente, entre leves quejidos, se cubrió para evitar que lo siguiera observando.

—Dios mío, papá, ¿desde cuándo estás así? —pregunté afligida, llevándome ambas manos a la boca.

—Ya hace tiempo, hija —bajó la mirada con desesperanza—. Esto empezó como una simple mancha que se diseminó muy rápido por todo mi cuerpo y cada vez fue tornándose más intensa y dolorosa. No he podido conciliar el sueño desde hace meses y esto me está volviendo loco, me duele todo, es un malestar insoportable —tragó saliva—. Los médicos dicen que nunca antes habían visto nada igual. Me han dado toda clase de medicamentos, mira… —señaló una infinidad de botecitos de plástico amarillos con tapas blancas, que estaban acomodados sobre su mesa de noche—, los malditos antibióticos que me mandaron, y que eran mi última esperanza, no me hicieron ningún efecto. Es más… —se llevó la mano al vientre—, mi hígado casi no funciona y mi cuerpo no responde a nada. Recuerda que todo indicaba que no tendría remedio y vaya que es cierto. Ya no hay nada que se pueda hacer, Thérèse, tan solo me resta esperar —se le humedecieron los ojos y luego comenzó a toser violentamente agitando su cabeza.

Creyendo que se ahogaría ahí mismo, aguardé de pie frente a él sin saber qué hacer. No pude evitar recordar aquella cita en Nápoles con el hermano Mantuano y sentí un hueco doloroso en la boca del estómago. Esperé, ansiosa, a que se le pasara el acceso de tos, mientras sacudía desesperado su mano, pidiéndome un pañuelo que tenía sobre la cama. Al llevárselo a la boca, noté cómo este se teñía de rojo. Era terrible presenciar con mis propios ojos, que mi padre padecía una espantosa enfermedad que lo estaba matando lentamente y que, de seguro, era la peste negra a la que se refería Piateli. Por fortuna, no tuve más que agradecer que por lo menos, mi madre y mis hermanas estuvieran bien.

A partir de entonces, no quise hacerlo partícipe de mis investigaciones, porque aparte de que la estaba pasando muy mal y su cabeza no tenía la lucidez que siempre lo había caracterizado, era como recordarle que esa historia que él había desatado, le estaba ocasionando su propia muerte.

De vuelta en mi cuarto, saqué los papeles para disponerlos sobre mi escritorio, apilados por orden. Tomé el anillo y después de haber visto a mi padre en ese estado, comprendí la magnitud del problema en el que estábamos metidos; y más me preocupaba aún, el saber que esa maldición me seguiría a mí, a mis hijos y a los hijos de Anna, que eran los descendientes de los que hablaba la profecía.

Sabía que no podía abandonar aquello, más que por mí, por los inocentes que nacerían después. Tomé el anillo con rabia y lo lancé contra la pared, produciéndose un gran chispazo rojizo. Me sentí impotente ante lo que estaba ocurriendo con mi familia. Anna estaba casada y en cualquier momento vendría con la noticia de un embarazo y ¿qué pasaría entonces? No sabía si debía hablar con ella para prevenirla y evitar una tragedia mayor o, por lo menos, pedirle que esperara un tiempo para tener un bebé.

Me senté en el piso, abatida por tanta crueldad y tanta desgracia. Busqué el anillo con la mirada sin encontrarlo, me arrastré a gatas por la alfombra, buscando por debajo de la cama, por todos los rincones y nada, había desaparecido por completo. Empecé a inquietarme, a tal grado que mis manos no cesaron de temblar. Sabía que no podía haber desaparecido, tenía que estar allí mismo en algún lugar.

Revisé toda la recámara, que no era tan grande, ni existían en ella tantos sitios para perderse y, luego de varios minutos de angustiosa búsqueda, no apareció. Sabía que el anillo era vital para romper la maldición y que de eso dependíamos todos. Me senté en la cama, tuve ganas de gritar y maldecir, hasta que rompí en llanto, recordando por un segundo lo que había sucedido con el anillo aquella mañana en el *ferry* hacia Capri. Volví a sentirme perdida una vez más.

Estuve en vela durante toda la noche, me paré incontables veces de la cama y volví a buscarlo sin lograr nada. Era un hecho, había desaparecido por segunda vez frente a mis ojos. Leí por horas los escritos tratando de encontrar algo que me diera un rayo de luz, quedando finalmente en la misma oscuridad de antes.

Capítulo 30

Desde mi regreso de Roma. Manuel no se había comunicado conmigo, ni tampoco había venido como lo había prometido. Llevaba semanas mortificada, pensando lo peor, aunque no perdía las esperanzas de que llamara en cualquier momento. Por otro lado, el anillo del dragón nunca apareció. Fue algo que me quitó la paz por completo, ya que no sabía cuál sería el futuro que eso nos depararía. Sin embargo, no me atreví a decírselo a mi padre, porque a esas alturas se había vuelto cada vez más delirante. Los médicos lo tenían sedado, dejándole pocas horas de lucidez al día y más que nada, parecía estarse preparando para morir.

Las noches se habían vuelto insoportablemente angustiosas, las visiones nocturnas se habían transformado en torturas que se repetían noche tras noche como una premonición y, en mis sueños, veía figuras fantasmagóricas, vestidas de negro, cuyos rostros estaban velados por sombras, que me perseguían por un sendero en medio de la oscuridad hasta atraparme. Me ataban a una viga de madera con unas sogas que hacían sangrar mis pies y mis manos, perforando poco a poco mi cuello con la punta de una espada, tratando de desollarme.

Mi desesperación crecía a tal grado, que sentía una asfixiante opresión en el pecho, como si mi corazón estuviera a punto de estallar, despertando alterada e invariablemente empapada de sudor.

Pasado el tiempo, y pese a que estaba exhausta, traté de llevar una vida normal. Seguí con mi trabajo de medio tiempo en el centro cultural, y también iba a cantar en festivales que organizaba la academia. Ezzio y yo nos habíamos hecho buenos amigos, convirtiéndose a partir de entonces, en un apoyo incondicional en mi vida.

Un día, al levantarme de la cama por la mañana, creí que mi estómago se voltearía al revés. Se habían apoderado de mí fuertes náuseas. Me senté en el borde de mi cama abrazando mi vientre. Corrí al baño y sin poder contenerme, vomité hasta quedar exhausta sentada en el piso, casi sin aliento.

Regresé a la recámara postrándome en mi cama, sintiéndome débil y mareada. Un profundo letargo caía sobre mi cuerpo como una roca, haciéndome sentir que me hundía entre las almohadas.

Los días siguientes fueron de mal en peor, mi rostro palidecía progresivamente, unas ojeras negruzcas aparecieron bajo mis ojos y en varias ocasiones estuve a punto de desvanecerme. Por lo que mi madre, al verme en ese estado, llamó al doctor, quien después de hacerme una exploración exhaustiva decretó, en tono solemne, que me encontraba en un perfecto estado de gravidez, es decir... ¡embarazada!

—¡Santo cielo! —exclamamos mi madre y yo al unísono, sorprendidas ante aquella inesperada noticia.

Los ojos de mi madre se llenaron de tristeza y, tartamudeando, volvió a preguntar al doctor si estaba seguro de lo que decía. Parecía pedirle al cielo haber escuchado mal y que todo hubiera sido solamente un error.

—No, señora, me temo que no hay ninguna duda al respecto. Teresa va a ser mamá —confirmó una vez más.

Mi madre se volvió hacia mí, me miró con el alma quebrantada, rompiendo en un lastimero y desesperado sollozo. Enmudecí sin saber qué decir, sabía que aquello traería un profundo pesar a su corazón y al de mi padre, si es que a esas alturas todavía tendría conciencia de ello. Aquella era una terrible noticia para mí y para todos, pues encima de no estar casada, que entonces era lo de menos, el maleficio cobraría fuerza con otro descendiente inocente.

Creí que mi vida se vendría abajo en ese instante, estaba embarazada y mi bebé corría peligro de venir a este mundo bajo quién sabe qué terribles circunstancias. No podía creer que me estuviera sucediendo eso. Me sumergí en una crisis interna pero, inexplicablemente, dentro de mi miedo y desesperación, sentí una alegría indescriptible.

Mi madre salió apresurada de mi habitación con los ojos inundados en lágrimas y entró en su recámara, azotando la puerta tras ella. Por unos minutos, el doctor me miró aturdido, acabó de llenar una receta médica sin articular media palabra y se marchó en seguida.

Minutos más tarde, Tya tocó a la puerta y se asomó asustada.

—¿Qué tienes, mi niña? El doctor no me quiso decir nada y lo vi salir con una cara que me alarmó.

—Voy a tener un hijo... Imagínate lo que va a ser para todos. No sé qué voy a hacer —bajé la mirada.

—¿Cómo es posible, Teresa? ¿Cómo pudo pasar esto? —preguntó visiblemente afectada—. Tus padres se van a morir de la pena.

—Es una larga historia, Tya, que algún día te contaré y sé que me entenderás.

—Hay que rezarle a Dios para que tu madre encuentre serenidad y resignación, y pueda comprenderte.

—Eso es lo que más deseo ahora —concluí, pidiéndole que me dejara a solas.

Esa tarde fue un infierno, mi madre no salió de su

cuarto durante todo el día. Me asomé por el resquicio de la puerta y advertí que había una bandeja con comida fría sobre la mesita del corredor. No había probado bocado alguno. Regresé abatida y me recosté en la cama, donde permanecí dormitando tratando de apaciguar mi alma.

Ya entrada la tarde, escuché a lo lejos que mi madre llamaba a Tya. Durante varios minutos hubo un silencio absoluto, y luego Tya volvió a tocar a mi puerta para avisarme que mi madre quería hablar conmigo.

Me levanté con un nudo en la garganta, me dirigí a su cuarto petrificándome frente a su cama. Sus ojos se llenaron de ira, era una expresión que jamás había visto en su rostro.

—Siempre pensé que eras una persona sensata, Teresa, en la que podíamos confiar. ¿No ves lo que está sucediendo? ¿Cómo pudiste haberlo hecho? —Cubrió sus ojos con desesperación—. ¿No tienes conciencia de lo que esto implica? Ves la situación y... —hizo una pausa—, eres una irresponsable. Ni siquiera conocemos al padre de esa criatura y lo vas a traer a sufrir quién sabe qué cosas espantosas.

—Es hijo de Manuel, el hombre que amo, mamá. Sé que no puedes entenderlo ahora y que es terrible para ti. Jamás me imaginé que esto sucedería, de verdad, pero lo único que quiero que te quede claro, es que Manuel es un hombre decente y bueno —aseveré.

—Nunca hubiera imaginado que fueras a hacer algo así, Teresa. Por lo visto, tu percepción de la vida es más sencilla de lo que es en realidad y no te das cuenta de que vas a traer un niño al mundo solo a sufrir. Mira a tu padre cómo está, y todo comenzó cuando abrió esa maldita caja —apretó sus labios, reprimiendo el llanto que se le atragantaba—. ¿Qué pasará entonces si no se rompe la maldición? ¿Y su padre qué?, ¿cuándo le vas a avisar?, ¿cómo le vas a explicar lo que le espera a ese niño? ¿Entiendes la magnitud de esta idiotez, Teresa?

—Sé que cometí un error, mamá, pero es demasiado

tarde para lamentos. El niño está aquí —dije acariciando mi vientre—, y no puedo hacer nada ya. Debo tener confianza en que tarde o temprano encontraré el lugar y la frase que romperá con este castigo. Y con respecto a Manuel, tuvimos una relación intensa y profunda. Sé que me ama tanto como yo a él y estará a mi lado en cuanto arregle su vida.

—Es muy importante que te comuniques con él. Debe saberlo cuanto antes —exigió.

—Por ahora no puedo, mamá, no me preguntes más por favor. Él prometió que vendría pronto. Esto me aflige más de lo que puedes imaginarte…, pero te aseguro que dentro de todo, buscaré la manera para que este bebé que espero esté a salvo.

Calló con el rostro apesadumbrado y en seguida me pidió que abandonara su habitación. Sin pronunciar palabra, regresé a recluirme de nuevo en mi cuarto, sintiéndome como una criminal después de haber sido enjuiciada y sentenciada a una larga condena.

* * * * *

A media noche tocaron a mi puerta y sin recibir aún respuesta de mi parte, mi madre entró con el rostro abatido, y deteniéndose a un costado de mi cama, expresó:

—Entiéndeme, hija, mira a tu papá cómo está, tú con tus pesadillas y ahora nos sales con esto… —se sentó junto a mí y encendió la lámpara, mientras yo me reacomodaba para contarle aquella historia que había marcado mi vida por completo.

Pasaron algunas horas y mi madre escuchaba atenta, acariciando mi mano. Esa historia quizá nadie la hubiera creído si no la hubiera vivido, pero por fortuna, pude hacer a mi madre partícipe de ese sentimiento que me pertenecía, y de vez en cuando, en completo silencio, vi rodar una que otra lágrima por sus mejillas.

Al concluir mi increíble relato, mi madre se inclinó hacia mí y me tomó entre sus brazos.

—¿Cómo iba a imaginar que habías vivido algo así, hija? ¿Por qué no me lo habías dicho antes? ¿Por qué no confiaste en mí?

—No había encontrado la ocasión para hacerlo, mamá. ¿Me comprendes verdad? Yo sé que no es justificable lo que hice, pero ahora sabes que detrás de todo esto hay una larga historia. Mira... —le mostré el anillo que Manuel me había dado antes de partir de Roma—. Él me quiere.

—No sé qué decirte, Teresa. ¿Qué vamos a hacer ahora?

—Lo he pensado mucho y creo que lo mejor es rentar un departamento. Estoy ganando ya lo suficiente para hacerlo y con esto, creo que es lo mejor para todos. Ya soy mayor como para responsabilizarme de mis actos y así lo haré. Por favor no pienses que los voy a abandonar y mucho menos ahora.

—No tomes una decisión precipitada. Piénsalo bien, hija —insistió.

Me levanté de la cama y dando vueltas en mi recámara como si fuera un león enjaulado, expresé:

—Perdóname, mamá, en verdad lo lamento. No quise, ni quiero hacerle daño a nadie, te lo juro y creo que quizá eso será lo mejor para todos. No te preocupes por mí, ¿cuántas mujeres viven solas en este mundo y salen adelante?

—Es que, Teresa...

—No, mamá —repuse, arrebatándole la palabra—. Ya no soy una niña y esto me da la oportunidad de demostrar que soy una mujer —me volví hacia ella dándole un beso en la frente.

Un rato después de que mi madre se marchó de mi habitación, tomé el teléfono y le marqué a Piateli. Necesitaba avisarle sobre lo que estaba sucediendo. Me contestó soñoliento.

—Teresa, qué gusto escucharla aunque me asusta el tono de su voz, ¿sucede algo?

—Perdone que le hable a estas horas, pero han surgido dos cosas terribles que lo han cambiado todo —respondí con seriedad.

—Dígame por favor, ¿qué pasa? Como le dije, me asusta el tono de su voz.

Le platiqué lo sucedido con el anillo y vacilé antes de confesar:

—Estoy embarazada.

—¡Madre mía! —exclamó—. ¿Cómo es posible? ¿Sabe lo que esto significa, Teresa? —cuestionó exaltado.

—Sí, lo sé perfectamente, por eso mismo le hablo. Estoy desesperada, mi padre está agonizando y no sé qué hacer.

Dijo que comprendía mi preocupación y que con respecto a sus investigaciones recientes, había corroborado que el problema real empezaría cuando mi padre muriera, ya que la ira del maleficio recaería de lleno sobre mí y luego en mi hijo y así sucesivamente. Aclaró, que yo seguiría siendo la elegida para romper con la maldición, por ser la menor en la línea familiar cuando se había desatado todo aquello. Sin importar que siguieran naciendo más niños, todos dependerían totalmente de mí, por lo que sentí una carga enorme sobre los hombros.

Piateli, preocupado, pareció darle vueltas al asunto e indicó que averiguaría qué podía hacer para ayudarme. Sin poder darme la respuesta que esperaba oír, sus palabras se escucharon como un eco en el vacío. Por lo visto, todo indicaba que estaría perdida sin el anillo. Ya no existía nada que hacer y ese probablemente sería el comienzo de nuestro fin.

Capítulo 31

Tiempo después, al estar revisando algunos papeles y la correspondencia que no había abierto las semanas anteriores, encontré un sobre que venía de Italia. Había recibido una carta de David, donde me reconfirmó que, a pesar de la distancia, nada había logrado fragmentar nuestra amistad.

Querida Teresa:
He estado en contacto con María. Por lo que me ha dicho, sé que las cosas no han andado muy bien por allá y en verdad lo lamento. Me gustaría estar a tu lado para darte mi apoyo, pero a pesar de la distancia, sabes que cuentas conmigo siempre.
Por lo visto, parece ser que necesitas un tratamiento urgente para deshacerte de tantos males. Tal vez podría llevarte con un brujo africano, o si prefieres a Haití, que también tiene su buena fama. O quizá…, tu salvación podría ser que recibieras unos abrazos apretados, de los que me he especializado últimamente en dar. Y quién sabe qué otra cosa se me pueda ocurrir para hacerte feliz. Ya sabes que uso mucho la

imaginación. En definitiva, lo que más deseo es que por fin tengas una vida en paz...
   Pienso mucho en ti, me haces mucha falta. No dejes de estar en contacto.

Dave.

   Sonreí con nostalgia e introduje nuevamente la carta dentro del sobre, agradeciendo a la vida que David siguiera siendo el mismo de siempre. En seguida le escribí y decidí llamarlo más a menudo. Sabía que amigos como él eran imprescindibles y no estaba dispuesta a que la lejanía nos distanciara. Era de las pocas personas que podía hacerme reír, incluso cuando menos deseos tenía de hacerlo.
   Mientras guardaba el sobre en la gaveta de mi escritorio, alcancé a escuchar que mi padre me llamaba. Corrí a su habitación y lo encontré recostado sobre una montaña de almohadas que lo sostenían medio erguido. Su semblante deteriorado me hizo sentir desolada, aunque debo admitir que me alegró verlo despierto después de varios días de haber permanecido casi inconsciente. Me recliné a su lado y le tomé la mano.
   —Aquí estoy, papá. ¿Qué pasa?
   —Thérèse, hija —balbuceó—. Necesito hablar contigo.
   —Dime papá, te escucho.
   —Me siento muy mal por no haber sido un buen padre para ti ni para tus hermanas, ni un hombre digno de tu madre —confesó apesadumbrado—. Sé que es demasiado tarde para hablar de arrepentimientos, pero la vida no fue lo que yo suponía, mi niña —cerró sus ojos, mordiendo sus labios con desesperación—. Siempre estuve obsesionado con mis investigaciones, aferrado a satisfacer mi hambre de conocimientos, de salvar a tantos de ir a prisión y viajar a muchos lugares en busca del eslabón perdido. Viví demostrándome a mí mismo y al mundo entero, que el éxito solamente era de

hombres valientes, inteligentes y con carácter —resopló, al tiempo que luchaba por reprimir una tos desquiciante que le asaltaba al hablar—. Qu... qué equivocado estaba al pensar que todo ese reconocimiento que me dediqué a perseguir y a almacenar me traería la felicidad, cuando hoy sé que nada es permanente y que la dicha está dentro de uno mismo, no en el exterior.

Continuó casi sin aliento limpiándose la boca con su pañuelo.

—Nunca vayas a cometer mi mismo error, hija. La vida es más que eso, y yo la desperdicié por estar alimentando esos egos insaciables que me alejaron de la realidad, de aquello que realmente valía la pena.

Dios me dio una familia espléndida, una esposa, más bien una magnífica mujer en toda la extensión de la palabra y una vida para sacarle el mayor provecho, y mira lo que hice de ella... —contrajo su barbilla—. Me encargué de ser mi propio verdugo, quitándome el privilegio de compartir con ustedes, mis tres bellas hijas, las etapas más importantes de sus vidas. Lamento no haberles dedicado mi tiempo y no haber disfrutado tantas cosas juntos... Pero ante todo... —sus ojos se llenaron de lágrimas—, abrazarlas y darles todo el amor, porque sé que en cualquier momento me iré y no volveré jamás a tener la oportunidad de hacerlo. Fui tonto e inconsciente, al dejar todo esto guardado dentro de mí para después... Y ahora me pregunto, ¿después de qué? ¿De cuándo? Siempre asumí que algún día tendría el tiempo para hacerlo. Y ahora que la vida se me va de las manos y que no puedo hacer que regrese el tiempo, caigo en la cuenta de que han sido y son, lo más valioso de mi existencia.

Me recosté sobre su pecho, mis ojos se inundaron y apretando mis labios lo más que pude, ahogué mi llanto y las ganas de gritar. Me tomó entre sus brazos temblorosos y descansando su barbilla sobre mi cabeza, expresó:

—Da siempre lo mejor de ti, Thérèse, y procura que sea

a tiempo, no esperes, porque uno no sabe si habrá un mañana y, nunca, escúchame bien, hija, nunca descuides a los que amas y te aman más que a nada en esta vida. El corazón se va apagando lentamente como si fuera una vela, hasta que se extingue por completo.

Me estremecí ante sus palabras y expresé con la voz entrecortada.

—Papá…

—Mi pequeña… —se le quebró la voz y sus ojos se humedecieron nuevamente—. Jamás permitas que la fama y la codicia te lleguen a cegar, pues créeme que más que satisfacciones, te alejan de tu esencia y te hacen olvidar los verdaderos tesoros de la vida —sentenció. Besé su mano y sin más aliento para seguir, cerró los ojos.

Capítulo 32

Casi siete meses habían transcurrido desde mi regreso de Roma. Mi padre estaba viviendo un vía crucis, era insoportable verlo postrado en su cama delirando del dolor, ya que permanecía inmovilizado y las llagas cubrían gran parte de su cuerpo. Había perdido el cabello casi por completo, era frustrante presenciar tanto sufrimiento y no poder hacer nada por él. Parecía que su propio cuerpo lo iba devorando poco a poco. Estaba inconsciente la mayor parte del día y gracias a esto tenía algunos ratos de calma, aunque para mi madre, que permanecía a su lado todo el tiempo, era intolerable verlo de esa manera.

En ese entonces ya me había mudado a un apartamento cerca de la casa de mis padres. Mi madre me visitaba casi a diario y, como siempre tan generosa, llegaba cargada de regalos y una que otra chambrita para el ajuar del bebé.

Un día, mientras las dos tomábamos el café preguntó, sin más rodeos, si había hablado con Manuel durante todo ese tiempo, ya que le mortificaba sobremanera que él no apareciera aún y que ni siquiera estuviera enterado de que pronto sería papá. Yo por mi parte, suspiré desesperanzada, y con un gran dolor en el corazón, dije que todavía no tenía ninguna noticia suya, comentándole que abrigaba la esperanza de que cumpliera su palabra como me lo había prometido. Sin embargo, muy dentro de mí tuve el presentimiento de que algo malo tenía que haber sucedido.

Sin poder esconder su angustia, mi madre guardó silencio.

*****

Esa misma noche soñé con Manuel... Lo imaginaba recostado a mi lado, arropada entre sus brazos, mis manos sobre su pecho y mi corazón latiendo con gran fuerza, avivado por la fragancia de su cuerpo que exaltaba todos mis sentidos. Sabía que a su lado todo estaba bien y mis temores se desvanecían.

Al despertar en la madrugada, sobresaltada y queriendo comprobar su presencia, descubrí con tristeza que todo había sido solamente un sueño. Un simple espejismo de mis deseos latentes. Quedé inmóvil entre las sábanas, sujetando mi cabeza con desesperación, luchando por emerger de un mundo silencioso que se había apoderado de mi interior.

Fueron pasando los días, las largas semanas, en las que me embebí en el trabajo y en mis clases para no tener tiempo de pensar en nada que me quitara la tranquilidad. Llegaba a casa rendida. Las náuseas ya habían desaparecido..., cuando un día descubrí con horror una mancha rojiza en el dorso de mi mano izquierda, que se había hecho cada día más grande y dolorosa. Sentí un espasmo de pánico en la boca del estómago, al pensar que había llegado mi hora y moriría lentamente como mi padre.

Supuse que era ya demasiado tarde y que la maldición había tomado las riendas de mi vida. Sentí rabia, aunque no perdí la esperanza de que algún día terminara tanto sufrimiento. Aquello fue el comienzo de una obsesión que me desquiciaba casi la mayor parte del día.

Una de las tantas noches, al estar preparando mi cena, sonó el teléfono.

—¿Bueno? ¿Quién habla? —contesté.

—Saulo —respondió una voz de hombre, entre un molesto cco intermitente y una ruidosa interferencia en la línea.

—¿Saulo, qué? —pregunté sin poder ubicarlo aún.

—Saulo Santori, el amigo de Manuel Massi, ¿me recuerdas? En Capri.

—¡Claro! ¿Cómo estás, Saulo? ¿A qué se debe tu llamada? Y perdona que te lo pregunte, pero... ¿cómo conseguiste mi teléfono? —empecé a sentirme sumamente nerviosa.

—De verdad ha sido toda una hazaña, Teresa. Por fortuna hallé el teléfono de tus padres en una tarjeta que tenía Manuel y ahí me dieron este número. Por desgracia, me temo que no es una llamada cordial. Hablo para darte una noticia muy penosa. Algo que me duele tener que decir por teléfono, pero la distancia me impide hacerlo de otra forma.

—¿A qué te refieres? —Sentí que se me empezaba a tensar todo el cuerpo, al presentir que estaba a punto de notificarme algo terrible.

—Se trata de Manuel, ha tenido un accidente fatal.

—¿Qué? ¿Qué le pasó?

—Murió.

Mi corazón hizo una pausa como si hubiera querido detenerse, las extremidades de mi cuerpo se habían puesto frías y llenas de hormigueo. Todo comenzó a darme vueltas, adentrándome en un torbellino profundo y oscuro, al tiempo que escuchaba la voz apagada de Saulo que me llamaba, sin que pudiera responderle.

Pasaron escasos segundos, que parecieron un largo martirio y sin soltar el teléfono, logré articular:

—¿Có... cómo fue?

—Un infarto cerebral que se complicó con un paro respiratorio. Los médicos dijeron que había sido secuela del coma que tuvo en Capri. Siento mucho ser yo quien te dé esta terrible noticia, Teresa, pero solo yo podía hacerlo, por ser el único que sabía de tu relación con él.

—¿Cuándo pasó? —alcancé a preguntar con voz titubeante.

—Hace unos meses, y hasta hoy no pude comunicarme contigo. Me fue difícil encontrar tu teléfono, pero finalmente pude localizarte a través de la casa de tus padres. No sé qué decirte, Teresa. En verdad me apena mucho y estoy igual de consternado que tú por lo sucedido. Él era un gran hombre y un buen amigo —se le entrecortó la voz y se disculpó diciendo que tenía que colgar.

La noticia me provocó una fuerte contracción en el vientre que me dobló por varios minutos sobre la cama. Con un dolor desgarrador, gemí como un animal herido a punto de morir.

"¡No es posible! ¡No es justo!", grité con rabia. "¡¿Qué he hecho para merecer esto?! ¡¿Estás ahí, Dios?! ¡Escúchame! ¿Por qué permitiste que esto sucediera? ¿Por qué arrebatármelo ahora que iba a decirle que esperaba un hijo suyo? ¿Para qué tanto sufrimiento?", golpeé la cama con mis puños.

"¡¿Por qué me has hecho esto, Manuel?! No cumpliste tu promesa ¡No la cumpliste! ¡Me fallaste y mira en qué momento! ¿Qué será de mí y de nuestro hijo? ¿Por qué te fuiste así?", exclamé una y otra vez.

Pensar que jamás lo volvería a ver, me hacía sentir que un vacío abismal se producía dentro de mí. Arranqué el cable del teléfono y lloré hasta sentir que mis ojos se secarían. Tuve extraños cambios de temperatura en todo mi cuerpo que me hacían trasudar, haciendo que la ropa empapada se pegara a mi piel, mientras que por mi frente rodaban gotas que empañaban mi visión.

El cansancio y la depresión se habían apoderado de mí. Tenía ganas de morir, era como si quisiera escapar, como una de tantas veces, de aquellas visiones premonitorias que me habían perseguido por tanto tiempo.

Dormí y dormí, no sé si por horas o días. Mi cuerpo parecía desaparecer entre las sábanas.

* * * * *

Luego de haber quedado postrada en mi cama como sin vida, alcancé a escuchar el tintineo del timbre de la puerta. Me arrastré al borde de la cama y con dificultad, logré ponerme en pie para caminar tambaleante hasta la puerta.

—¡Teresa!... ¡¿Qué te pasa, hija?! ¡¿Estás enferma?! —preguntó mi madre alarmada al verme—. ¿Por qué no abrías la puerta ni contestabas el teléfono?, Victoria y yo llevamos mucho tiempo allá afuera. Sabíamos que te encontrabas en casa porque vimos tu auto estacionado en la calle.

Mi madre, sin comprender lo que pasaba, me tomó entre sus brazos, en tanto ella y Victoria se miraban consternadas. Se hizo un largo silencio hasta que exploté en un melancólico sollozo.

—Mi vida... ¿Qué ha pasado? ¿Por qué estás así? Dímelo, por favor. No me asustes —suplicó afligida.

—¡Ha muerto! ¡Ha muerto, mamá! Me ha dejado sola —exclamé con profunda tristeza.

—¡¿Quién ha muerto, Teresa?! No entendemos de qué hablas —preguntó Victoria mirando a mi madre.

—¡Manuel! ¡El padre de mi hijo! ¿Qué voy a hacer sin él?

—¿Qué dices...? ¡No puede ser, hija! —cubrió su rostro con ambas manos—. Debe haber algún error.

—No lo hay mamá, lamentablemente es cierto —confirmé.

Mi madre y Victoria, sin saber qué hacer para mitigar

mi dolor, se sentaron a mi lado, mientras mi madre me tomaba de las manos:

—¿Cómo fue? ¿Cuándo pasó? ¿Te lo dijo un tal Saulo? Porque ese hombre habló a casa hace unos días preguntando por tu teléfono, hija.

—Así es, mamá —relaté entre sollozos lo sucedido...

—Ahora entiendo por qué Manuel nunca me habló ni me buscó durante todo este tiempo. El resto de la tarde, mi madre y Victoria trataron de consolarme en aquel duelo, y entre palabras de aliento y llorando con profundo desconsuelo, terminé por pedirles que me dejaran sola.

Sin poder resignarme a la idea de no volver a ver más a Manuel, esa misma noche hablé con David y María para avisarles lo ocurrido, y pedirles a ambos que trataran de indagar el lugar donde se encontraban sus restos.

Entre tanto, llegó la noticia que esperábamos sucedería de un momento a otro. Mi padre había fallecido. Fueron largos meses de agonía que al fin habían terminado. Tristemente, su cuerpo había quedado casi irreconocible, por lo que decidimos poner sus cenizas en la cripta familiar, situada en la iglesia donde mi madre solía asistir los domingos.

Me afligía el hecho de no haber podido hacer nada para evitar ese desenlace tan triste aunque, en el fondo, fue un alivio saber que estaría descansando después de tanto sufrimiento. No obstante, sus últimos meses de vida le habían dado la oportunidad de reivindicarse con aquellos de quienes, por algún motivo, se había distanciado a lo largo de su vida.

Desde aquel día, me di cuenta de la gran falta que me hacía, pero a fin de cuentas, estaba en paz, porque tenía la suerte de haber tenido un buen padre, y sabía que no tenía hacia él ninguna recriminación, ningún reproche.

Capítulo 33

Los meses habían trascurrido a una gran velocidad y a esas alturas, la llaga de mi mano se había extendido dolorosamente por la palma y gran parte del dorso. Ya no tenía fuerzas ni ganas de seguir con mis investigaciones. Estaba agotada emocionalmente y la culpa me asaltaba por sentir aquella apatía, porque de eso dependía el bienestar de mi hijo y más adelante, de los hijos de Anna.

Tenía que encontrar la manera de romper con la desgracia que nos había causado aquella maldición. Era como si la mala suerte se hiciera presente en todo lo que me rodeaba; la muerte de Manuel, la de mi padre, mis tormentosos sueños, la llaga de mi mano y, ¿qué pasaría entonces cuando mi hijo naciera? Estaba a unos meses de dar a luz.

A media mañana sonó el teléfono.

—¿Teresa? —una vocecilla lejana preguntó.

—Sí, soy yo, ¿quién habla?

—Sandrino Piateli, me da gusto escucharla de nuevo. Le hablo porque al fin, y después de tantos meses de búsqueda, averigüé quién fue la tal Julianne.

—Le escucho —respondí.

—Se trataba de una joven francesa, que viajó con su familia desde Aviñón hasta Timisoara, que está al oeste de Rumania, casi en la frontera con Serbia. Se cree que la caravana duró varias semanas, ya que en aquella época las distancias se hacían eternas. El abuelo de Julianne era rumano y amigo entrañable de Mircea el Viejo, el abuelo de Vlad. ¿Lo recuerda? Este contribuyó con Mircea, su amigo de la infancia, a unificar los principados rumanos con importantes triunfos frente los poderosos ejércitos enemigos, marchándose posteriormente a Francia donde pasaría el resto de sus días. Julianne... —lo escuché hojear algunos papeles—, era una viuda aristócrata que tenía solo un hijo varón llamado Pierre Gustave. Se cree que Vlad había sido su más férreo pretendiente y a la única que dicen, amó caprichosa e intensamente en el anonimato. Parece ser que ella, al percatarse de la dimensión de su maldad, nunca más quiso corresponderle. Esa mujer lo tenía embrujado con su belleza y su refinamiento. Y terminó matándola por celos, al enterarse de que su primo Razvan II, un caballero noble y educado, la haría su esposa.

—¡¿Razvan?! —Me dio un vuelco el corazón.

—Así es, Teresa. Este hombre, sufrió mucho cuando su primera esposa murió en sus brazos al dar a luz a su primogénito, Ramesh. Un joven descastado que posteriormente le daría la espalda a su propio padre, uniéndose a Vlad en su contra.

Luego de algunos años conoció a Julianne, quedándose prendado de ella, más que por su belleza, por su profunda sensibilidad. Esta historia de amor fue una de las más bellas de la historia medieval. Cuando ella estaba a punto de morir, después que Vlad la mandara a matar por despecho, le confesó a Razvan, en su lecho de muerte, que esperaba un hijo suyo, el cual moriría dentro de su vientre. Y como su último deseo, le pidió que se hiciera cargo de Pierre Gustave, que entonces tenía cinco años de edad y el que sería, más tarde, su brazo derecho y, que, por ironías del destino, daría su propia vida para salvarlo ante uno de los tantos enfrentamientos con los turcos. Se dice que Razvan nunca volvió a casarse, puesto que no pudo amar a ninguna otra mujer en toda su vida.

—No puedo creer tanta maldad —dije—. Es increíble pensar cómo Vlad dedicó su vida a destruírsela a los demás, y me incluyo en esa lista. Todo va encajando poco a poco. Parece como si fuéramos las piezas de un tablero de ajedrez, donde mi padre desafortunadamente encuentra la bomba de tiempo y, yo, la última descendiente de mi familia por el momento, tengo que luchar por destruir un maleficio que aún no entiendo del todo. Tres veces han pronunciado el nombre de Julianne como si yo supiera de quién se trata. Pero lo peor del caso, es que..., llamé Razvan a Manuel, en Capri, sin saber el porqué lo hacía. La verdad no entiendo nada, señor Piateli.

—Esto es realmente interesante, Teresa —meditó en medio de un largo suspiro—. Cada vez se atan más cabos sueltos y con esto, como un día usted misma dijo, descubro que hay un más allá de lo que vemos. Acaso podría ser que... —titubeó para luego retractarse de lo que estaba a punto de decir—: No, no, olvídelo, es una idea descabellada...

—Dígalo, por favor, señor Piateli —insistí—. A estas alturas ¿qué puede ser peor de lo que ha pasado ya...?

—Que usted haya sido esa mujer, Teresa. No encuentro otra explicación. Es lo único que me viene a la cabeza. Son demasiadas coincidencias. Parece ser que la maldición escogió a su padre para llegar a usted y al mismo tiempo a usted para llegar a Manuel. Algo así como una venganza en cadena.

Me quedé sin palabras ante aquella suposición.

—Espero que no sea lo que dice... Preferiría creer que únicamente han coincidido las cosas, porque en el fondo hemos querido que nos cuadren las pistas —de solo pensar en que aquello que decía Piatelli, sentí náuseas.

—Probablemente tenga razón —admitió con tono

incierto—, eso solo Dios lo sabe, pero de cualquier forma, hice una recopilación de datos que puede ayudarla a protegerse tanto usted como el niño que espera.

—Lo escucho.

—Durante la época medieval, llevaban a cabo diferentes métodos de protección contra brujerías. Se decía entonces, que en casos de enfermedades y mujeres embarazadas, ataban un cintillo rojo a su vientre y pintaban una cruz roja dentro de una estrella de cinco puntas, con una tinta parecida a la henna, la cual mantenían pintada por varios meses abarcando la totalidad del abdomen. No perdería nada intentándolo, además, ya sabe que con estas cosas nada está escrito.

Es más, la cruz que omitieron al diseñar ese anillo y que originalmente llevaba clavada en el cuerpo del dragón, representaba a Dios dominando a la bestia, que simboliza el mal. Y sospecho, que el anillo junto con el rubí, "la sangre de paloma", es el signo de la maldad que predomina sobre cualquier elemento. Así pues, esa estrella con la cruz resultan ser primordiales en todo esto, ya que pintándolas en su abdomen, plasmará una protección sagrada, protegiéndolos a ambos —suspiró—. Quiero pensar que así será hasta que encontremos la solución definitiva, pues este mundo oculto de la hechicería, encantamientos y alquimia es difícil de comprender y, por lo que veo, mucho más de combatir.

—Hay algo más que usted no sabe... —declaré.

—¿De qué se trata, Teresa?

—Me apareció una llaga en la mano izquierda que ha ido creciendo con el tiempo y tengo mucho miedo de morir como mi padre.

—¡Aaaj!... —dejó escapar una expresión de disgusto, aguardando unos segundos antes de responder—. Es sorprendente el alcance que todo esto tiene, y más aún; que no logremos detenerlo, que hayan transcurrido cinco siglos y no sepamos cómo lidiar con algo tan primitivo. Suena ilógico que tengamos menos conocimientos sobre esto que antes.

Parece como si aquel mundo de magia en el que se vivía en esa época, se hubiera perdido en el tiempo sin dejar rastro alguno. Sé que hay culturas que aún la practican, aunque no tanto como para crear una maldición de esta dimensión. Realmente lo siento, Teresa. Quiero creer que de igual manera podría pintar otra estrella con la cruz en el dorso de esa misma mano y cubrirla con un guante blanco. También es imprescindible que cuando nazca su hijo, le pinte lo mismo en la nuca y deberá, al igual que usted, mantenerla siempre pintada. Le juro que no he descansado ni descansaré hasta que logremos ganar la batalla. Le pido que no dude en llamarme, Teresa, estaré a cualquier hora para usted.

Luego de agradecer sus palabras, me despedí de él y saqué del cajón de costura un cintillo rojo, lo até a mi cintura y al tomar un marcador rojo para pintar la cruz, en tanto compraba la henna, vi que durante todo ese tiempo no había desempacado aquel látigo que me había regalado el anticuario en Brasov. Ahí mismo, tomé el cilindro de cartón donde lo había guardado y recordé aquel viaje que había sido una total aventura en mi vida. Lo colgué en mi habitación frente a mi cama y meditando por unos minutos, comprendí que tenía que agotar hasta el último recurso para encontrar la luz que necesitaba en ese pasaje de tinieblas.

Capítulo 34

Dos días después de haber regresado a casa, María me llamó por teléfono para notificarme que no había encontrado nada sobre la muerte de Manuel. Había agotado hasta el último recurso posible para dar con él, llamando incluso a Carlo para que indagara en Villa Capriccio, donde le indicaron, que el viñedo había sido vendido hacía varios meses y los nuevos propietarios no tenían la menor idea sobre aquella noticia. Parecía como si la tierra se hubiera tragado su último rastro.

Era obvio, que al vender esas tierras había sido por algo crucial, pues recordé que el mismo Manuel me había dicho que siempre conservaría aquel tesoro familiar.

La suerte no estaba a mi favor. Esa puerta se había cerrado y únicamente quedaba abierta la de David. Deseé que por lo menos él pudiera darme una noticia que me hiciera sentir resignada, para así poder continuar con mi vida.

Después de aquella llamada comprendí lo que les sucedía a las esposas y a las madres de los hombres que morían en la guerra. Si no enterraban ellas mismas los cuerpos, continuaban sus vidas pensando que ellos estarían vivos o heridos en algún lugar del mundo, y permanecían eternamente con la zozobra. Así sobreviviría yo hasta que David me diera alguna noticia.

Durante aquella conversación María me contó que había salido un tiempo con Biaggio, pero que su ritmo de vida se disparaba por completo al de ella. Él era un empresario que vivía viajando constantemente y aunque, encantador, era un hombre dominante y con un mundo interior vacío, exactamente todo lo contrario a lo que ella buscaba en una pareja. E incluso, afirmaba como buena psicoterapeuta, que era mitómano, por lo que su corazón seguía sintiendo aquella irresistible atracción por Marco, que a pesar de haber dejado de ser su paciente mucho tiempo atrás, nunca se dio por vencido hasta lograr que ella volviera nuevamente a su lado.

Según sus palabras, María seguía con culpas que no había logrado superar. Sabía que tenía que romper con estructuras para poder liberarse y vivir en paz. Montse, en cambio, estuvo en contra de esa unión y se había encargado de hacerle a ambos la vida difícil, ya que Marco era mucho más joven que María y, peor aún, tenía severos problemas económicos, cuestión que mortificaba a Montse, porque pensaba que era solo un vividor, que posiblemente la despojaría de lo poco que había logrado con el trabajo de tantos años.

Al mismo tiempo, María se encontraba en un dilema, pues con todo y su culpa, había decidido mudarse a vivir con Marco y con Gio, a un departamento en las afueras de Roma. Esto le pesaba demasiado, pues sabía que Montse dependía de ella en todos los aspectos.

Luego de mucho batallar, entre diferencias, discusiones y peleas, que las distanciaron por algún tiempo, acabaron por limar asperezas que al final pudieron resolver. Me alegré por ella, pues merecía rehacer su vida con el hombre que amaba, y Marco dentro de todo, había demostrado ser un buen hombre, que le había devuelto a María la alegría de vivir.

* * * * *

A lo largo de esos meses, Ezzio y yo nos habíamos vuelto amigos inseparables. Se había convertido en un gran apoyo y una enorme compañía durante aquella época de mi vida.

El nacimiento de mi bebé estaba por llegar en cualquier momento. Los meses habían transcurrido a una velocidad sorprendente y entonces ya no me quitaba el guante blanco que tapaba la enorme llaga de mi mano. Los doctores, al igual que con mi padre, seguían sin encontrar ninguna explicación al respecto, pero al menos había dejado de crecer como al principio.

También, durante muchas noches tuve uno de esos sueños desesperantes en el que aparecían figuras siniestras que me arrastraban por un pasillo tratando de meterme en un cuarto oscuro. Esto me causaba una angustia insoportable, que me hacía suplicarles que me dejaran ir, que estaba esperando un hijo, pero solo reían batiendo sus quijadas de forma macabra. Una de esas noches, un hombre delgado vestido con armadura medieval, apareció en mi sueño declarando que yo tenía que morir, que mi vida estaba marcada por el fuego del dragón. Grité pidiendo ayuda y casi al borde de la locura, sentí unos pasos antes de que me encerraran en aquel lugar, y un destello de luz cegador, hizo desaparecer a aquellas bestias.

En medio del fulgor de luces, surgió una figura frente a mí. No podía ver su cara por la intensa luz que despedía. Me tomó de la mano y susurrando a mi oído, alcancé a escuchar que decía: "No temas, no le des el poder sobre ti, confía en Dios, hija mía, y nada quebrantará tu espíritu".

Desperté temblorosa tratando de encender la lámpara pero no había electricidad. Estaba lloviendo a cántaros, el árbol frente de mi ventana azotaba con furia sus ramas contra el vidrio. Atemorizada, aguardé sentada sobre mi cama. Necesitaba luz para disipar esa pesadilla que me seguía aún despierta y, luego de varios minutos, logré controlar mi agitada respiración. En completo silencio, me levanté de la cama como si alguien estuviera acechándome desde algún rincón del cuarto. Tomé unos cerillos y encendí una vela. Caminé hasta la ventana para cerciorarme de lo que sucedía. Al abrir la cortina, me quedé petrificada. El vidrio empañado tenía escrita la frase "Julianne *infidens identidem*".

Al leer aquello, creí que mi alma saldría de mi cuerpo, era como si una poderosa fuerza me mantuviera atada sin poder moverme. Quise dar un paso atrás, pero mis pies parecían anclados en un bloque de concreto. La flama de la vela, que permanecía sobre la cómoda, comenzó a ondear y crecer hasta alumbrar, como una antorcha, la habitación. Los ecos de un intenso zumbido comenzaron a rebotar por las paredes. Sorpresivamente la ventana se abrió de par en par, permitiendo que el viento entrara arrasando todo a su paso. La lámpara cayó al piso y de súbito, la llama se extinguió dejándome en un terrible silencio y en una oscuridad total.

Fue tal mi desesperación, que sentí mi vientre contraerse. Era evidente que mi hijo percibía mi pánico, pues la adrenalina subía y bajaba por mi cuerpo, como una ráfaga eléctrica que parecía quemarme. Descubrí entonces, que la maldición seguía su camino silencioso, ¿qué esperaba?, y ¿qué o quién había escrito aquello? Aterrada, froté la ventana con la cortina queriendo borrar otra de las tantas pruebas que me perseguían. Con el corazón a todo galope supliqué que todo terminara, de pronto, sentí un golpe en el pecho que me aventó hacia atrás, sobre la cama.

Como un chispazo, un resplandor iluminó el cuarto, obligándome a permanecer inmóvil con los ojos cerrados. Temía abrirlos y cerciorarme de que aquello no había sido una pesadilla.

Segundos después caí en un extraño estado de ensoñación, donde parecía oscilar entre el sueño y la realidad, sin lograr despertar ni caer en la inconsciencia de un sueño profundo. Mis sentidos se encontraban alterados e, inexplicablemente, mi cuerpo permanecía como anestesiado.

Me vi correr por un laberinto de piedra, húmedo y frío. Tuve la sospecha de que alguien me seguía y a gritos pedí ayuda, mientras sostenía con mis manos mi vientre. Por las voces y los cantos que alcanzaba a escuchar a lo lejos, intuí que me encontraba dentro de algún claustro. Los muros de piedra que se alzaban a mi paso, sostenían una que otra antorcha que iluminaba vagamente el camino.

Exhausta de huir de algo que no sabía lo que era, detuve mi paso dentro de una bóveda, donde pude apreciar un altar adornado con cientos de rosas blancas que despedían una fragancia que producía éxtasis. Un par de cirios permanecían encendidos, iluminando la figura de una virgen que vestía una túnica marrón con un manto color marfil, que llevaba una corona de oro sobre su cabeza. Sostenía a un niño en uno de sus brazos, y su mano derecha sujetaba los cordones de un escapulario, que se mecían con el roce del viento, infiltrándose por un conducto en el centro de la capilla.

Embelesada ante aquella imagen, escuché una voz melodiosa que decía: "No temas, hija mía, veas lo que veas, no temas. La luz está dentro de ti, confía".

Percibí que una lágrima salía de los ojos de la virgen y, cayendo postrada de rodillas frente a ella, me sentí bendecida por aquel milagro.

En una fracción de segundo, como en un abrir y cerrar de ojos, aquel glorioso lugar desapareció. Me volví a quedar sola y desorientada en medio de la nada. Permanecí a oscuras sin poder ponerme de pie cuando, violentamente, una mano tiró de mi brazo y mi pesadilla comenzó…

Sin lograr ver el rostro de aquel ser, este me arrastró por el suelo, golpeándome contra las paredes hasta llegar a una celda donde, entre sombras, alcancé a distinguir algunas cadenas de hierro que sujetaban varios cuerpos sin vida.

Frente a mí, apareció un ser que llevaba una capucha negra sobre su cabeza, dejando entrever unos ojos inyectados de ira, que resaltaban la perversidad de aquel demonio.

Llevaba un látigo en la mano, que no cesó de azotar contra las paredes, obligándome a confesar algo de lo que no tenía conocimiento, afirmando a la vez, que mi hijo no me pertenecía y que me sería arrebatado de las entrañas para pagar mi traición.

Se fue acercando intimidante, hasta acorralarme en un rincón de aquella celda, la cual emanaba un pestilente olor a muerte, bajo las miradas vacías de aquellos cadáveres suspendidos.

"Julianne, Julianne, Juli...", escuché voces de mujeres circundando los muros.

El hombre retrocedió, dejó caer el látigo envuelto en fuego, el cual fue transformándose lenta y monstruosamente en un gigantesco dragón, que se tragó de un solo bocado a mi verdugo, para luego postrarse frente a mí, exhalando llamaradas de su hocico que comenzaron a incendiar el lugar.

El techo comenzó a colapsarse sobre nosotros y en medio de aquella confusión de rocas que nos caían encima como lápidas, la bestia retrocedió bramando herida. Busqué algo con qué defenderme, cuando una cadena cayó sobre mí, hiriéndome el brazo. Me sostuve tambaleante de una polea, atraída por el reflejo de una cruz de bronce que colgaba sobre la pared.

Corrí esquivando piedras a mi paso. Con fuerza, tiré de ella tratando de desmontarla de la pared, hasta que se desplomó del pedestal, alcanzando a afianzarla contra mi cuerpo. La bestia me miró a los ojos y fue acercándose lentamente hasta que en cuestión de segundos, una cortina de humo negro nos cubrió a ambas, comenzando a asfixiarme. Me parecía que todo daba vueltas, hasta que caí de nuevo al suelo, inconsciente.

No tengo idea de cuánto tiempo permanecí en ese estado, cuando aquella cortina oscura que flotaba en el aire fue desvaneciéndose, dejándome mareada y confundida sobre una cama de madera.

En ese momento me encontraba dentro de un cubículo donde había una ventana, una mesa y un escritorio carcomido por la polilla. Aún desconcertada, pero más tranquila, me percaté de que estaba dentro de un dormitorio. Caminé hacia la ventana que permanecía tapada con una persiana de madera a punto de derrumbarse, decidí abrirla y al hacerlo, pude ver que me encontraba dentro de un castillo en la cima de una montaña.

Era de noche y la luna trataba de abrirse paso entre espesos nubarrones que, a la distancia, dejaban ver una tormenta eléctrica que iluminaba intermitentemente el cielo.

Me volví hacia el escritorio, vi un libro cubierto de polvo que entre sus hojas amarillentas, abrazaba un dije de plata oxidado. Este tenía la figura de un dragón enroscado que colgaba de una cadena. Absorta y a punto de tomar el medallón, la puerta del cuarto se abrió de tajo, azotándose contra la pared. En seguida, se escucharon pasos que se aproximaban por el corredor que permanecía en total oscuridad. Me acerqué lentamente y justo frente a mí, un séquito de mujeres, vestidas con hábitos andrajosos, pasó a toda velocidad ante mi presencia, sin inmutarse.

Salí corriendo de la alcoba, las seguí de cerca hasta verlas entrar a una antecámara, donde pude observar a lo lejos que se encontraban reunidas alrededor de algo que estaba dentro de una cesta de mimbre. Me adelanté para preguntarle a una de ellas qué era lo que sucedía y, perturbada, advertí que no me escuchaba, ya que ni siquiera se volvió a mirarme. Volví a llamar su atención, pero fue en vano, fijó su vista por encima de mi hombro y se dirigió a reunirse con el resto del grupo.

Sin recibir la menor respuesta, me dirigí a donde estaban congregadas las demás mujeres, observando a un hombre oscuro vestido con una túnica gris, que oraba en algún dialecto. Luego de permanecer ahí parada por varios minutos, escuchando y contemplando aquella inexplicable escena, una de las mujeres tomó un bulto de la cesta, que estaba envuelto en una manta blanca. Fue entonces, cuando comprobé con horror que se trataba de un sacrificio, pues en varias ocasiones, el ministro de aquella secta pronunció la palabra "ebo", que en alguno de tantos textos había leído que significaba "sacrificio".

Ante aquel espantoso ritual que estaba a punto de llevarse a cabo, me acerqué y pude ver que sostenían a un bebé en el aire, el cual comenzó a llorar. Grité desesperada tratando de evitar aquella monstruosidad, pero nadie me escuchó. Corrí hacia la mujer queriendo arrancarle la criatura de los brazos y mis manos traspasaron las suyas. Era evidente que estábamos en diferentes dimensiones. Pareciera como si estuviera dentro de una película, pero sin ser verdaderamente parte de ella.

Volví a vislumbrar las caras imperturbables de aquellas mujeres, cuando la que cargaba al pequeño, exclamó: "Julianne, Julianne, Julianne… este niño pagará por tu pecado".

Abracé una vez más mi vientre con angustia, cuando un dolor intenso me hizo desplomarme al suelo.

Capítulo 35

Desfallecida, permanecí inmóvil hasta que un resplandor me sobresaltó. Abrí los ojos con temor, encontrándome aún recostada sobre mi cama. La luz había vuelto ya, atrayendo de inmediato mi atención la ausencia del látigo que había estado colgado hacía unas semanas a la entrada de mi habitación.

Aturdida aún por aquella escalofriante vivencia y con ardor en el brazo, me reacomodé sobre las almohadas tratando de organizar mis ideas, no descubriendo hasta entonces, que tenía una herida en mi brazo, que sangraba levemente. Cerré los ojos y recordé que en mi supuesto sueño, me había herido al estar huyendo del dragón. Al hacer un recuento detallado de los hechos, que aún se mantenían fijos en mi memoria, el látigo con el que aquel hombre perverso iba a azotarme, se había convertido en un dragón que se lo tragó de un solo bocado.

No dejé de pensar en aquella historia que el señor Voicolescu nos había contado a David y a mí en Brasov, sobre la dragona blanca. Parecía como si me hubiera salvado de morir en manos de ese engendro del demonio.

Después de un tiempo de contemplar lo que estaba a mi alrededor, pensando en dónde podría estar el látigo que había visto esa misma mañana frente a mi cama, me levanté lentamente y caminé por el departamento sin encontrarlo por ningún lugar. Me volví a recostar una vez más, sintiéndome exhausta y sin poder apartar de mis pensamientos la imagen de aquella hermosa virgen, tan llena de bondad, que fue disipando poco a poco mis miedos hasta dejarme en un profundo letargo.

Recordé aquella frase de no darle el poder de mi vida a algo que ni siquiera era terrenal, por lo que a partir de ese día, decidí no volver a temer, pues era lo que nos volvía vulnerables a los ataques del mal, tal como me lo había dicho mi padre y la gitana, en aquel viaje a Rumania. Tenía que tener fe para cerrar esa puerta y no permitirle, a nada ni a nadie, la entrada para destruirnos. Había visto que en algunas ocasiones, cuando me enfrentaba a los fantasmas y a los ataques de aquella fuerza sobrenatural, esta terminaba por desaparecer.

Sentí que mi vientre se contrajo, era como un leve tirón que no había sentido antes. Pasaron las horas y este se fue haciendo cada vez más intenso y doloroso. Era evidente que las contracciones habían comenzado ya. Estaba casi amaneciendo, tomé el teléfono y llamé a mi madre, quien poco tiempo después que terminara de hablar estaba tocando a la puerta de mi apartamento.

Como una hora después de haber llegado al hospital, un fuerte chillido me hizo derramar lágrimas de felicidad. Aquel llanto, era el llanto de una pequeña vida que ni todo el sufrimiento del mundo podría opacar. El doctor se acercó a mí y me acomodó en el pecho a un hermoso hombrecito que fruncía el ceño en señal de descontento. Había salido a un mundo frío y desconocido, cuando en mi vientre tenía todo lo que necesitaba, sobre todo, protección y seguridad, pero yo estaba segura de que lucharía contra todo, por seguir proporcionándoselas.

Lo miré con detenimiento, apreciando sus facciones, su piel estaba recubierta por una suave película de minúsculos vellitos, semejando la corteza de un durazno. Seguí admirándolo, mientras entreabría sus ojitos que trataban de evitar el resplandor de las luces. Me sentí afortunada de tener entre mis brazos a aquel hermoso niño, el mejor regalo que la vida me había dado. Aquella personita que se había concebido con el más puro amor y que había estado cargando durante tantos meses dentro de mí, poco a poco fue abriendo sus ojitos hasta atrapar los míos y, examinándonos mutuamente por primera vez, lo amé desde ese instante.

* * * * *

El día de salir del hospital había llegado. Feliz y de vuelta a casa, acomodé a José Manuel en su cuna, recordando que tenía que pintarle la estrella con la cruz y mantenérsela así quién sabe por cuánto tiempo. Suspiré desanimada al tener que hacer aquello, porque sabía que su vida estaba marcada por una fuerza extraña, de la que parecía que ni yo misma podía protegerlo.

Al anochecer y luego de una tarde de organizar los últimos detalles en el cuarto del bebé, mi madre se marchó, anunciando que regresaría temprano el día siguiente.

Sonó el teléfono. Me dirigí a mi cuarto, me senté en la antigua mecedora, herencia de mi abuela, cuando con asombro vi que el látigo se encontraba de nuevo colgado en su sitio y, sin comprender de dónde había salido, levanté la bocina:

—¿Aló?

—¡Teresa! ¿Cómo estás?

—¿Quién habla? —No pude apartar mi vista de la pared donde colgaba el látigo.

—¿Ya no me reconoces? Tu compañero de persecuciones y aventuras sobrenaturales.

—¡Dave! —exclamé riendo—. Qué gusto escucharte de nuevo, qué bueno que llamaste ¿sabes? Acabo de regresar hoy mismo del hospital con mi niño.

—¿Mi sobrino? ¡¿Ya nació?!

—Sí, estoy feliz. Se llama José Manuel. Ojalá estuvieras aquí conmigo. Tengo muchas cosas que contarte desde la última vez que hablamos.

—Yo también —afirmó—. Por cierto, me topé con María en la academia recogiendo unos papeles, supongo que no has de tardar en recibirlos. Y referente a la muerte de Manuel —calló repentinamente antes de continuar—, me temo que no tengo las noticias que esperas. Mi padre aseguró que no había escuchado nada al respecto, por lo que le pedí a Biaggio que me ayudara a indagar más a fondo, y me comentó que un amigo suyo, que conocía muy bien a Manuel, le confirmó su muerte y, que al parecer, su familia se llevó su cuerpo a Perú.

No sé qué decirte, Teresa, en verdad lo siento mucho. No he dejado de pensar en ti y en lo que has tenido que pasar durante todo este tiempo.

—Gracias, Dave —suspiré con resignación—. Tenía la esperanza de saber algo sobre Manuel y con esta noticia, sé que es tiempo de aceptar su muerte y seguir delante.

Se hizo un incómodo silencio que volví a romper.

—Déjame decirte que estoy feliz con mi bebé, aparte de que he aprendido a vivir el ahora y a agradecer que él está bien.

—¡Qué bueno! Me da gusto oírte más animada. Te prometo que en cuanto pueda iré a visitarlos.

—Espero que sea pronto. Y cuéntame, Dave... ¿cómo van tus proyectos de la galería?

—Mejor de lo que imaginaba. El papá de Biaggio y yo estamos a punto de firmar el contrato. De verdad estoy muy entusiasmado por esta nueva etapa como empresario.

Platicamos por largo rato y reímos sin importarnos el

tiempo y la distancia. Sentí su cariño y apoyo, trayéndome de nuevo una buena dosis de alegría. Comprendí que tras aquella maldición que nos había traído tanto sufrimiento, irónicamente, me había dejado un cúmulo de cosas buenas. Me permitió encontrar a Manuel en el camino y que por él, ahora tenía a mi hijo. A David, que se había convertido en un amigo entrañable en mi vida y, por supuesto, a María, con la que se había incrementado mi lista de hermanas.

Las semanas transcurrieron en aparente calma. Una tarde, luego de una mañana de intenso trabajo y de haber asistido a mi clase de canto con Ezzio, regresé a casa exhausta. Distraída en la cocina, alcancé a escuchar unos golpecillos en la puerta. Se trataba de Anna, a quien no veía hacía varios días. Venía sosteniendo un platón con un delicioso pastel de zanahoria con una espesa capa de alcorza, que ella misma había hecho, porque sabía lo mucho que me gustaba. Lo puso sobre la mesa del comedor, cuando noté su semblante decaído. De inmediato supe que algo no andaba bien. La invité a sentarse mientras tomaba a José Manuel entre sus brazos y le daba un beso en la frente.

—¿Qué te pasa? ¿Por qué esa cara, Anna? ¿De dónde vienes? —pregunté, dándole una palmadita en la pierna.

—De comer con Tom… —hizo una pausa antes de continuar—. Quiere que tengamos un bebé, Teresa.

—¿Y qué pasó? ¿Qué le dijiste?

—Está furioso —aclaró—. Dijo que no está dispuesto a seguir con toda esta farsa urdida por ustedes para traer a la familia de cabeza. Todavía insinuó que éramos muy primitivos al creer en esas cosas, que no existían más que en nuestro propio desequilibrio.

—No puedo creerlo —resoplé—, perdóname que te lo diga pero es un completo imbécil. ¿Acaso no ha visto todo lo que ha pasado durante estos meses, empezando por nuestro padre?

—Por supuesto que sí —precisó—, pero él piensa que

fue una enfermedad rara que no tuvo nada que ver con la dichosa maldición. Es más, nunca quiso creerlo. Encima de todo, me amenazó, diciendo que si seguía con esas ideas estúpidas, fuera pensando qué íbamos a hacer.

—¿Qué te puedo decir, Anna...? —Encogí los hombros—. Es un necio, aunque al mismo tiempo lo entiendo. Él quiere un hijo y es natural que actúe de esa manera. Me imagino que con el nacimiento de José Manuel ha de estar peor que nunca. Ha de decir que mi bebé está perfectamente sano y que no va a pasar nada malo, pero... —dije, quitándome el guante—. ¿Ves mi mano? Llevo mucho tiempo así y no hay poder humano que me pueda curar esto. Mira... —descubrí mi pecho donde comenzaban a brotar los primeros bubones—. Esto sigue y sigue y quién sabe cuándo parará y, lo que más me preocupa, es pensar si José Manuel va a estar bien más adelante.

—¡Qué barbaridad! —Se llevó ambas manos a la boca—. Lo siento mucho, Bambi. Es cierto..., no puedo ser tan insensata como para traer al mundo a una criatura a sufrir quién sabe qué cosas tan monstruosas, aunque te confieso que ansío con toda el alma ser mamá. ¿Tú me entiendes, no es así? —Apretó sus labios con evidente tristeza.

—Por supuesto que comprendo tu desesperación... —la tomé de la mano.

—¿Cuándo se va a resolver todo esto? Dímelo, por favor —se le llenaron los ojos de lágrimas.

—Confío en que algún día me llegue la respuesta, Anna. En realidad es lo que más deseo en esta vida. Pero por ahora, tú tienes que decidir qué le vas a decir a Tom, no se trata de una decisión fácil. Te juro por lo más preciado de mi vida, que no descansaré hasta acabar con este martirio que nos ha robado la tranquilidad a todos.

Luego de lamentarse por lo que estaba sucediendo, se marchó abatida por la noticia.

La tarde transcurrió en plena calma.

El tiempo había tomado una velocidad indescriptible, todo pasaba tan rápido, que ni tiempo tuve de volver la vista atrás. Mi vida había dado un cambio radical. A la sazón ya había hecho algunas giras y conciertos. Por otro lado, me quitaba el sueño pensar que José Manuel ya tendría que asistir a la escuela y no tendría más remedio que dejarlo con mi madre en casa, comprendiendo que tenía que acomodar mi tiempo para evitar aquello lo más posible.

Las heridas de mi mano crecían lentamente. Mi pecho seguía con algunas llagas que no habían crecido tan rápido como al principio, pero comencé con unos dolores de cabeza punzantes, que algunas veces me hacían quedarme en la cama sin poder tolerar siquiera un rayo de luz.

Nunca dejé de agradecer que José Manuel estuviera aún sano. Mis sueños alucinantes se habían vuelto monótonos y desesperantes. Continuamente soñaba que estaba parada en algún lugar que semejaba una montaña. Veía un espeso enrejado de árboles que rodeaba aquel sitio frío y oscuro, donde alcanzaba a distinguir un tumulto de seres que ondeaban cientos de antorchas. Cuando, de golpe, me veía caer hacia al centro de la tierra y justo antes de tocar fondo, explotaba un rayo de luz que me traía la calma y un extraordinario bienestar.

Como de costumbre, no sabía cómo interpretar todo aquello. Sin embargo, sabía que soñar lo mismo con tanta frecuencia, significaba algo que aún no alcanzaba a comprender. Hablé en varias ocasiones con Piateli, quien trataba de descifrarlos para llegar a posibles conclusiones, pero sus intentos casi siempre terminaban fracasando.

Capítulo 36

Para ese entonces, Anna había decidido tener familia a toda costa pero, por desgracia, durante los primeros meses de embarazo, sufrió un aborto sin motivo aparente, expresando con desesperanza que la vida le arrebataba la posibilidad de ser madre porque tenía que pagar por los errores de mi padre. Comprendí que era normal su reacción, pues lo que más deseaba en el mundo era un hijo. Terminó por decir que sería la segunda madre de José Manuel, y sin duda lo fue.

Mi vida se había convertido en un auténtico maratón, mi trabajo en el centro cultural había pasado a ser más esporádico, pero aún seguía prestando apoyo en diversas áreas en las que me había especializado durante esos años, como la exportación de arte a Centroamérica y a Sudamérica, y en organizar eventos culturales que se llevaban a cabo cuatro veces al año en Manhattan. Además de haber comenzado a hacer algunas giras con Ezzio, mi tiempo libre lo dedicaba, entre otras cosas, a seguir con mis interminables investigaciones, a pesar de no tener el anillo en mi poder.

No podía ni quería darme por vencida de romper con

aquella maldición, por lo que mi prioridad siguió siendo encontrar la respuesta al acertijo.

Con el fruto de mi trabajo logré mudarme a una pequeña casa en la playa, situada en Kings Point, en la costa norte de Long Island. Aquel lugar llegaría a ser nuestro refugio perfecto. La casa tenía un formidable estudio con vista al mar, donde pasábamos la mayor parte del tiempo. Había un televisor frente a dos sillones, todos mis aparatos de música con los que solía componer y ensayar para mis presentaciones, además de ser el sitio predilecto de José, ya que se reunía con su grupo de amigos de la escuela para jugar a ser músicos, imitando a sus cantantes favoritos; unos simulaban tocar la guitarra y la batería; mientras otros bailaban entre risas, haciendo piruetas sobre las ruidosas duelas de madera del piso.

Fue ahí donde logré descansar realmente, distrayéndome con mi hijo y Joey, un adorable perro labrador, el cual se convirtió en una gran compañía y un amigo inseparable para él, cuando me ausentaba constantemente por las giras.

José Manuel tenía ya seis años y se había transformado en un chico extrovertido y alegre. Se parecía mucho a su padre y sin haberlo conocido jamás, tenía sus mismos gestos y ademanes, demostrándome que los genes son irremediables delatores de nuestra procedencia.

* * * * *

Con el paso de los años, Ezzio y yo nos habíamos convertido en una pareja extraña, ya que a pesar de saber que él me quería sin condiciones, mi corazón aún lastimado, no lograba corresponderle como ambos hubiéramos deseado. Esto no era un secreto entre nosotros, yo le había expresado con sinceridad que necesitaba tiempo para sanar las heridas que aún se resistían a cerrar. Por lo que había acordado con él, que si aquello no funcionaba, a la larga tendríamos que separarnos, aunque nunca descarté que con el tiempo pudiera llegar a ser el hombre de mi vida.

Una noche, Victoria y Carlos nos invitaron a la inauguración de su nuevo restaurante, un sitio de ambiente cosmopolita, en donde Anna era la chef. Allí la gente cenaba exquisitos platillos, escuchaba buena música en vivo y ya entrada la noche, uno que otro se desinhibía cantando por horas enteras, en tanto que la diversión se prolongaba hasta altas horas de la madrugada, disfrutando de una velada acogedora.

Victoria era tan inteligente y trabajadora, que se había convertido en una mujer de negocios, además de haberse quedado al frente del bufete de abogados, fundado por mi padre casi cuarenta años atrás.

Al llegar al restaurante, Victoria nos recibió sentándonos en la mesa de honor, junto a ella, Anna, Tom y Carlos su marido. Éramos un grupo exclusivo de amigos y familiares que no paramos de aplaudir y reír, cuando algunos de los presentes tomaban decididos el micrófono, en tanto otros más desinhibidos cantaban *rock and roll* a todo pulmón.

No creo haber gozado tanto desde hacía mucho tiempo atrás y, al calor de las copas, también animada, canté alguna balada. Al regresar a la mesa, Ezzio seguía aplaudiendo entusiasmado. No pude evitar mirarlo entre risas, al tiempo que él me tomaba por sorpresa entre sus brazos y me plantaba un beso en la boca, frente a las miradas divertidas de mis hermanas.

Bailamos, cantamos y seguimos riendo hasta regresar a casa. Ezzio, que traía algunas copas encima, me declaró, como una de tantas veces, sus sentimientos, deseando formalizar nuestra relación. A lo que muy a pesar mío, terminé por confesarle mi verdadero sentir, diciéndole que lo quería, pero no como él esperaba. No era justo seguir más con aquel juego egoísta, donde el único que resultaría herido sería él.

Ezzio era un hombre maduro, que había vivido una vida

intensa y un tanto escabrosa. Cuando se marchó, la nana de José bajó a encontrarme a la puerta. Tras despedirla, caminé por el recibidor, y antes de dar un paso en la escalera, sentí un fuerte mareo que me obligó a apoyarme del barandal. Sin conseguir reponerme del malestar, me dejé caer lentamente hasta quedar sentada en el escalón, reclinando mi cabeza entre los barrotes de madera. Súbitamente, una explosión proveniente del jardín trasero cimbró toda la casa.

Me paré con dificultad y tambaleándome me dirigí hacia la sala, donde a través de la ventana de la terraza una gigantesca llamarada atrajo mi atención. Al parecer, un rayo había caído sobre el árbol junto a la casa haciéndolo arder en llamas. Aguardé de pie unos minutos, esperando que la lluvia lo apagara, pero por el contrario, el fuego parecía avivarse por el viento que lo azotaba, comenzando a lanzar bolas de fuego sobre el tejado.

Al percatarme de que corríamos peligro dentro de la casa, ya que en cualquier momento esta podría incendiarse por completo, corrí hacia la recámara de José y poniéndole una bata encima, lo tomé entre mis brazos y me dirigí con paso veloz a la puerta principal. Tomé las llaves de mi auto y corrí en medio de la tormenta, acomodando a José en el asiento delantero.

Subí al auto, encendí el motor y salí a toda velocidad por la avenida desierta. José, que seguía soñoliento y aún confundido por todo lo que estaba sucediendo, guardó silencio, evidentemente asustado.

La lluvia había arreciado, haciendo casi imposible la visibilidad a escasos metros frente a nosotros. Subí la velocidad de los limpiadores, que apenas daban abasto para limpiar aquel río de agua que corría por el parabrisas, cuando de pronto mi bolso resbaló de mi asiento, vaciando el contenido por todo el suelo. En tanto estiraba mi mano para alcanzar lo que se había caído y sin desviar mi vista del camino, pasamos por una intersección en la que como un bólido, una deslumbrante luz iluminó el costado izquierdo del vehículo y segundos después sentí un golpe, que como un estallido, nos hizo volar por los aires.

Sin tener idea de cuánto tiempo permanecí inconsciente, me llevé la mano a la frente. Me encontraba ladeada sobre el vidrio estrellado de mi portezuela, con un fuerte dolor en la cabeza. Lentamente giré al asiento contiguo, descubriendo a José inmóvil, reclinado hacia el frente con los brazos a sus costados, aún sostenido transversalmente por el cinturón de seguridad.

Con el corazón galopando dentro de mi pecho, extendí mi mano hacia él para quitarle el cabello de la cara, descubriendo que tenía los ojos abiertos, sin vida.

Capítulo 37

A punto de sentir que mi corazón se detendría de tajo, escuché un tintineo que me hizo abrir lentamente los ojos. Me encontraba recostada en el sillón de la sala y la luz del día comenzaba a abrirse paso entre las espesas nubes. Levanté mi mano en el aire para ver en mi reloj que eran las seis y veinte de la mañana. Con mucho trabajo logré enderezarme entre los cojines, me puse de pie y caminé hacia la terraza, viendo cómo las campanillas de viento que colgaban del marco de la ventana ondeaban suavemente. Me volví para ver el árbol junto a la casa, descubriendo que estaba más verde y frondoso que nunca. Exhalando una bocanada de aire, no comprendí hasta entonces, que había sido otra de mis tantas pesadillas.

Di media vuelta y me dirigí al cuarto de José, lo encontré acurrucado bajo su edredón de plumas, con un semblante apacible.

* * * * *

Durante uno de esos meses, recibí la proposición más importante que, en mi lugar, cualquiera hubiera deseado:

cantar junto a las figuras internacionales del momento en un concierto de beneficencia para enfermos de cáncer, que tendría lugar en las ruinas de Chichén Itzá. Se trataba de un verdadero acontecimiento mundial.

Habían viajado técnicos especializados de todo el mundo para ajustar hasta el más mínimo detalle e instalar, desde un par de semanas antes, grandes pantallas y bocinas, con el propósito de que se pudiera apreciar el concierto desde cualquier punto de aquella explanada majestuosa.

Una noche, estando en casa, recibí una llamada de David. Era maravilloso poder darme cuenta de que nuestra amistad seguía más fuerte que nunca. Después de regresar a Londres, él había comenzado una relación sentimental con Tammy, una modelo galesa con la que por fin sentaba cabeza y que, según decía, llevaban una relación más libre y relajada, que era lo que siempre había buscado en una mujer. Ahora, junto con el padre de Biaggio, era dueño de una importante galería de arte situada en Old Bond Street, en el corazón de Londres, que según sus propias palabras había sido todo un éxito.

—¡Teresa! ¿Cómo estás?

—Qué bueno que hablas, Dave, te tengo buenas noticias —anticipé, llena de entusiasmo.

—Lo sé y estoy feliz por ti, acabo de leer el periódico y me he enterado del concierto. Me impactó ver tu nombre en primera plana. Estoy muy orgulloso.

—Mil gracias, Dave. Te extraño mucho, me haces tanta falta.

—Tú a mí también, pero eso no es todo, hay una mejor noticia aún —añadió emocionado, conteniendo la sorpresa.

—¿Cuál? ¿A poco te casas ya?

—¡No, no por favor! Es algo mejor que eso, ya sabes que el matrimonio no es mi fuerte. ¿Sabes, querida? He decidido estar ahí ese día. No me perdería jamás algo tan importante para ti.

—¡No puedo creerlo! —exclamé con alegría—. Te juro que esa es la mejor noticia que he recibido en los últimos tiempos. Ahora más que nunca me ilusiona este viaje. Muero de ganas de verte después de tantos años.

—Yo también, Teresa. Además, tengo que platicarte muchas cosas, porque ya sabes que por teléfono no soy el mejor conversador y, francamente, muero por escarbar en tus más profundos pensamientos para conocer tus momentos más íntimos en los que no he estado presente.

—Pues no te has perdido mucho, pero ya tendremos tiempo para ponernos al día. Y cuéntame, ¿cómo estás? ¿Cómo va todo por allá?

Los dos hicimos una breve reseña de lo que habían sido nuestras vidas hasta ese entonces y quedamos de llamarnos para afinar los detalles del viaje.

* * * * *

Pasaron las semanas, el día tan esperado por todos se aproximaba y durante esas fechas tuve que coordinar algunos detalles pendientes. Ensayamos casi a diario y por lo que pude notar, Ezzio estaba orgulloso de mis éxitos, pero sobre todo, me alegró ver que había llegado a manejar sus sentimientos hacia mí, pasando a representar el apoyo masculino que necesitaba.

Después de un largo día de trabajo, regresé a casa cansada y con ganas de meterme en la cama. Pasé por la habitación de José Manuel y vi que aún seguía haciendo su tarea. Al verme, dejó el lápiz sobre su escritorio y corrió a mi encuentro, a la vez que, misteriosamente, metía la mano en el bolsillo de su pantalón. Me dio la espalda unos segundos y girándose nuevamente hacia mí, extendió su mano para mostrarme algo que decía haber encontrado en casa de la abuela, me quedé completamente petrificada ante su hallazgo.

Sin poder creer aún lo que veía, me llevé las manos a la

boca, sintiendo que me faltaba el aire. El anillo había aparecido después de más de seis años, era una situación más que descabellada y ahora mi hijo lo traía puesto en su dedito. Era la peor noticia que había recibido en toda mi vida, ya que los escritos indicaban que si alguien lo portaba, se desataría la ira contra esa persona. Con gran desesperación, sujeté su mano y entre lloriqueos y quejas, lo extraje de su dedo, mientras él parecía asustado por mi reacción.

—Este anillo perteneció a tu abuelo y ocasionó mucho daño, hijo —expliqué descontrolada, quitándome el guante de la mano—. ¿Ves esto, José?, lo causó este anillo. Sé que no entiendes nada, pero es malo, muy malo —aseguré con un nudo en la garganta.

Sin darle más explicaciones salí de su recámara y me dirigí al estudio donde me desplomé en la silla del escritorio sin saber qué hacer. Tomé el anillo y observándolo entre la punta de mis dedos, recordé el infierno que había traído a nuestras vidas. Abrí la gaveta, lo metí dentro de una cajita y caminé hacia el librero, donde tomé el libro que llevaba años sin abrir. Tenía ganas de gritar, me sentí impotente e inmersa en una gran angustia, cuando llamó mi atención un ruidoso vaivén. Alcé la vista y me percaté de que el látigo que se encontraba colgado junto a la ventana, comenzó a vibrar, balanceándose como un péndulo sin control.

Mi miedo me obligó a cerrar los ojos. En mi mente, crepitaban como relámpagos todas aquellas ideas siniestras que suponía se desatarían a partir de ese momento. Rogué a Dios que me ayudara a romper con aquella maldición que había permanecido silenciosa por tanto tiempo. No sabía qué hacer, sin embargo, comprendí que el aparecer de nuevo era parte del ciclo que se había repetido algunas veces en el pasado.

Permanecí con los ojos cerrados hasta que el ruido cesó y el látigo quedó nuevamente inmóvil en la pared. Respiré profundamente para calmar mi miedo y observé el libro por unos minutos, en él seguía marcada la misma página con la imagen de Vlad. Lo golpeé con mi puño queriendo acabar con él, mientras la expresión de su rostro parecía sonreír en forma maquiavélica. Lo hojeé desesperada tratando de encontrar una respuesta, cuando una descarga me sacudió, forzándome una vez más a cerrar los ojos.

Miles de imágenes azotaron mi mente, superponiéndose unas sobre otras en cámara rápida. Veía la figura del dragón en llamas, a Vlad, la estrella con la cruz roja de mi mano, el látigo, el monje, a mi padre y otros seres que traían lanzas y antorchas encendidas que hacían largas estelas de humo.

Mi cabeza comenzó a dar vueltas como si cayera al fondo de un abismo. Desesperada, en medio de la penumbra, descubrí la cara del hermano Mantuano que pronunciaba algo que no alcanzaba a escuchar. Me tomó de la mano con suavidad e insertó el anillo en mi dedo mientras yo lo miraba desconcertada.

"*Inquam, Zmeumoii maleficus, Igneus... Inquam, Zmeumoii maleficus, Igneus...*", repitió una y otra vez.

Sintiéndome segura a su lado, caminamos en silencio dentro de un túnel oscuro, hasta detenernos frente a dos puertas que permanecían cerradas. Posó su mano sobre mi hombro y me alentó a abrir alguna, haciéndome sentir que la respuesta estaba dentro de mí. Titubeé sin saber cuál elegir, cuando un rayo de luz se proyectó de mi pecho hacia una de ellas, la cual fue abriéndose poco a poco, haciéndome sentir una leve brisa que me estremeció. Di un paso en el interior, seguida de la presencia de mi protector. Había una enorme plancha de piedra frente a nosotros y varios seres con túnicas blancas me rodearon y, como si se tratara de un rito ceremonial, comenzaron a entonar cánticos religiosos. Por lo que pude percibir, aquel sitio semejaba ser una tumba o un altar, donde aquellos seres, cubiertos con un halo de luz, fueron colocando de manera solemne ramos de flores sobre la lápida.

En silencio contemplé aquel ritual. Cuando todos retrocedieron, me quedé sola en el centro de la habitación, mientras que a mis espaldas, estos seres seguían entonando cánticos celestiales, esperando a que yo depositara mi ofrenda. Volví a sentir una presencia a mi lado, que tomó mi mano con delicadeza y la extendió, repitiendo casi en un murmullo, que el anillo pertenecía a aquel lugar. Ante mi asombro vi que ahora se trataba de mi padre. Tenía una expresión serena. Me miró apacible y aguardó junto a mí, en tanto yo me quitaba el anillo y lo posaba en el centro de la corona de flores, a la vez que una luz cegadora volvió a iluminar el lugar provocando que todo desapareciera con un destello.

Tardé en recuperarme de aquella visión y fui abriendo lentamente los ojos, sin tener idea de cuánto tiempo había transcurrido. Al recobrar plena conciencia me percaté, no sé si con asombro o con horror, de que tenía puesto el anillo en mi mano, del cual se proyectaba un rayo de luz roja violácea. No fue hasta entonces que recordé las palabras que había repetido el hermano Mantuano: *"Inquam, Zmeumoii maleficus, Igneus".*

Después de tantos años de espera, esa "I" que siempre supusimos Piateli y yo que significaba "uno" o "primero", en realidad se trataba de la abreviación de *"Igneus"*, así las dos palabras que faltaban: *"Inquam"* e *"Igneus"*, al fin daban significado al *zmeumoii maleficus,* "de fuego" siendo este mismo, el dragón de la maldición. Estas dos palabras eran vitales para completar la frase que rompería el conjuro y que, por lo tanto, tendría que llevarlo a cabo lo antes posible en algún lugar de sacrificio como lo advertían los escritos.

Giré a mi alrededor, reparando en el libro que se encontraba nuevamente cerrado y colocado sobre el librero. Observé mi mano sin saber qué hacer, pero intuí que tenía que dejarlo así. En el fondo había un motivo para ello y luego de aquella visión, lo mantuve así sin cuestionármelo.

Di varias vueltas por el estudio, ideando cuál sería el

siguiente paso a seguir, cuando de pronto, escuché unos alaridos escalofriantes que provenían del jardín, dejándome inmóvil frente a la puerta. No podía mover mis piernas ni mis brazos. Volví a sentir lo mismo que varios años atrás. Era como si mis pies estuvieran enterrados en concreto y mis manos, atadas. Mi pulso se aceleró y sentí una angustiosa opresión en el pecho. Traté de recobrar la calma y prestando atención a las voces, constaté que se trataba de José. Lo llamé a gritos, pero mi voz parecía no emitir ningún sonido. Era como si estuviera dentro de una esfera de vidrio, en la que todo aparentaba transcurrir en cámara lenta.

Después de batallar contra aquella fuerza que me aprisionaba, logré arrastrar mis pies hasta la puerta. Traté de accionar la manija, la cual estaba atrancada por fuera y, alterada, comencé a forcejearla queriendo derribarla sin lograrlo. Caminé de regreso y con mucho esfuerzo hacia la ventana, donde alcancé a ver una parvada de pájaros negros que picoteaban a José y a un bulto oscuro que permanecía inmóvil sobre el suelo. José agitaba sus brazos queriendo ahuyentarlos, pero estos parecían estar fuera de sí. Intenté abrir la ventana pero también estaba atascada. Al ver aquella escena, me quedé estupefacta, al percibir cómo José se dejaba caer de rodillas llorando desconsolado, mientras abrazaba aquel cuerpo ensangrentado.

Capítulo 38

Entre sollozos, y sintiéndome encadenada a esa agonía, golpeé la ventana con todas mis fuerzas para llamar su atención, sin lograr que él me escuchara. Aquel cuerpo que yacía sobre sus piernas era el de Joey, su perro labrador. Inmersa en una angustia aplastante, escuché que súbitamente tocaron a la puerta y con un sobresalto, giré mi vista esperando ver algo terrible, percatándome de manera inexplicable, que se trataba del mismo José, que venía entrando con una sonrisa desdibujada en su rostro.

Precipitadamente regresé mi vista hacia el jardín, descubriendo que ya no había nadie afuera. Todo había desaparecido frente a mis ojos de manera milagrosa. Froté mi cabeza con desconcierto, queriendo tranquilizarme, al mismo tiempo que agradecía a la vida que José se encontrara bien. Se acercó a mí, me tomó por la cintura, seguido por Joey, que venía retozando y moviendo la cola detrás de él.

Sin comprender aún lo sucedido hacía unos cuantos segundos y todavía con lágrimas en los ojos, le dije que lo amaba, que lamentaba haberlo asustado de ese modo.

—¿Por qué lloras, mami? ¿Por qué estas así? —arrugó la boca al verme.

—Por nada, hijo, por nada. Qué bueno que estás bien, José —lo tomé entre mis brazos colmándolo de besos.

Me mostró un yoyo de plástico azul que traía en la mano, diciendo que se lo había regalado Anna y, enroscando el cordón, ensartó su dedo en la presilla, para luego mostrarme los trucos que había aprendido. Apenas reponiéndome y queriendo olvidar aquella alucinación, aplaudí emocionada, para luego decirle que iría a recostarme un rato a ver la televisión, invitándolo a que viniera conmigo.

Dando brinquitos detrás de mí, volviendo a enrollar su yoyo, lo puso sobre la cómoda y se sentó en la cama para preguntar con inocencia:

—Mamita, ¿por qué no tengo un papá como los demás niños? ¿Por qué se fue al cielo?

Antes de responder di un largo suspiro, me recosté junto a él y acercándolo a mi pecho, expresé con el corazón estrujado.

—A veces en la vida suceden cosas que no comprendemos, José. Yo al igual que tú, me he hecho muchas veces esa misma pregunta, pero ¿sabes?, tu papá está con nosotros a pesar de que no lo veamos.

—Pero mami —reprochó, sin poder comprender lo que yo decía—. Si no lo veo, ¿para qué quiero que esté aquí? Quisiera jugar con él como lo hacen mis amigos.

Le di un beso en la frente.

—Te entiendo José, pero a veces suceden cosas que no deseamos. Pero te prometo que trataré de llenar ese huequito que dejó papá, aunque sé que no es lo mismo. Muchos niñitos como tú no tienen papá o mamá, e igualmente son muy felices —sus ojitos tristes parecían no entender mis palabras.

Mordí mis labios reprimiendo las lágrimas, cuando noté que su cabeza estaba en otra parte, por lo que en seguida cambié de tema.

—José, ¿qué quieres ser cuando crezcas, hijo? —Tomé su mano.

Me miró reflexivo, alargando una sonrisa.

—Doctor y mago.

—¿Doctor y mago? —Alcé las cejas, contrayendo la barbilla—. ¿Por qué?

—Doctor, porque quiero curar a la gente para que no se muera, y que no haya niños tristes porque no tienen un papá —afirmó.

—Y ¿mago? —pregunté.

—Para inventar una magia y regresar a los que ya se fueron al cielo.

Lo cobijé entre mis brazos y con profundo pesar, comprendí que aunque me empeñara en evitarle esa realidad dolorosa, tenía que aceptar que era algo con lo que José tendría que lidiar a lo largo de su vida.

Sonó el teléfono.

—Aló —contesté.

—Teresa, soy Fabio.

—¿Fabio? ¡Qué sorpresa! ¿A qué se debe este milagro?

—Ezzio me dio tu teléfono. Te hablo porque me enteré del concierto, quería felicitarte y decirte lo feliz que estoy por ti.

—Mil gracias, Fabio, es un gusto volver a escucharte después de tantos años. ¿Cómo estás?

—Muy bien, sigo en lo mismo de siempre, pero sin divagar, estoy muy orgulloso de ti, Teresa, te deseo toda la suerte del mundo para ese día. Únicamente quería que supieras que siempre te tengo presente —se despidió prometiendo que me hablaría después del concierto.

Colgué la bocina y tomé la taza de café entre mis manos, apreciando ese momento, a pesar de que los recuerdos y la tristeza de José eran muy difíciles de sobrellevar. Al verlo recostado sobre los almohadones de la cama, noté que su rostro había palidecido, dejando resaltar unas ojeras que me alarmaron de inmediato.

—¿Te sientes bien, hijo? —Coloqué el dorso de mi mano sobre su frente.

—Me duele la panza —repuso, frotando su vientre.

—¿Te habrá hecho daño algo de la comida? —pregunté mortificada ante su mal aspecto.

—No lo sé, mamá, tengo muchas ganas de vomi... —se levantó de la cama y corrió hacia el baño, y yo corrí detrás de él.

Esa noche José durmió conmigo, se quejó durante toda la noche mientras que una fiebre altísima lo mantuvo delirando. Mis pensamientos se echaron a volar descontrolados, y más aún después de lo que había ocurrido hacía unas horas en mi estudio.

Temprano por la mañana lo llevé al pediatra, quien nos recibió en un cubículo donde me hizo varias preguntas sobre la salud de José, para posteriormente practicarle varios estudios y algunas pruebas de laboratorio, asegurándome que al día siguiente estarían parte de los resultados, pero que uno de estos tardaría diez días.

—¿Para qué tantas pruebas, doctor? ¿Lo ve muy mal? ¿Acaso cree que sea algo serio? —Traté de disimular mi miedo.

—José es un chico fuerte, Teresa —aseguró—. Pero me preocupa que se haya puesto tan mal por una simple intoxicación con algún alimento. Más vale descartar cualquier cosa por insignificante que esta sea, pero no se preocupe, verá que pronto se pondrá bien.

Tras recetarle a José algunos medicamentos que tomaría por varios días, y darme algunas indicaciones sobre los cuidados que tendría que tener con él, regresamos a casa. José seguía cansado, estaba pálido y muy ojeroso y, sobre todo, lo veía absorto en sí mismo. Estaba apático y nada le distraía ni lo hacía sonreír, lo que me preocupó sobremanera, ya que nunca había dejado de hacerlo por más enfermo que estuviera.

Al día siguiente, llamé de nuevo al doctor para saber los primeros resultados de los exámenes. Me informó que habían salido negativos y que debíamos esperar a los otros, que estarían listos una semana y media después. Me agobiaba no tener aún ningún dato en concreto, ¿cómo era posible que José estuviera tan decaído? Tenía la sensación de que algo no andaba bien, mi instinto de madre me lo decía a gritos.

* * * * *

Transcurrió una semana, José se había repuesto un poco, aunque había perdido peso y se veía demacrado. Entre tanto, proseguí con los preparativos de mi viaje, sin poder quitarme de la cabeza la preocupación por el estado de mi hijo. No sabía si lo que padecía José tenía algo que ver con lo del anillo o no.

La semana del concierto había llegado y, aún con toda la supuesta experiencia que tenía, el nerviosismo no había cesado en lo absoluto. Cuando por otro lado, y gracias a la leve mejoría de José, el médico dio luz verde para que me acompañara durante el viaje, recomendando únicamente que evitara el cansancio extremo.

Al empacar mi maleta, recordé lo que había sucedido con el látigo aquel día que reapareció el anillo. Me dirigí a mi estudio, me paré frente a la pared donde permanecía colgado y me cuestioné la verdadera razón por la que había llegado a mi vida. Deseaba encontrar el significado de los sucesos sobrenaturales que este me había traído en el pasado.

* * * * *

Tres días antes del concierto, mi madre, José y yo, junto con algunos coordinadores del concierto, estábamos aterrizando en el aeropuerto de Mérida. Hacía un calor insoportable, la gente caminaba inquieta buscando resguardarse de los rayos del sol, las mujeres agitaban sus abanicos y algunos hombres secaban el sudor de sus frentes con coloridas pañoletas de algodón.

Acalorados, pero no menos entusiasmados, subimos a una camioneta que había mandado la disquera, que nos llevaría directo al hotel donde nos alojaríamos: una extraordinaria hacienda colonial del siglo XVII, ubicada a medio camino entre Mérida y Chichén Itzá.

Durante el camino José aplastó su naricita contra el vidrio de la ventana y no cesó de comentar acerca de todo lo que veía a nuestro paso. Aparentaba estar emocionado por la gente, el paisaje, pero en especial, estaba fascinado con los bici-taxis, que llevaban a vuelta de rueda a sus pasajeros, dentro de una canastilla que tenía un pequeño techo laminar.

—Mira mamá, parecen carritos del supermercado —comentó divertido.

Todos reímos.

Para entonces, ya todo estaba prácticamente montado en las ruinas más espectaculares de Yucatán.

Al día siguiente de nuestra llegada a la blanca capital, apareció David en el hotel. Fue una gran emoción que ambos no pudimos contener y nos entrelazamos en un largo abrazo.

Esa misma mañana, le pedí a mi madre que cuidara de José, dejándole una lista de precauciones, en tanto que David y yo aprovechábamos para visitar las ruinas y revisar por última vez el escenario del concierto. Tomamos la carretera a Valladolid, donde a medio camino llegaríamos a Chichén Itzá. En el paisaje predominaban matorrales, árboles de poca altura y no había ninguna montaña ni río a la redonda.

Luego de más de una hora de camino llegamos al lugar,

en donde los técnicos seguían organizando e inspeccionando el montaje del equipo, el sonido y las tarimas que se encontraban dentro del área del estadio de béisbol. Era la construcción más antigua de la explanada, donde la acústica era casi perfecta.

David y yo aprovechamos, como cualquier otro turista, para tomar fotos, pasearnos por las veredas prehispánicas impregnadas de historia, crueldad y leyendas míticas; entre iguanas que, sin pena, tomaban el sol sobre alguna roca, al tiempo que decenas de golondrinas sobrevolaban a nuestro paso.

Las ruinas de los templos y las pirámides estaban diseminadas por toda la zona arqueológica. Subimos al castillo de Kukulkán, desde cuya cima, se podía apreciar una magnífica vista de la inmensa planicie Maya. Visitamos el Templo de los Guerreros en el grupo de las Mil Columnas, la Plataforma de Venus, el templo de los Jaguares y otros más que nos tenían anonadados por su enigmática arquitectura.

Luego de deambular un rato, nos dirigimos hacia el cenote de los Sacrificios, bajo los extenuantes rayos del sol que quemaban nuestros hombros. Ya ahí, fue impresionante poder observar que nos encontrábamos ante aquel pozo que medía alrededor de sesenta metros de diámetro junto con unas paredes enormes. Indudablemente era un lugar que intimidaba con solo mirarlo.

Recordé, como en una película, las crueldades que han existido a lo largo de la historia, en todas las culturas y religiones. Por lo que las palabras de Sandrino Piateli, seguían retumbándome en mi mente. Tenía que encontrar pronto el lugar para llevar a cabo el ritual que rompería con el maleficio, que ahora pesaba aún más sobre mis hombros, después que el anillo había reaparecido, tantos años después, probablemente con más fuerza.

Cerré los ojos por unos segundos y luego clavé mi

mirada en el cielo, sintiendo una gran impotencia, por no saber por dónde comenzaría nuevamente.

—¡Dios mío, basta ya! —exclamé al aire con impotencia, mientras que mis palabras se perdieron como un susurro en la nada.

Con gran frustración, me volví para ver a David que fruncía el ceño mirando en dirección opuesta a mí. Parecía no tener ni la más mínima intensión de hacer algún comentario al respecto, hasta que por último añadió:

—Cuando menos lo esperes encontrarás el lugar, no te desanimes, ten paciencia. Además, venimos aquí a disfrutar de este paseo y quiero que estés contenta porque mañana será un gran día.

—Qué bueno que estás aquí, Dave, me hacías tanta falta —confesé, acercándome a darle un beso en la mejilla.

—Es mutua, querida... —manifestó, palmeando cariñosamente mi espalda—. Pero ahora más que nunca necesitas estar tranquila y gozar lo que viene. Estoy feliz de estar aquí contigo. Pero en especial, sin estar perseguidos por la justicia como en los viejos tiempos, ¿lo recuerdas? —cambió de tema, tratando evidentemente de que dejara de pensar en la maldición—. De milagro no terminamos aquel día de compañeros de celda, tras las rejas de Brasov. Bueno quién sabe... —levantó una ceja—, creo que hubiera sido interesante, ¿no crees?

Reí, recordando aquel viaje.

—Interesantísimo. Imagínate qué notición —escribí con mis dedos en el aire—. Hijo del embajador de Inglaterra en Roma, preso en Rumania tras una persecución policíaca, por haber asaltado el castillo de Bran a media noche. Encarcelado con una loca americana ¿o francesa?, no se sabe a ciencia cierta, y que aseguran fueron motivados por una maldición que los empujó a cometer ese delito.

Soltó una carcajada.

—Te puedo asegurar que nos hubiéramos divertido

mucho, ¿no te parece?, y hoy serías la bella, la famosa cantante exconvicta, arrastrando a las masas rebeldes y esotéricas. Y probablemente yo, hubiera sido tu mánager y tu fiel admirador. Bueno, eso de admirador siempre lo he sido y no me cuesta ningún trabajo serlo. Pero..., creo que Brasov pudo haber sido "El lugar" y lo desaprovechaste. Ni hablar, espero que nos veamos en nuestra próxima vida, a ver si entonces, por casualidad, tengo alguna oportunidad. —trató de mantenerse serio.

No pude evitar soltar una batiente carcajada. Y entretenidos en una absurda pero divertida conversación, regresamos al auto.

Diez minutos antes de llegar al hotel, decidimos parar a comer en un popular restaurante de comida local, donde los exquisitos platillos con siglos de tradición, combinan deliciosa carne de puerco y de pavo entre otras, con una gran variedad de especias, adobos, cítricos y unos picosísimos chiles habaneros típicos de aquella región.

Entre bocado y un buen trago de cerveza recordamos nuestras anécdotas en Roma, aquel inolvidable viaje a Brasov, platicamos sobre Tammy y mis proyectos de carrera. Estábamos encantados de poder estar juntos de nuevo, aunque fuera por pocos días, pero con la firme intención de disfrutarlos al máximo. Y para rematar la comida, tomamos un suave balché de la casa, un delicioso licorcillo fermentado hecho a base de miel, que se nos subiría un poco a la cabeza, logrando que entráramos en una animada conversación que culminaría entrado el atardecer.

Capítulo 39

Mis hermanas y amigos habían llegado durante la mañana del día tan esperado. Al parecer, José se sentía mejor y eso me tranquilizó, por lo menos en esa etapa de acelerada tensión. David, por su lado, había aprovechado el día para tomar un *tour* por Mérida, en tanto que todos los demás aguardábamos nerviosos afinando los últimos detalles.

Ya tarde, decidí darme un baño para tratar de aminorar los nervios de los días anteriores. Me miré al espejo, y reflexioné por unos minutos sobre lo que había sido mi vida. Y mientras terminaba de maquillarme y arreglar mi cabello, tocaron a la puerta.

—Anna…, ven, siéntate —le invité a pasar—. Cuéntame cómo va tu vida, casi no he tenido tiempo de hablar con nadie por estar tan ocupada en la organización del concierto. ¿Cómo van las cosas entre tú y Tom? —pregunté, a la vez que tomaba el perfume de la cajonera para rociar mi cuello y muñecas.

—De eso quería hablarte, Bambi —se sentó al pie de la cama—. Me voy a separar de él.

—¿Cómo? —Dejé de hacer lo que estaba haciendo y

me senté a su lado, tomándola de la mano—. ¿Cuándo lo decidiste?

—Hace unos meses. Ya no aguanto más, pensé que Tom cambiaría con el tiempo, pero creo que las cosas están peor que nunca. Es un manipulador que me tiene con el pie en el cuello. No tiene un solo detalle conmigo, pareciera que ya no existo para él y los pocos ratos que estamos juntos, no hace más que reprocharme todo lo que hago o dejo de hacer. ¡Estoy harta, Teresa! —Exhaló una bocanada de aire, que parecía haber estado atorada en su pecho por muchos años—. Te confieso, que tengo la sospecha de que tiene otra mujer, pues invariablemente llega tarde a casa, hace meses que no quiere nada conmigo y está cada vez más lejano e intransigente. Ni siquiera puedo preguntarle de dónde viene porque se altera. Esto se ha vuelto un infierno —hablaba con una rabia que jamás había escuchado salir de su boca.

—De Tom esperaría cualquier cosa —comenté—. Sé que es molesto que te lo diga, pero toda la vida he dicho que no es un buen hombre, es un egoísta que no le importa nada de lo que sientan los demás. Yo pensé que al casarse con una mujer como tú, cambiaría, pero por lo visto... —arrugué la boca—, siguió siendo el mismo patán de siempre. Lo siento por ti, Anna, ya que una separación nunca es agradable, pero de seguro, algo bueno vendrá después de todo, aparte de que tienes mucha gente que te quiere y no estarás sola.

—Eso es lo de menos a estas alturas, Bambi —disintió—. Admito que estaré triste por un tiempo, pero he descubierto que es mejor la soledad por convicción, que la compañía sin amor. En fin... —se le humedecieron los ojos—, así están las cosas en mi vida por ahora. No va a ser nada fácil llegar a un buen acuerdo con él, porque estoy segura de que querrá sacar el máximo provecho de la separación.

—Perdóname, Anna, pero eso es un hecho. Ya sabemos cómo es él. Lo bueno es que eres joven, inteligente y hasta autosuficiente. El hombre está perdiendo una joya que cualquier otro desearía.

Esbozó una leve sonrisa que pronto se esfumó de su rostro.

—Estoy convencida de que por algo la vida no quiso que tuviéramos hijos y, si te soy sincera, esa fue la causa principal que nos llevó hasta donde estamos hoy.

Sin tener más palabras de aliento, la abracé, le di un beso, le dije que la quería y que estaría siempre para ella. Se levantó y caminó hacia la puerta, quedando de vernos más tarde.

Al salir de la habitación, pensé en cómo el destino da tantas vueltas y de un modo u otro, todo se acomodaba donde debía ir. En tanto volvía a mis reflexiones sobre la vida, saqué el vestido marfil que usaría aquella noche. Era entallado a la cintura, para luego caer recto hasta el suelo, tenía una abertura a medio muslo y un prominente escote en la espalda que llegaba hasta la cintura. Me apresuré a arreglarme, percatándome de que ya era tarde. En ese momento llegó mi mamá con José, muy arregladito y con el pelo engomado.

Salimos rumbo a la recepción, en donde esperaba Ezzio con algunos integrantes del concierto. El resto se encontraba ya en las ruinas desde mediodía. Tomé el teléfono y hablé con David, explicándole que tenía que adelantarme, pero que mis hermanas le avisarían para que se fueran juntos más tarde.

Llegando a las ruinas, pudimos ver que un tumulto de gente trataba de separar sus lugares, en tanto que otros lo habían hecho desde muy temprano.

Ezzio, mi madre, José y yo caminamos por una vereda que se encontraba acordonada. Estábamos complacidos ante el sorprendente trabajo de tanta gente que había tomado parte en la organización.

—Mamá... —José apretó mi mano.

—¿Qué pasa, hijo? —Me percaté de que se había puesto pálido—. ¿Te sientes mal?

—Estoy mareado y tengo mucho calor —agitó su mano frente a su cara.

—No te preocupes por él, hija —interrumpió mi madre—. Lo voy a llevar a sentarse a la sombra y darle un poco de agua. Si veo que sigue sintiéndose mal lo regreso al hotel. Por favor tú no te preocupes.

Los vi alejarse para luego resguardarse bajo un toldo. Después de un rato la gente comenzó a aplaudir, había una gran audiencia esperando el comienzo del espectáculo. El sol comenzó a descender tras las copas de los árboles, liberando unos destellos lilas sobre el cielo, dando paso a una estupenda noche. Sin ninguna nube, las estrellas comenzaron a brillar una a una, hasta formar una gran bóveda, que iluminó mágicamente aquel recinto.

Una hora más tarde la música armonizó aquel escenario. Un destacado conductor inglés de la radio y la televisión se encargaría de animar tan importante acontecimiento. Seguí escuchando los aplausos entre cantante y cantante, aguardando impaciente mi turno de actuar ante un público entusiasta. Desde donde me encontraba, contemplé la magia del paisaje. Aquel escenario nos ofrecía una vista asombrosa, y en la penumbra de la noche, miles de veladoras enmarcaban el misterioso encanto de los templos.

Mi turno había llegado. Caminé por la tarima que dominaba el Templo de las Mil Columnas y me planté frente a aquel público que sería mi mayor juez. La música comenzó rítmicamente, mientras el coro vocalizaba una parte de la canción. Cerré los ojos, ante aquella canción que había compuesto hacía unos años para Manuel, recordándolo cada segundo.

Al concluir mi presentación y siendo la última cantante del concierto, los aplausos parecían llover del cielo. El concierto había sido un rotundo éxito. La gente comenzó a abandonar el lugar, mientras que mi familia y amigos me hacían señas para avisarme que nos reuniríamos más tarde en el hotel, donde nos esperaba una fiesta organizada por los patrocinadores del evento.

De regreso, en la hacienda se encontraba ya una gran variedad de personajes de los medios, amigos y familiares de todos los que habíamos participado en el concierto. Me acerqué a José Manuel, le di un beso en la frente y le pregunté cómo se sentía, a lo que solo respondió que se encontraba mejor, que iría a dar una vuelta por el jardín con mi madre. En ese preciso instante, me acordé de que debía llamar al médico para pedirle los resultados de los análisis que faltaban.

Deambulando y conversando de mesa en mesa con los invitados, David caminó junto a mí, haciéndome reír, entre cáusticos e ingeniosos comentarios sobre algunos personajes excéntricos que se encontraban allí presentes.

Durante la cena, un completo desconocido se acercó a felicitarme, tomándome caballerosamente de la mano.

—Teresa, soy un fiel admirador suyo. Es un verdadero honor poder conocerla en persona... —besó el dorso de mi mano, clavando sus ojos azules en el anillo del dragón, el cual resplandeció en sus pupilas como una llama—. Qué anillo tan peculiar —hipnotizado ante la gema, opinó sin despegar su vista de él—. Es el rubí más grande y puro que he visto en mi vida. La montadura es de una sofisticación absoluta —su excesivo interés terminó por incomodarme.

—Gracias, pero ¿cómo dijo que se llamaba? —Retiré mi mano de entre las suyas, atraída por su particular fisonomía, que de inmediato me recordó haber visto ese rostro en el pasado.

—Iván —sonrió parcamente, respondiendo con característico acento eslavo.

—¿Ruso? —pregunté, queriendo hacer memoria de dónde había visto aquel hombre pelirrojo.

—No, no —repuso con una desagradable mueca—. Búlgaro. Precisamente de la provincia de Pleven, en la frontera con Rumania —precisó con un dejo de arrogancia.

—Aah —alcé las cejas sin poder ocultar mi desagrado.

—Lo siento —se disculpó al percatarse de mi molestia, retrocediendo su mano pecosa que había quedado suspendida en el aire—. Lamento haberla importunado, pero una joya así de fantástica no se aprecia a diario.

—¿Nos habíamos visto antes? —inquirí, entornando los ojos con reserva.

—No lo creo —mostró una sonrisa vana.

—Entonces, ¿es usted joyero o...? —Mi curiosidad no paró hasta saber dónde había visto a ese hombre. Antes de que terminara de preguntar, respondió que era gemólogo, coleccionista de joyas antiguas.

—¿Conque un coleccionista y gemólogo búlgaro, eh? Muy interesante —lo miré desconfiada, e instintivamente tapé el anillo con mi otra mano, alejándolo de su vista. Fingí una leve sonrisa y, desviando la mirada, simulé que alguien me llamaba; disculpándome mientras caminaba en dirección opuesta, sintiendo que clavaba sus ojos en mi espalda.

Exhalando un largo y desahogado suspiro, proseguí mi recorrido hasta la mesa donde mis amigos y hermanas departían con David, quien se había encargado de mantenerlos entretenidos con alguna de sus tantas historias. Mi madre, a esas horas, ya se había marchado a dormir con José, por lo que me senté un rato con el resto, escuchando a David que les platicaba a Victoria y a Anna, con lujo de detalles y con gran dosis de exageración, nuestro viaje a Rumania, inventando, entre otras cosas, que me había salvado de caer en las fauces de un ser abominable que llevaba siglos dentro del sarcófago de la torre de Bran y el cual había recobrado vida frente a nuestros ojos.

—Por eso me caes bien, Dave —dije, alargando las

comisuras de los labios—. Porque eres valiente de verdad. Como también lo demostraste al encontrarte cara a cara con aquella bandada de ratas que casi se comen tus piernas.

Hizo una mueca de repulsión, levantó su copa, y meneando la cabeza, arguyó: —No me quites la inspiración, querida, que tengo cautivadas a tus hermosas hermanas —les guiñó un ojo a cada una—. Y esa es otra historia que prefiero no recordar.

* * * * *

Entrada la madrugada y ya cansada de aquel intenso día, me despedí de todos los invitados, que seguían muy ambientados con la concurrencia. Camino a mi habitación, por un corredor que daba a un jardín trasero, donde decenas de pavos reales dormitaban junto a una fuente de piedra, me detuve a admirar el reflejo de las luces sobre el rocío de las enormes piñanonas, para luego continuar mi paso hacia el fondo del pasillo, donde tuve la sensación de que alguien me observaba a mis espaldas. Disminuí mi paso y lentamente giré sobre mi hombro, alcanzando a ver una sombra que desapareció en la oscuridad.

Capítulo 40

Aguardé unos segundos con la respiración entrecortada, y luego de cerciorarme de que mis nervios querían traicionarme una vez más, corrí a mi habitación, pasando el cerrojo por dentro. Al hacerlo, descubrí una nota tirada al pie de la puerta que decía:

Teresa:
Te espero mañana a las 12:30 p. m. en el restaurante Los Portales. Te tengo una gran sorpresa. ¡No faltes!

Me dio un vuelco el corazón. ¿Quién habría escrito aquel anónimo? ¿Cuál sería esa sorpresa que mencionaba? Sin ninguna pista que me llevara a encontrar la identidad del remitente, mi incertidumbre se acrecentó, robándome la tranquilidad y el sueño de aquella noche. No paré de darle vueltas a aquellas palabras.

A media noche me asaltó el recuerdo de aquel hombre que me había desconcertado durante la cena. Se trataba del mismo tipo que había viajado con María y conmigo en el *ferry* a Capri, aquel que no podía quitarle la vista al anillo y el que también había visto en el restaurante en Capri.

Al día siguiente y luego de una larga noche de insomnio, tomé el teléfono y le hablé a mi madre para avisarle que saldría un rato a mediodía, que le dejaría a José y que me reuniría más tarde con todos en la alberca.

Recordé que aún no tenía los resultados de los estudios de laboratorio y le marqué al médico, el cual se encontraba todavía de viaje. Me urgía saber qué era lo que tenía José, y al mismo tiempo, deseaba no saberlo. Colgué la bocina y con un nudo en la garganta entré al baño y, con horror, vi que en el espejo estaba escrita con lápiz labial la palabra "Revenio".

Me estremecí al ver aquello y tomando la toalla con rabia, froté el vidrio hasta dejar un manchón rojo frente a mí. La furia hizo que la sangre subiera como espuma a mi cabeza, retumbando en mis sienes.

—¡Déjanos en paz! —grité, ante aquello que se empeñaba en volverme loca—. Seas quien seas, ya no te tengo miedo.

Permanecí frente al espejo hasta recuperar la calma. Comprendí una vez más, que tenía que vencer los miedos que representaban el mal y que tenía que afianzarme a esa fe que aún guardaba en mi corazón. Di media vuelta y abandoné la habitación.

Después de haber vivido tanto tiempo temerosa, mi tolerancia había llegado a su límite y decidí que a partir de entonces, viera lo que viera o escuchara lo que escuchara, tenía que mantener la confianza para alejarlo a toda costa de mi vida.

Llamé a Anna y a Victoria para reunirme con ellas en el restaurante. Al llegar, las encontré sentadas en una mesa en la terraza. Comentamos sobre los pormenores de la fiesta, que se había alargado hasta entrada la mañana. En eso estábamos cuando decidí platicarles sobre el hombre pelirrojo y el anónimo que había recibido la noche anterior

—saqué la nota de mi bolso y se las mostré. La leyó cada una en silencio.

—¿Y qué has decidido hacer, Teresa? —preguntó Victoria—. ¿No estarás pensando en ir, verdad?

—Honestamente, no lo sé —admití.

Se hizo un silencio incómodo, mientras ambas se miraban con gesto desaprobatorio.

—Si yo fuera tú, ni siquiera lo pensaría. Por favor no vayas, Bambi. No seas insensata —aconsejó Anna.

—Lo sé, lo sé… —repliqué—. Entiendo que esto es una locura, pero hay algo en el asunto que me provoca mucha curiosidad, sin embargo, el solo hecho de pensar en descubrir quién mandó ese anónimo, me tiene muy intrigada.

—No vayas a hacer una tontería, Teresa —advirtió Victoria con seriedad—. Anna tiene razón. Es un completo desconocido y no sabemos qué intenciones tenga. Te ruego que no te dejes llevar por tus fantasías —puntualizó, tratando de disuadirme.

—Victoria tiene razón. No seas necia, Bambi —Anna insistió una vez más—. Prométenos que no irás.

—Está bien, está bien… —rompí el anónimo frente a ellas—. Les doy mi palabra que no iré. Además, se me había olvidado que tengo rueda de prensa a la una de la tarde. ¿Por qué no van un rato a la alberca con mamá, David y José? Yo las alcanzo más tarde.

Asintieron, aliviadas.

Después de extensos regaños y advertencias, regresé a mi habitación, y antes de abrir la puerta, escuché que el teléfono sonaba. Corrí a contestar. Se trataba de David, que comentaba haberse topado con mis hermanas hacía un rato, quedando con ellas de alcanzarlas en la alberca, en tanto yo terminaba con la rueda de prensa. Colgué, pero casi en seguida volvió a sonar el teléfono, pero esta vez nadie contestó. Así siguió sonando una y otra vez, hasta que ya harta, lo descolgué mientras tomaba un baño.

Tratando de disminuir mi malestar, permanecí varios minutos bajo el chorro de agua de la ducha. Cuando repentinamente, y con la adrenalina a punto de estallar en mis sienes, volví a escuchar que el teléfono sonaba. Salí de puntillas de la tina, abrí lentamente la puerta del cuarto, descubriendo que la bocina se hallaba nuevamente colgada en el teléfono.

Me acerqué con el pulso acelerado, levantando una vez más el auricular.

—¿Aló...?

—Con la señora Rembèz, por favor —se escuchaba una voz lejana.

—¿De parte de quién? —pregunté antes de identificarme.

—Sandrino Piateli...

—¡Señor Piateli! —exclamé con alivio al escuchar su voz—. Soy yo. Qué gusto escucharlo de nuevo. ¿Usted marcó hace un rato? —pregunté, queriendo despejar mis dudas.

—No, ¿por qué?

—No, por nada —respondí en medio de un largo suspiro—. Pero cuénteme, ¿cómo supo dónde encontrarme?

—Intuí que si Piateli me había buscado en Mérida, se trataba de algo crucial.

—Me dieron este teléfono en casa de su madre y me tomé la libertad de llamarla. Perdón por la imprudencia, pero hace unos días descubrí, por casualidad, un artículo sobre un médico especialista en enfermedades inexplicables para la ciencia, quien además tiene un amplio conocimiento sobre males del Medioevo. Este hombre reside en Jerusalén y se llama, déjeme ver... —hizo una pausa mientras parecía buscar ruidosamente algún papel—, es el doctor Shmuel Segal. Un reconocido científico e inmunólogo israelí, quien se ha especializado en desórdenes autoinmunes, además de ser uno de los pioneros dentro de la medicina cuántica.

—¿Cuántica? —inquirí.

—Así es, Teresa. Es una técnica bioenergética que estudia la anatomía energética del hombre, la cual ayuda a encontrar el origen real de las enfermedades y al mismo tiempo la manera de combatirlas.

—Por lo que me dice, parece ser toda una eminencia —comenté.

—Exactamente —declaró—. Por eso mismo creo que debería acudir a él cuanto antes. Posiblemente él pueda ayudarla.

—Dirá ayudarnos. Tanto a José, mi hijo, como a mí.

—¿Qué quiere decir con eso, Teresa?

—No lo sé con certeza aún, pero... —relaté lo ocurrido aquel día, en el que José había encontrado el anillo en casa de mi madre y su repentino malestar.

Gruñó sin hacer ningún comentario.

—Todos sus síntomas fueron demasiado obvios. En cuestión de minutos se sintió mal y fue empeorando notablemente durante las horas siguientes. Aunque en la última semana ha mejorado un poco, a ratos recae con malestares que aún el doctor no ha podido identificar con certeza.

—En verdad lo siento, Teresa, pero aún con más razón, le sugeriría viajar lo antes posible a Jerusalén y visitar a este médico antes de que sea demasiado tarde. Aquí le doy su teléfono para que se comunique con él en cuanto pueda.

Exhalé, queriendo poner en orden mis ideas. Sabía que ante aquel consejo de Piateli, quien jamás proponía algo sin estudiarlo primero a fondo, no podía rehusarme a emprender ese viaje que quizá nos daría una esperanza de vida.

—Antes de que tome cualquier decisión de viajar hasta allá, Teresa, tiene que pensar con la mente fría y tomar en cuenta que quizás esta sea la solución, o a lo mejor vuelva a ser otro callejón sin salida. No pierde nada con intentarlo. Si yo fuera usted, sin duda me arriesgaría.

—Entiendo —después de tantos años de espera, se abría un nuevo camino—. Estaremos en contacto entonces.

Nos despedimos, colgué el teléfono y traté de sobreponerme ante aquella noticia. Tenía miedo de partir a un mundo desconocido para mí, pero comprendí que era mi única opción en ese momento.

* * * * *

Al concluir con aquella larga y tediosa rueda de prensa, me reuní con mi familia en la alberca, y como era de esperarse David conversaba muy entretenidamente con Victoria y Anna, ya como viejos amigos.

—Hola —saludé cabizbaja—. Ni se lo imaginan... —me senté en un camastro de la alberca a los pies de Anna y les platiqué sobre la llamada de Piateli...

—Me preocupa mucho que hagan este viaje tú y José solos a Jerusalén, hija —expresó mi madre, mortificada—. Es toda una travesía.

—Lo sé, mamá, pero no tengo otra salida —precisé, encogiendo los hombros.

—Me gustaría acompañarlos, Teresa, pero en una semana y media tendré que viajar a Múnich a una subasta de arte, en donde se expondrán varios cuadros de mi galería —comentó David, arrugando los labios en medio de un gesto reflexivo—. Pero... ¿qué te parecería si se vienen tú y José Manuel conmigo a Roma unos días antes? Te lo pregunto porque sé que estarás unas semanas de vacaciones. Además, quedé de visitar a mis padres en estos días, puesto que en unos meses regresarán a Londres, ya que para mi padre concluirá su segundo período como embajador. Y así también, aprovechando que Tammy estará esta semana trabajando en París, tú podrías ver a María también. Piénsalo, querida, podríamos pasar un buen rato juntos como en los viejos tiempos, ¿qué dices?

Repasé en mi mente las palabras de Sandrino Piateli, y sabiendo que tendría que viajar a Jerusalén cuanto antes, aquella invitación de David me venía como anillo al dedo, antes de proseguir mi viaje a Israel.

—Mil gracias, David, pues te tomo la palabra. Después de tanto tiempo, me encantará volver a Roma.

—Yo tengo que regresar a Londres mañana mismo para cerrar un contrato con un cliente y en unos días estaré volando a Roma —comentó David—. ¿Qué te parece si nos vamos juntos y así conoces mi galería?

—Me temo que no puede ser tan pronto, David —denegué la invitación—. Tengo que regresar primero a casa, finiquitar asuntos pendientes con la disquera y dejar todo listo para ausentarme por un buen rato.

—Está bien, como tú digas. Te pido que no olvides avisarme cuándo llegarán, para hacerle saber a mis padres que nos quedaremos unos días con ellos.

—Perfecto —me sentí contenta, pero en contraste, una ráfaga de añoranza me embargó, al pensar en volver a Roma casi siete años después y bajo otras circunstancias. Al volverme para mirar a José, noté que había palidecido y un hilo de sangre corría por su nariz.

Capítulo 41

El día del regreso había llegado para todos. Saldríamos esa misma mañana en el vuelo del mediodía. Yo acordé con David que me comunicaría con él cuanto antes para darle los datos de nuestra llegada a Roma.

Al llegar a Nueva York, llevé a José al pediatra, pero desafortunadamente seguía de viaje. Decidí hablar con su asistente, quien me comentó sin mayor preocupación, que seguramente el sangramiento se había debido al exceso de calor o alguna debilidad capilar, por el estado decaído en el que se encontraba José desde hacía más de una semana.

De vuelta a casa, mientras desayunaba y terminaba de leer el periódico, reparé en una fotografía que me sacudió por completo. Se trataba de la noticia de la repentina muerte de Iván Svetoslav, el sujeto pelirrojo con el que me había topado en el pasado y nuevamente en la noche del concierto. Mencionaban que la policía internacional, la Interpol, que llevaba años tras él, por haber cometido un sinfín de estafas millonarias relacionadas con el tráfico de joyas, finalmente había dado con su paradero. Se explicaba con detalle su captura en un restaurante de Mérida y el tiroteo en el que se había visto involucrado con la policía de aquella localidad, en la cual había perdido la vida.

No pude creer lo que leía. El corazón me dio un vuelco y fue cuando recordé aquel anónimo que había recibido la noche del concierto, quedándome con la duda de si podría haber sido la misma persona.

Queriendo despejar mi mente de aquella noticia, tomé el teléfono y marqué el número del doctor Shmuel Segal. Después de varios intentos, porque la línea sonaba ocupada, contestó un hombre que hablaba un mal inglés. Le pedí que me diera una cita lo antes posible, argumentando que se trataba de una situación de vida o muerte. Tal como se lo había planteado a Tito en mi visita al monasterio de los carmelitas, siete años atrás, para lograr que el hermano Mantuano me recibiera esa misma mañana.

No pareció sorprendido, por el contrario, parecía estar acostumbrado a ese tipo de situaciones y, sin dar mayor explicación, indicó que el doctor se encontraba esa semana muy ocupado. Volví a insistir, suplicándole que me diera una cita cuanto antes y, posiblemente, al suponer que no me daría tan fácilmente por vencida, pidió que aguardara, al mismo tiempo que lo escuchaba dialogar en hebreo con una mujer. Luego de esperar, volvió a tomar el teléfono, indicándome la fecha, la hora y la dirección de la clínica.

* * * * *

A mediados de aquella semana y después de haber dejado todo en orden en la disquera, José y yo estábamos emprendiendo nuestro viaje a Roma.

A pocos minutos de haber despegado, noté que José se veía cansado, por lo que después de tomar un vaso de leche comenzó a cabecear hasta caer súpito sobre la ventanilla. Lo cubrí con una frazada y, tras colocarle la almohadilla bajo la cabeza, tomé los audífonos que me había dado la azafata en uno de sus constantes rondines, disponiéndome a ver una película que se acababa de estrenar. A escasos cuarenta minutos de estar viendo aquel melodrama, terminé bañada en lágrimas.

Luego que la pantalla se apagó y aún sintiendo un nudo de dolor en la garganta, tomé mi frazada, cerré los ojos y me acurruqué, repitiéndose una y otra vez en mi mente, el final desgarrador de aquella película.

Imprevistamente, un zangoloteo me despertó con un fuerte sobresalto. Miré a mi alrededor y observé que todos los pasajeros se miraban unos a otros asustados. Segundos más tarde escuché un fuerte chasquido que nos hizo trepidar, al mismo tiempo que el capitán informaba por el altavoz que estábamos cruzando por una tormenta eléctrica, pidiéndonos que mantuviéramos la calma y nos abrocháramos nuestros cinturones de seguridad.

Resoplé nerviosa, ajustando el cinturón de José y el mío, cuando una segunda sacudida desestabilizó el avión, logrando alarmarnos aún más. Tomé a José de la mano, mientras él, al notar la expresión de mi rostro, apretó sus ojos y sin decir media palabra, tomó la almohadilla para cubrir su cara, queriendo esconder su propio miedo.

Mi estómago comenzó a revolverse y simultáneamente, todas las mascarillas de oxígeno cayeron de los compartimentos, a la vez que la azafata indicaba que las colocáramos sobre nuestra nariz y boca, para luego respirar con tranquilidad.

"¿Cómo se puede respirar con tranquilidad en estos casos?", pensé con 'el corazón en la boca', a la vez que le colocaba a José la suya. El tiempo pasaba y el avión parecía no recobrar rumbo fijo. Por último, se escuchó una explosión en el exterior y con un violento tirón, comenzamos a descender vertiginosamente en picada, entre gritos de pánico y llantos de desesperación.

Capítulo 42

A punto de estrellarnos a mitad del océano Atlántico, un resplandor iluminó toda la cabina, cuando escuché la voz del capitán dar un aviso por el altavoz, en el que pedía que nos abrocháramos nuestros cinturones y abriéramos las ventanillas, ya que estábamos próximos a aterrizar en el aeropuerto Leonardo da Vinci, de Roma.

Aún soñolienta y con un espasmo angustioso en la boca del estómago, me di cuenta de que todo había sido una pesadilla más, de la que todavía no alcanzaba a recuperarme.

¿Qué me estaba sucediendo? ¿Por qué se habían incrementado aquellos sueños cargados de violencia y muerte en los últimos meses? Aquel cuestionamiento interno hizo que un sudor frío recorriera mi nuca, contrayendo los músculos de mi cuello. Inhalé y exhalé varias veces, en tanto me reacomodaba en mi asiento.

José abrió un ojo y en medio de un largo bostezo, dijo que tenía mucha hambre, al ver pasar a un par de aeromozas que empujaban un carrito con las bandejas del desayuno.

Al tocar tierra, suspiré con alivio. Recogimos nuestras

maletas en la estera giratoria y salimos de la aduana, donde ya David nos estaba esperando.

Durante el camino, les platiqué a ambos sobre mi sueño, con la creencia que tenía desde pequeña, de que si uno hablaba sobre sus deseos o miedos, se disipaba la energía que les daba la fuerza para convertirse en realidad. Y ante mi relato, con mirada atónita, José no dejó de preguntar sobre los pormenores del desenlace del mismo.

Luego de casi cuarenta minutos de viaje llegamos a la residencia de los Willet, donde la mamá de David me recibió dándome un abrazo y un beso en la mejilla.

—Teresa, qué gusto volver a verte después de tantos años. Me encanta la idea de que David y tú pasen unos días aquí en casa.

—Muchas gracias, señora. Para mí también es un placer estar aquí.

—¿Y este pequeño es tu hijo? —preguntó acariciando la cabeza de José.

—Así es. Saluda, hijo, es la mamá de David.

—Hola, me llamo José Manuel —extendió su mano con graciosa formalidad.

—Mucho gusto, José Manuel —se inclinó para darle un beso.

A continuación, nos guió hasta la que sería nuestra habitación durante los siguientes días, avisándonos de que la comida estaría lista dentro de una hora.

Mientras terminaba de desempacar, José se dirigió a la ventana, donde teníamos una magnífica vista del jardín. Tomé el teléfono y llamé a María para avisarle que habíamos llegado, haciendo planes para irnos a comer al día siguiente. Me ilusionaba verla a ella y también al pequeño Gio, que ya era un adolescente.

Habían pasado tantas cosas durante aquellos años y, al mismo tiempo, parecía que había dejado Roma apenas hacía unos meses. Me estremecí al recordar esa época que había vivido en Italia, pero sobre todo, la historia de la que Manuel y yo habíamos sido parte, y por la que José ahora estaba a mi lado. Sin poder evitarlo, sentí un nudo en la garganta.

—Mira mamá —señaló hacia el jardín.

Me acerqué a él y vimos como David jugaba con un par de perros que retozaban a su alrededor, al mismo tiempo que les lanzaba un balón a lo lejos.

—Vamos, hijo. Nos están esperando para comer —lo apresuré para bajar al comedor, desviándonos en el recibidor hacia la puerta del jardín, atraída por la fuente en la que tiempo atrás, Manuel y yo habíamos tenido un encuentro romántico. Suspiré con nostalgia, a la vez que David venía entrando a la casa.

—Cómo extraño a estos dos chicos, y más aún desde que murió Matt hace tres años. Los he tenido desde que eran cachorros y ahora... —giró su cabeza sobre su hombro para mirarlos—, solo puedo estar con ellos durante las vacaciones. Me hacen tanta falta.

—Si mal no recuerdo, cuando te conocí, me contaste que Matt dejaba de comer cuando te escuchaba cantar —comenté con una mueca divertida.

Agitó la cabeza, haciendo memoria.

—¿Te acuerdas de aquellos tiempos?

—¿Cómo olvidarlos...? —expresé, tomándolo del brazo—. Pero no sabía que te gustaran tanto los animales. Por lo visto tenemos otra cosa en común.

—Así es. ¿Y tú, José?, ya me platicó tu mamá que tienes un perro, ¿no es así?

—Sí. Se llama Joey y es muy juguetón.

Caminamos hacia el comedor, donde la señora Willet nos estaba esperando para sentarnos a la mesa, cuando se acercó un mozo para avisarle a David que tenía una llamada. Este se disculpó y se levantó, en tanto nosotros tres comenzamos a comer.

—Teresa, me contó David sobre el concierto. En

verdad te felicito por haber llegado tan lejos. Tu madre ha de estar muy orgullosa de ti y...—la señora Willet desvió sus ojos hacia José—, me imagino que tú también, querido, ¿no es así?

—Mucho —contestó presuroso—. Mi mamá canta muy lindo y también hace el mejor espagueti del mundo —afirmó, sin dejar de comer su plato de pasta.

Ambas reímos.

—El concierto fue todo un éxito y especialmente para mí, fue un gran honor haber sido parte de él —admití, sintiéndome complacida.

—Me lo imagino, Teresa —dejó su copa de vino sobre la mesa—. Leí toda la reseña en los periódicos y parece ser que se lograron recaudar importantes fondos para la Organización Internacional del Cáncer. Me da gusto que aún haya gente interesada por el bienestar mundial. Existe poco altruismo en estos días.

—Estoy de acuerdo —reconocí—. En sucesos como este, todos salen ganando. Unos en el plano económico, otros al recibir ese apoyo y nosotros, en este caso, por la gran satisfacción personal y moral que nos brinda.

—Qué bien, Teresa. Y cuéntame, ¿seguiste con tus clases de arte aparte de haberte dedicado al canto?

—Lamentablemente mi trabajo me consume mucho tiempo, pero en mis ratos libres aprovecho para hacerlo, aunque no tanto como me gustaría.

—Es una lástima —manifestó ladeando la cabeza—. No deberías de abandonarlo y menos aún si tienes talento. Yo pienso que cuando uno tiene un don para lo que sea, hay que seguirlo desarrollando durante toda la vida.

Antes de que pudiera hacer ningún comentario, David venía de regreso con la quijada desarticulada.

—¿Qué pasó, hijo? ¿Por qué esa cara? —preguntó su madre.

—Problemas con el embarque de los cuadros que están

por salir de Heathrow a Múnich. Ya sabes que siempre hay algún "pero" en los trámites, pero por fortuna, Liza mi secretaria, como de costumbre, lo solucionará sin mí. Es el colmo que todos allá esperen que yo desde aquí les resuelva la vida. Indiscutiblemente son una bola de inútiles.

—Calma, hijo. Siéntate y come tranquilo, que no ganas nada enfadándote —palmeó sobre el mantel junto a ella.

—Como le dije a Teresa —dijo David mirando a su madre—, en unos días tendré que asistir a la subasta, que por lo visto esperamos sea un éxito, y más después de tantos problemas.

—Así será, ya lo verás —levanté mi copa frente a mí.

Al terminar de comer, David, José Manuel y yo, salimos a dar una vuelta por la ciudad para que José conociera los alrededores. Sin embargo, cuando empezó a atardecer, afirmó que se sentía cansado y que le dolía el cuerpo.

Una vez más, mi preocupación se acrecentó. No había logrado contactar a su pediatra durante aquella semana, pero de cualquier forma, llamaría al día siguiente para ver si había regresado ya de su viaje. Me urgía saber, cuanto antes, los resultados de aquel examen que había quedado pendiente casi dos semanas atrás.

Aquella noche en la habitación de la embajada, pareció ser el comienzo de mi peor pesadilla. José se internó una y otra vez en sueños que lo hacían trasudar y manotear inquieto, queriendo despertar de alguna alucinación, que culminaba con un grito desesperado. Entre lloriqueos, se arrastraba hasta acurrucarse a mi lado, donde lo tranquilizaba una y otra vez, hasta verlo conciliar el sueño nuevamente.

* * * * *

Al despertar por la mañana, le pregunté a José cómo se sentía, y al escuchar su respuesta me quedé más preocupada aún. Al parecer, había amanecido con una sensación ardorosa en todo el cuerpo. Permanecí inmóvil, sin creer lo que escuchaba. La historia parecía repetirse por tercera ocasión y yo sabía que no podía hacer absolutamente nada por él. Devastada por el dolor que me ocasionaba aquella noticia, sospeché que ese sería el principio del fin. Traté de mantener la calma para que no se percatara de mi temor, diciéndole que llamaría cuanto antes al médico.

Justo antes de tomar el teléfono, David tocó a la puerta, preguntando si queríamos desayunar juntos, a lo que le pedí fuera adelantándose con José, que yo los alcanzaría en un rato. Al terminar de ponerse la sudadera, José salió de la habitación. Exhalé una respiración que parecía haberse atorado en mi pecho y volví a desplomarme sobre la cama. Levanté la bocina, marqué el número, cuando contestó una señorita que me pidió aguardara un momento. Aquella espera pareció eterna, hasta que escuché la voz del médico que me trajo una explosión de adrenalina, y antes de que pudiera decirme nada, le comenté lo que le había sucedido a José durante esos días; el sangrado de la nariz, la náusea, el ardor en la piel y la fiebre. Guardó silencio, parecía titubear en decirme algo, pues en un par de ocasiones me pidió un minuto, al tiempo que yo lo escuchaba hojear varios papeles.

Por su reacción, me percaté de que algo no estaba bien, y luego de un corto silencio, me informó que el último examen mostraba que José tenía una afección muy seria, en la que su propio cuerpo estaba atacando al resto de sus órganos.

Las pulsaciones de mi corazón comenzaron a acelerarse. No comprendía o más bien, no quería comprender lo que el médico afirmaba.

—¿Qué quiere decir con eso, doctor?

—José tiene una enfermedad poco común y…

—Y ¡¿qué?! —repliqué asustada—. ¿Es muy grave?

—Me temo que tendremos que practicarle más estudios cuando regrese a casa, Teresa. No puedo aventurarme a confirmar un diagnóstico en concreto y equivocarme.

—¡Dios mío! —exclamé—. Pero entonces, ¿qué hago, doctor? Estoy en Roma.

—Sé que es fácil decirlo, Teresa, pero por favor trate de mantener la calma. Cuando llegue haremos lo indicado. Por ahora dele mucho líquido, procure que descanse y los espero aquí a su regreso. Y por cierto...

—¿Sí? —Mi preocupación se acrecentaba por segundos.

—Me apena mucho decirle que... —aclaró varias veces su garganta antes de proseguir—, esta enfermedad ha debilitado su hígado y su páncreas. Esa es la razón de su malestar general y de las náuseas. Además, me temo informarle que contrajo una bacteria que se alimenta de los tejidos. Parece ser una variedad desconocida del *Vibrio vulnificus*, que es... —contuvo momentáneamente la respiración.

—¿Incurable? —inquirí.

—Por desgracia así es, Teresa —afirmó—. En verdad lo lamento.

—Pero ni siquiera tiene ninguna herida en el cuerpo, doctor —aseguré.

—Los resultados señalan lo contrario, Teresa —repuso—. Se podría decir que esta enfermedad es muy parecida a la peste bubónica por las pústulas que presenta, pero esta en especial, es mucho más agresiva. Y por el resultado de los estudios de sangre que le tomamos hace un par de semanas, parece ser que no responde a ningún antibiótico ni a ningún medicamento conocido.

Era evidente que José sufriría el mismo calvario que mi padre y lamentablemente ni yo ni nadie podía remediarlo. El doctor no dio mayor explicación y pidió que lo visitáramos a nuestro regreso. Guardé silencio, en tanto escuchaba la lista de medicamentos que indicó, mientras luchaba por apartar de mi mente el recuerdo de mi padre.

Colgué el teléfono bañada en llanto, de rodillas y reclinada sobre mi cama, cubrí mi rostro, tratando inútilmente de acallar mi mente desbordada. Tras algunos minutos de permanecer inmóvil y abatida ante aquella noticia, salí de la habitación y bajé al comedor, parando en un par de ocasiones a tomar aire. Luché por recuperar la calma y poder manejar aquella situación frente a José, pues deseaba que aquel viaje que pronto emprenderíamos a Jerusalén fuera nuestra salvación.

Sin poder casi respirar de la angustia, recordé aquella frase de mi sueño, años atrás: "No temo, no le doy el poder sobre mí, confío en Dios y nada quebrantará mi espíritu". La repetí varias veces, deseando sentirla en todo mi ser, fue así que la calma volvió a dominar en mi cuerpo, y armándome de valor proseguí mi paso hacia el comedor.

—¿Qué te dijo el doctor, mamá? —preguntó José.

—Nada en especial, hijo —mentí—. Solo que tienes que tomar unas medicinas, bastante líquido y divertirte mucho —simulé una sonrisa, aún sabiendo que las cosas estaban peor que nunca.

Sin poder contenerme, lo tomé entre mis brazos mientras mis ojos se humedecían. David se percató de ello, frunció el ceño y con mueca incógnita metió un trozo de pan en su boca.

Me senté a la mesa retomando el aire hasta que pude articular palabra.

—María pasará por José y por mí a mediodía para que vayamos a comer, Dave. ¿Qué te parece si nos vemos más tarde para tomar un café? Por cierto, tengo que pasar a ver a Sandrino Piateli a su despacho. Necesito aclarar algunas cosas con él antes de viajar a Jerusalén.

—Perfecto —acordó—. Así también aprovecho para comer con Biaggio que me ha estado buscando. Fue una pena que María y él no terminaran juntos, creo que nos hubiéramos divertido mucho los cuatro. ¿Recuerdas lo bien que la pasamos esos días en Capri?

—¿Cómo olvidar esas vacaciones? —traté de disipar

mi preocupación por José—. Por lo visto, Biaggio no pareció ser el tipo ideal para ella.

—Lo sé —admitió—. Biaggio y sus conquistas amorosas, no duran mucho por el ritmo de vida que vive. Se quiere comprometer con una y luego se ausenta por meses, en sus constantes travesías alrededor del mundo.

Nuestra conversación se prolongó, hasta que David comentó que nos llevaría a dar una vuelta por la ciudad. Terminamos de desayunar y salimos a la calle. A pesar de no tener la más mínima ilusión de salir a pasear, comprendí que tenía que esforzarme para darle una vida, lo más normal posible, a José.

Nos dirigimos en su auto hacia el Vaticano en donde, al llegar, tuvimos que hacer una larga fila para poder entrar. Caminamos por un costado del obelisco que se encuentra en medio de la Plaza de San Pedro, nos tomamos fotos y proseguimos nuestro recorrido al interior de la basílica. Estuvimos tentados a subir a la cúpula, pero en el estado en el que se encontraba José, sabíamos que la actividad resultaba extenuante, por lo que decidimos visitar únicamente las criptas papales y admirar las fabulosas esculturas en su interior. Sobrecogidos ante tanta belleza nos arrodillamos en uno de los reclinatorios, tomé la mano de José entre las mías y rezamos en silencio, pidiendo a Dios que nos diera salud y nos guiara durante nuestro viaje a Jerusalén.

Antes de regresar a la embajada, hicimos una corta parada en la Fuente de Trevi. Caminamos entre la gente que se aglomeraba a tirar alguna moneda de la suerte o a tomar alguna foto, tratando de abrirnos paso hasta el frente. Cuando lo logramos, senté a José en el murete de piedra y le conté la historia de la promesa que su papá me había hecho en ese mismo lugar.

—Yo igual te voy a querer toda la vida, mamita… —me abrazó, apretando su cabecita contra mi pecho.

Le di un beso en la frente, pasando mi brazo por su espalda. David, evidentemente conmovido, me guiñó un ojo.

Luego de una intensa mañana, regresamos a la embajada, donde María y Gio nos estaban esperando ya en el recibidor.

—¡Tantos años, Teresa! Qué gusto volver a verte —María me miró de frente y acariciando mi cabello, añadió—: No puedo creerlo, sigues igual. En realidad los años no pasan por ti, amiga.

Gio se acercó y me dio un beso, comentando con voz ronca.

—Mi mamá estaba contando las horas para verte.

—Igual que yo, Gio —lo inspeccioné de arriba a abajo—. Cómo pasa el tiempo. ¿Quién iba a decir que ya estás hecho todo un hombre? Estás altísimo y muy guapo —reprimió una sonrisa tímida—. Mira —tomé a José de la mano—, él es José Manuel, mi hijo. Le he platicado mucho de ustedes.

—¡Qué barbaridad! —exclamó María, dirigiéndose a José—. Estás enorme, y te pareces tanto a tu papá. Hasta pude reconocerte, cariño —le dio un beso en la mejilla.

Nos despedimos de David, quedando de vernos en la tarde.

* * * * *

Nos sentamos en la terraza de un restaurante en la plaza Navona, y en tanto todos terminaban de decidir qué *pizza* comerían, María y yo pedimos una copa de vino tinto, ella encendió un cigarrillo y así comenzó nuestra reseña de los últimos años, poniéndonos al día sobre nuestras respectivas vidas. Aquel tiempo que había transcurrido desde mi partida de Roma, había logrado afianzar los lazos que aún nos unían. María seguía igual de alegre y cariñosa como siempre. Me preguntó sobre el concierto, mientras que Gio trataba de hacerle la plática a José, quien no cesó de reírse.

Según María, Montse no se encontraba bien de salud y había decidido irse a vivir una larga temporada a casa de una de sus hermanas en Bari. Por su expresión pude notar que la echaba de menos, pues en un par de ocasiones, al referirse a ella, su barbilla se contrajo. En contraste, parecía estar feliz al lado de Marco que, para entonces, tenía ya su propio negocio de vinos y embutidos y, por lo que decía, cada vez le iba mejor. Esto fue un buen punto a su favor, pues en cuanto a los obstáculos que habían tenido que sortear para lograr estar juntos, esta situación les daba una gran estabilidad.

De pronto, María hizo una pausa y se dirigió a Gio, para luego preguntarle conteniendo una mueca de complicidad.

—¿Le decimos ya?

—Ya te tardaste, mamá —respondió, ladeando la cabeza.

—¿Por qué tan misteriosos? —los miré inquisitivamente.

—Ni te lo imaginas, amiga. Es más, llegaste justo para darte esta maravillosa noticia —dejó entrever una mirada chispeante.

—Dime ya, me muero de curiosidad.

Encogió los hombros como una chiquilla y confesó:

—Vas a ser tía.

—¿Qué? ¿Es en serio? ¿Vas a ser mamá? —levanté las cejas, atónita.

Asintió sonriendo.

—Y queremos que tú seas la madrina.

—No lo puedo creer —no podía recuperarme aún de mi asombro—. ¡Qué gusto! Te felicito de todo corazón. Por supuesto acepto encantada, es un verdadero honor. ¿Cuándo te enteraste?

—Hace un par de semanas, y mira lo que son las cosas, ¿quién iba a decir que estaríamos aquí sentados Gio y yo, dándoles esta noticia?

—Me imagino que Marco ha de estar feliz. Esto sí es un notición, y por supuesto que jamás me lo hubiera imaginado. ¿Y tú Gio? ¿Estás contento?

—Sí y no —contestó con franqueza—. Por un lado, me alegra tener un hermanito o hermanita con quien entretenerme y a quien molestar, pero por otro… —torció la boca—, sé que mi mamá no me hará tanto caso como ahora.

—No digas eso, Gio —increpó María—. Ya hablamos de esto varias veces, mi amor. Tú eres y seguirás siendo el hombre de mi vida. Y tu hermanita —dejó al descubierto su predilección por el sexo del bebé—, va a ser nuestra muñeca.

—¿Y si es hermanito? —preguntó José Manuel, quien estaba muy interesado en la plática.

—Si es un niño, Gio tendrá a quien enseñarle a jugar fútbol, entrenar su kárate y presentarle a las hermanas pequeñas de sus amigos —bromeó—. Además, Gio —giró su vista hacia él—, tú ya estás grande y la diferencia de edades es importante. No tienes que luchar por tener un lugar en la familia, ya que siempre lo has tenido.

Sin decir nada, Gio frunció el entrecejo, dándole un trago a su refresco.

—Pues en verdad te felicito, María —dije—. Sé que este bebé vendrá a hacer algo muy bueno en esta familia.

Comimos, acompañados de una agradable música de acordeón, la cual tocaba un joven estudiante frente a la puerta del restaurante. José se levantó de la mesa y se sentó en el escalón de la entrada, observándolo entretenido. Al terminar de comer, seguido de una larga y animada conversación, caminamos por la plaza. Tomamos fotos y paseamos por las fuentes que simbolizan los cuatro ríos más importantes de los cuatro continentes, y en donde lanzamos monedas en el agua, pidiendo nuevamente un deseo.

—Ma'… —comentó José—, en este país hay muchas fuentes con dinero… —pensó por unos segundos—. Cuando sea grande, voy a tener una igual para comprarte un castillo, así de grande —extendió los brazos a sus costados.

—Me parece perfecto, José. Creo que sería una magnífica idea —acaricié su cabecita.

Cuando dieron las cinco de la tarde y con total puntualidad inglesa, llegó David saludándonos a lo lejos.

—Hola, ¿se divirtieron?

—La pasamos estupendamente bien —respondimos María y yo.

—Pues nosotros ya nos vamos, Teresa —anunció María, alentando a Gio a despedirse de nosotros.

Insistí para que se quedaran otro rato, pero María argumentó que Gio tenía que asistir a su examen final de kárate, así que quedé de llamarlos para vernos antes de partir a Israel.

Cuando María y Gio se marcharon, José, David y yo, nos sentamos a tomar un café y el tan tradicional Tartufo Negro. Observamos entretenidos a los retratistas, caricaturistas y pintores callejeros, que con habilidad sorprendente, concluían sus obras en escasos minutos.

Le dije a David que quería pasar a visitar a Sandrino Piateli, pero se me había pasado llamarlo esa mañana por teléfono, asumiendo que a esas horas ya se habría marchado de su despacho.

—¿Qué te parece si mañana temprano le hablas y quedas de verlo a alguna hora? —sugirió, tomando un sorbo de café.

—Tienes razón, además estamos agotados —reconocí—. Es más, María me acaba de dar un notición que no vas a poder creer. Va a ser mamá otra vez —esperé ansiosa para ver su reacción.

—¿En serio? —preguntó incrédulo.

—Como lo oyes —aseguré—. Aunque a Gio no parece agradarle tanto la noticia.

—No es para menos, y más sabiendo que le llevará casi dieciséis años a su hermanito.

—Pues a mí me gustaría tener un hermanito, ¿pero una niña...? —José arrugó la boca con mueca de fastidio—. Son muy lloronas —sin hacer mayor comentario, siguió comiendo su helado.

Apreté la boca reprimiendo soltar la risa. Cambié de tema para platicarle a David sobre el doctor Segal. A José, que escuchaba con atención, tuve que explicarle con sencillez que el médico judío del que hablaba posiblemente nos ayudaría a eliminar nuestras pesadillas y los malestares, que especialmente él había tenido las últimas semanas. Él asintió como si estuviera de acuerdo, metiendo la última cucharada de helado en su boca.

Había empezado a oscurecer, por lo que David sugirió que regresáramos a casa. En camino al auto, el cual había dejado estacionado a unas cuadras de la plaza y mientras conversábamos distraídos, llamó mi atención alguien que viajaba en el tranvía que pasó frente a nosotros. Entrecerré los ojos, pero me fue imposible reconocerlo a contraluz, dejándome con una extraña sensación de desasosiego.

—¿Viste quién era, Dave? —señalé en dirección del tranvía—. Estoy segura de que era alguien conocido. Posiblemente alguien de la academia...

—No me di cuenta —respondió sin mayor curiosidad, abriéndome la portezuela del auto.

En el trayecto, paramos en una farmacia a comprar los medicamentos que el doctor le había mandado a José.

Al llegar a la embajada, sentí que mis pies no darían un paso más. Me encontraba exhausta y José, evidentemente ojeroso y pálido, me pidió que lo acompañara a nuestra habitación. La idea de viajar a Jerusalén en el estado en el que se encontraba, y luego de la noticia que me había dado su pediatra esa misma mañana, me mortificaba sobremanera. Pero a pesar de todo, intenté mantenerme en calma, ya que como me había dicho Piateli anteriormente, era posible que esa fuera la solución a nuestros problemas.

Capítulo 43

Durante la noche no paré de dar vueltas en mi cama y sin poder conciliar el sueño, me levanté al baño, cuando sentí una ráfaga de aire helado que recorrió mi espalda, dejándome paralizada frente al espejo. Por unos momentos miré en todas direcciones a través del reflejo, esperando encontrar aquello que me había dejado sin aliento. Después de unos segundos de tener la adrenalina recorriendo mis venas, para mi alivio, me percaté de que la ventana se encontraba entreabierta. La cerré y solté una desahogada risa luchando por deshacerme de mi estado paranoico.

Luego de recobrar un poco la calma, apagué la luz y abrí la puerta, cerrándola detrás de mí. A oscuras, caminé por la habitación, tratando de hacer el menor ruido posible y justo antes de meterme nuevamente a la cama, escuché un murmullo que pronunció casi inaudiblemente, "Julianne...". Sentí una vez más ese viento helado que me hizo girar estremecida sobre mi hombro, alcanzando a ver una figura en la oscuridad parada al pie de la cama, frente a José.

Resoplé con dificultad, cuando súbitamente vi que el rubí del anillo de mi mano emanaba una luz incandescente que iluminó tenuemente el rostro de aquel ser, cuyos ojos se proyectaban como los de un demonio, dibujando una sonrisa incisiva. Me volteé lentamente y tomando una bocanada de aire, me armé de valor para enfrentarlo, masticando con rabia las palabras.

—¿Por qué? ya deja de perseguirme, nos has hecho mucho daño ya… No quise ser tu mujer porque eres despreciable y mientras más intentas vengarte, más despreciable te vuelves. ¡Déjanos en paz!

Ante aquella mirada impávida y sin recibir respuesta alguna, lanzó una risotada mordaz que me erizó la piel. Encendí la lámpara de inmediato, dándome cuenta de que ya no había nadie.

Exhalé un profundo respiro tratando de recobrar la calma. Me acerqué a José que seguía en un sueño profundo y le di un beso en la frente. Lo destapé y al acariciar su cabecita empapada de sudor, me percaté de que tenía una mancha rojiza que se había diseminado por su pantorrilla. Sentí la sangre pulsar por mis venas, al mismo tiempo que lo vi boquear con sofoco, para luego comenzar a toser sin control. Necesitábamos viajar cuanto antes a Jerusalén y aunque faltaban algunos días para nuestra cita con el doctor Segal, teníamos que aventurarnos a que nos recibiera antes de lo planeado.

Tuve el impulso de abrazarlo como para no dejarlo ir, y sin querer asustarlo más, luché por mantenerme serena. Deseé creer en mis propias palabras, y mientras hacía tiempo para contactar a Piateli, que sabía llegaría a su despacho cerca de las nueve de la mañana, tomé un vaso de agua de mi mesa de noche y saqué una tableta de un botecito verde, que José tragó con dificultad, seguido de una cucharada de un jarabe amargo que casi le hizo volver el estómago.

Me recliné sobre la cabecera, lo recosté sobre mi pecho y traté de confortarlo hasta que volvió a quedarse profundamente dormido.

Permanecí en estado de vigilia hasta que aparecieron

los primeros rayos de luz del amanecer. Fue entonces que aproveché para repasar mi itinerario de Jerusalén y llamar a la aerolínea para adelantar un par de días nuestro vuelo, y pedir el cambio de fecha de la reservación en el hotel.

Cuando dieron las nueve en punto, marqué el teléfono de Piateli. Contestó una mujer de voz áspera.

—¿Sí? ¿Quién habla?

—Teresa Rembèz. ¿Se encuentra el señor Piateli?

—Un momento, por favor —carraspeó desagradablemente junto a la bocina—. Señor, tiene una llamada. Es una tal señorita Rembèz —escuché que lo llamaba a lo lejos.

—Ahora voy, gracias —respondió Piateli a cierta distancia.

—¿Aló? Teresa —tomó la llamada.

—Señor Piateli, ¿cómo está? Me da gusto escucharlo —admití—. Me urge verlo lo antes posible, toda esta situación se está poniendo cada vez peor —le notifiqué que había adelantado unos días mi viaje a Jerusalén, con la esperanza de que el doctor Segal nos recibiera de urgencia.

Piateli parecía no tener palabras para reconfortarme y después de respirar prolongadamente, dijo que me esperaría a las doce del día en su despacho.

Me arreglé y salí a buscar a David para platicarle lo que estaba sucediendo con José, cuando al verlo salir por la puerta de su habitación y sin poder contenerme, me eché a llorar.

—¿Qué pasa, Teresa? ¿Por qué lloras así? —Me tomó entre sus brazos.

—José amaneció muy mal, Dave —tragué saliva, recordando por unos instantes lo ocurrido en la madrugada—. Tiene una mancha roja en su pierna. No te lo quise decir ayer frente a José, pero hablé con el pediatra y me dijo que está muy mal. La maldición ha caído ya sobre él. ¿Qué voy a hacer ahora? ¿Qué va a pasar si no encontramos a tiempo la cura a todo esto? —mordí mis labios.

Secó las lágrimas de mis mejillas con el dorso de sus dedos y luego de un corto silencio, me dio un abrazo.

—Recuerda que siempre cuentas conmigo. No estás sola...

—Lo sé —cerré los ojos por unos momentos, reafirmando sus palabras en mi interior.

Luego de recobrar un poco la calma, bajamos al comedor, donde le conté mi conversación con Sandrino Piateli, quien me había pedido que nos viéramos en su despacho a mediodía. David comentó que él me llevaría y que regresaría para cuidar a José cuando despertara.

Al terminar de desayunar, le pedí que comiéramos allí mismo en la embajada. Deseaba que José se quedara en la cama a descansar ese día, suponiendo que el viaje a Jerusalén sería demasiado largo y, más aún, después de su repentina desmejora.

Regresé a mi recámara y me enterneció ver a José aún enroscado entre las sábanas, completamente dormido, con la boca semiabierta y emitiendo jadeantes silbidos que provenían de su pecho. Sin hacer ruido, tomé mi ropa y entré al baño a darme una ducha para salir nuevamente de puntillas a buscar a David, que se escuchaba en el recibidor hablando por teléfono, nuevamente exaltado.

Al encontrarnos frente a frente, batió su mano en el aire pidiéndome aguardara un momento, en tanto terminaba de discutir con su interlocutor. Al concluir su llamada, comentó con molestia.

—Estoy fastidiado de tantos problemas. Si no es una cosa es otra —bufó.

—¿Y ahora qué pasó, Dave?

—Tendré que volar mañana mismo a Alemania por la tarde. Es inconcebible lo inepta que puede llegar a ser la gente. Creerás que llegaron los cuadros a la aduana de Múnich y no han podido sacarlos, porque hubo un error al hacer el papeleo del embarque, y en lugar de poner a Frank

Schmidt como destinatario para recibirlos, pusieron mi nombre. Invirtieron accidentalmente el remitente con el destinatario. ¡Increíble!

—No te agobies, Dave, y por mí no te preocupes, atiende tu negocio en santa paz. Siempre hay situaciones como esta que no dependen de nosotros. Recuerda que de cualquier forma pasado mañana estaré volando temprano a Israel. Lo bueno es que hemos tenido bastante tiempo para estar juntos.

Luchó por esbozar una sonrisa y sin hacer mayor comentario, partimos rumbo al despacho de Sandrino Piateli, llegando un poco antes de la hora acordada.

Me despedí de David, quedando con él, que al terminar mi reunión tomaría un taxi de regreso a la embajada. Bajé del auto y me paré frente a la puerta del viejo edificio, recordando todas las veces que había tenido que asistir a ese mismo lugar en busca de una guía. Y aunque había logrado encontrar en Piateli una fuente de conocimientos y consejos, por mala fortuna hasta entonces, no habíamos podido concretar el final que ambos deseábamos.

Esperé un rato antes de tocar el timbre, reviviendo una vez más, aquellos meses de franca agonía, cuando me sobresaltó una voz que provenía detrás de mí.

—¡Teresa! —Giré a mis espaldas y vi que se trataba de Piateli—. Tantos años sin verla, qué gusto de verdad… —estrechó mi mano con efusividad. Sin dejarme hablar, abrió el portón y me condujo hasta su despacho.

Pase por favor, Teresa —me senté en el mismo sillón de años atrás, al tiempo que Piateli se quitaba su saco y lo colgaba en el perchero de madera a la entrada.

Ya instalados, le conté primero sobre mis visiones y sueños extraños que cada vez eran más recurrentes y, antes de adentrarnos en otro tema, me dispuse a relatar mi encuentro con Vlad aquella madrugada. Sabía que Piateli era la única persona a la que le podía contar y sobre todo, confiar aquella increíble historia.

Entre más detallaba los hechos, lo veía parpadear constantemente, dejando entrever un tic nervioso. Al concluir mi reseña, le conté que José, a partir de aquella noche, había empeorado notablemente.

—En verdad lo siento, Teresa —se quitó los anteojos que se le habían cubierto de vapor y mostrando unos ojos nublados, sacó una pequeña felpa de la gaveta de su escritorio, y mientras los frotaba concienzudamente, parecía darle vueltas al asunto en su cabeza—. Por todo lo que me ha dicho, me queda claro que se desató la ira de este demonio en el momento que reapareció el anillo. Y sobre los sueños y estas experiencias extrañas, en los que ha visto a José a punto de morir, supongo que ese miedo que ha venido acumulando desde aquel día, le ha cedido el poder al mal. Recuerde que en los escritos mencionaba que; "Si el miedo le llegara a dominar, el castigo sería infinito".

—Lo sé, pero todo esto me ha rebasado —agaché la cabeza, con un sentimiento de impotencia.

—La comprendo, Teresa, y espero que algo nos marque la pauta para acabar con todo esto —se ajustó los anteojos—. Por otra parte, le pedí que viniera, porque he investigado a profundidad sobre el doctor Segal. De verdad ha logrado cosas asombrosas en el campo de la medicina y la ciencia. Durante esta semana, hice una recopilación de información, sobre una técnica asombrosa que ha venido perfeccionando en la última década y que al parecer concluyó este mismo año.

Hizo una pausa, escarbó dentro de una de las gavetas de su escritorio, para posteriormente mostrar un boletín que sostenía en su mano.

—En esta publicación, afirman que su descubrimiento está relacionado con la medicina cuántica, molecular, evolucionista y mental. Algo así como una técnica que restablece al sistema en su conjunto, reforzando los campos biofísico, emocional, mental y hasta el energético.

—Interesante... —comenté, reacomodándome en el asiento.

—Según mis investigaciones —retomó—, ha reunido varios métodos en los que se ha especializado, logrando un modernísimo método de diagnóstico y tratamiento de enfermedades, según su desequilibrio primario. El proceso comienza al obtenerse información detallada energético-vibracional, a través de un ordenador, que a su vez restablece el equilibrio mediante impulsos y frecuencias electromagnéticas, que son enviadas de regreso al sistema, a través de electrodos conectados al cuerpo, asociados a una terapia con ozono y magnetos.

—¿Y en qué puede ayudarnos todo esto, si estamos bajo una maldición? —inquirí escéptica—. Sabemos desde un principio que nada ni nadie la podrá romper más que yo misma.

—Es probable que con esta técnica, asociada a otros métodos que también emplea —opinó convencido—, pueda contrarrestar en cierta forma el efecto de la maldición sobre su cuerpo y, más aún, su campo energético que, al fin y al cabo, son los únicos capaces de debilitar este ataque sobrenatural. Como le decía hace un momento, el miedo es una parte medular en esta cuestión, Teresa, y estando usted fuerte física, mental y energéticamente, podrá aminorar sus efectos colaterales.

Agité las manos queriendo ir paso por paso.

—A ver, a ver..., explíquemelo más objetivamente porque no acabo de entender bien.

—Este procedimiento específico, es un tratamiento complejo de dos o tres sesiones, en las que, primero el paciente es expuesto a toda clase de estímulos que le provocan sensaciones y sentimientos de profundo placer y bienestar, hasta llegar a emociones extremas de miedo, ansiedad y angustia, entre otras. Nada fácil, lo sé... —admitió—. Pero al mismo tiempo, se generan y se mandan al sistema ondas y frecuencias, que por así decirlo, logran bajarle la intensidad a estas emociones, protegiéndolo de posteriores ataques psíquicos y energéticos, endógenos y exógenos. El cuerpo biofísico y químico —dibujó un círculo con la punta de su dedo—, está envuelto por un cerco energético que renueva los órganos a nivel celular, fortaleciendo al mismo tiempo al cuerpo etéreo como un escudo, que protege al individuo a todos los niveles.

—Suena demasiado bueno como para ser cierto, ¿no cree? —comenté, dudando aún de lo que esta técnica decía prometer—. Pero entonces, ¿cómo y de qué manera podría ayudarnos esto a José y a mí?

—Supongo que podría ser de gran beneficio para contrarrestar las emociones desbordadas que surgen durante las pesadillas nocturnas y aquellas visiones, que de igual modo conllevan los sucesos sobrenaturales que se le han presentado esporádicamente, en plena conciencia, además de proteger lo más posible el cuerpo físico del progresivo desgaste, aunque este sea quizá solamente un paliativo.

—¿Y usted cree que efectivamente nos sirva de algo? —cuestioné una vez más con franca incertidumbre.

—El doctor Segal tiene un largo historial y experiencia única en casos incurables, y ha llegado donde la medicina convencional no ha tenido ningún efecto. Y volviendo a lo mismo de siempre, Teresa... —encogió los hombros con ademán de esperanza—, no pierde nada con intentarlo. Sobre todo, no hay tiempo que perder después de lo que me dijo sobre José.

Asentí reflexiva, confiada en que la insistencia y el optimismo de Piateli fueran la respuesta a todos nuestros males. Al concluir nuestro diálogo de suposiciones, preguntas y respuestas, con fundamento y sin él, quedé de comunicarme con él después de haber asistido a mi primera cita con el médico israelí.

Capítulo 44

De regreso a la embajada, encontré a David y a José en el jardín retozando con los perros. Por fortuna, José tenía mejor semblante que el día anterior. Me acerqué a donde estaban y sin comentar nada sobre lo ocurrido aquella mañana, José me mostró cómo lanzaba el *Frisbee*, mientras que un *setter* irlandés lo atrapaba en el aire, a la vez que el otro lo perseguía, tratando de robarle lo que había conseguido.

Sentí alivio al ver a mi hijo sonreír de nuevo. Por lo menos, me tranquilizaba pensar que el viaje a Jerusalén no sería tan grave como había pensado hacía unas cuantas horas.

Me senté en una de las sillas de hierro que estaban dispuestas alrededor de la mesa del jardín, donde había una jarra de limonada y un platón con bocadillos que José no paró de mordisquear; para después echarse a correr nuevamente detrás de los perros. Le conté a David sobre mi entrevista con Sandrino Piateli, quien creía férreamente que ir a Jerusalén era una gran oportunidad, bajo las circunstancias en las que José y yo nos encontrábamos en ese momento.

—Supongo que todo en la vida pasa por algo, ¿no crees? Yo también soy de la idea de agotar hasta el último recurso, querida.

Di un suspiro, con la mirada perdida a lo lejos.

—Y por cierto, Teresa, ¿qué te parece si te invito a cenar esta noche como despedida? José se podría quedar en casa con mi madre y regresamos temprano para que no estés preocupada.

—Encantada. Me viene bien distraerme un rato de tantos problemas, y más aún porque no sé cuándo nos volveremos a ver. Y bueno… ¿A dónde piensas llevarme esta noche, Dave?

—Eso se escuchó muy sugerente —levantó una ceja, disimulando una sonrisa pícara.

—Veo que sigues siendo el mismo de siempre —reí.

—Algo hay de eso, pero tristemente cada día me doy cuenta de que jamás tendré la menor probabilidad de lograr que tengas ni siquiera un pequeño desliz conmigo.

—¿Sabes, Dave…? —palmeé cariñosamente su espalda—. Todas las ideas inesperadas, incoherentes y destartaladas que a veces salen de tu boca; es lo que me apasiona de ti.

—Después de tantos años, no he terminado de entender en qué fallé cuando te conocí —tomó un trago de su cerveza, encogiendo los hombros con gesto de rendición.

—En nada, Dave, por el contrario… —aseguré—, sin embargo, te salvaste de haber tenido que vivir con una neurótica como yo y, sobre todo, aguantar tantos problemas en mi vida.

Frunció el entrecejo, mientras terminaba de masticar su bocado.

—Así es la vida, ¿qué le vamos a hacer? Y volviendo a la pregunta de ¿dónde te llevaré esta noche?, deja que por lo menos un par de veces en la vida pueda darte una sorpresa.

—Me parece muy bien —afirmé, viendo a lo lejos como José saltaba divertido, lanzando una y otra vez el *Frisbee* a los perros, que no dejaban de retozar a su alrededor.

Esa misma tarde comimos los tres en el jardín. Al terminar, José dijo que estaba cansado y que quería ir a recostarse. Volví a verlo decaído, por lo que me disculpé con David, comentándole que lo vería más tarde.

* * * * *

Al llegar al restaurante, que se encontraba en una callejuela en el corazón del barrio de Parioli, nos recibió el capitán que nos escoltó hasta nuestra mesa, y en tanto echaba un vistazo a mi alrededor, el mesero nos ofrecía el menú.

David miró por encima de mi hombro y ajustando su corbata, entrecerró sus ojos, reparando en alguien que estaba sentado justo detrás de mí.

—Increíble, apenas ayer acabo de comer con Biaggio y hoy me lo vuelvo a encontrar aquí cenando.

Giré para verlo y al percatarse de que lo mirábamos desde el otro extremo del restaurante, se paró de inmediato de su mesa y se dirigió hacia nosotros con una gran sonrisa.

—Teresa… —tomó mi mano y la besó caballerosamente—. Es un verdadero placer volver a verte después de tantos años. Me contó David que el concierto fue un éxito rotundo, además de que leí toda la reseña en el periódico. Muchas felicidades... Te debes de sentir feliz por todos los comentarios positivos de los medios.

—Así es, Biaggio, mil gracias —respondí, retirando mi mano de la suya—. ¿Y cómo has estado tú?

—Mejor que nunca —hizo una pausa para luego preguntar—: ¿Y cómo está María? ¿La viste ya?

—Sí. Está mejor que nunca —declaré—. Es más, me acabo de enterar de que pronto será mamá de nuevo —tuve la necesidad inconsciente de observar su reacción.

Levantó el ceño, sorprendido. Me percaté de que no fue la mejor noticia que pudo recibir en ese momento, ya que cambió el tema. Acabó por desearme buena suerte en Jerusalén, y luego regresó a su mesa.

—¿Por qué le dijiste lo de María a Biaggio? —preguntó David en voz baja—. Sabes bien que nunca pudo superar que ella lo mandara a volar. ¿Lo hiciste a propósito, no es así? —dejó entrever una sonrisilla aguda.

—Sí, pero no me lo digas —asentí—. Admito que solo quería ver si María había dejado huella en él, y de cualquier forma se iba a enterar tarde o temprano. Era natural que ella rehiciera su vida con alguien, ¿no crees? Tampoco es para tanto, Dave.

—Pues déjame decirte que Biaggio no pudo superar del todo su historia con María y aunque no lo creas, estoy seguro de que María sigue rondando en su memoria.

Alcé las cejas y suspiré.

—¿Quién se hubiera imaginado que María fuera una rompecorazones, eh?

—Pues ya lo ves. Al parecer María fue muy importante en la vida de mi amigo.

—Y por cierto, ¿cómo se enteró de que voy a viajar a Jerusalén? ¿Le comentaste algo?

—Sí —admitió—, me preguntó por qué venías por tan poco tiempo y le comenté que viajarías a Jerusalén en unos días.

—Aah… —exhalé con desgano—, de solo pensarlo siento náusea… —dije, mientras el mesero nos tomaba la orden.

Durante la cena, como una de tantas veces, no paramos de recordar entre nostalgia y risas, nuestras aventuras en Brasov, las cuales seguirían siendo por siempre un tema en nuestras vidas. Súbitamente David guardó silencio, atraído por algo que llamó su atención a mis espaldas, dejando caer su mandíbula de par en par.

—¿Qué te pasa, Dave? ¿Por qué te pusiste así? ¿Te sientes bien? —me incliné hacia el frente, apoyando mis brazos sobre la mesa.

Se llevó la mano a la boca y bufó con evidente desconcierto.

—¡No lo puedo creer!

—¿Qué pasa? —insistí, cuando sentí una mano sobre mi hombro.

—Teresa —llamó una voz ronca y profunda.

Mi aliento se cortó y mi corazón dio un vuelco, sintiendo que dejaría de latir dentro de mi pecho.

Capítulo 45

Se hizo un largo silencio, en el que sentí correr el tiempo con una lentitud apabullante. Tomé aire y me levanté de la mesa, mientras nos mirábamos unos a otros buscando una respuesta a lo que estaba sucediendo.

—¿Qué es esto? No comprendo nada… —tapé mis ojos, resoplando contrariada.

David se levantó furioso de su asiento y arremetió golpeando su puño contra la mesa.

—¿Cómo te atreves a aparecer así sin más? Eres un miserable —sujetó a Manuel de la solapa, a la vez que él le daba un empellón en el brazo, volviendo a sentarlo en su silla.

—Tú, no te metas —espetó Manuel, llevándose el dedo a la boca—. Esto es algo que tenemos que aclarar solamente Teresa y yo. No me importa lo que haya entre ustedes dos —arrastró horizontalmente sus ojos hacia mí—. Te veo, Teresa, y no puedo creerlo… ¿Por qué…?

Ante la mirada atónita y sonoros cuchicheos de los comensales, David volvió a pararse de la silla para enfrentarlo cara a cara y, yo, frente a aquella vergonzosa escena, me levanté de la mesa y me dirigí con paso veloz hacia la salida.

—Necesito que me escuches, Teresa —suplicó Manuel, a pocos pasos tras de mí—. Todo esto debe tener una explicación. Dame la oportunidad de entender qué fue lo que pasó. Y si cuando termine de hablar, no quieras volver a verme, te prometo que desapareceré de tu vida para siempre.

—Por favor, señores, este es un sitio público —interrumpió el capitán de meseros, que nos guio nervioso hasta la calle, al tiempo que giraba su cabeza en todas direcciones, sonriendo apenado.

—¿Por qué Manuel? ¿Por qué hasta ahora...? —agité la cabeza—. ¿Cómo pudiste hacerme esto?

—¡No lo escuches, Teresa! —protestó David que venía con paso firme detrás de nosotros—. No le permitas jugar contigo una vez más, ya te ha hecho demasiado daño este infeliz.

Parada en la banqueta, volví a cerrar mis ojos queriendo ordenar mis pensamientos y mis emociones que se habían desbordado dentro de mí. Al abrirlos nuevamente, le pedí a David que se tranquilizara, suplicándole que lo dejara hablar. Le aclaré a Manuel que lo escucharía en contra de mis deseos, solo por la necesidad de comprender la verdadera razón que lo había empujado a haber sido tan cruel conmigo.

—Necesito hablar a solas contigo, Teresa —fulminó a David con la mirada, a la vez que este esperó a que yo denegara aquella petición.

Con un nudo en la garganta, le pedí a David que nos dejara a solas, prometiéndole que nada malo me sucedería. A lo que sentenció, plantándose frente a los dos, con los brazos cruzados, y encrespado de la rabia, que no iría a ninguna parte sin mí.

Manuel volvió a clavar sus ojos en los míos, esperando que hiciera algo al respecto. Por lo que le supliqué a David que regresara a casa, porque Manuel y yo teníamos que dejar varias cosas en claro, prometiéndole que estaría bien y que no tardaría. Se llevó la mano a la cabeza con impotencia y sin tener otra salida, me ofreció dejarme su auto, a lo que objeté de inmediato, aclarando que regresaría en taxi. Gruñó, subió a su auto y mirándome a través de la ventanilla, encendió el motor y se marchó, virando en la siguiente esquina.

Ambos permanecimos parados sin pronunciar palabra. Caminamos unos pasos fuera de la entrada del restaurante, lejos de las miradas curiosas, deteniéndonos bajo un farol encendido, donde Manuel finalmente rompió el silencio.

—En realidad lo lamento, Teresa —confesó—. Ahora entiendo que nos quisieron separar y desgraciadamente lo lograron.

Lo miré sin comprender sus palabras. Su rostro se veía más maduro, unas finas líneas marcaban su frente, demostrando el paso de los años. Sus ojos verdes aún poseían el mismo brillo que años atrás habían logrado cautivarme.

—¿Por qué me haces esto, Manuel? —exclamé—. Tú estás muerto.

Se inclinó hacia mí para tomarme entre sus brazos, al mismo tiempo que yo batía las manos frente a él con total indignación.

—Suéltame, no me toques… ¿Es una burla o qué? No tienes una idea de lo que sufrí cuando Saulo me dijo que habías muerto —recordé aquella época como la peor de mis pesadillas.

Cerró los ojos con fuerza, engarzando sus dedos entre su cabello.

—Escúchame, mujer —repuso—. Te juro que hubiera dado la vida para que esto jamás hubiera ocurrido y mucho menos haberte lastimado de esa manera.

Resoplé, tratando de tranquilizarme.

—Está bien, Manuel, pero quiero que sepas que ya me has hecho demasiado daño y me ha costado muchas lágrimas poder rehacer mi vida, por lo que ya no estoy dispuesta a entrar en ningún juego —aseveré, conteniendo las lágrimas de mis ojos.

—Esto no ha sido ningún juego, Teresa —apretó la mandíbula, resaltando las venas de sus sienes—. ¿Recuerdas a Saulo?

—Por supuesto, ¿cómo iba a olvidar al hombre que me dio la noticia más terrible de mi vida? Entiende, Manuel, que por años enteros me desperté y me acosté pensando solo en ti. ¿Sabes lo que eso fue para mí? Que día tras día trataba de revivir cada instante a tu lado, imaginando ingenuamente, que sería la única manera de retenerte a mi lado para siempre. Sin poder dejar de sentir la tristeza que, aún ahora, me sigue acompañando.

—Comprendo..., comprendo porque ambos fuimos víctima de la misma mentira —desvió la mirada—. Por eso es que necesito que me escuches ahora más que nunca, Teresa.

—Está bien, Manuel, habla ya —repliqué tajante, asustada de lo que estaba a punto de escuchar.

—Atando cabos sueltos, ahora entiendo que Saulo me tenía mucho más rencor del que imaginé. Por lo que me dices, a ti te mintió diciendo que yo había muerto y a mí me aseguró que tú habías muerto en el accidente aéreo que ocurrió el mismo día que regresaste a Nueva York. Según él, había visto tu nombre en las listas de pasajeros que sacaron esa misma noche en las noticias. Fui un estúpido al creer ciegamente en lo que decía. ¿Quién podría haber imaginado que alguien mentiría sobre algo así? —gruñó, llevándose el puño a la boca.

—¿Cómo es posible que me estés hablando del mismo hombre que me avisó de tu accidente en Capri y que hasta me llevó personalmente al hospital a verte? —pregunté.

—Ni yo mismo puedo entenderlo, Teresa —aseguró—. Por increíble que parezca, el miserable debió de tener motivos muy poderosos para hacer lo que hizo. ¿Recuerdas que alguna vez te dije que Saulo trabajaba para mí?

Asentí en completo silencio.

—Pues más tarde confirmé mi sospecha, el muy sinvergüenza siempre ambicionó mi puesto en la empresa. Se dedicó a intrigar en mi contra y a inventar una sarta de mentiras, que me llevaron a tener serios problemas legales. Con mucha astucia me dio a firmar un par de veces unos documentos que aprobaban un embarque de mercancía que no había pasado el control de calidad, y por confiar en él y por negligencia de mi parte al no leerlos, firmé mi propia condena.

—¿Y… qué pasó después, Manuel?

Tomó aire y retomó:

—A pesar de sus constantes tretas enmascaradas de amistad, jamás sospeché nada de esto. Todo indica que movió las piezas del tablero a su conveniencia. Después de hundirme lo más que pudo, terminé por abandonar mi trabajo para salvar mi reputación y, por supuesto, logró quedarse con mi puesto, que quizá lo habría estado planeando por años —lo miré, aún escéptica. Se restregó el rostro con la mano abierta—. Saulo jamás tuvo los pantalones para enfrentar nada y mucho menos sus intenciones descaradas por Lina, ya que tiempo después me enteré que habían sido amantes por años. Pero ahora menos que nunca, puedo entender el porqué si sabía lo que yo sentía por ti, no le convino que me alejara de Lina. Supongo que quería cobrársela con alguien.

—Espérate que no entiendo nada —batí la mano enérgicamente frente a él—. ¿Cobrársela de qué?

—De que yo tuviera la vida y el puesto que ambicionó por años. Estaba totalmente acomplejado, pero nunca sospeché a qué grado llegaría su maldad. Además, como te digo, él siempre estuvo enamorado o quizás obsesionado con Lina y nunca lo supe hasta hace poco. Parecía ser que mi felicidad y mi éxito eran sus peores enemigos, y más aún después del terrible fracaso de su matrimonio. Se volvió un hombre abusivo y calculador, navegando con bandera de caballero, cuando en el fondo era un demonio con dos caras.

Con trote atropellado, pasó frente a nosotros un grupo de muchachos que venían retozando entre jaloneos. Manuel guardó silencio, dio un paso atrás y flexionando su rodilla, recostó su pie contra el muro de piedra para retomar con voz baja su relato.

—Ahora caigo en la cuenta de que me siguió buscando todo ese tiempo para que no sospechara de él. Lo peor del caso, fue que nunca imaginé ni tuve la menor sospecha de que tu supuesta muerte había sido tramada por él.

—¿Y qué pasó con Lina y Stefano, entonces...?

—Stefano murió casi un año después que regresaste a Estados Unidos, por lo que Lina y yo decidimos divorciarnos poco tiempo después, porque sencillamente no había quedado nada que nos mantuviera unidos. Ella se marchó a vivir a Roma y por ironías de la vida, tras haber mantenido en el anonimato su relación con Saulo, por quién sabe cuántos años, al parecer creo que también rompió con él. Si te soy sincero, desde entonces no supe más de ella y estoy seguro de que eso fue lo mejor para los dos.

—Antes que nada, Manuel, lamento mucho la muerte de Stefano. Imagino lo difícil que fue y ha sido sobrellevar una pena de esa dimensión —expresé con sincera empatía.

—El tiempo ayuda a sanar las heridas, querida.

—Y ¿cómo supiste que yo no había muerto? ¿Cómo diste conmigo? —cuestioné.

—Por azares de la vida, ayer en la tarde te vi con David y un niño cerca de la plaza Navona.

—¿Eras tú? —recordé que alguien llamó mi atención dentro del tranvía.

—¿Yo...? ¿De qué hablas?

—Nada, nada... —respondí sin querer ahondar en detalles irrelevantes—. ¿Y entonces?

—Cuando bajé en la siguiente esquina y volví para cerciorarme de que no me equivocaba, fue ya demasiado tarde. Y por lo mismo, no pude con la incertidumbre y llamé a la embajada esta misma tarde. Pregunté por ti, diciendo que era tu amigo y me informaron que habían venido a cenar a este lugar. Te confieso que al colgar el teléfono, lo primero que pensé fue en que el muy infeliz de Saulo me había tendido una trampa más. ¡Qué ciego fui! —Golpeó la pared con el puño cerrado—. No puedo creer cómo pude confiar en él. Por más que yo sabía que era un estafador y un miserable, nunca imaginé que podría llegar a tanto.

—Manuel, no te imaginas los malos momentos por los que tuve que atravesar todos estos años, no puedo dejar de pensar que durante todo este tiempo estuviste vivo, me cuesta trabajo aceptarlo. Y sobre lo mismo, necesito preguntarte algo más, ¿por qué vendiste Villa Capriccio? Tú me habías dicho que era un sitio muy importante para ti. Te lo pregunto porque traté de buscarte aun cuando Saulo me confirmó tu muerte. No podía resignarme a no volver a verte más y María le pidió a Carlo que indagara algo cuando fuera a Capri, y ahí le dijeron que la habías vendido. ¿Por qué lo hiciste?

—Porque todo se vino abajo cuando Marcelino murió hace unos años —dijo pensativo—. Sucedió que un par de trabajadores nuevos se pasaron de listos. Comenzaron a robarse los excedentes de fertilizantes para venderlos por fuera y como consecuencia, una plaga de parásitos contaminó por completo el viñedo. Fue tal la devastación, que casi todos los trabajadores se marcharon y el viñedo se colapsó. Con mucho trabajo, con cuantiosas pérdidas y con todas las ganas de salvar aquellas tierras, contraté de nuevo a un especialista, pero ya no fue lo mismo. Todo indicaba que era tiempo de concluir con esa etapa de mi vida.

—No puedo creerlo —manifesté—. Tú estabas casado con esas tierras...

—Lo sé, Teresa —admitió—. Todavía hay ocasiones en que los recuerdos me persiguen, pero creo que fue una buena decisión y no me arrepiento de haberlo hecho. Sé que mi padre, donde esté, sabe que hice hasta lo imposible para que esto no sucediera. No obstante, me quedé con toda la producción almacenada que aún sigue vendiéndose bien, y estoy en tratos para comprar una excelente tierra situada no lejos de allí, donde posiblemente más adelante pueda traspasar, aunque a menor escala, parte del viñedo.

—Es una pena que hayas tenido que venderla, Manuel. Imagino lo que esto significó para ti.

—Más de lo que te puedas imaginar —admitió—, pero la vida es así. Da muchas vueltas y no se sabe qué pasará el día de mañana —guardó silencio y se aventuró a preguntar—. No puedo con la duda, Teresa... Dime, por favor... ¿te casaste?

—No, Manuel, me dediqué por completo a mi carrera y... —bajé la mirada.

—Entonces, ¿de quién era el niño con el que los vi ayer? —cuestionó una vez más arrugando el entrecejo.

Permanecimos unos momentos en un incómodo silencio. No sabía si realmente quería revelarle la verdad, pero al mirar dentro de las profundidades de sus ojos, confesé de tajo y sin quitarle la mirada de encima, que era suyo.

Resopló con el rostro desencajado y queriendo serenarse, logró expresar:

—¿Qué...? ¿De qué hablas, Teresa? No lo puedo creer. ¿De verdad es cierto lo que dices?

Consternado ante aquella noticia, lo tomé del brazo y simplemente asentí. Sabía que no había más palabras que decir.

—A ver —reaccionó aún incrédulo—. Espérate, por

favor, que esto me ha dejado sin habla... —respiró profundamente antes de preguntar—: Y ¿cómo se llama?

—José Manuel.

—¿Y sabe algo sobre mí? ¿Sabe que soy su padre? —inquirió con evidente desesperación.

—Por supuesto que sí, Manuel. Pero él cree que estás muerto, como yo lo creí hasta esta noche.

—Sigo sin poder digerir todo esto. Dios mío, no puedo creerlo... —agitó su cabeza—. Francamente no me lo esperaba, ayer cuando los vi pensé que era hijo de David.

—¿De David? —contraje la barbilla—. ¿Por qué de él?

—Porque al verlos juntos, sencillamente lo asumí.

—No, Manuel... —lo saqué de dudas—. José y yo estamos aquí en Roma de vacaciones en su casa, porque pasado mañana volaremos a Jerusalén.

Levantó una ceja.

—¿Y qué van a ir a hacer allá?

—Es una historia que ahora no tengo tiempo de contarte —miré mi reloj—. Es muy tarde y tengo que regresar a la embajada, David y José han de estar muy preocupados por mí.

Sin insistir en el tema, bajó aún más la voz.

—José Manuel es mi hijo y me vengo a enterar ahora. Me imagino lo que has de haber pasado, mujer.

—No, por supuesto que ni te lo imaginas, Manuel. Fue algo que no le desearía ni a mi peor enemigo. Cuando regresé de Roma, al poco tiempo descubrí que estaba embarazada y pasé momentos muy difíciles cuando supe que nunca más te volvería a ver.

—Desearía poder regresar el tiempo atrás y haberles evitado tanto sufrimiento, pero sé que es imposible. Quisiera abrazarlo y decirle que soy su papá.

—No, Manuel, como te dije, José piensa que estás muerto —repuse—. Tiene idolatrada la imagen de su padre y confesarle todo esto ahora sería terrible y lo confundiría más, ¿lo entiendes verdad?

Mordió sus labios aparentando reprimir su impotencia.

—Por desgracia lo entiendo más de lo que desearía. Pero por favor dame alguna esperanza y la oportunidad de acercarme algún día a mi hijo, creo que los tres nos lo merecemos. Yo te sigo amando, Teresa.

—Manuel... —hice una pausa que pareció arrebatarme el aliento, y logré articular—; te amé y muy probablemente seguirás siendo el amor de mi vida, pero han pasado tantos años y tantas cosas dolorosas durante este tiempo, que no sé si sea el momento para retomar el pasado, ni tampoco creo sentirme capaz de volver a...

—No sigas por favor, mujer, y ahora que sé que estás viva, que tengo un hijo y, si te vas ahora mismo sin saber si volveré a verte, eso me volverá loco.

Exhalé una bocanada de aire que se había atrapado en mi pecho.

—Durante todo este tiempo he luchado por construir y brindarle una vida llena de amor y armonía a José... y te confieso que también para mí misma. Mi vida ha estado marcada por el dolor, Manuel, y te confieso que a duras penas estoy logrando salir adelante, por lo que tu presencia ahora es más de lo que puedo manejar. Hay muchas cosas por las que estoy atravesando que no comprenderías y que tampoco te corresponden. Dejemos que el destino decida... —concluí con un nudo en la garganta.

—Pero, Teresa, por favor no nos hagas esto —rebatió, al mismo tiempo que yo le pedía que no insistiera más.

Bajó la mirada. Me tomó de las manos e inclinándose hacia mí, me fue acercando poco a poco hasta asegurarme entre sus brazos. Apoyó su barbilla sobre mi mejilla, mientras ambos guardamos un prolongado silencio. No era momento de más cuestionamientos ni reproches. Sentir su cercanía fue más que suficiente ante aquel reencuentro. Desvié mis ojos perdiéndolos en las luces de la calle.

Con un dejo de nostalgia volví a mirar mi reloj, caminando hasta la avenida donde abordé un taxi. Manuel suplicó que le diera la oportunidad de llevarme a casa, a lo que me rehusé. Con mirada descorazonada, abrió la portezuela del auto cerrándola detrás de mí, a la vez que sacaba una tarjeta del bolsillo interior de su saco, y estirando su mano a través de la ventanilla, sujetó mi mano por unos segundos antes de expresar:

—Teresa…, si algún día cambias de opinión, quiero que sepas que estoy dispuesto a todo para volver a ser parte de tu vida y de la vida de José. Te esperaré siempre.

Sin decir nada más, fijé mi vista al frente, al tiempo que nos alejábamos por la avenida.

*****

Al llegar a la embajada descendí del taxi y, parada frente a la reja, el guardia me abrió la puerta. Caminé pensativa por el recibidor rumbo a la escalera que llevaba a las recámaras, cuando desvié la mirada del camino, alcanzando a ver que había luz en la biblioteca. David se encontraba de pie con una copa en la mano.

—¿Cómo te fue? —preguntó sin más rodeos.

Me acerqué a él, le di un beso en la mejilla y antes de responder, di un largo suspiro.

—¿Qué te puedo decir, Dave? No sé ni por dónde empezar.

Me invitó a pasar a la biblioteca, se dirigió hacia una cómoda donde había una charola de plata con algunas copas, una licorera de cristal cortado y, parándose frente a mí, me dio la espalda por unos minutos.

—Cuéntame, querida, ¿en qué acabó todo? —preguntó sin poder ocultar su enfado.

※ Centinela del silencio ❦

Comencé mi relato. David se volvió hacia mí sosteniendo ambas copas en cada mano y sin interrumpir, me extendió una para luego sentarse a mi lado. Tras concluir aquella historia con detalles, le mostré la tarjeta que Manuel me había dado y le di un trago a mi copa de Bourbon, al tiempo que David arrugaba la boca, rascando su barbilla, pensativamente.

—No sé qué decirte, Teresa, en realidad espero que Manuel haya sido sincero contigo y que no haya querido pasarse de listo. Pero dejando mis conjeturas a un lado…, si de verdad te ama como dice y sabiendo cuánto lo has amado tú y lo que has sufrido por él todos estos años, sería una mala decisión de tu parte alejarlo para siempre de tu vida.

—El amor duele mucho, Dave… —agaché la mirada por unos instantes—. He aprendido a vivir más tranquila sin él, además de que no he terminado de ver la luz al final de este túnel oscuro, por el que he caminado durante todos estos años. Definitivamente no creo estar lista para retomar el pasado en estos momentos.

—Lamento no compartir tu punto de vista, querida —dejó su copa sobre la mesa—, pienso que el dolor y todo lo que conlleva el amar intensamente son parte del vivir. No le cedas el poder a tus miedos para que te arrastren por donde no quieres ir. Además, perdona mi atrevimiento, pero tampoco puedes permitirte seguir llevando tu vida como lo has hecho hasta ahora. Supongo que es mucho peor el sufrimiento que causa la soledad impuesta, y más por uno mismo, que lidiar con el amor en sí. No huyas de lo que has deseado tanto durante estos últimos ocho años, querida. No temas aventarte una vez más al ruedo, porque de lo contrario, intuyo que el arrepentimiento te asaltará tarde o temprano y de este no será nada fácil reponerte… De verdad piensa muy bien lo que vas a hacer, y sobretodo, porque no estás sola. José juega un rol muy importante en esta historia y probablemente el destino o como le quieras llamar, le esté dando a él también la oportunidad de recuperar el padre que el infeliz de Saulo le arrebató.

Reflexioné por unos instantes en las palabras de David, atrapando el reflejo de la luz que traspasaba el licor que permanecía inmóvil dentro de mi copa.

—Ha cambiado tanto mi vida desde la última vez que lo vi, que me aterra el solo hecho de pensarlo. Pero te prometo que lo meditaré esta noche... Ahora comprendo por qué Manuel nunca me buscó.

David se encogió de hombros y comentó:

—Espero que no te equivoques, porque realmente deseo que tanto tú como José sean felices. Ya es hora, ¿no crees? Aunque... —arrugó los labios con una graciosa mueca, tratando de romper la solemnidad de la conversación—, desafortunadamente para mí y por fortuna para Manuel, eres de las pocas princesas en vías de extinción, que aman intensamente una vez y cuyo corazón siempre pertenecerá a un solo hombre.

Aquellas palabras de David me conmovieron.

Capítulo 46

A la mañana siguiente José despertó más repuesto, ya que por fortuna había pasado una noche tranquila, que en definitiva se reflejaba en su semblante. Platicando, permanecimos metidos entre las cobijas hasta que dieron casi las diez, cuando escuchamos que tocaron a la puerta. David asomó su cabeza por el resquicio y nos invitó a bajar a desayunar con él, comentando que su avión saldría a mediodía.

Nos arreglamos de prisa y bajamos al comedor, donde nos esperaban David y su madre, la cual terminaba de doblar algunas secciones del periódico sobre la mesa.

—Los dejo, queridos —se levantó y tomó su bolso del trinchero—. Tengo que salir a una cita, pero estaré de regreso por la tarde. David se marcha en un rato al aeropuerto, Teresa, pero ustedes se quedan en su casa.

Le di un beso en la mejilla y agradecí su amabilidad, diciendo que no queríamos darle ninguna molestia, además de avisarle que partiríamos el día siguiente por la mañana a Israel. Luego de una corta despedida se marchó, dándole de pasada un beso a David en la frente. Evitamos el tema de la noche anterior y nos dedicamos a comentar sobre lo bien que la habíamos pasado juntos aquellos tres días. Quedé de llamarlo cuando regresara de Jerusalén. Aquel viaje sería decisivo para nuestras vidas, pero cuanto más pensaba en ello, más incertidumbre me generaba. David, como de costumbre, no hizo otra cosa más que alentarme a no perder la objetividad y mucho menos darme por vencida antes de partir.

José, quien aún tenía escasos conocimientos sobre la maldición y sus efectos, añadió inocentemente:

—Mamá —terminó de masticar el bocado que tenía en la boca—, no entiendo mucho todo esto que dices, que vamos a ir a visitar a un doctor que nos va a curar y que el señor Piateli no sé qué... Lo único que sé, como la abuela dice, es que todo va a estar bien —levantó las cejas y metió un trozo de fruta en su boca, seguido de un trago de jugo de naranja.

Al escucharlo, acaricié su cabecita. Recapacité sobre aquel comentario tan sencillo, que me hizo comprender que eso era exactamente lo que tenía que hacer: confiar en que la vida nos llevaría por el camino correcto, y dejar de dudar y cuestionar constantemente todo para escuchar con humildad lo que me dictara el corazón.

—Bien dicho, José, así se habla —David dejó erguido su dedo pulgar en el aire—. Parece ser que tienes mejores consejos de los que yo podría darle a tu madre. Pero bueno, Teresa, te dejo mi auto, ya le dije a Liam que esté pendiente de lo que se te ofrezca. Voy a hacer algunas llamadas antes de partir al aeropuerto y vengo a despedirme de ustedes. Los voy a echar mucho de menos —me dio una palmada en la mano—. Y ahora sí, te prometo que no pasarán tantos años para volvernos a ver.

David me había hecho mucha falta durante todo ese tiempo y afirmé que así sería. José y yo subimos a nuestra recámara, me senté al pie de la cama y reflexionando sobre las palabras de David la noche anterior, saqué la tarjeta de Manuel y la observé con detenimiento, pensando, con un revoloteo de sentimientos, si me decidía a llamarlo o no. Dentro de aquella confusión de sentimientos que aún sobrevolaban mi cabeza, sabía que tenía que hacer algo ese mismo día o por lo menos antes de abandonar Roma. Y mientras sostenía la tarjeta entre la punta de mis dedos, José me preguntó de quién era. Le expliqué que se trataba de una persona muy querida, que había conocido casi ocho años atrás en Italia y que había vuelto a encontrar la noche anterior.

—¿Y quién es ella? —preguntó.

—Es él... —corregí—. Se llama Manuel, hijo.

—¿Como papá? —Levantó las cejas con sorpresa.

—Así es, José —aclaré mi garganta, tratando de reprimir mi nerviosismo lo más que pude, y proseguí—: Un amigo al que quiero mucho. Le conté sobre ti y me dijo que tenía muchas ganas de conocerte.

—¿Y tú por qué lo conoces? —preguntó, reacomodándose en la cabecera de la cama.

Traté de encontrar la mejor respuesta sin caer en mentiras, explicando que nos habíamos hecho buenos amigos durante los meses que había vivido en Italia, pero que por cosas del destino nos habíamos perdido la pista durante muchos años.

Luché por contener las lágrimas.

—¿Lo querías mucho? —preguntó con curiosidad.

—Mucho, mi amor —confesé—. Manuel fue y seguirá siendo una persona importante en mi vida —clavé mis ojos en la tarjeta que seguía sosteniendo en mi mano— la vida quiso que nos volviéramos a encontrar anoche y le prometí que lo veríamos hoy. ¿Qué te parece? ¿Te gustaría conocerlo, hijo?

Se encogió de hombros.

—Como quieras...

—Vamos a ver si él puede mañana, ¿qué te parece?

—Está bien, mamá —José se fue al baño y aproveché para tomar el teléfono. Titubeé por unos segundos antes de llamar a Manuel sin saber qué pasaría después de hacerlo. Marqué un par de veces, el teléfono estaba ocupado y esto me puso aún más nerviosa. Esperé unos minutos más y volví a marcar, hasta que escuché la voz de una mujer.

—¿Aló?

Bajé la voz hasta casi un susurro.

—Con el señor Massi, por favor.

—¿Quién habla? —preguntó con voz melodiosa.

—Teresa Rembèz.

—Aguarde, veré si puede tomar la llamada —indicó.

El lapso de espera fue angustiante. Relamí nerviosamente mis labios una y otra vez, hasta que una voz firme respondió desde el otro extremo de la línea.

—No puedo creer que seas tú... —hizo una pausa antes de proseguir—: Te agradezco que te hayas decidido a hablarme. No tienes una idea de la noche que pasé, pensando que igual tirarías mi tarjeta y jamás te volvería a ver.

—Estuve a punto —mentí—. Pero si te hablo es por José. Creo que él merece la oportunidad de conocer a su padre. No le puedo quitar ese derecho... —se hizo un prolongado silencio que Manuel rompió impaciente, pidiendo vernos esa misma mañana. Acepté de inmediato su invitación, sabiendo que quizás esa seria mi única oportunidad de reunirnos antes de dejar Roma, así que quedamos de vernos a la hora de la comida, ya que David se habría marchado al aeropuerto.

—¿Le dijiste algo sobre mí? —preguntó antes de colgar.

—Verdades a medias —respondí y sin comentar algo más, colgué el teléfono al ver que José salía del baño.

—¿Con quién hablabas, ma'?

—Con Manuel, hijo, pasará por nosotros dentro de un rato. Además, ayer estuviste en cama casi todo el día y no saliste a la calle.

Una sonrisa indicó su aprobación. Prendió la televisión,

cuando David entró a la habitación para despedirse de nosotros.

—Me entristece tener que dejarlos, Teresa, pero te juro que pronto nos volveremos a ver. Te llamo mañana antes de que te marches al aeropuerto. Cualquier cosa, por favor no dudes en avisarle a mi madre.

José se levantó de la cama y le dio un abrazo.

—Muchas gracias, Dave. Voy a extrañar mucho a tus perros.

—Aah... —exclamó sorprendido—, yo pensé que dirías que me extrañarías a mí. Vas a ver... —bromeó meneando la mano frente a él—. Pero de cualquier forma te voy a mandar una foto de ellos, aunque tienes que prometerme que tú también me mandarás una de Joey.

—Te lo prometo —afirmó José estrechando su mano—. Y a ti igual te voy a extrañar...

Después de aquella despedida, José y yo bajamos al recibidor para verlo partir en el auto que lo llevaría al aeropuerto.

* * * * *

Un poco antes de la una de la tarde, llamaron por el intercomunicador del cuarto para avisarme que Manuel había llegado por nosotros. Sentí un vuelco en el corazón. Miré a José que estaba de espaldas sacando su chamarra de la maleta y lo apuré, para luego correr como una adolescente a retocar mi cabello.

Parada frente al espejo, luché por ordenar el caos que había en mi cabeza. Manuel había reaparecido en mi vida y no sabía cómo actuar frente al cúmulo de emociones que se habían agolpado dentro de mí. Además, ambos estaban a punto de conocerse y mi mayor preocupación era la reacción de José ante aquel encuentro.

No imaginaba la cara de Manuel al ver a José por primera vez y, en tanto luchaba por serenarme, pasé el lápiz labial por mis labios, dejando entrever una sonrisa que no pude contener. Era evidente que la alegría pesaba mucho más que todos aquellos sentimientos de miedo e incertidumbre. Respiré profundo, salí decidida del baño y me encontré a José metiendo su yoyo en el bolsillo de su chamarra.

Al bajar y cruzar la puerta principal, encontré a Manuel recostado en la portezuela de su auto, abstraído mirando los perros que ladraban a través de la reja del jardín. Al escuchar nuestros pasos, se volvió hacia nosotros, en tanto que José se adelantaba para saludarlo, estrechando su mano con graciosa familiaridad.

Manuel lo recibió con una sonrisa de oreja a oreja, atónito ante aquel encuentro. Se miraron mutuamente como si la sangre los llamara y sin soltar la mano de Manuel, José comentó:

—Mi mamá me platicó sobre ti esta mañana.

Manuel dirigió sus ojos hacia mí, levantando el ceño.

—¿Y qué te dijo, José?

—Qué se conocieron hace muchos años aquí —dijo con total simpleza.

Sin que Manuel ni yo hiciéramos ningún comentario, subimos al auto y partimos sin rumbo fijo por Roma. José estaba maravillado con todo lo que veíamos a nuestro paso, por lo que no paró de hablar un solo segundo. Parecía que la energía que se había conjugado entre los tres, le había devuelto la vitalidad.

Tras recorrer aquellas calles y avenidas colmadas de historia, vivimos por unas horas la Roma antigua, llena de monumentos extraordinarios que sobresalían del paisaje barroco, haciendo una parada en La Plaza de La Bocca Della Veritá, en el corazón de la antigua zona mercantil.

—Necesito mostrarles algo —Manuel estacionó el auto en una calle aledaña, me abrió la portezuela y al darme la mano para bajar, lo miré desconcertada.

—¿A dónde vamos? —preguntó José caminando junto a él.

—Ya verás, hijo —expresó con espontaneidad, pasando el brazo por su hombro.

Cuando llegamos al pórtico de la iglesia de Santa María in Cosmedín, nos topamos con La Boca de la Verdad. Una enorme máscara medieval de mármol que representa a Tritón, el dios del mar. Permanecimos parados frente a esta, a la vez que Manuel narró su leyenda, explicando que si la persona que metía la mano en la boca de la máscara decía una mentira, esta se cerraría de golpe, devorando su mano.

José levantó las cejas con cara de susto.

—Por eso mismo quería traer a tu mamá aquí para decirle toda la verdad, y si no la digo, que Tritón me arranque la mano —luchó por mantenerse serio.

—¿De qué verdad hablas, Manuel? —lo miré con fijeza, pensando que revelaría nuestro secreto.

Me guiñó un ojo, se volvió lentamente e insertó la mano en el orificio de la boca, ante la mirada de espanto de José. Temeroso, se afianzó de mi mano esperando que algo terrible sucediera, mientras que Manuel de manera misteriosa y provocando el suspense, atraía por completo nuestra atención.

—Yo Manuel —dijo con tono solemne—, pongo a prueba mi honestidad de hombre al confesarte, Teresa, que durante todos estos años nunca dejé de pensar en ti, y que el Dios Tritón está de testigo que... —antes que terminara de hablar, soltó un grito sonoro, sacando instantáneamente la mano de la boca de la máscara, cubriéndola con su chamarra.

José se tapó los ojos evitando ver aquella escena terrorífica, y Manuel, al verlo agazapado bajo mi brazo, soltó una carcajada, sacando la mano para mostrarle que había sido solo una broma.

—Tranquilo, José... —acarició su cabecita—. Lo bueno es que no dije ninguna mentira, que de otra forma,

Tritón me la hubiera arrancado de un mordisco —rió, en tanto que José iba destapando poco a poco su cara, y meneando la cabeza, sintiéndose víctima de aquella broma, terminó por dibujar una sonrisa apretada.

Parecía que aquella travesura que Manuel le había jugado a José, había roto el hielo entre ambos. José se acercó al medallón queriendo cerciorarse de lo que había dentro, se asomó por el hueco de la boca y exhaló desilusionado:

—Mmm... —apretó los labios—, ni siquiera tiene garganta.

Reímos.

Manuel se sentó en el escalón junto a José, le pasó el brazo por la espalda y le dio un beso en la cabeza, al mismo tiempo que José recostaba la cabeza sobre su hombro. Era evidente que José necesitaba una figura paterna.

—¿Sabes, José? —dijo Manuel—: Mi padre me hizo la misma broma cuando tenía más o menos tu misma edad, y créeme que aún lo recuerdo.

José agitó la cabeza con ademán divertido.

Paseamos un rato más por aquel lugar. José me tomó de la mano y momentos después, me percaté de que se había puesto pálido y respiraba con dificultad. Se balanceó por unos segundos con la mirada perdida, para luego desplomarse. Manuel se precipitó a levantar su cuerpo inmóvil, apoyándolo contra su pecho.

—¿Qué pasa, José? Despierta, hijo... ¿Qué tiene, Teresa? —me miró afligido.

Mientras corríamos hacia el auto, lo único que pude decir era que estaba enfermo y que por eso mismo viajaríamos a Israel al día siguiente. Me senté en el asiento delantero y Manuel lo recostó sobre mis piernas, para inmediatamente encender el motor del auto y salió rechinando los neumáticos en el pavimento.

Durante el camino, Manuel insistió en que lo lleváramos al hospital, lo que rehusé, explicándole sobre la situación real de su salud. Le confesé con profunda tristeza, que la enfermedad de José tenía que ver con aquella historia que le había contado ocho años atrás.

—¿De qué hablas? ¿Pero qué te han dicho los médicos? ¿De qué padece? —no paró de cuestionarme, sin comprender aún mis palabras.

Exhalé profundamente, quitándome el guante que llevaba puesto.

—Tiene que ver con esto mismo... —le mostré las llagas de mi mano ante su mirada azorada—. Es algo que aún desconocen. En las últimas semanas le han hecho toda clase de estudios y solo han confirmado que su cuerpo está agrediendo a su propio sistema. No sé muy bien cómo es eso, pero ¿sabes lo que esto ha sido para mí? Es más..., no quiero hablar de ello ahora, ya te lo explicaré luego —volví a ponerme el guante, temiendo que José pudiera escucharme decir que era un mal incurable.

Siento mucho que te enteres de esto ahora, Manuel —concluí.

Sin apartar la vista del camino, quedó completamente mudo y con los ojos vidriosos, me pidió que le permitiera viajar con nosotros a Jerusalén, argumentando que deseaba compartir esa responsabilidad conmigo.

—No quiero volver a cometer el mismo error que cometí con Stefano, Teresa. Ya perdí un hijo una vez y... —apretó con fuerza el volante.

En medio de quejidos, José comenzó a volver en sí, respirando con dificultad. Froté su espalda queriendo reanimarlo y, entre tos y tos, trató de incorporarse sobre mi regazo.

—¿Qué pasó mamá?

—Nada, hijo, no te preocupes... —respondí tranquila y en aparente control de la situación—. Te habrá bajado la presión. ¿Cómo te sientes?

—Cansado —respondió, volviendo a recostar su cabeza contra mi pecho.

—Vamos a la casa para que comas algo. Ya verás que te sentirás mejor.

Durante el camino, Manuel pareció recordar algo que lo mantuvo pensativo, hasta que rompió el silencio, aventurándose a preguntarle a José si le importaba que nos acompañara a Jerusalén.

José accedió sin mayor cuestionamiento, volviendo a cerrar los ojos.

—Por favor, Teresa, déjenme acompañarlos —volvió su mirada hacia mí—. ¿Qué dices?

—Por mí está bien, Manuel. Lo único que espero es que encuentres boleto de avión. Nuestro vuelo sale mañana a las once de la mañana.

—Tú, déjalo en mis manos, querida. Haré todo lo posible por subirme en ese avión.

* * * * *

Al llegar a la embajada, Manuel dejó su auto a uno de los guardias y, con paso veloz, bajó a abrirme la portezuela. Cargó a José entre sus brazos y lo llevó hasta nuestra recámara, donde lo metió en la cama, lo arropó y se sentó a su lado. Al poco rato, bajé a la cocina para pedirle a Molly, la cocinera, que me ayudara a disponer algo de comida en una bandeja para José. A lo que respondió de manera amable, con fuerte acento escocés, que en cuanto tuviera todo listo, lo subiría personalmente a la habitación.

Al salir de la cocina, me topé con la señora Willet que venía llegando de la calle, quien al ver mi rostro afligido, me preguntó por la salud de José. Le respondí que estaba indispuesto, por lo que me había tomado el atrevimiento de pedirle a Molly que le hiciera algo de comer. Esta se asomó por la puerta de la cocina, saludó a la cocinera y la apresuró a subirle a José su bandeja, para luego caminar ambas de regreso al recibidor, donde se disculpó diciendo que tenía que hacer unas llamadas, indicando que nos vería más tarde.

Subí a la recámara y encontré a José más tranquilo, acurrucado debajo del brazo de Manuel. Estaban viendo un programa cómico en la televisión, el que a pesar de estar en italiano y sin que José comprendiera ni media palabra; las caras, gestos y risas de los personajes lograron arrancarle carcajadas que eran secundadas por Manuel.

Sin interrumpir aquella escena paternal, tomé asiento en el otro extremo de la cama, cuando a escasos minutos tocaron a la puerta. Manuel se paró y fue abrir, dejando pasar a Molly con una bandeja rebosante de deliciosos platillos, que en cuestión de segundos, impregnaron el cuarto con un exquisito olor a *roast beef*, papas asadas, verduras al vapor y un enorme *yorkshire pudding*, un delicioso panecillo hueco, hecho de una pasta elaborada con huevo, harina y leche, que me recordó a mis viejos tiempos universitarios en Londres.

Me paré a encontrarla a medio camino, repasé con la vista aquel manjar inglés, inhalando los cálidos vapores que aún despedía.

—Qué delicia, Molly... —le di una leve palmada en el hombro—. Definitivamente esta es la mejor comida del viaje.

—Gracias, señora —expresó con amabilidad—. La señora Willet me pidió que le avisara a usted y al señor —se refirió a Manuel—, que le agradaría mucho que la acompañaran a comer.

Sorprendida ante aquella invitación, ambos nos miramos sin hacer ningún comentario, aceptando y agradeciéndole al mismo tiempo el haberle traído la comida a José.

Después que José terminó de comer y de haberlo dejado entretenido con aquel programa de televisión, Manuel y yo bajamos al comedor. La señora Willet no había bajado aún. Nos dirigimos hacia la puerta de la terraza donde estaba esa fuente de piedra, recordando con nostalgia aquella noche, la cual había marcado nuestra historia.

—Buenas tardes... —escuchamos una cándida voz detrás de nosotros.

Nos volvimos de inmediato y vimos a la señora Willet que nos invitaba a sentarnos a la mesa. Manuel se acercó, tomó su mano y se presentó caballerosamente.

—Manuel Massi, es un gusto volverla a ver. Quizás usted no se acuerde de mí, pero el embajador amablemente me ha invitado un par de veces a alguna de sus reuniones.

—¿Conque Manuel, eh? —le preguntó sin quitarle la mirada de encima, al mismo tiempo que este le acercaba la silla.

—Así es, señora —Manuel me miró de reojo, tomando asiento frente a mí.

Lo repasó con mirada plácida y volvió a preguntarle con franca curiosidad.

—¿Qué se siente descubrir de repente, ser el padre de un lindo chico de siete años?

Manuel levantó las cejas azorado, y haciendo una corta pausa para volver a aterrizar, reconoció:

—Debo admitir que ha sido la más grata sorpresa que me han dado en toda la vida.

—¿Cómo se enteró de esto, señora Willet? —interrumpí.

—David me lo contó anoche cuando llegó a casa sin ti. Únicamente quiero que sepan que me alegra que la vida los haya reunido, y más habiendo un hijo de por medio. Perdonen que me entrometa en esto, pero... —acomodó la servilleta sobre sus piernas—, creo que José se merece tener una familia. Una mamá y un papá —con la mano extendida, nos señaló a ambos y añadió con cierta nostalgia—: Me atrevo a decirles esto, porque yo perdí a mi padre durante la Segunda Guerra Mundial, cuando tenía casi la misma edad que José, y sé lo difícil que es crecer sin el apoyo paterno.

Tragué saliva y seguí escuchando su relato, ante la expresión atenta de Manuel.

—Y aunque piensen que me estoy metiendo donde no me llaman, y tendrán razón, pero... —nos tomó a ambos de la mano, descansando sus brazos sobre la mesa—, por favor no desperdicien el tiempo. No se pierdan en reclamos, en enojos y tristezas. Dejen los reproches y el dolor en el pasado, y construyan ese hogar que tanta falta les ha hecho a los tres.

Sentí un nudo en la garganta, cuando atrajo mi atención alguien que permanecía escuchando detrás de la puerta que se encontraba entreabierta, y al descubrir que me percataba de su presencia, este se escondió por unos momentos, huyendo con paso veloz.

Capítulo 47

Al escuchar aquellos pasos que se alejaban velozmente por el corredor de madera, descubrí con un dolor en el pecho que se trataba de José. Sus pisadas lo habían delatado. Se hizo un completo silencio, al mismo tiempo que los tres nos miramos unos a otros consternados. No podía creer lo que había ocurrido. José se había enterado de que Manuel era su padre a través de la rendija de una puerta.

La señora Willet se llevó la mano a la boca sintiéndose culpable. Cubrí mis ojos, luchando por poner en orden las ideas para confesarle a José una verdad que ahora ya sabía. Sin dudar más, me levanté decidida y corrí a buscarlo, seguida de Manuel que se disculpaba de nuestra anfitriona, parándose de la mesa.

Subí las escaleras, escuchando a corta distancia que José azotaba la puerta del cuarto. Manuel que venía tras de mí, alcanzó a tomarme del brazo antes de entrar.

—Espera, Teresa… —me miró por debajo de sus pestañas oscuras—, recuerda que las cosas tienen un porqué. Quizá tenga que ser así, mujer. Respira profundo antes de abrir para que José te vea en completo control de la situación. No permitas que te vea dudar de lo que le vas a confesar. Tu fuerza será la única que le dará esa seguridad que él necesita ahora. Si confías en lo que dices, él lo aceptará con mayor tranquilidad.

Tenía tanto miedo que mis ojos volvieron a llenarse de lágrimas. Resoplé, armándome de valor para mirarlo de frente y decirle toda la verdad. Giré lentamente la perilla y me asomé en el interior, encontrando a José enroscado sobre la cama, afianzando la almohada sobre su cabeza. Caminé de puntillas hacia él y me senté a su lado, en tanto que Manuel permaneció de pie junto a la puerta con la mirada baja.

Acaricié su espalda, a la vez que él replicaba enojado:

—Déjame, déjame, mamá —agitó su mano por encima de la almohada—. ¿Por qué me dijiste mentiras? ¿Por qué no me dijiste que él era mi papá? ¿Por qué me dijiste que había muerto? —preguntó lloriqueando, apretando la almohada contra su cara.

—José... —respondí con el corazón destrozado—, esto que está pasando no solo te está pasando a ti, hijo... Nos está pasando a los tres. Manuel y yo incluso, nos acabamos de enterar anoche que Saulo, un hombre que se hizo pasar por amigo de Manuel, nos hizo creer a los dos que habíamos muerto, tanto Manuel como yo. A mí me dijo que Manuel... —hice una pausa—, tu papá, había muerto en un accidente antes de que tú nacieras.

—Y a mí, José —Manuel intervino en la conversación, arrodillándose junto a la cama—, el muy infeliz me juró que tu mamá había muerto en un accidente aéreo el día que regresó a Nueva York. Nos hizo tanto daño a todos, incluyéndote a ti, hijo. Yo siempre quise a tu madre y nunca, escúchame bien, José, nunca dejé de pensar en ella. Además... —acarició su cabecita—, nunca supe que tú venías en camino.

Sin emitir sonido, José se descubrió lentamente la cara y con los ojos hinchados de llorar, se volvió para ver a Manuel y recriminó:

—Y, ¿por qué no nos buscaste?

Manuel exhaló una bocanada de aire.

—Hay gente mala que encuentra la manera de hacernos creer cosas que nos pueden llegar hacer mucho daño, hijo. Y tristemente creí en sus palabras, porque pensé que era mi amigo.

No había otra explicación más que dar. José Manuel meneó la cabeza. Aparentaba luchar internamente por comprender todo aquello, aunque en el fondo y a pesar de tanto dolor, era evidente que no le desagradaba la idea de tener un papá. Por lo que al cabo de un rato, entre lágrimas, las palabras comenzaron a sobrar, dando paso a sonrisas que no podían desdibujarse de nuestros rostros.

Entrada la noche, Manuel se sentó en el sillón junto a la ventana y llamó a la aerolínea para hacer su reservación, encontrando lugar en el vuelo de las nueve de la mañana a Tel Aviv, así que nos esperaría en el aeropuerto, ya que llegaría algunas horas antes.

José, agotado por tantas emociones, cayó profundamente dormido. Apagué la luz de su mesita de noche, dejando encendida la lamparita del baño. Manuel seguía sentado en la penumbra de la habitación mirándome a lo lejos, para luego llamarme en voz baja, extendiendo su brazo hacia mí. Caminé en silencio hasta pararme frente a él, nos miramos por unos segundos, me tomó de las manos y me atrajo hasta sentarme en sus piernas, atravesándome con sus ojos verdes.

Hipnotizados, nos miramos sin poder apartar la vista el uno del otro. Arrastró sus manos por mi espalda, a la vez que me dejaba llevar por sus caricias, reclinando mi cabeza sobre su hombro, y queriendo reconocer la fragancia de su piel, su cercanía, la calidez de su cuerpo y su respiración profunda, terminaron por electrizarme. Una bandada de mariposas revoloteó en mi estómago, trayendo a mi memoria aquella noche, ocho años atrás, en la que había sido su mujer.

Tras algunos minutos de permanecer inmóvil entre sus brazos, reclinó su barbilla sobre mi cabeza. Lentamente fue bajándola, recorriendo mi frente con sus labios, delineando el contorno de mi mandíbula hasta atrapar la comisura de mis labios. Se contuvo por unos instantes, para luego llegar a mis labios, donde nos fundimos en un beso apasionado.

Permanecí acurrucada sobre su pecho, sin palabras que empañaran aquel momento. Minutos después, escuché a José toser un par de veces y me levanté de un salto, pidiéndole a Manuel que se marchara. Caminamos sigilosamente hasta la puerta, donde nos despedimos, quedando de vernos al día siguiente en el aeropuerto de Israel.

José se encontraba nuevamente dormido y tranquilo, me puse el camisón y al estar alistándome para meterme a la cama, tocaron a la puerta. Se trataba de la señora Willet que aún tenía el rostro desencajado. Salí de la habitación cerrando la puerta tras de mí, me paré frente a ella y traté de reconfortarla, diciendo que las cosas habían resultado mejor de lo que hubiera imaginado, que estaba completamente convencida de que la vida lo había dispuesto de esa manera por alguna razón, liberándola por consiguiente de toda culpa. Aproveché para agradecerle todas sus atenciones, comentándole que José y yo nos marcharíamos temprano, ya que nuestro vuelo saldría un poco antes de mediodía.

—Lamento mucho lo ocurrido, Teresa. De verdad nunca imaginé que José estaría escuchando. Pero de cualquier manera... —se encogió de hombros—, confío que tanto Manuel como tú sigan mis consejos y logren ser felices. No desperdicien el tiempo, la vida es muy corta. Bueno..., ya no quiero cometer otra indiscreción, querida —me tomó entre sus brazos, me dio un beso y se despidió para dirigirse después hacia su recámara.

* * * * *

Luego de una apacible noche, sonó el despertador antes de las ocho. Levanté a José, quien se quejó de un fuerte dolor en la pierna. Como una ráfaga de fuego, el miedo me invadió todo el cuerpo. Me acerqué a él, alcé temerosa su pijama, descubriendo con horror que la mancha rojiza se había fraccionado en pequeños bubones, idénticos a los que mi padre había tenido al principio de su larga agonía. José comenzó a toser descontrolado, hasta quedar postrado nuevamente sobre sus espaldas. Sospeché que la maldición había retomado con fuerza y que el tiempo estaba en contra nuestra. Últimamente yo me había mantenido de alguna manera estable y me sentía agradecida a la vida, porque eso me daba la fuerza para ayudar a mi hijo.

Luchando para no dejarme vencer por mis miedos y queriendo a toda costa mantener la calma frente a José, le di uno de sus medicamentos y lo ayudé a vestirse con algo de trabajo, volviéndolo a recostar mientras me terminaba de arreglar.

No podía dejar de pensar en mi padre y lo que había sufrido hasta su muerte, y la idea de que ahora José comenzara a repetir la misma historia que su abuelo, me hacía sentir miserable e impotente.

Al cabo de una hora y luego de haber terminado de empacar, bajamos a pedirle a Molly que nos hiciera algo de desayunar. La saludamos y sin preguntar, nos sentamos a la mesa de la cocina, a la vez que la veíamos rallar una bola de queso sobre una tabla de madera. Sacó unos huevos de una cesta de mimbre, los batió con destreza, agregó un puñado del queso rallado y los vertió en una sartén, envolviéndolos, para luego servirlos en dos platos que acomodó frente a nosotros, acompañados de una hogaza de pan recién horneado. Sirvió dos tazas de té negro humeante, que había estado reposando dentro de una tetera de porcelana, tapada con una cubierta de estambre que tenía un gran pompón azul.

Al terminar de desayunar, nos despedimos.

* * * * *

Al llegar al aeropuerto, me percaté de que José tenía la mirada perdida. Esperamos casi una hora en la sala, cuando anunciaron que podíamos tomar el avión. Los pasajeros se arremolinaron frente a la puerta verificando el número de sus asientos. Caminamos por un pasillo hasta la entrada del avión y ya dentro, José se sentó junto a la ventanilla, recostó su cabecita contra el vidrio, cayendo dormido antes de que el avión despegara.

Estaba agotada de aquel ajetreo que pensé no terminaría jamás. Luego de dormitar por varias horas arribamos al aeropuerto Ben Gurion en Tel Aviv. Bajamos del avión y nos dirigimos a la terminal para recoger el equipaje, la gente se amontonó frente a las esteras que transportaban infinidad de maletas, lo que hizo que tardáramos mucho tiempo en encontrar las nuestras.

Luego de aquella odisea y de haber cruzado la puerta de la aduana, caminamos por el corredor, yendo y viniendo hacia la salida, dando varias vueltas en círculos sin que apareciera Manuel por ningún lado. Comencé a preocuparme, tratando de no presuponer lo peor.

Tras casi hora y media de haber aterrizado, decidí tomar un taxi al hotel, situado en la ciudad vieja de Jerusalén. El taxista descendió del auto, metió nuestro equipaje en el guardamaletas y antes de que yo abriera la portezuela, se adelantó amablemente para ayudarme, expresando en un casi incomprensible inglés.

—Bienvenidos a Yerushalem...

Le agradecí, descubriendo que el hombre poseía unos ojos verde jade, que centelleaban bajo sus pestañas negras.

—¿Yerushalem? —preguntó José.

—Yerushalem —repitió el hombre poniéndose en marcha—. La Ciudad de lo Eterno, La Casa de la Paz.

José levantó los hombros y dejó de hacer preguntas, mientras el taxista pareció haber pedido luz verde para explicar la procedencia y la raíz hebrea de aquella palabra. Estábamos exhaustos del viaje, por lo que a pesar de que guardamos silencio para que nuestro conductor dejara de hablar, este optó por enlistar, con lujo de detalles, los lugares religiosos más importantes de la ciudad, tanto para los judíos como para los cristianos. Dio la reseña completa sobre La Explanada de las Mezquitas, El Muro de las Lamentaciones, El Monte del Templo y El Santo Sepulcro entre otros. Parecía haber memorizado aquel discurso, el cual recitó como un auténtico poema.

Después de casi una hora de camino y la letanía de conocimientos de nuestro conductor, felizmente habíamos llegado al lugar donde nos alojaríamos los días siguientes. Era un discreto hotel ubicado en la parte noroeste de la ciudad antigua, en el corazón del barrio cristiano, situado a escasos pasos de los exóticos mercados de la ciudad. Bajamos del auto, tomamos nuestras maletas y nos dirigimos al mostrador, en donde un joven griego nos atendió con amabilidad, dándonos la llave de nuestra habitación.

Antes de subir por la escalera al primer piso, pude observar una decena de fotografías en sepia que colgaban a lo largo del corredor, mostrando el mismo vestíbulo donde nos encontrábamos, pero cincuenta años atrás. Al pie de cada una, había un breve texto que narraba la historia de su origen y sobre los personajes que aparecían en ellas. Por los grupos y el gran parecido que guardaban entre sí, pude ver que el hotel era propiedad de una acaudalada familia griega.

Subimos a nuestra habitación y nos tiramos rendidos sobre nuestras camas, pidiendo la cena al servicio de habitaciones. Ahora José tenía mejor aspecto y eso era lo que más me importaba.

Al poco rato escuché que tocaron a la puerta... Me levanté de un brinco y al abrir, me encontré a un joven sonriente que sostenía una bandeja sobre su hombro. Bajé la cabeza con desilusión, permitiéndole el paso. No podía pensar con objetividad, puesto que mi pasado me seguía rondando y no me permitía disfrutar cada minuto del presente con total plenitud.

❧ Centinela del silencio ✥

Nos sentamos a comer en la terraza que daba al patio interior del hotel, en el que había una fuente atestada de pajarillos que revoloteaban sobre el agua. José, sin siquiera imaginar mis sospechas, preguntó a qué hora llegaría su papá, a lo que solamente contesté que era probable que algo se le hubiera presentado en el camino.

Esa misma tarde, llamé por teléfono al consultorio del doctor Segal. Me contestó un hombre con fuerte acento ruso, quien informó que el médico se encontraba en Haifa, pero que nos recibiría al día siguiente a las diez de la mañana. Me sentí nerviosa al pensar qué nos depararía aquella consulta. El haber viajado tan lejos con José Manuel en ese estado de salud me llenaba de incertidumbre, puesto que en el fondo, no tenía la certeza de que aquel hombre, que según Piateli era una eminencia, nos pudiera ayudar. Traté de recuperar la calma, evitando en lo posible que mis sentimientos por Manuel se mezclaran con el objetivo de aquel viaje.

Antes de que se hiciera de noche, decidimos salir a caminar por las laberínticas calles empedradas de la ciudadela antigua cercanas al hotel. Tanto José como yo, necesitábamos despejar nuestras mentes. Estaba cansada, harta de vivir en constante tensión.

Caminamos por la calle, nos detuvimos unos minutos a escuchar un grupo de jazz contemporáneo que ambientaba la callejuela, y posteriormente proseguimos nuestro recorrido hasta topar con una de las atracciones más encantadoras del barrio cristiano: un mercado folclórico al aire libre que atrajo nuestra atención. Deambulamos entre puestos multicolores, aromas y música, donde los vendedores pregonaban a gritos su mercancía, unas colgadas y otras sobre mantas dispuestas por todo el suelo, vendiendo toda clase de objetos religiosos, alfombras, cacharros, ropa y antigüedades, que algunos turistas compraban, mientras que otros sencillamente mataban el tiempo como nosotros, dando una vuelta por la agradable explanada.

Entrado el atardecer, luego de habernos paseado entre tiendas, restaurantes y fragancias de especias que flotaban en el aire, decidimos regresar a descansar al hotel.

Al entrar en la recepción sentí un ligero mareo que me hizo trastabillar unos cuantos pasos, alcanzando a apoyarme en el respaldo de uno de los sillones del vestíbulo. Traté de sacudir aquel malestar, viendo a José que me miraba preocupado, tomándome de la mano. Acaricié su mejilla con el dorso de mi mano, asegurándole que me encontraba bien.

De improviso, escuché un estruendo y a los pocos segundos, un tumulto de gente comenzó a correr despavorida por la calle frente a la entrada principal del hotel. Aturdidos ante aquel bullicio, José y yo nos miramos, y en lugar de huir a resguardarnos, inconscientemente nos dirigimos hasta el portón que permanecía abierto, observando con horror a un individuo, que sostenía una metralleta entre sus manos, disparando indiscriminadamente, a sangre fría, contra el que se encontrara a su paso.

Quise correr de regreso al interior del hotel, pero incomprensiblemente me planté en la entrada del zaguán. Sin poder dejar de ver aquello, entre gritos ahogados, le ordené a José que corriera a esconderse, y él al verme fuera de mí, sujetó mi mano con más fuerza, haciendo caso omiso a mis palabras.

Desesperada, en medio de aquel caos, con gente corriendo en todas direcciones, resguardándose dentro de algún establecimiento y pidiendo ayuda ante los oídos sordos de una multitud inmersa en absoluto pánico, advertí a lo lejos varios cuerpos sin vida y otros moribundos, atravesados a media calle, que nadie se molestó en socorrer y que por el contrario, estaban siendo aplastados por aquel cúmulo de personas. A la distancia, apareció una cuadrilla de militares, que con paso intimidante cubrió la calle como una sombra.

Sin poder dar un paso descubrí, con una ráfaga de adrenalina que subió por mis piernas, pasando por mi espalda hasta explotar en mis sienes, una cara que sobresalió dentro del desorden y la confusión del gentío. Aquel rostro tenía la expresión más perversa que jamás había visto en toda mi vida. No pude quitarle los ojos de encima y al presentir que lo traspasaba, atrayéndolo con la mirada, giró lentamente hacia mí, para luego correr como una presa acechada calle abajo.

Me volví hacia José que tenía el rostro lívido y desencajado, exigiéndole que subiera a la habitación, que aguardara a que yo regresara, ordenándole que no le abriera la puerta a nadie. Solté su mano, le di la llave y lo vi correr asustado por el corredor, advirtiendo entonces que se había ido la luz en gran parte de la zona, que estaba ya escasamente iluminada por los últimos rayos dorados del atardecer.

Cuando me cercioré de que José estaba fuera de peligro, instintiva e irreflexivamente, me encaminé hacia la calle, luchando por arreciar el paso sin conseguirlo. Vi gente llorar, gritar desgarradoramente y maldecir a aquel monstruo que desapareció tan rápido como había aparecido.

Al recorrer aquella avenida que aparentaba haber sobrevivido una guerra, me vi frente a un cuerpo que yacía agonizante junto a mis pies. Bajé lentamente la mirada y al descubrir de quien se trataba, me llevé ambas manos a la boca con horror y pedí ayuda a gritos, sin siquiera recibir una mirada compasiva, de los que aún desorientados, deambulaban sollozando por aquellos predios.

Se trataba de Manuel. Se encontraba boca arriba, sus ojos estaban desorbitados del dolor y su cuerpo permanecía inmóvil sobre un charco de sangre. Ante aquella brutal escena, me dejé caer de rodillas a su lado y lo tomé entre mis brazos. Tenía la mirada perdida y entre jadeos de dolor, exhaló su último aliento. Su cuerpo se desvaneció, quedando completamente inmóvil sobre mi regazo. En ese segundo y como en cámara lenta, recordé aquellos momentos que habíamos vivido juntos, los cuales fueron apagándose poco a poco en mi interior.

Capítulo 48

Desperté sobresaltada mirando a mi alrededor. Era de noche, José estaba completamente dormido y yo me encontraba envuelta entre las sábanas, trasudando y sintiendo que mi cuerpo se derretía sobre la cama. Con el camisón empapado y pegado a mi cuerpo, me llevé la mano a la cabeza, no percatándome entonces de que me dolía intensamente, lo que me obligó a cerrar los ojos por unos instantes.

Me incorporé sobre las almohadas, sentí unas incontrolables ganas de llorar, luché por varios minutos para ordenar el desbarajuste de pensamientos y la angustia que me perseguían aún despierta. No tenía la más remota idea de qué hora era. Alcé la mano en el aire, tratando de ver la hora en mi reloj, observando con la poca luz que se filtraba por la ventana, que faltaba un cuarto para las doce de la noche.

Me levanté de la cama sin hacer ruido y dando un par de bandazos, logré llegar al baño. Encendí la luz que alumbraba como una vela el lavabo, atrapando mi reflejo demacrado. Un bombardeo de preguntas sin respuestas comenzó a atormentarme, a tal grado que las náuseas terminaron por postrarme en la taza.

¿Qué había pasado? ¿Dónde estaba el cuerpo de Manuel? Respiré varias veces para evitar volver el estómago. ¿A qué hora había subido a la habitación? ¿Por qué no recordaba absolutamente nada? Agité mi cabeza con desesperación, abriendo a duras penas el grifo. Me refresqué una y otra vez la cara, deseando despejar mi mente y poder así encontrar una respuesta coherente a todas mis preguntas.

Regresé de puntillas al cuarto, me acerqué a la cama de José y verifiqué que se encontraba bien. Estaba durmiendo apaciblemente. Al sentir mi presencia y sin despertar, se volvió hacia un lado, inmerso en un sueño profundo. Lo arropé, le di un beso en la cabecita y caminé hacia el balcón. Abrí un extremo de la cortina y pude cerciorarme de que el patio interior estaba alumbrado y todo parecía transcurrir en plena calma. No se escuchaba ningún ruido, solo el relajante sonido del agua que caía de la fuente.

Desde mi habitación no había manera de darme cuenta de lo que sucedía en la calle. No tenía la menor idea si aquello que había vivido había sido real, un sueño o una de mis tantas alucinaciones aterradoras. No lograba dilucidar qué era lo que había pasado y mis manos comenzaron a temblar sin control.

¿Qué hago, Dios mío? Sujeté mi cabeza con desesperación. Volví mi espalda y regresé a la oscuridad del cuarto, deambulando de un extremo a otro en total desasosiego. Me puse la bata encima, tomé las llaves y decidí bajar a la recepción para cerciorarme de lo ocurrido aquella tarde.

Bajé las escaleras y caminé con sigilo por el corredor, alcanzando a ver al recepcionista sentado en un banco, distraído leyendo una revista. Me dirigí hacia él sin que se percatara aún de mi presencia y me asomé con rapidez a la entrada del hotel, advirtiendo solamente a una pareja de enamorados que se besaba bajo de la luz de una farola. Aguardé unos minutos parada mirando a mi alrededor, cuando el recepcionista me descubrió oculta tras un pedestal que sostenía un macetón de barro y, mirándome con extrañeza, me preguntó si algo se me ofrecía.

Di media vuelta con sobresalto y le pregunté si casualmente había visto algo inusual aquella tarde, a lo que con boca fruncida y gesto de interrogación respondió que todo había estado en orden. No quise hacer más preguntas por miedo a que pensara que estaba desvariando. Traté de esbozar una sonrisa sin lograrlo, le di las buenas noches y regresé con paso reflexivo a mi habitación.

Me metí en la cama, cerré los ojos y cavilando obsesivamente me pregunté una y otra vez ¿dónde y a qué hora me había perdido en el tiempo? Tras un largo rato de angustioso cuestionamiento interno, oré en silencio, deseando acallar mi mente, hasta que el sueño terminó por vencerme.

* * * * *

Abrí un ojo y alcancé a ver los primeros rayos de sol que se filtraban por la cortina de la terraza. Hacía un calor bochornoso. No había ni un ventilador en todo el cuarto y mi cabeza empapada de sudor, me parecía que estallaría en cualquier momento. Me sentí un poco mareada y a duras penas logré abrir los ojos para darme cuenta de que José no estaba en su cama. Alarmada al no verlo, me paré de un salto y caminé al baño, lo encontré bostezando, parado frente a la taza. Solté una desahogada sonrisa y volví a mi cama, luego llamé a la recepción para pedir que un taxi nos recogiera a las nueve y media de la mañana, rogándoles que me avisaran tan pronto llegara. Colgué, le di una repasada a lo ocurrido la noche anterior y al ver a José de regreso, le pregunté cómo había amanecido, queriendo de esta forma sondear aquel lapsus de conciencia.

—Bien, ma' ¿y tú? —respondió con naturalidad, volviendo a introducirse con flojera debajo de las cobijas.

—Me duele un poco la cabeza, hijo —me llevé la mano a la frente—. No recuerdo bien qué hicimos anoche. ¿A qué hora regresamos al hotel?

—En la tarde —repuso, extrañado por mi pregunta—. ¿Qué..., no te acuerdas?

Meneé la cabeza, aturdida.

—No bien, hijo. No sé qué me pasó..., de verdad no lo sé.

—Solo dijiste que te sentías muy cansada, subimos al cuarto, te metiste en la cama y te dormiste.

Pensé que quizá me estaba volviendo loca y sin hacer ningún comentario, dirigí mi vista en todas direcciones. Comencé a sentir un miedo ensordecedor ante la sola idea de que pudiera ser así. Posiblemente la maldición se trataba de eso, de llevarme al extremo para sacarme de quicio y cumplir con su cometido. Sin querer ahondar en mis pensamientos, le dije a José que se bañara y se vistiera, pues el taxi nos recogería en una hora y quería que desayunáramos antes de marcharnos.

Levantó las cejas, suspiró y aventó la colcha con los pies, parándose a regañadientes de la cama. Parecía estar ya harto, pero sin duda menos que yo, que aparte de todo, había amanecido con unas ojeras negras difíciles de ocultar.

Terminamos de arreglarnos, tomé la traducción de los escritos, el libro, algunos papeles de los resultados médicos de José y los metí dentro de mi bolso, para luego bajar al comedor. José parecía estar muriéndose de hambre, por lo que sospeché que, en mi total inconsciencia, lo había dejado sin cenar, volviendo a sentir una gran preocupación por no recordar mis actos. Sin hablar demasiado, acaricié su mano sintiéndome profundamente culpable.

Después del desayuno nos dirigimos hacia la calle, con puntualidad llegó el taxi por nosotros, deteniéndose frente a la puerta del hotel. José abrió la portezuela mientras yo bordeaba el auto, y haciendo una pausa tomé la manija, mirando calle abajo. La gente caminaba tranquila, entrando y saliendo de las tiendas, leyendo el periódico, paseando a alguna mascota, mientras otros sencillamente estaban ahí.

—Pss, pss... ¿Va a subir o no, señora? —preguntó el taxista con impaciencia.

Sin responder subí al taxi, cuando bruscamente una mano se introdujo por la puerta, impidiéndome cerrarla.

Capítulo 49

—Disculpe joven... —protesté indignada sin volverme para ver de quién se trataba, jalando la portezuela hacia mí.

—Un momento, señorita. ¿A dónde piensan ir sin mí? —apareció un rostro sonriente a través de la ventanilla.

—¡Hola...! —exclamó José.

El taxista golpeó el volante con el puño cerrado y resoplando con furia expresó con tono mordaz.

—Al paso que vamos, si desean podemos quedarnos aquí hasta que el niño haga su *Bar Mitzvah*.

Tapé mi boca para no reír ante lo que había escuchado.

Manuel subió al auto, me dio un beso en la mejilla y agitando el cabello de José con su mano, lo saludó cariñosamente.

Aún con sorpresa, le pregunté sobre su retraso.

—Ni se imaginan lo que me sucedió ayer —plegó los labios con fastidio—. Cuando tomamos el avión en Roma uno de los pasajeros nunca subió al avión habiendo documentado ya su equipaje, por lo que comenzó a correr el rumor de que se trataba de un atentado terrorista.

El taxista interrumpió una vez más, con sequedad.

—Con su interesante plática y sin la dirección hacia donde nos dirigimos, seguiremos aquí parados todo el tiempo que gusten, ya saben, no tengo nada que hacer el día de hoy, estoy aquí para servirlos... —manoteó exasperado sobre el volante.

—Lo siento —saqué el papel y se lo di, a la vez que este me lo arrebataba de la mano.

—¡Óigame usted! —arremetió Manuel, levantando la voz—: Mucho cuidado con sus modales, no tiene por qué faltarle el respeto a la señora. Si no tiene ganas de trabajar, mejor quédese en su casa en vez de estar descargando su amargura contra los demás.

A pesar de aquella reprimenda, la que me hizo pensar que el taxista reñiría con Manuel, el hombre guardó silencio y refunfuñando, manejó a toda velocidad por las estrechas calles de Jerusalén.

Manuel me guiñó un ojo y retomó.

—Ya te imaginarás el escándalo que se armó en el aeropuerto. Nos bajaron del avión, así como también las maletas y nos hicieron recogerlas en la banda, junto a quién sabe cuántos vuelos más, creando un tráfico de maletas y gente como nunca antes había visto en mi vida.

—¿Y qué pasó después? —pregunté.

Antes de responder, atrapó la mirada del taxista que lo traspasaba con los ojos por el espejo retrovisor.

—Tuve que esperar tres horas a que apareciera mi maleta y los muy desvergonzados de la aerolínea terminaron por cancelar el vuelo. Como te podrás imaginar, toda la gente se puso furiosa porque muchos tenían que llegar ayer mismo a Tel Aviv y tampoco había lugar en el siguiente vuelo en el que viajaron ustedes. Después de todo, debo admitir que corrí con suerte al lograr subirme en el de la media noche, por lo que prácticamente llegué hace unas cuantas horas.

—Pero qué bueno que ya estás aquí —manifesté.
—¿Están listos para ver al doctor Segal? —acarició el dorso de mi mano.
—Eso espero... —suspiré, mientras parábamos frente a una reja de hierro.

El taxista sin decir media palabra, estiró la mano sobre su hombro para recibir el pago, mientras Manuel le empuñó hoscamente el billete.

Un guardia salió a nuestro encuentro preguntando qué se nos ofrecía. Le informé sobre nuestra cita y anunciándonos por radio nos abrió la puerta, pidiéndonos que esperáramos un momento. A continuación nos dio un gafete y señaló el camino que semejaba más que una clínica, una base militar. Caminamos contemplando el extraño entorno, donde estaban apiladas enormes cajas de metal y cilindros de oxígeno sobre una tarima de madera.

Al llegar a la entrada principal, presentamos nuestros gafetes a un joven que permanecía sentado dentro de una cabina de seguridad, el cual dio aviso de nuestra llegada por un intercomunicador. Posteriormente nos escoltó hasta una antesala, donde nos recibió una mujer de cabellera rizada y labios color carmín, que nos pidió aguardáramos unos minutos.

A corta distancia de nosotros, vimos a una enfermera que estaba sentada tras un viejo escritorio, atiborrado de archivos apilados. Levantó los ojos y sin cambiar la expresión de su rostro, siguió escribiendo sobre una hoja amarillenta. Esperamos más de una hora en aquellas incómodas sillas de oficina, hasta que atrajo mi atención un hombre que salió por una puerta de vidrio, dirigiéndose hacia nosotros.

—¿Señora Rembéz? —preguntó un hombre alto, de piel oscura, prominente mandíbula y mirada penetrante.
—Así es —respondí, al mismo tiempo que preguntaba —: ¿Doctor Segal?
—Mucho gusto —sonrió con parquedad, extendió la

mano para saludarnos a cada uno y, después de darnos la bienvenida, nos guió hasta un laboratorio que parecía parte de una película de ciencia ficción.

—¡Wow...! —exclamó José, al entrar en aquel lugar—. Esto está increíble.

El doctor nos invitó a sentarnos alrededor de una mesa redonda, extrajo sus anteojos del bolsillo de su bata y comenzó con el cuestionario. Quise pedirle que fuera una entrevista a solas, pero no me dejó otra opción que comenzar mi largo relato, ateniéndome a las reacciones tanto de José como las de Manuel. Sabía que lo que estaba a punto de revelar, sería muy fuerte para ambos, pero bajo esas circunstancias y después de lo que estábamos dispuestos a someternos, decidí que había llegado finalmente la hora para dejar las cosas en claro.

Sujeté la mano de José, brindándole la seguridad que necesitaría al escucharme hablar. Comencé aquella escalofriante historia que se había desatado hacía muchos años atrás en la biblioteca de la casa de mis padres.

En varias ocasiones me detuve para ver sus rostros atentos, escogiendo las palabras adecuadas para no hacer aquel relato más impactante de lo que ya era. El tiempo pasó. En varias ocasiones, el doctor Segal interrumpió para tomar algunos apuntes, abriendo uno que otro paréntesis, donde anotó algunos datos que no alcancé a distinguir.

José y Manuel no parpadearon un segundo. Estaban boquiabiertos, azorados por el verdadero motivo por el cual nos encontrábamos en aquella situación. Por último, le rogué al médico israelí, que nos ayudara a salir de aquel suplicio que nos había perseguido por tanto tiempo.

Considerando los pormenores de mi historia, el doctor Segal se llevó la mano a la barbilla y restregándosela con evidente preocupación, expresó:

—Creo que es una situación inusitada y sumamente complicada.

👁️ Centinela del silencio 👁️

—Lo sé —admití.

El doctor Segal, apoyó sus codos sobre la mesa y prosiguió:

—Hemos hecho algunos experimentos, con personas que aparentemente han estado bajo influjos de energías externas y en su minoría poseídas, dedicándonos a estudiar y analizar, toda clase de técnicas que pudieran contrarrestar y emitir una frecuencia a corta y a larga distancia, alterando la energía y la psique del individuo. Esta técnica que venimos perfeccionando durante los últimos once años, más que hacer un exorcismo o luchar contra el mal, por así decirlo en este caso específico, se enfoca en fortalecer al propio sistema a nivel global para que este combata o repela los ataques de los que estamos hablando. En pocas palabras —posó ambas manos sobre su pecho—, nuestro propósito es lograr generar una armadura energética interna y externa en el paciente. Además —continuó con total control del tema—, nos hemos dedicado a investigar sobre enfermedades del Medioevo y en especial, aquellas que la medicina no ha llegado a comprender. Pero debo confesar que... —entrecerró un ojo y chasqueó los labios con una mueca de incertidumbre—, jamás se me había presentado un caso como este. En verdad será un reto para mí, por lo que no le puedo asegurar resultados al cien por ciento. Pero, no se ponga así, Teresa —expresó con tono alentador, al ver mi expresión de desesperanza—. Lo que sí le puedo asegurar es que saldrán de aquí mejor de lo que llegaron, y con esto que me dice referente al objetivo de la maldición, el miedo se verá sofocado en gran medida, evitando que se disparen los demás síntomas. Por otra parte, sus cuerpos y sus mentes se verán fortalecidos para combatir cualquier factor externo.

—¿A qué se refiere con factores externos, doctor? —Manuel tomó la palabra—. Yo soy el padre de José y, al igual que usted, me acabo de enterar del alcance que todo esto tiene y en verdad me preocupa.

El doctor sonrió con una mueca respetuosa.

—Comprendo, señor. A lo que me refiero en este caso específico, es a las energías que están siendo liberadas por un trabajo muy fuerte de magia negra y que tanto su mujer como su hijo son las antenas receptoras. Lo que pretendemos lograr al hacer esto, es regenerar al cuerpo y generar una armadura energética, cuyas frecuencias los fortalezcan y al mismo tiempo repelan el daño. Le aseguro que esta técnica ha sido probada y comprobada científicamente por más de una década. Y hoy por hoy, el mismo gobierno nos ha apoyado incondicionalmente en la investigación e implementación de esta técnica vanguardista, que ha restablecido la salud de cientos de pacientes, que también han padecido enfermedades incurables y desconocidas por la ciencia tradicional.

Ahora... —tomó su bolígrafo, punteó sobre la lista de datos, cifras y coordenadas que tenía frente a él y analizándolas fijamente, explicó—: Si viajaron desde tan lejos, creo que sería poco acertado regresar a casa con las manos vacías y más aún con la gravedad progresiva que ambos están presentando día tras día. Aunque... —levantó las cejas, encogiendo los hombros—, la última decisión será de ustedes. Pero debo aclararles que si están dispuestos a seguir adelante con esto, serán sometidos a frecuencias, estímulos y radiaciones inofensivas a nivel celular, teniendo que soportar algunas sensaciones y emociones extremas, que serán inducidas y otras que surgirán de su mente de manera natural. Estas mismas sensaciones y emociones, posteriormente depurarán sus sistemas y serán fortalecidos con ciertos impulsos, como les mencioné anteriormente, y fungirán como una coraza energética que los protegerá de ataques psíquicos, físicos y energéticos.

Lo miré, sin comprender el alcance que aquello tendría realmente.

—Sé que suena muy complicado, pero el resultado

puede llegar a ser sorprendentemente alentador —se levantó de su silla—. ¿Qué dicen? Tenemos el tiempo encima.

No podía rechazar aquel rayo de esperanza que podría ser nuestra única salvación o quizá por lo menos, mejorar nuestra calidad de vida.

Manuel me tomó de la mano y me dio un beso en la mejilla.

El doctor Segal le pidió a Manuel que esperara dentro de la cabina que dominaba aquella cámara sofisticada y luego nos escoltó a José y a mí hasta el centro del laboratorio, donde nos paró frente a dos enormes cilindros de vidrio. Allí estaba un par de sujetos vestidos con uniformes verde claro, que nos entregaron unas batas blancas, indicándonos dónde estaba el vestidor para cambiarnos de ropa, seguidos por la mirada atenta de Manuel que aguardaba a lo lejos.

Ya de regreso, uno de los ayudantes tiró de una palanca que estaba sujeta a un tablero, al mismo tiempo que aquellos cilindros comenzaron a descender lentamente hasta quedar en posición horizontal, uno al lado del otro. Apretó un botón digital que sobresalía de una pantalla y las compuertas de vidrio comenzaron a deslizarse hacia los costados, dejando a la vista una camilla de metal con forma de cuerpo humano.

Tragué saliva, aclaré mi garganta y sentí un incontrolable temor. Entre tanto, el doctor Segal tomó a José de la mano y lo ayudó a introducirse por una escalerilla, acomodándolo sobre aquella plantilla de acero. Examinó meticulosamente las manchas y la llaga de su pierna, y sin hacer comentario alguno, le indicó que metiera los brazos dentro de unas correas de cuero, afianzando sus muñecas con suavidad. Colocó varios electrodos en su cabeza, pecho y en cada una de sus extremidades, terminando con unos extraños lentes oscuros que estaban conectados por un cable.

José permaneció sereno en todo momento y ya instalado dentro de aquella cápsula, volvieron a cerrar las compuertas de vidrio, aislándolo del sonido exterior. A continuación, el doctor Segal se volvió hacia mí, me pidió que me quitara el guante y el anillo, tomando mis manos entre las suyas. La analizó con detenimiento hasta que ya satisfecho de su examen físico, repitió una vez más el mismo ritual que con José y antes de cerrar las compuertas frente a mí, le supliqué en voz baja que salvara a José.

Asintió con una sonrisa apretada.

Tiraron de la palanca y ambos cilindros comenzaron a levantarse hasta que tomaron la posición vertical. Giré mi cabeza de lado y en una gran pantalla, pude ver a través de los lentes oscuros que José sonreía divertido. Aparentaba estar viviendo una gran aventura, como las que había visto cientos de veces en los programas de ciencia ficción que tanto le gustaban.

Comencé a sentir una opresión en el pecho al quedar totalmente aislada del ruido exterior. En una fracción de segundo, escuché un chirrido, se encendieron una gama de lucecillas dentro de mis lentes, oscilando sin ningún ritmo ni dirección. Súbitamente escuché un sonido que fue subiendo de volumen hasta llegar a un tono molesto, sin llegar a ser ensordecedor.

Al escuchar otro chasquido, supuse que habían activado alguna frecuencia, ya que los electrodos comenzaron a vibrar, disparando unas suaves contracciones en los músculos de mis brazos y mis piernas. Durante algunos minutos, sentí como si hubiera descendido en el agua, teniendo que destapar mis oídos una y otra vez. Después de un largo rato de sentir sensaciones placenteras que recorrían gradualmente mi cuerpo, caí en una relajación absoluta. Había entrado a un nivel profundo de conciencia, casi al punto de quedarme dormida, flotando en un ligero estado de estupor.

Esos minutos de bienestar sensorial me fueron liberando de toda preocupación, sufrimiento y malestar. Era como si una hoguera comenzara a apagarse mansamente dentro de mí, permitiéndome un reposo interno acompañado de una agradable tibieza que me fue envolviendo, relajándome profundamente. Las lucecillas de mis lentes se fueron transformando en un lento y armónico caleidoscopio, dibujando figuras geométricas que cambiaban constantemente de forma y color, acercándose y alejándose, proporcionándole con ello una satisfacción sublime a todos mis sentidos.

Cuando estaba al borde del éxtasis, inesperadamente, se apagaron las luces frente a mis ojos y, como un relámpago, volvieron a encenderse, girando en círculos, los cuales fueron acelerándose, formando espirales que ascendían y descendían a toda velocidad. Mi respiración se hizo pesada, sentí un hormigueo por todo el cuerpo y mi corazón comenzó a palpitar con fuerza, hasta explotar en una taquicardia. Mi mente se agudizó y como una película, en ella comenzaron a proyectarse escenas angustiosas de mi pasado, comenzando con mi infancia, pasando por mi adolescencia, y viajando a través de las etapas claves de mi vida.

Sentí emociones de una intensidad extrema, pasé por alegrías, tristezas, lágrimas, euforias, hasta miedos aterradores. Y casi al borde de perder el sentido, se apagaron las luces frente a mí. Con mirada nebulosa, alcancé a percibir en la pantalla que estaba a mi lado, la imagen de José retorciéndose dentro de aquella burbuja de vidrio, ante las expresiones impávidas de aquellos tres hombres que seguían atentos a los tableros, repletos de botones luminosos.

Entre gritos de impotencia, imploré una y otra vez que apagaran la maldita máquina.

Sin esperarlo, sentí una ardorosa punzada que se clavó en el dorso de mi mano afectada, recorriendo mi brazo como una brasa candente, hasta llegar a mi pecho igual que una llamarada. Era el dolor más intenso y exasperante que jamás había sentido. Desfallecida, giré mis ojos nuevamente hacia la pantalla que estaba a mi derecha, y observé horrorizada cómo mi mano y la piel de mi brazo se abrían en carne viva, a la vez que veía la imagen de José convulsionando por el dolor, ya que su pierna tenía una herida profunda que abarcaba casi la totalidad de su muslo, que se encontraba parcialmente tapado por la bata blanca.

Casi al borde del colapso, comencé a delirar, viendo a una serpiente que se iba enroscando y trepando lentamente por mi pierna, al mismo tiempo que un fantasma frente a mí, con sonrisa desarticulada, pronunciaba de manera siniestra; "Julianne, Jualianne, *infidens identidem...*, *infidens identidem...*".

Luché una y otra vez por conservar la lucidez, convenciéndome de que se trataba de mi propia imaginación exacerbada por las frecuencias de la máquina. Al reconocer la cara de Vlad Tepes, que se proyectaba de forma macabra frente a mí, me sentí desvanecer, perdiendo posteriormente el conocimiento.

No tuve noción de cuánto tiempo permanecí sin conciencia, pero al recobrarla, el ardor de mi brazo había cesado casi por completo. Las luces de mis gafas se habían encendido nuevamente, girando rítmicamente, devolviéndome aquella extraordinaria serenidad que había sentido en un principio.

Inexplicablemente y a pesar de que las luces me impedían ver a José en la pantalla, intuí que estaba bien y mi respiración se hizo lenta y profunda. Mi miedo e incertidumbre se fueron disipando hasta dejarme en un apacible letargo.

Luego de aquellos momentos de bienestar sensorial, se apagaron todas las luces de la sala, dejando simplemente una tenue lucecilla que provenía de mis pies, alumbrando como una vela mi cuerpo.

En medio de la penumbra, alcancé a ver a José que permanecía inmóvil, cuando simultáneamente, ambos cilindros descendieron poco a poco hasta la posición horizontal inicial, las compuertas se abrieron lentamente, dejándonos acostados mirando hacia el techo.

El doctor Segal se acercó a José, le quitó los lentes y así procedió con cada uno de los censores y electrodos que estaban dispuestos por todo su cuerpo. Le preguntó cómo se sentía, a lo que José respondió que con mucho sueño. Le levantó la bata para ver la herida de su pierna, comentando que se había reducido en gran medida, dejando un manchón rojizo que había bajado en intensidad y dolor.

Mientras otro de los ayudantes terminaba por poner a José de pie, el doctor Segal se acercó a mí. Me hizo la misma pregunta, la que no pude responder, ya que deseaba impaciente ver la herida de mi mano, que al igual que en José, había disminuido y el dolor era mucho menor que antes.

Volví a ponerme el guante y el anillo. Sabía que me encontraba bien, pero el proceso había sido drástico y doloroso. Sin embargo, el médico apenas dibujó una sonrisa y afirmó:

—Van a estar bien, Teresa, ya lo verá... —me dio una suave palmada en el hombro—. Sé que no fue fácil y en realidad lo siento. La intensidad de la sesión varía dependiendo de las vivencias y situaciones de cada paciente. Y para ustedes dos, por estar bajo una fuerza externa muy grande, comprendo que fue un verdadero martirio. Esperemos que haya valido la pena someterse a este sacrificio.

—¿Y mi hijo, doctor? ¿Qué pasará con él? —bajé la voz, alejándome un poco de José para evitar que escuchara.

—Esta experiencia aunque ha sido muy dura, les dará fuerza ante las circunstancias a las que se enfrentan. Además, no subestime a José... —se volvió para mirarlo—. Es un chico fuerte y valiente. Hoy se sentirán exhaustos, por eso le recomiendo descansar lo más posible para que sus cuerpos se recuperen e integren tanta información recibida —uno de los ayudantes se acercó a entregarle un fólder, el cual repasó detenidamente por unos momentos, mientras que las luces de la sala fueron encendiéndose gradualmente hasta iluminarla por completo.

Caminé hacia José y lo tomé entre mis brazos con la necesidad de protegerlo, viendo a Manuel que venía escoltado por un guardia que vestía uniforme militar. Se dirigió hacia nosotros y preguntó consternado:

—¿Cómo se sienten?

—Creo que bien —José respondió con mejor semblante.

—Teresa, si me permite... —el doctor Segal me pidió que lo acompañara a una sala contigua. Manuel quiso intervenir, pero el médico le suplicó que esperara afuera con José.

Nos quedamos solos y me fue interpretando una a una, las gráficas y los escritos que sostenía entre sus manos.

—Teresa... —contrajo la barbilla y me miró por encima de sus gafas—, me temo que el resultado final no es tan alentador como esperábamos. José está bastante delicado de salud. Todos sus signos vitales aparentemente están bien por ahora, pero...

—¿Pero qué, doctor? —pregunté asustada por el tono solemne en su voz.

—Es algo que únicamente se puede medir energéticamente y... —guardó silencio antes de proseguir con su diagnóstico—. Al comenzar el procedimiento —tomó una de las gráficas y la colocó sobre la mesa, extrajo un marcador amarillo de un portalápices y repasó una línea roja que se disparaba por debajo de las demás—. ¿Ve esta línea?

Asentí sin apartar la vista del papel.

—Para mí es difícil decirle esto, pero tengo el deber de hablarle con la verdad —aclaró su garganta—. Esta línea que ve aquí —señaló—, denota una "fase terminal".

Al ver la expresión de dolor en mi rostro, se apresuró a detallar:

—Antes que nada, quiero aclararle que esta fue la primera medida, Teresa —colocó la mano extendida tapando la gráfica—. Posteriormente, a medida que progresábamos y nos adentrábamos más en su sistema y en sus tres planos de conciencia, las medidas aumentaron casi en un cuarenta por ciento. Fueron mucho más altas de lo que antes hubiéramos logrado alcanzar en una sola sesión. En especial... —extrajo una de las hojas del estudio—, hubo un visible incremento en su sistema inmunológico que ayudó a reestructurar las heridas de su pierna. No obstante, aún persisten algunos riesgos que desafortunadamente no están bajo nuestro control.

—¿Cómo cuáles, doctor? —inquirí.

—Como la degeneración progresiva que está causando una frecuencia desconocida, que nuestros aparatos pueden detectar, pero no actuar sobre ella. Al parecer se trata de algo mucho más sutil de lo que nuestra tecnología puede alcanzar. Sospecho que se relaciona con el campo inviolable que conlleva la maldición que me relató hace unas horas. ¿Lo entiende, verdad?

—No puede ser... —me sentí desolada ante su dictamen.

—Y usted por otra parte, Teresa —extrajo otra gráfica de un fólder gris—, sus lecturas son mayores que las de José, e insólitamente, usted se ha mantenido estable por más tiempo. Tiene un campo energético más amplio, pero esto no la exime de riesgos futuros —continuó, recostando su espalda en el archivero de metal que estaba detrás de él—. El resultado de esta sesión se verá reflejado con el paso de los días. El día de hoy ambos se sentirán agotados, pero a partir de mañana, esperemos que haya una visible mejoría. Y le repito... —tomó aire para proseguir—, en los casos de José y usted específicamente, esa energía desconocida que no puede medirse con precisión, seguirá latente en sus sistemas.

Meneó la cabeza, abstraído en sus pensamientos.

—He visto casos inenarrables. Enfermedades repugnantes e incurables que milagrosamente se desvanecen dentro de esos cilindros. Por algo mis colegas las llaman "Las bolas de vidrio", como si se trataran de las herramientas de un mago. Ni hablar —acomodó nuevamente los papeles en sus respectivas carpetas—, hemos hecho lo que está en nuestras manos. De verdad hubiera querido darle una mejor noticia, Teresa. Le pido que se mantenga en contacto, usted tiene mi teléfono y puede llamarme a cualquier hora.

Asentí con cierta desilusión, bajando la mirada.

—Es más…, analizando esta situación en detalle, a lo mejor podríamos dejar abierta la posibilidad de un par de sesiones más antes de que se vayan, ¿qué opina?

—¿Qué tanto valdría la pena, doctor? —cuestioné un tanto reacia—. Si me dice que lo que tenemos es irremediable y que la energía que se ha apoderado de nosotros es mucho mayor que la que ustedes pueden manejar, ¿no cree que sería ya demasiado sadismo exponer de nuevo a José a todo esto, y más aún sin tener una esperanza real? Yo como quiera podría soportarlo, ¿pero un niño de escasos siete años de edad? Creo que ya fue suficiente para él.

—Entiendo su punto de vista, Teresa, pero… —ladeó la cabeza—, piénselo, no descarte mi ofrecimiento. Aún tenemos tiempo para darles esos refuerzos. De cualquier forma, les dejaré abierta una cita a las cuatro y media de la tarde por si llegaran a cambiar de opinión —estrechó mi mano, tomándola entre las suyas—. Dentro de todo, Teresa, y dejando de ser fatalista por ahora, debemos reconocer que logramos más de lo que esperábamos. Le aseguro que esto les dará una mejor calidad de vida. Hubiera querido asegurarles que mi máquina los curaría por completo, pero reconozco que tenemos ciertos límites y lamento que ustedes hayan sido la excepción.

—De todas formas se lo agradezco, doctor —caminamos hacia la salida—. Por lo menos nos vamos mejor de lo que llegamos y eso ya es un consuelo, además de que nos da más tiempo para encontrar otra solución a nuestros problemas. Y con respecto a la cita de mañana —me detuve—, déjeme pensarlo y ver cómo se presentan las cosas de aquí a entonces.

Capítulo 50

Aquella tarde, después de comer, decidimos regresar al hotel a descansar. Había sido un día agotador. Era difícil poder hacer un recuento de aquella experiencia que nos había llevado al límite de las emociones, sin afectarnos como yo lo había esperado. Supuse que, en gran parte, de eso se trataba. Quise creer que aquel bienestar no fuera solamente pasajero.

Le pedí a Manuel que saliera a dar una vuelta por los alrededores, mientras José y yo tomábamos una siesta, la que terminó prolongándose hasta entrada la noche.

José se despertó y, levantándose en medio de la oscuridad, merodeó unos segundos por el cuarto, dirigiéndose hacia la terraza que se hallaba entreabierta. Encendí la lámpara de la mesita de noche, cuando al poco rato escuché que el despertador digital emitía un molesto sonido. Permanecí sobre mis espaldas con la mirada perdida. Me quité el anillo y el guante de la mano en busca de una posible mejoría, percatándome de que la llaga estaba un poco mejor que antes. Al ver luz en el cuarto, José regresó a sentarse junto a mí, preguntándome cómo me sentía.

—Mucho más descansada, hijo, ¿y tú? ¿Lograste dormir?

—Sí —reclinó su cabeza sobre mi pecho—. Estuve soñando muchas cosas raras...

—¿Bonitas o feas?

—No sé... —se restregó la cara con la mano—. Soñé que volaba sobre una montaña. Flotaba, iba y venía, bajaba y subía hasta llegar a las nubes y...

—¿Y qué pasó?

—Después vi algo abajo...

—¿Abajo?

—Sí. Abajo en la tierra había mucha gente gritando.

—¿Y tú qué hiciste?

—Me clavé entre las nubes —extendió su mano y la meneó por los aires—. Bajé, bajé y a punto de estrellarme contra el piso, vi a un señor tirado y mucha gente llorando —se detuvo a pensar por unos instantes—. Muy raro, pero yo no estaba triste. Al revés..., me sentí contento y volví a despegar a toda velocidad.

—Cuando yo era niña también llegué a soñar que corría por una colina y, de repente, pegaba un brinco y volaba por encima de los techos de las casas y los parques. Era una sensación increíble —acaricié su cabecita.

Encogió los hombros, al mismo tiempo que recordé que Manuel había pasado toda la tarde solo. Tomé el teléfono y marqué su habitación.

—¿Aló? —contestó con voz soñolienta.

—¿Te desperté? —pregunté, reacomodándome sobre la cabecera de la cama.

—No, preciosa, estaba acostado viendo las noticias. Ya sabes, en este país no hay más que conflictos, atentados, bombas y matanzas entre judíos y palestinos. El presidente ya no sabe qué decir en la televisión. Jura que él no alienta a los niños a ir a la guerra santa, y tiene el descaro de culpar a los extremistas por ponerlos en primera línea. Está loco

—exhaló—. Pero..., qué bueno que llamaste, pensé que no los vería hasta mañana. ¿Cómo se sienten? ¿Quieren ir a cenar?

—Dentro de lo que cabe estamos bastante bien y pudimos descansar un buen rato, pero nos estamos muriendo de hambre respondí—. Por cierto, ¿tú qué hiciste durante toda la tarde?

—Salí a caminar un rato y regresé a descansar al hotel. Aunque no creas, yo también estaba agotado del viaje y de presenciar la sesión de esta mañana.

Luego de darnos una corta reseña sobre aquella tarde, quedamos de vernos en la recepción del hotel para ir a cenar. Me levanté de la cama y me dirigí al baño a darme una ducha, al mismo tiempo que José se peinaba frente al espejo, comentando aún inmerso en el tema de su sueño, que de grande inventaría unas alas gigantes para poder volar muy alto y cruzar los océanos para no tener que viajar siempre en avión.

Al terminar de arreglarnos, bajamos por la escalera en penumbra y, al final del corredor, vimos a Manuel hablando con el conserje que le indicaba cómo llegar al restaurante que le recomendaba.

La noche estaba cálida, por lo que decidimos caminar por las calles empedradas de la ciudad vieja. Durante nuestro recorrido, descubrimos la interesante mezcla de culturas que conviven en Jerusalén. Pareciera como si nos hubiéramos adentrado en un viaje a través del tiempo, remontándonos a la época de Jesucristo. Reflexionamos por unos momentos, que estábamos pisando la misma tierra santa, donde había vivido su vida, su pasión y crucifixión.

Proseguimos nuestro paseo calle arriba, hasta llegar a un muro de piedra en el que trepaba una frondosa buganvilia violeta. Habíamos llegado a un restaurante situado en un patio al aire libre, en donde el dueño nos explicó mientras esperábamos a que nos pasaran a nuestra mesa, que antiguamente se guardaban ahí los carros y las caravanas dentro de las murallas de la ciudad.

El ambiente era tranquilo y en el fondo se escuchaba una relajante música. El escenario estaba enmarcado por unas fuentes y columnas romanas que contrastaban con las ruidosas calles del laberinto exterior. Nos sentamos en una mesa junto a uno de los muros del siglo XVI, en seguida nos trajeron una copa de vino. Pedimos de comer los tradicionales platillos de Oriente Medio: *hummus, tahini* y *meze*, un delicioso quesillo feta bañado con aceite de oliva, espolvoreado con orégano, y aceitunas negras, servido con un pan recién horneado, terminado con un cordero y una ensalada típica armenia, lo suficiente abundante para los tres.

Nuestros ánimos se habían relajado por completo. José estaba sonriente, en tanto Manuel nos contó un sinfín de anécdotas que nos hicieron reír a rienda suelta. Luego de un largo rato, metió la mano en su chamarra y sacó el mapa que le habían dado en el hotel, haciendo a un lado su plato de pan. Lo acomodó sobre la mesa y examinó con detalle los principales centros de atracción de la ciudad, leyéndonos una lista que estaba encabezada por: El Muro de las Lamentaciones, el lugar más importante para los judíos; El Santo Sepulcro, para los cristianos; El Domo de la Roca, para los musulmanes; y, por último, El Monte del Templo, igualmente importante para judíos y musulmanes.

En un santiamén recordé el monólogo del taxista de ojos verde jade, y solo sonreí.

—¿Qué opinan? ¿A dónde quieren ir primero? —preguntó Manuel.

—Podríamos ir en la mañana al Santo Sepulcro —bajé la mirada y sin pensarlo, comencé a jugar con la punta de mi dedo sobre el dorso de su mano—. Dentro de todo, tengo muchas cosas que agradecer…

Manuel acarició mi mejilla, levantó su copa y dibujó una sonrisa.

—Quiero hacer un brindis por el placer de estar sentado en este lugar, junto a la mujer que admiro y amo. Y... —se volvió para mirar tiernamente a José—, por ti, hijo, estoy muy orgulloso de ser tu papá... Gracias por haberme permitido entrar en tu vida —conmovido, bajó la mirada y le dio un trago a su copa.

Sentí un nudo en la garganta. Se hizo un prolongado silencio que José rompió oportunamente. Tomó su vaso y brindó:

—Por ti ma', porque eres la mamá más linda del mundo. Y... —subió los ojos al cielo y al bajarlos con timidez, atrapó los de Manuel —, por ti..., papá, porque me caes bien.

Manuel sonrió al escuchar por primera vez que José lo llamaba papá.

* * * * *

Luego de aquella velada, emprendimos nuestro camino de regreso al hotel y un par de cuadras antes de llegar, presentí que alguien nos seguía en la oscuridad. Más de una vez me detuve y miré en todas direcciones, descubriendo que dos sujetos se habían escondido dentro de un edificio abandonado. Nerviosa, jalé a Manuel del brazo y le hice una mueca para alertarlo de que nos estaban mirando desde el otro extremo de la calle. Se volvió disimuladamente sobre su hombro, a la vez que los sujetos se percataban de que los habíamos descubierto, agazapándose en la penumbra de un callejón.

—Mejor vámonos de aquí —señaló Manuel, tomándonos a José y a mí de la mano, arreciando el paso—. Puede que estén armados y no es por alarmarlos, pero por estos lugares puede pasar cualquier cosa.

Unas cuadras antes de llegar al hotel, José comentó que se sentía mareado. Paramos para que tomara aire y al dar un paso más, Manuel alcanzó a sujetarlo antes de que se desplomara al suelo. Una vez más se repetía la misma escena que en Roma.

—¿Qué te pasa, hijo? —preguntó Manuel asustado.
—Tengo un dolor aquí —señaló la boca de su estómago.

Manuel lo cargó entre sus brazos, lo llevó hasta nuestra habitación y lo recostó sobre la cama, sentándose a su lado evidentemente mortificado. Le di su medicina y le tomé la mano hasta constatar que se había quedado profundamente dormido.

—Ya no sé qué pensar, Manuel —susurré, caminando hacia la terraza. Mi barbilla se contrajo, sintiendo unas enormes ganas de llorar.

—No te agobies, Teresa —besó mi mano—. Vas a ver que nuestro pequeño va a estar bien. No podemos perder la fe, ahora menos que nunca. Creo que deberíamos regresar mañana con el doctor Segal. Sé que fue una experiencia muy dura para los dos, pero posiblemente podría aminorar más sus síntomas, y quién sabe si ocurra el milagro de detener este mal por completo.

—No lo sé —me asaltaron las dudas—. Me da miedo exponerlo una vez más y... —sentí angustia de solo pensar en ello.

—¿Tú lo intentarías si José no estuviera aquí? —sondeó.

Dudé antes de responder.

—Seguramente sí pero, con José, no lo sé...

—¿Sentiste algún cambio antes y después de la sesión? —inquirió.

Levanté mi mano, la contemplé con detenimiento, para luego extraer el anillo y el guante, descubriendo que la llaga se había reducido visiblemente.

—Supongo que sí —admití—. Mejoró un poco, aunque me preocupa verlo de nuevo dentro de esa máquina, retorciéndose.

—Te entiendo... —acarició mi mejilla—. A mí también me afectó ser testigo de algo tan fuerte y más porque no podía hacer nada por ayudarlos. Pero si tú no estás tan afectada después de todo, y por lo que veo José menos que tú, opino que una segunda sesión los mejoraría más, ¿no crees? Si el doctor Segal te lo propuso, es porque confía en que puede ayudarles a recuperarse aún más. Además, venir de tan lejos para no intentarlo todo, pienso que sería un esfuerzo en vano.

—Puede que tengas razón —asentí—. Te prometo que lo pensaré esta noche. Mañana estaremos más descansados y podré pensar con mayor claridad.

Exhausta de aquel intenso día, le pedí a Manuel que se fuera a descansar. Me puse el camisón y me recosté sin lograr conciliar el sueño. Mi preocupación me mantuvo dando vueltas por horas hasta que, ya entrada la madrugada, escuché unos golpecillos en la puerta. Me paré de puntillas y a través de la mirilla de la puerta, vi a Manuel de espaldas, mirando en todas direcciones como un chiquillo.

—Manuel, ¿no te has dormido aún? —dije al abrir la puerta.

—No, preciosa —respondió con voz suave para no despertar a José—. No puedo dormir. ¿Cómo está mi niño?

—Tranquilo, sigue dormido. Esperemos que amanezca mejor.

—Así será, ya lo verás —aseguró, para después pedirme que saliera un rato a sentarme con él en la terraza de su habitación que estaba a dos cuartos del mío. Me volví para mirar a José que estaba profundamente dormido, dudando en dejarlo unos momentos solo. Manuel se percató de eso y me pidió que estuviera tranquila, ya que él regresaría para verificar que todo estuviera bien.

Accedí, me puse una bata encima, tomé las llaves y salí de la habitación cerrando la puerta detrás de mí.

Nos sentamos en un silloncito en la terraza de su habitación, a esas horas el patio interior del hotel se encontraba vacío. La tenue luz de las farolas y el caer del agua de la fuente, me hipnotizaron por un largo rato.

Manuel pasó su brazo sobre mis hombros y reclinando su cabeza sobre la mía, preguntó:

—¿Sabes que es lo peor que te puede pasar en la vida? Medité por unos segundos antes de responder:

—Sí —afirmé completamente segura de mis palabras—. Perder a alguien que amas.

—Pero lo más doloroso es tener que aprender a vivir día tras día sin esa persona —¿no crees?

—Así es... —murmuré.

—¿Recuerdas los días que pasamos juntos en Capri? —cambió el tema—. Esas semanas fueron lo mejor que me ha pasado en la vida, las recuerdo como si hubiera sido ayer... Te puedo decir, incluso, cómo ibas vestida la primera vez que te vi al entrar en aquella tienda de arte. Llevabas puesto un vestido azul. Te veías realmente bella.

—Y yo... —sonreí—, recuerdo cuando te vi en ese mismo lugar, que tiré el bote de pinceles y me quise morir de la vergüenza cuando te diste cuenta de que te estaba traspasando con la mirada.

Guardamos unos minutos de silencio.

—¿Qué va a suceder después de este viaje, Manuel? —pregunté—. Tú tienes tu trabajo y tu vida ya hecha en Milán y yo en Nueva York.

—No pienses en eso ahora, preciosa —tomó mi mano y con la otra, giró lentamente mi barbilla con la punta de sus dedos.

—Pero, Manuel...

—Teresa, quiero que te quede claro que eres y has sido lo que más quiero en esta vida y, si en verdad queremos estar juntos, buscaremos la forma.

Apreté los labios.

—Te amo... —me tomó entre sus brazos—. Nunca pensé volver a repetir esa frase en mi vida —me acercó hacia él y cerrando los ojos, fue sumergiendo uno a uno sus dedos en mi cabello, aferrándome a su cuerpo. Recorrió mi espalda con sus manos hasta atrapar mi nuca, y sujetándome con suavidad, fue explorando mi cuello con el cálido roce de su boca.

Capítulo 51

A la mañana siguiente, al abrir los ojos vi que José seguía dormido. Me levanté de la cama y me dirigí a asomarme por la ventana a través de la rendija de la cortina. El cielo se encontraba encapotado con algunas nubes que tapaban el sol casi por completo. Para nuestra buena suerte, el clima estaba mucho más fresco, después del calor de los días anteriores. Supuse que eso ayudaría a que nuestro paseo por la ciudad fuera más agradable, tomando en cuenta el estado de salud de José.

—¿Qué haces mamá? —preguntó José en voz baja.

—Nada, hijo —regresé a sentarme a su lado—. ¿Cómo amaneciste?

—Creo que bien —dio un largo y sonoro bostezo.

Le pedí que se arreglara, mientras yo tomaba el teléfono para marcarle a Manuel, y antes de que el teléfono sonara dos veces, contestó aclarando su garganta. Me preguntó primeramente por José, para luego sondear si había pensado en volver con el doctor Segal.

Di un suspiro sin querer responder y terminé por decir que no había querido pensar en ello, pero comprendí que no perderíamos nada con darnos una segunda oportunidad. Manuel apoyó mi decisión, comentando que si él estuviera en mi lugar haría lo mismo.

Después de quedar de vernos para desayunar, le platiqué a José sobre mi decisión de regresar a ver al médico esa misma tarde, comentando que sería bueno que nos revisara antes de regresar a casa, ya que al día siguiente sería sabbat en Jerusalén. Aproveché para explicarle el significado de ese día de descanso para los judíos. Para mi asombro, asintió de buena gana y fue a bañarse sin objetar en lo absoluto.

Alcé mi mano en el aire con tristeza, por tener que llevar el guante puesto día y noche, como si fuera una verdadera leprosa. Estaba harta de tener que esconder una parte de mí tras aquel trozo de tela. Me quité el guante y la examiné, para luego desabotonar mi camisón frente al espejo del tocador, notando con sorpresa que las heridas se habían reducido ligeramente en comparación con el día anterior. Volví a cubrir mi pecho, me puse el guante y tomé el anillo del dragón introduciéndolo con disgusto en mi dedo.

Al poco rato Manuel estaba tocando a la puerta. Apresuré a José para salir, tomé mi cámara y bajamos al patio interior donde aún seguían sirviendo el desayuno. Había poca gente sentada en unas cuantas mesitas dispuestas alrededor de la fuente. Tomamos asiento y mientras desayunábamos, afinamos nuestro recorrido de aquel día.

* * * * *

Tras haber paseado por las antiguas calles de Jerusalén, entre iglesias, monasterios, hosterías y tiendas de recuerdos locales, llegamos a la basílica del Santo Sepulcro, flanqueada por columnas que corren al sur de la puerta de Damasco. Al descender del taxi, permanecí de pie frente al atrio, contemplando la imponente construcción de piedra sobre lo que había sido originalmente el Monte Calvario, donde se llevó a cabo la pasión, la crucifixión, el entierro y resurrección de Cristo, después de su caminata por la Vía Dolorosa.

Superado mi asombro, llena de emoción y con un escalofrío que recorrió mi columna hasta explotar en la base de mi cuello, las lágrimas asomaron a mis ojos. La historia, la energía y el estar presente en el lugar más sagrado sobre la tierra, me producían una sensación mucho mayor de la que hubiera imaginado llegar a sentir en toda mi vida.

Caminamos hacia el pórtico de aquella plaza milenaria, viendo a varios grupos de peregrinos de diferentes partes del mundo, paseando en completa comunión con sus diferentes confesiones cristianas, en tanto que un monje sirio, un fraile franciscano y un sacerdote ortodoxo, dirigían por separado alguna plática en otro idioma. Por su parte, diversos fieles simplemente prosiguieron su camino en completo silencio.

En la parte alta de la entrada, se encontraban dos ventanas al frente y una escalera que vestía sobriamente la fachada bizantina de la época de las Cruzadas. Caminamos por el atrio, a un costado de las capillas de Santiago, San Juan y los cuarenta mártires, hasta llegar al vestíbulo donde se encontraba la Piedra de la Unción, que estaba ubicada en el centro de la entrada, rodeada por cuatro cirios encendidos, frente a un mural representando la escena de la misma.

Durante nuestro recorrido y mientras tomábamos algunas fotos, sentí una extraña inquietud. Era como si alguien nos estuviera observando desde algún lugar. Bajé lentamente la cámara y miré en todas direcciones, encontrando a lo lejos a un grupo de feligreses que venían saliendo por el deambulatorio, un corredor largo que llevaba a la Capilla de Santa Elena. Sacudí mi cabeza, deseando deshacerme de la paranoia que me había perseguido las últimas semanas.

La mayoría de las capillas del Santo Sepulcro y los espacios que las comunicaban estaban a oscuras. El aire que se respiraba estaba impregnado con un fuerte olor a mirra, y en la lejanía se escuchaba algún instrumento que armonizaba el primer recinto de la cristiandad. Visitamos el Catholicon, lugar donde los ortodoxos griegos suelen encender candelas frente al "Ombligo del Mundo", que según dicen, es el centro de la tierra y donde se celebra su liturgia.

Luego de merodear por cada rincón, de haber echado un vistazo a la cúpula y a los capiteles bizantinos en forma de cesta, que adornan la basílica, bajamos a la capilla de Adán, en donde contaban que había sido enterrado el primer hombre de la tierra. Era un sencillo oratorio de piedra ubicado justo debajo del Calvario y donde se cuenta que al morir Jesús en la cruz, su sangre se filtró por una grieta en la roca, bañando el cráneo de Adán.

Caminamos y caminamos por laberintos de pasillos, capillas en donde descubrimos aquellos incensarios que propagaban fragancias religiosas, impregnando los arcos de piedra, columnas y celdas desgastadas por el paso de los siglos; todas ellas, albergando historias de dolor, sufrimiento; y que ahora los sacerdotes y frailes encargados, protegían celosamente; compartiendo con los fieles la gran devoción que los ha unido, a través de los siglos, sobre el mismo pedazo de tierra.

Al llegar a la capilla del Gólgota, nos acercamos a un grupo de turistas que estaban reunidos frente a un guía que daba una reseña detallada, en inglés, sobre la historia del montículo de piedra que estaba junto al muro en la parte central de la capilla y en la que había sido plantada la cruz de Jesús. Afirmando que la parte de abajo y aquella alrededor del altar, pertenecían a los ortodoxos griegos, mientras que el altar de la Dolorosa que se ubicaba a la derecha, era de los franciscanos, actuales protectores y custodios de La Tierra Santa.

Era un sitio de impactante veneración. Había varias lamparillas y candiles que colgaban a lo largo del techo, sobre dos altares ubicados a los costados de la roca, que estaba protegida por una bóveda de vidrio. Y sobre esta, permanecía un candelabro redondo en forma de copón, que sostenía decenas de velitas que permanecían encendidas, alumbrando tenuemente las imágenes de Jesucristo y la Virgen María, que sobresalían de la pared.

En su narración, el guía aclaró que ahí mismo en la basílica del Santo Sepulcro se encontraba el Jardín del Gólgota, que era la colina donde Jesucristo había sido crucificado, como también la Tumba Nueva donde recibió su cuerpo y donde resucitó de entre los muertos.

Al concluir de enumerar las diferentes alas que conformaban la basílica, centró su atención en su verdadero origen, remontándose a la época de Constantino. En la que su madre, Helena, había encontrado los restos de la cruz de Jesús dentro de una cueva, y con posterioridad a tal hallazgo, él mandaría erigir en ese mismo sitio, la primera iglesia en el siglo IV.

—En este lugar —aclaró el guía con acento israelí—, se llevó a cabo el sacrificio más grande y trascendental para toda la humanidad. La crucifixión de Nuestro Señor se había convertido desde entonces en el centro de culto de toda la cristiandad. Y así fue como se subdividió en diferentes posesiones de: católico-romanos latinos, ortodoxos griegos, ortodoxos armenios y etíopes. Todos ellos decorados conforme a sus culturas y sus ritos. En los *Evangelios* —prosiguió el guía con las manos entrelazadas—, se le llama a este lugar santo, Calvario Locus o mejor conocido como Monte Calvario. En arameo se le llama "El Gólgota" que significa "calavera" en el cual, como les decía anteriormente, afirmaban que estaba el jardín donde crucificaron a Jesucristo.

—¿Calavera? ¿El Jardín? —Aquellas dos palabras resonaron como un eco en el archivo de mis recuerdos, y al mismo tiempo recordé, como un chispazo fugaz, la bienvenida que nos había dado el taxista a nuestra llegada a Jerusalén o más bien, Yerushalem, La Casa de la Paz. Mi mente comenzó a dar vueltas sobre aquella frase que había leído años atrás en los escritos. "Cuando La Casa de la Paz nos abra las puertas a su jardín, el tiempo habrá llegado. El aro de sangre será posado sobre la Calavera y sobre los restos de la muerte y con el verbo divino, cerraremos la puerta del mal".

En ese preciso momento, quise suponer que ahí podía estar la respuesta al acertijo que había permanecido tantos años sin resolver y, como el mismo guía lo explicaba, aquel era el lugar donde se había llevado a cabo el sacrificio más grande en la historia de la humanidad.

Sin lograr poner atención a lo que el guía relataba, sentí una incontrolable emoción. Bajé la mirada tratando de recuperar el control de mis pensamientos y me percaté de que me encontraba parada en el centro de la figura de un sol de mármol blanco, resaltada por un círculo de fondo negro. Absorta en mis pensamientos y sin escuchar nada que no fuera mi propia respiración, observé, como una alucinación, que los rayos del sol bajo mis pies comenzaron a oscilar, emanando un calor que llegó hasta mis huesos.

Luchando por vencer aquella sensación, proseguimos nuestro recorrido hasta llegar a la tumba de Jesucristo, donde había un majestuoso altar situado en el extremo oeste, en medio de una inmensa cámara redonda llamada Anástasis, la cual cubre el edículo que contiene los restos originales de la tumba.

El guía siguió explicando sobre los diversos ritos que se celebraban allí. Relató en qué consistía el Domingo de Ramos, así como la celebración de la vigilia pascual ortodoxa, en donde el patriarca enciende los cirios con el fuego extraído del santo sepulcro y, donde según dicen, aún arden las flamas de las lámparas que simbolizan el resplandor de la resurrección, señalándola como la luz que ilumina a toda la creación.

Al terminar de escuchar las palabras que el guía expresó con absoluta solemnidad, mis piernas y mis manos comenzaron a temblar sin control. Sin siquiera percatarse de mi malestar, Manuel y José se acercaron a decirme en voz baja que tenían sed y que saldrían a tomar algo a la calle. Asentí y murmuré, sin moverme de donde me encontraba, que los alcanzaría en un rato, levantando la mano con pesadez.

Aquel tumulto de gente que caminaba en silencio, detrás del guía, salió de la capilla. Me quedé completamente

☙ Centinela del silencio ❧

sola, parada sobre el tapete de mármol a cuadros negros y blancos, que lleva al interior del edículo. De pronto, una corriente eléctrica subió y bajó por todo mi cuerpo erizándome la piel. La poca luz del sol pareció apagarse sobre mi cabeza. Subí lentamente la vista hacia la cúpula, descubriendo a través del gigantesco óculo, que el cielo se había encapotado por unas densas nubes negras que oscurecieron el día, dejándome en total penumbra.

Atraída por las ondeantes flamas de los cirios que se levantaban a los costados de la tumba, bajé la mirada, cayendo en un extraño estado de ensoñación. Me encontraba ahí, pero otra parte de mí estaba ausente en un torbellino de visiones que envolvieron mi mente.

Comencé a luchar contra aquellas imágenes nebulosas, y sin pensarlo dos veces, le pedí a Dios, desde lo más profundo de mi ser, que nos liberara del mal que nos había perseguido por tantos años. Sentí un agotamiento que me impidió dar un paso, quedando plantada en el centro de aquella cámara.

Arrastré la mirada hacia arriba una vez más y contemplé en una fracción de segundo, que los rayos dorados que ribeteaban el domo en tres planos, y las estrellas que decoraban el interior de la cúpula, comenzaron a resplandecer y centellear sobre mi cabeza.

Cerré los ojos y escuché voces celestiales que provenían del interior de cada uno de los arcos que circundaban la Anástasis. Caminé hacia la entrada de la tumba y me detuve en medio de dos columnas doradas, donde había varios cirios encendidos frente al Sepulcro. Con gran emoción atrapé en lo alto del edículo, la imagen de Jesucristo plasmada en una pintura, con los brazos abiertos mirando hacia el cielo. Sentí un nudo doloroso en la garganta.

Acercándome aún más al interior de la tumba, mi respiración se desbordó hasta sentir que me ahogaría. La luz que apenas alumbraba la cripta bajó aún más, en medio de un halo de luz carmín que se proyectaba de mi mano. Volví la vista nuevamente hacia al techo de aquel lugar y observé cómo las piedras se friccionaban unas con otras, emitiendo fuertes chasquidos como si fueran a derrumbarse sobre mi cabeza.

Mi mano comenzó a temblar sin control y el anillo sobre el guante empezó a quemar mi piel. Traté de sujetarla con la otra mano, luchando por liberarme de aquella fuerza, cuando percibí una presencia tras de mí que me hizo volverme sobre mi hombro. Había una figura en la oscuridad que se fue acercando quedamente hasta situarse a mi costado, pronunciando casi inaudiblemente:

—Este es el momento que tanto has esperado. La frase, repite la frase...

Traté de ver la cara de aquel ser pero tenía el rostro velado. Luché una vez más por tranquilizarme. Mi mano comenzó a dolerme cada vez más y las lágrimas me cegaron. Repentinamente, tuve la sensación de que alguien quería estrangularme, como si una fuerza sobrenatural tratara de impedirme que hablara, y mi garganta fue cerrándose sin poder emitir sonido alguno.

Desesperada y con una aplastante opresión en el pecho, creí que mi corazón estallaría. Sin perder de vista aquel ser que permanecía en silencio junto a mí, escuché a la distancia que pronunciaban como tantas otras veces en el pasado: "Julianne, Julianne...".

Lo miré implorante y este fue acercándose hasta susurrarme al oído:

—Confía, lo tienes que hacer tú sola. Llena tu espíritu de Dios, él está aquí y te liberará del mal.

Tomé una bocanada de aire y exclamé con todas mis fuerzas:

"*Inquam, Zmeumoii maleficus, igneus dracmors. Hic est dies... Vade retro, Infernales Draco! Virgo Carmelita est in me!*".

"*Inquam, Zmeumoii maleficus, igneus dracmors. Hic*

est dies... Vade retro, Infernales Draco! Virgo Carmelita est in me!".
"*Inquam, Zmeumoii maleficus, igneus dracmors. Hic est dies... Vade retro, Infernales Draco! Virgo Carmelita est in me!".*

Mi voz retumbó por los muros y mis oídos ensordecieron, alcanzando a escuchar un murmullo que provenía de los arcos de aquel recinto, cantando un coro celestial de alabanza:

"*Supplicante parce, Deus... Lux aeternam luceat eis, Domine... Kyrie eleison, Christie eleison... Hosanna in excelsis...*".

La música de aquellas voces me conmovió e intempestivamente, como un poderoso imán, sentí un fuerte jalón en la mano, mientras el anillo pareció encenderse como una flama de sangre en mi mano. Sentí que ardía en fuego y mi cabeza comenzó a proyectar imágenes infernales que azotaron la pantalla de mi mente. Mi estado de conciencia se había alterado por completo. Ante mis ojos vi que el dragón del anillo recobraba vida, afianzaba mi mano con su cola, se arrastraba por mi brazo y se enroscaba en mi cuello, tratando de degollarme con sus garras. Casi agonizando de dolor, comencé a jalar aire, creyendo que me asfixiaría.

Desesperada, busqué liberarme de aquella fuerza, sin poder conseguirlo viendo, como en un espejismo, la cara de un dragón que se proyectaba del suelo detrás de mí, tratando de surgir de las profundidades de la tierra, y tirando feroces tarascadas en medio de llamaradas de fuego, sus rugidos parecían taladrar mis oídos.

En un abrir y cerrar de ojos, aquel lugar santo pareció derrumbarse sobre mí. El domo se partió en dos, los arcos y las columnas comenzaron a colapsarse, y luchando por recuperar la lucidez, creí que la bestia acabaría conmigo y el anillo me estrangularía el dedo.

Con gran sofoco, exhalé mi último aliento para volver a gritar con las pocas fuerzas que aún me quedaban:

"Inquam, Zmeumoii maleficus, igneus dracmors. Hic est dies... Vade retro, Infernales Draco! Virgo Carmelita est in me!".

Esta vez mi voz surgió desde lo más profundo de mí ser. Algo dentro de mí, dijo que era tiempo de acabar con aquella maldición que tanto daño nos había hecho. Levanté mi mano, al tiempo que el anillo y el guante se encendieron en una llamarada que se fundía con el fulgor rojizo del rubí, y sin que el fuego abrasara mi piel; como un latigazo, un destello de luz azul viajó desde el interior de la tumba, explotando en mi mano como una onda expansiva, que surcó a través de la bóveda y las paredes, aventándome hacia atrás, azotándome contra el suelo.

Luego de varios minutos de permanecer tumbada, casi inconsciente, un rayo de sol se proyectó del centro del óculo, iluminándome en medio de la penumbra. El sol comenzó a brillar de nuevo.

Abrumada ante aquella vivencia, traté de sobreponerme y, poco a poco, me fui incorporando hasta lograr ponerme de pie. Mis piernas parecían no responderme. Temblorosa di unos pasos, cuando en la lejanía se escuchó una explosión y posteriormente unos gritos de terror en el exterior de la basílica. Quise correr, pero mis pies parecían estar flotando en el aire. Logré apoyarme en el muro de piedra y, dando algunos tumbos, me dirigí hacia la salida para encontrarme con una escena escalofriante.

Un tumulto de gente se había aglomerado frente a algo que yacía inmóvil al final del atrio de la basílica. Queriendo ver de qué se trataba, me abrí paso entre la multitud que seguía vociferando indignada, mientras otros tapaban sus rostros en medio de aquel caos.

Casi al llegar a la calle descubrí con horror, que se trataba del cuerpo de Manuel con la camisa ensangrentada, sobre el cuerpo de José. Lancé un grito de desesperación, sintiendo que mi mundo se apagaba ahí mismo.

Capítulo 52

Después de algunos segundos que parecieron eternos, alcancé a ver que Manuel sujetó su brazo y fue moviéndose lentamente hasta incorporarse de la espalda de José, que seguía aún boca abajo y quien en seguida comenzó a resollar, a la vez que se rodaba sobre su costado, llevándose la rodilla al pecho.

Aún aturdida y con el alma regresando poco a poco a mi cuerpo, no me percaté hasta entonces de que Manuel tenía una herida en el brazo y, frente a nosotros, se encontraba el cuerpo sin vida de un hombre con una pistola junto a él, bajo la inspección de un guardia militar que sostenía un rifle en la mano. En tanto que otro oficial sujetaba a un individuo que tenía la cabeza agachada.

Volví mi mirada, me arrodillé al lado de José y tomándolo entre mis brazos, pregunté qué había ocurrido, a lo que Manuel explicó, haciendo presión sobre su brazo, que sin motivo aparente, aquel hombre, que ahora estaba muerto, había abierto fuego en su contra.

Afortunadamente Manuel comentó, tranquilizándome, que solo había recibido el roce de la bala. Me levanté y caminé lentamente hasta el cuerpo que aún permanecía tendido en el suelo, descubriendo que aquel rostro, se trataba del mismo sujeto que me había golpeado en casa del tío Piero. Sin poder creer lo que veía, me llevé ambas manos a la boca, asegurándole a Manuel con la voz temblorosa, que era el mismo asesino que había querido matarlo en Capri. Antes de que Manuel pudiera responder, el otro hombre que tenían esposado alzó la mirada hacia nosotros develando su identidad.

—¿Biaggio…? No lo puedo creer —Manuel agitó la cabeza con desconcierto.

—¡¿Biaggio Fortucci?! —exclamé a la vez, incrédula por lo que veía.

Manuel irrumpió colérico.

—Es el mismo tipo que juró matarme si me llegaba a ver en libertad. El hermano de aquel hombre por el cual me metieron en prisión —se abalanzó contra él, mientras yo alcancé a detenerlo por el brazo.

—Déjalo, Manuel —supliqué—. No vale la pena que te manches las manos por alguien así.

—¡Eres un cobarde, desgraciado! —profirió Manuel, proyectando su puño en el aire.

Sin mayor preámbulo los guardias cargaron el cuerpo del asesino en una camilla y lo metieron dentro de un camión militar, en tanto que a Biaggio, lo subieron a empujones dentro de otra camioneta, ante las miles de miradas aglomeradas frente a la entrada de la basílica.

Sin poder asimilar aún lo que había ocurrido, logré retomar el aliento para explicarle a Manuel que yo también conocía a Biaggio y que era amigo de David. Aclarando que lo había visto la misma noche que nos habíamos reencontrado en Roma, además de haber sido pretendiente de María y que había estado con nosotras unos días en aquella vacación en Capri.

Manuel escuchó azorado sin poder creer lo que estaba oyendo.

—Ahora lo entiendo todo... —resoplé, llevándome la mano a la frente.
—¿Qué quieres decir...?
—La noche que trataron de matarte, los cuatro fuimos a cenar, y recuerdo perfectamente que Biaggio se paró varias veces de la mesa a hablar por radio y acabó explicando que tenía que marcharse porque había surgido un problema con su yate en el puerto. Te puedo asegurar que el muy cínico estaba tramando tu asesinato.

Manuel me miró, aturdido.

—Él mismo fue quien le confirmó a David la noticia de que después de tu supuesta muerte, se habían llevado tus restos a Perú. Quizá sin saber lo que Saulo había planeado por su cuenta, sencillamente aprovechó la oportunidad para darte por muerto.

Manuel apretó su puño con fuerza.

—Pero entonces, ¿cómo supo que estaríamos aquí en Jerusalén y en este preciso lugar?

Abracé a José contra mi pecho para luego confesarle, que David se lo había comentado a Biaggio el día anterior a nuestro reencuentro, por lo que pude asegurar que al habernos visto esa misma noche en el restaurante, indagó aún más a fondo sobre nuestros planes.

Manuel frunció la boca y apretando la mandíbula hasta resaltar las venas de sus sienes, dijo.

—Perdona que te lo pregunte, querida, pero... ¿cómo sabes que David no estaba involucrado con Biaggio? Siempre estuvo enamorado de ti, ¿no es así?, y posiblemente le pudo haber convenido que yo hubiera desaparecido del mapa.

—¿Estás loco o qué? —exclamé indignada—. Lo conozco muy bien y sé que sería incapaz de hacer algo tan bajo. Por otra parte, él tiene perfectamente hecha su vida al lado de Tammy desde hace muchos años.

Guardamos silencio por unos momentos.

—No sé... —meneé la cabeza, reflexiva—, supongo

que él también fue víctima de Biaggio. Si este hombre se atrevió a hacer lo que hizo, ¿de qué no sería capaz?

Biaggio era la pieza principal en ese juego malévolo que nos había perseguido por tantos años, y tanto él como Saulo, se habían encargado de ser nuestra mayor maldición. Manuel levantó las cejas y encogió los hombros con recelo y al bajar la mirada, reparó en mi mano.

—¿Y el guante y el anillo?

Alcé la mano frente a mí y descubrí que no los llevaba puestos. Con asombro, me percaté de que las llagas que habían permanecido por tantos años en el dorso de mi mano y mi brazo, habían desaparecido. Ante aquel milagro, desabroché los primeros botones de mi blusa y vi que estaba libre de aquellas llagas que había llevado tatuadas en mi pecho. Sujeté la pierna de José y levanté su pantalón de mezclilla, percatándome de que ni siquiera había quedado una marca en su piel, más que un raspón en la rodilla.

Sobrecogida ante la reacción de sorpresa de José y al ver a ambos con vida a mi lado, cerré mis ojos y luché por contener el llanto. Di gracias a Dios por habernos dado aquella oportunidad. Tenía la sensación de haber emergido desde las profundidades de la tierra, podía respirar nuevamente desde lo más hondo de mi pecho, con la ilusión de una nueva vida, un nuevo comienzo.

* * * * *

Un tiempo después nos enteramos de que Baggio había enfrentado un largo juicio en el tribunal del distrito de Tel Aviv. Estaba acusado por atentado de homicidio y por portar un arma de fuego en Tierra Santa, además de ser procesado por ser de origen libanés. Era considerado enemigo acérrimo de Israel y tenía que pagar una larga condena en prisión.

Por otra parte, nos llegó la noticia de que Saulo había sido sorprendido sobornando al subdirector de la compañía de Manuel para que le filtrara información. Se le hallaron documentos falsificados y varios millones de liras que guardaba dentro de maletas, las cuales le fueron incautadas por no poder demostrar su procedencia. A causa de esto, fue sometido a un escandaloso proceso legal, el cual no pudo soportar en la pobreza, intentando fallidamente quitarse la vida. Por lo que luego de permanecer varios meses recluido en una clínica de rehabilitación mental, fue encarcelado por siete años.

David decidió no volver a hablar de Biaggio, ya que le causaba mucha vergüenza y dolor haber sido amigo suyo por tantos años. Siguió su vida al lado de Tammy y varios años después, nos dieron la noticia de que serían papás por primera vez. Manuel y yo fuimos los padrinos de una preciosa niña que llevaría por tercer nombre, Theresa: Alisse Eva Theresa Willet.

María tuvo la niña que tanto deseó. Siguió su vida al lado de Marco. Gio ingresó a la prestigiosa universidad de Bolonia para estudiar derecho y al terminar la carrera, se convirtió en el asistente del representante legal de la firma de ropa que dirigía Manuel, convirtiéndose más tarde en un importante abogado.

Sandrino Piateli, desde el día que apareció en mi vida, se convirtió en mi ángel de la guarda. Lo que habíamos vivido durante esos ocho largos años, nos uniría entrañablemente para toda la vida.

Mientras tanto, y en el otro lado del mundo, Anna se divorció de Tom, luego de varios años de haberle dado incontables dolores de cabeza. Unos años después dejó de trabajar en el restaurante de Victoria para dedicarse de lleno a su negocio propio de banquetes, en donde conoció a un banquero con el que entablaría una relación amorosa y, de cuya unión, nacerían un par de gemelos, que se volvieron su mayor logro y satisfacción.

Por lo que respecta a mi madre y a Victoria, siguieron sus vidas como siempre, una dedicada, como en los últimos años, a una fundación altruista para niños con cáncer, y la otra, con su restaurante que iba viento en popa, además de ser la presidenta del bufete de mi padre, convirtiéndose día a día en una prestigiada mujer de negocios.

Aquel viaje a Jerusalén quedaría grabado en nuestra memoria. Teníamos una bella vida por delante, la cual no quise desperdiciar un solo momento sin estar al lado de Manuel, quien me había devuelto la alegría y la pasión de vivir intensamente.

Desde aquel día, nuestras vidas cambiarían por completo. Unos meses más tarde, al concluir mi contrato con la disquera, José y yo decidimos irnos a vivir con Manuel a Milán. Por otra parte, Ezzio siguió apoyándome aun después de mi reencuentro con Manuel, me ayudó a organizar todo para que continuara con mi carrera, la cual decidí posponer por un tiempo para gozar con los dos hombres que amaba. Sabía que tarde o temprano retomaría esa etapa de mi vida, pero lo más importante para mí en ese entonces, era recobrar lo que la vida me había arrebatado varios años atrás.

ÚLTIMAS OBRAS PUBLICADAS POR CBH BOOKS

Ética empírica para el éxito J. González Barja
El síndrome del corredor E. N. García Vega
Vívidas vivencias Josué Ullauri
El fotógrafo inglés M. Corcuera
Paradojas A. Mesa
Método físico-matemático para jugar lotería en... M. J. Arana Landeros
Rompiendo con los códigos de la vida F. Cabrera
Aguaviva Gen I J. A. Díaz Casillas
El Hedonista J. P. Goffings
The Lion of Venice E. Guillén
Más allá de mí L. Guzmán
Destinos E. Echeverri
Inspiración Vol. III G. Toledo
Libera tu persona A. Bautista
El dolor de veinte alegrías C. García
Ángel M. A. Castillo F.
Hasta que amanezca A. K. P. C. Ordóñez
La muerte de la Locura J. Woolrich
Sueños C. Javier
Yo recibí el mensaje W. Lynch Fernández
El camino perdido A. Adriani
Reina de bastos V. Luma
El amor, un error de cálculo M. V. Albornoz
La muerte nuestra de cada vida Y. Canetti
El árbol que Dios plantó S. Villatoro
El pueblo de Juan L. Guzmán
Diseño de modas L. Lando
A Priest Behind Bars M. Blázquez Rodrigo
Qué bueno baila usted Faisel Iglesias
Una peña en la ribera Tomás Peña Rivera

De la presente edición:
Centinela del silencio
por Mónica Corcuera
producida por la casa editorial CBH Books
(Massachusetts, Estados Unidos), año 2011.
Cualquier comentario sobre esta obra
o solicitud de permisos, puede escribir a:
Departamento de español
Cambridge BrickHouse, Inc.
60 Island Street
Lawrence, MA 01840
U.S.A.

La editorial Cambridge BrickHouse, Inc.
ha creado el sello CBH Books
para apoyar la excelencia en la literatura.
Publicamos todos los géneros, en todos los idiomas
y en todas partes del mundo.
Publique su libro con CBH Books.
www.CBHBooks.com

www.ingramcontent.com/pod-product-compliance
Lightning Source LLC
Chambersburg PA
CBHW032029150426
43194CB00006B/199